Proceedings of Archeofoss

FREE, LIBRE AND OPEN SOURCE SOFTWARE
E OPEN FORMAT NEI PROCESSI DI RICERCA
ARCHEOLOGICA

VIII Edizione

CATANIA 2013

A cura di

Filippo Stanco e Giovanni Gallo

ARCHAEOPRESS

ARCHAEOPRESS PUBLISHING LTD
Gordon House
276 Banbury Road
Oxford OX2 7ED

www.archaeopress.com

ISBN 978 1 78491 259 8
ISBN 978 1 78491 260 4 (e-Pdf)

© Archaeopress and the authors 2016

Printed and bound in Great Britain by
Marston Book Services Ltd, Oxfordshire

All rights reserved. No part of this book may be reproduced or transmitted, in any form or by any means, electronic, mechanical, photocopying or otherwise, without the prior written permission of the copyright owners.

Contents

Introduction vii
Filippo Stanco and Giovanni Gallo

Integrazione di sistemi GIS FOSS e modelli dati 3D PDF per la fruizione multimediale di beni
monumentali e archeologici: il Castello di Maredolce a Palermo 1
Andrea Scianna, Susanna Gristina, Rosanna Sciortino
    1. Introduzione 2
    2. Fruizione multimediale dei BB.CC. 3
    2.1. Caratteristiche delle applicazioni multimediali 3D per i BB.CC. 3
    2.2. Background e lavori correlati 3
    3. Il metodo e il workflow 4
    3.1 Il sistema e la struttura 4
    3.2. Il workflow e gli strumenti utilizzati 5
    3.3. La strutturazione dell'applicazione 7
    3.3.1. Progettazione del database 7
    3.3.2. Implementazione del modello 3D 7
    3.3.3. Interfaccia 8
    4. Il caso studio: i sollazzi di Palermo ed il Castello di Maredolce 8
    4.1. Il workflow applicato al caso studio 9
    5. Risultati 10
    6. Conclusioni 12

Applicazioni FLOSS per l'acquisizione, gestione ed analisi dei dati archeologici. Il caso studio del
sito paleolitico di Pirro Nord, Apricena (FG), Italia 14
Domenico Giusti
    1. Introduzione 15
    2. Data Entry: acquisizione ed integrazione dei dati 16
    3. Spatial Database: gestione e manutenzione dei dati 18
    4. Manipulation and Analysis: esplorazione ed analisi dei dati 19
    5. Wiki: verso una ricerca riproducibile 20
    6. Conclusione 21
    Ringraziamenti 21
    Autore 21

Comprendere e valorizzare il dato cronologico: dalle problematiche del progetto R.I.M.E.M.
al progetto Datando 23
Diego Gnesi Bartolani, Umberto Moscatelli
    1. Indicazione delle cronologie assolute in formato testuale. 25
    2. Indicazione di ambiti cronologici in forma di intervalli *[post, ante]*, dove *post* e *ante* sono numeri che rappresentano anni
    del calendario gregoriano, tali che *post* ≤ *ante*. 26
    3. GIS Temporali 26
    4. Gestione di cronologie assolute tramite l'impiego della *fuzzy logic* e dell'inferenza bayesiana 27

SQLITE-SPATIALITE, una soluzione "portabile" per archeologi. Il caso del database per il progetto
"Archeologia della lana: allevamento, produzione e commercio nella Cisalpina romana" 35
Maria Stella Busana, Denis Francisci, Anna Rosa Tricomi
    1. Il progetto "Archeologia della lana:
    allevamento, produzione e commercio nella Cisalpina romana" 36
    2. Il database: presupposti e caratteristiche tecniche 37
    2.1 Vincoli di sistema e vincoli di utenza 37
    2.2 Specifiche tecniche 39
    2.3 Pro e contro 40
    3. Casi applicativi 41

Restituzione tridimensionale delle gallerie della prima guerra mondiale usando l'approcio del FLOSS - Image Based Modelling 46
Hubert Steiner, Rupert Gietl
    1. Premessa 47
    2. Definizione di una strategia sua attuazione 47
    2.1. La problematica principale: il rilievo 3D di ambienti sotterranei 49
    3. Prospettive future 51
    Autori 51

3D Graphic for promoting Cultural Heritages: the example of Petraro archaeological site in Villasmundo (Melilli - Siracusa, Sicily) 53
Federico La Spada, Danilo Limpido, Simona Raneri, Germana Barone, Paolo Mazzoleni
    1. Introduction 53
    2. Archaeological context 53
    3. Interactive 3D model of the fortified village 54
    4. Conclusion 57
    Acknowledgements 57

Il rilievo tridimensionale in archeologia: computer vision e laser scanning a confronto. Il caso studio del settore 3 del sito archeologico di Adulis (Eritrea) 59
Giulio Bigliardi, Sara Cappelli, Enzo Cocca, Dawit Efrem, Nahom Welderufial
    1. Introduzione 60
    2. Il rilievo 3D con laser scanner 60
    3. Il rilievo 3D con tecniche di Image-Based Modeling e software Open Source 60
    4. Il confronto tra i rilievi 62

Performance Evaluations of 3D Web-Services and Open-Source software for digital modeling of archaeological finds 66
Mauro Lo Brutto, Paola Meli
    1. Introduction 66
    2. Methodology 67
    3. Data acquisition and data processing 68
    3.1 Dataset 1: Sculptural artwork 68
    3.2 Dataset 2: The Arula of the Temple of Victory 71
    3.3 Dataset 3: The Fountain of the Dolphins 75
    4. Comments and conclusion 75

Sul restauro digitale di foto storiche 77
Mariapaola Monti, Giusy Arvizzigno, Donatella Lombardo, Giuseppe Maino
    1. Fotografia e restauro digitale 77
    2. Il restauro virtuale applicato alla fotografia 78
    3. L'Archivio storico fotografico dell'Università di Bologna 78
    4. Restauro virtuale di alcune fotografie dell'Archivio dell'Università di Bologna 79

La ricostruzione 3D della domus delle "bestie ferite" di Aquileia (UD) 83
Lucia Michielin
    1. Introduzione 84
    2. Il contesto 84
    3. Ricostruzione 3D 84
    3.1. I software 84
    3.2. La ricostruzione degli alzati: murature, coperture, porte e finestre 85
    3.3. La ricostruzione degli apparati decorativi: mosaici e affreschi 86
    4. Considerazioni e problematiche aperte 87
    Autore 87

Un processo aperto di comunicazione della conoscenza 91
Valentina Vassallo, Paola Ronzino, Uros Damnjanovic, Sorin Hermon
    1. Introduzione 92
    2. Un processo aperto di comunicazione della conoscenza 92
    2.1. Lo STARC metadata schema 93
    2.2. Lo STARC repository 94
    3. La pubblicazione e la visualizzazione dei dati 96
    4. Conclusioni e futuri sviluppi 99

WebGIS e divulgazione del dato archeologico con software open source. Il progetto "Siponto Aperta" 101
Patrizia Albrizio, Francesco de Virgilio, Ginevra Panzarino, Enrica Zambetta
    Sommario 102
    1. Il caso di studio 103
    2. Il progetto 104
    2.1. Le problematiche 104
    2.2. Gli obiettivi 104
    3. webGIS archeologici: stato dell'arte 105
    3.1. Per il turismo 105
    3.2. Per la gestione dati 106
    3.3. Oltre i webGIS archeologici: la questione dei database 106
    4. Siponto Aperta: specifiche 107
    4.1. Digitalizzazione ed importazione dei dati 107
    4.2. La struttura del sito 107
    4.3. Il webGIS e le componenti geografiche 110
    4.4. I modelli 3D 110
    4.5. Accesso ai dati, gestione e interfaccia specialistica 111
    5. Conclusioni 111

Archeologia preventiva, predittiva, potenziali archeologici. Una breve introduzione al panorama italiano 115
Mirella Serlorenzi, Valeria Boi
    1. Premessa 115
    2. Archeologia preventiva, archeologia predittiva: prevenire è meglio che curare 116
    3. Rischio, impatto, potenziale archeologico 117
    4. Il potenziale archeologico in area urbana 119

Open Hardware, Open Space, Open Funding: dal mondo dell'informazione aperta nuovi modelli economici per il patrimonio culturale 122
Augusto Palombini
    1. Introduzione 122
    2. Open Hardware: le stampanti 3D 122
    3. Open Space: il museo vissuto 124
    4. Open Funding: il Crowdfunding 125
    5. Conclusioni 126

Tra diritti e doveri. L'open data nell'archeologia italiana 128
Francesca Anichini, Marco Ciurcina, Fabio Fabiani, Gabriele Gattiglia, Maria Letizia Gualandi

Digital Literacy e Open Archaeology: nuove forme di integrazione in atto tra Open Learning, Open Access, Open Knowledge 134
Francesca Cantone, Andrea De Tommasi
    1. L'open archaeology nella società della conoscenza 135
    2. Verso un'Archaeological Digital Literacy 136
    3. Osservazioni conclusive 138

Il work in progress della carta archeologica di Verona: primi passi metodologici, modello dati e documenti condivisi dal sistema informativo territoriale archeologico 141
Brunella Bruno, Patrizia Basso, Piergiovanna Grossi, Alberto Belussi, Sara Migliorini
    1. Premessa 142
    2. il progetto 142
    2.1 Stato dell'arte del progetto 145
    2.2. GeoUML methodology 146
    2.3 Lo schema concettuale 147
    3. Risultati raggiunti 147
    4. Sviluppi futuri 148

SIUrBe 2.0: il Sistema Informativo del patrimonio archeologico urbano di Benevento tra open data e open source 150
Alfonso Santoriello, Amedeo Rossi, Paolo Rossi
    1. Benevento e il sistema informativo del patrimonio archeologico urbano 150
    2. La creazione del modello dati e il sistema logico delle informazioni archeologiche 152
    3. SIUrBe 2.0: lo sviluppo del web-gis 155
    4. Archeologia urbana e potenziale archeologico 156
    5. Considerazioni conclusive 158

Modellazione e visualizzazione 3D interattiva del territorio romano e della città di Urbs Salvia con VTERRAIN 161
Alberto Antinori, Antonello Buccella, Sofia Cingolani, Roberto Perna, Giovanni Villani
    1. Introduzione 161
    2. La documentazione digitale: tecnologie e metodologie utilizzate 162
    3. La città e i suoi monumenti 164
    4. Il paesaggio archeologico 170

Organizzare la conoscenza per tutelare il territorio. L'Accordo Quadro tra le Soprintendenze per i Beni Archeologici della Sardegna e il Dipartimento di Architettura, Design e Urbanistica dell'Università degli Studi di Sassari 175
Giovanni Azzena, Marco Edoardo Minoja, Federico Nurra, Enrico Petruzzi
    Accordo quadro tra la soprintendenza per i beni archeologici per le province di Sassari e Nuoro e il dipartimento di architettura, design ed urbanistica dell'Università' degli studi di Sassari 178
    Articolo 1 (Finalità della convenzione) 183
    Articolo 2 (Oggetto delle attività di studio e di ricerca) 185
    Articolo 3 (Altre attività eventuali) 185
    Articolo 4 (Responsabilità) 186
    Articolo 5 (Durata delle attività) 186
    Articolo 6 (Spese) 186
    Articolo 7 (Proprietà degli studi e ricerche) 186
    Articolo 8 (Controversie) 187
    Articolo 9 (Disposizioni finali) 187

Enhanced analysis and transcription of non-Hellenic inscriptions from Archaic Sicily through open source digital techniques 189
Filippo Stanco, Davide Tanasi, Beatrice Basile, Federica Cordano, Gioconda Lamagna
    1. Introduction 189
    2. Non-Hellenic epigraphy in Archaic Sicily and the case study of the inscription from Mendolito of Adrano (Catania) . 190
    3. Techniques of analysis: Reflectance Transformation Imaging (RTI) and Laser Scanning 191
    4. Update of the transcription and new philological data 195
    5. Final remarks and research agenda 197
    Acknowledgements 197

Rilievo e modellazione 3d di un sito archeologico tramite strumentazione UAV: confronto tra approccio closed- ed approccio open-source 200
Giulio Bigliardi, Paola Piani, Riccardo Salvini
    1. Introduzione 201
    2. Acquisizione dei dati: rilievo aereo e rilievo GPS 202
    3. Approccio closed-source 203
    3.1. Elaborazioni e prodotti 203
    4. Approccio open - source 205
    4.1. Elaborazioni e prodotti 205
    5. Conclusioni 207

MeshLab e Blender: software open source in supporto allo studio e alla ricostruzione virtuale della policromia antica 210
Eliana Siotto, Marco Callieri, Matteo Dellepiane, Roberto Scopigno
    1. Il caso di studio: il sarcofago di *Ulpia Domnina* *211*
    2. Metodologia e sperimentazione 212
    2.1. Colorazione del modello con MeshLab 212
    2.2. Rendering fotorealistico usando Blender 215
    3. Conclusioni 218

La fruizione di dati archeometrici e prospezioni geofisiche in ambienti virtuali 220
Francesco Gabellone
    1. Il contesto della ricerca 221
    2. Immagini dall'invisibile 222
    3. La fruizione di dati geofisici 224
    4. Yrsum 3D: un'esperienza di serius game per la fruizione di dati telerilevanti 226
    5. Lo sviluppo del serious game 227

Analisi di uno studio open source: il Taung Project 230
Alessandro Bezzi, Luca Bezzi, Cicero Moraes, Nicola Carrara, Moreno Tiziani
    1. Gli elementi di una ricerca aperta 231
    2. I benefici di una ricerca aperta 232
    3. Un caso di studio: il Taung Project 232
    3.1. Descrizione del progetto 232
    3.2. Alle radici del progetto 234
    3.3. Primi risultati e loro divulgazione 235
    3.4. Figli di Taung: le derivazioni del progetto 236
    3.5. I benefici del progetto 236
    4. Conclusioni 238

L'Ambiente Tutela della piattaforma WebSITAR: un'applicazione Open Source & Open Approach a supporto della tutela archeologica 240
Mirella Serlorenzi, Angela Colasanti, Donatella Garritano, Domenico Ainis, Santino Zacchia, Antonella Rotondi, Andrea De Tommasi, Raniero Grassucci, Andrea Vismara, Andrea Varavallo
    1. Premessa 241
    2. L'informatizzazione dei dati della tutela 242
    3. L'applicazione Ambiente Tutela 243
    3.1 Il modello dati 243
    3.2 Il modello procedurale e le funzioni sofware di supporto agli utenti 244
    4. La pubblicazione dei dati nell'Ambiente Tutela 246

SITAR e MOODLE: una sperimentazione di KNOWLEDGE BASE dedicata ai percorsi di informazione e self-training della piattaforma WEBSITAR 250
Andrea Catena, Arjuna Cecchetti, Federica Lamonaca, Andrea Varavallo
    1. Premessa 251

    2. Il SITAR e Moodle 251
    3. SITAR KNOWLEDGE BASE: filosofia e struttura della piattaforma................................252
    3.1 L'organizzazione delle risorse 253
    3.2 Le risorse: le aree tematiche...254
    3.3 I percorsi in-formativi 255
    4. OPEN ISSUES 257

Scheda TMA (Tabella Materiali). Sviluppo di un database per la gestione del materiale archeologico dalla città antica di Albintimilium (Liguria) 259
Luigi Gambaro, Stefano Costa
    1. Premessa..260
    2. Il progetto..260
    4. Conclusioni...265
    Autori..265

Barcamp sul Riuso dei dati in archeologia 267
Valeria Boi, Anna Maria Marras, Cettina Santagati
    1. Premessa..268
    2. L'esperienza dei BarCamp in archeologia...269
    3. Il riuso dei dati 269
    4. Open Data: una definizione, alcuni esempi...270
    5. Open Access: licenze e piattaforme di condivisione, interoperabilità,
    modalità di condivisione..272
    6. Open Format: interoperabilità e obsolescenza 272
    7. Conclusioni...273
    Autori..273

Introduction

Filippo Stanco and Giovanni Gallo

The VIII Workshop ArcheoFOSS, Free, Libre and Open Source Software e Open Format for archeological research, has been held in Catania, at The Department of Mathematics and Informatics of Catania University, on June 18-19, 2013.
The workshop has been attended by about 60 Italian scientists and specialists of open source technology for cultural heritage and archaeology.
During the workshop, several original contributions have been presented in well attended talks, followed by lively Q&A and open discussion among the attenders.
The Workshop sessions have been organized around general themes:
- Usage and application of Geographical Information Systems;
- 3D modeling;
- Data Management.

The papers related to oral contribution have been expanded, revised, peer reviewed and collected here according to the same themes.
The contributed talks have been also complemented by 3D modeling and digital visual effects tutorials. A lively barcamp by covering the main issues related with the main topics of the conference has concluded the meeting.
To organize and coordinate the event has been a gratifying experience for us. We have been much enriched by the long and constructive discussions and exchanges during the workshop as well before it, with all members of the Scientific Committee. Our hope is that the present collection of papers will provide readers and experts useful ideas and research perspectives beyond the people attending the workshop.
We wish to thank all that have contributed to the success of the event and to the production of this collection.

Integrazione di sistemi GIS FOSS e modelli dati 3D PDF per la fruizione multimediale di beni monumentali e archeologici: il Castello di Maredolce a Palermo

Andrea Scianna, Susanna Gristina, Rosanna Sciortino

In the field of Cultural Heritage (CH) there exists a growing interest in multimedia applications based on 3D information systems. Several proposals have been made to implement 3D data models describing archaeological and monumental heritage in their own 3D environment. In this context, 3D GIS models, using the integration of 3D models with geographic and multimedia information, might be an interesting research field: they might bridge the gap between the geographic scale and the architectural scale, allowing users not only to visualise models, but also to make queries getting data from them. Currently, the real prototypes of 3D GIS are just a few and mainly regarding the urban environment. Archaeological and historical sites, instead, have been represented and analysed by other systems (e.g. 3D semantic models). This paper illustrates a framework developed by GISLab to obtain a 3D information system shareable on the network and able to access to geographic and multimedia information on CH. The application produced is composed of: a 2D GIS project (by QGIS), a 3D model (by Blender), a "Cultural Heritage oriented" database (by PostgreSQL+PostGIS) and a PDF format as a graphic interface. The 3D model is embedded in the 3D PDF and associated with semantic information stored in an RDBMS (Relational DataBase Management System). The application's workflow includes the following steps: the data acquisition; the analysis of the building system, its decomposition in parts and elements and its classification based on hierarchical and relational criteria; the database project; the implementation of a 2D GIS (regional-scale analysis) on the whole geographical context surrounding the building; the implementation of the 3D model of the monument (architectural-scale analysis); the implementation of the GUI (Graphic User Interface) based on the PDF format; the 3D model's export from the modelling software to the 3D PDF format; the connection between the database and the 3D model via ODBC (Open DataBase Connectivity); the web publishing of the 3D information system (WebGIS for the regional scale, linked through a hyperlink to the 3D PDF for the architectural scale). Within the 3D PDF application the 3D visualisation of an architectural or archaeological object is associated with a graphical interaction with the model: JavaScript functions allow users to get data of the architectural object from the DB associated with the 3D model. The 3D model embedded in the PDF is measurable and navigable. It can be rotated, enlarged, and displayed in axonometric and perspective views as well as in solid, wireframe, transparent and textured modes. It also allows users to change the scene lighting, to get sections of the 3D model, and to visualise just a few parts of it (e.g. just some chronological phases or constructive elements that are loaded each on a different layer). The system described has been implemented almost entirely using GFOSS software. It has been tested on the Arab-Norman "sollazzi" (extra-urban palaces of the Norman kings built in the 12th century in natural contexts) in Palermo (spatial scale). A particular focus has been made on the Castle of Maredolce (architectural scale).

1. Introduzione
Il mondo della ricerca nel campo dei BB.CC. sta guardando con sempre maggior interesse all'uso di tecnologie informatiche integrate, che consentano di fornire e soprattutto condividere in rete dati geografici integrati da informazioni multimediali, relativi ai BB.CC., ai fini della loro conservazione e fruizione.

In tale contesto, infatti, sempre più indagate sono le tecniche di fruizione multimediale di beni archeologici e monumentali: esse permettono di accedere in modo integrato ed in qualsiasi luogo e momento (off line, on line e tramite device mobili) ad una vasta gamma di informazioni eterogenee sul sito o manufatto, secondo modalità user-friendly di consultazione/gestione dati e di navigazione. In tal modo, esse consentono «a qualsiasi tipologia di utente e con supporti differenti (pc, tablet, smartphone) di muoversi, conoscere, interrogare, esplorare monumenti, musei e siti archeologici» (MIBAC).

Al fine di rendere più efficace la fruizione dei BB.CC., le tecniche multimediali affiancano già da diverso tempo l'impiego di modelli 3D, oggi implementati sfruttando le nuove frontiere della computer grafica (*3D modelling, virtual reality, augmented reality, 3D real time graphics environment*, modelli tridimensionali condivisi su rete Internet).

Il ricorso ai modelli tridimensionali per la fruizione dei BB.CC., che, come appena accennato, ha avuto luogo per gli aspetti di fruizione virtuale, è stato esteso, nell'ultimo decennio, al settore dei sistemi informativi 3D. Frequenti sono state, pertanto, le proposte di implementazione di modelli GIS 3D, atti a consentire la descrizione di beni archeologici e monumentali nella loro realtà tridimensionale mediante l'integrazione di modelli 3D con banche dati (Scianna *et al.* 2013; Gaiani 2012; Dore, Murphy 2012). Tuttavia, il campo di ricerca in questo ambito è ancora aperto e volto a superare alcuni limiti: la risoluzione delle problematiche connesse a un GIS realmente 3D (e.g. strutturazione dei dati e complessità delle relazioni topologiche nel passaggio dal 2D al 3D) è tutt'oggi allo studio (Gaiani *et al.* 2011; Zlatanova *et al.* 2002).

Un ulteriore traguardo della ricerca, ai fini di una piena accessibilità all'informazione sui BB.CC. e nella prospettiva di una effettiva interoperabilità, è rappresentato, infine, dalla possibilità di realizzare sistemi informativi 3D per i BB.CC. con strumenti GFOSS (*Geographic Free and Open Source Software*), rendendo poi fruibili ed aggiornabili anche sul web i data model in 3D (Scianna 2011).

In riferimento a quanto detto, il GISLab (CNR-UNIPA) ha sperimentato negli ultimi anni numerose metodologie per l'implementazione di modelli di cartografia numerica 3D (Scianna 2011): tra queste, la metodologia illustrata nel presente scritto per la creazione di sistemi informativi 3D, per la fruizione multimediale dei BB.CC. condivisibile in rete. In tale sistema, implementato quasi del tutto mediante l'ausilio di software GFOSS, la descrizione grafica di un modello tridimensionale, incorporato all'interno di un PDF 3D, è associata all'informazione semantica, allocata in un RDBMS (*Relational DataBase Management System*); pertanto, alla visualizzazione tridimensionale di un oggetto architettonico o archeologico si accompagna una interattività con lo stesso mediante una serie di funzioni ad esso associate (Scianna, Sciortino 2012; Anzalone 2011).

Il presente scritto tratterà nella sezione II lo stato dell'arte sulla fruizione multimediale dei BB.CC.: si illustreranno i requisiti delle tecniche multimediali 3D, esaminando le principali problematiche correlate alla descrizione di beni archeologici e monumentali; ci si soffermerà in particolare sulle ricerche già avviate nel campo della implementazione di sistemi informativi 3D sviluppati con sistemi GFOSS e proprietari e sull'integrazione di modelli 3D con banche dati tridimensionali per i BB.CC. Nella sezione III si descriverà, dunque, la metodologia impiegata ed il *workflow*. Nella sezione IV si entrerà nel merito del caso studio specifico (il sistema dei sollazzi arabo-normanni della città di Palermo con un particolare focus sul Castello di Maredolce); infine, si illustreranno l'applicazione sperimentata ed i risultati ottenuti.

2. Fruizione multimediale dei BB.CC.

2.1. Caratteristiche delle applicazioni multimediali 3D per i BB.CC.

Le tecniche di fruizione multimediale costituiscono un efficace strumento di acquisizione e trasmissione di conoscenza del patrimonio culturale ed, in particolare, dei beni archeologici e monumentali (Roscelli 2012).

In tale ambito, i sistemi multimediali 3D consentono all'utente la visualizzazione tridimensionale fotorealistica dei manufatti e del loro contesto, la navigazione virtuale intorno all'oggetto architettonico e all'interno di esso, e la disponibilità di ricostruzioni virtuali tridimensionali che ne descrivono le fasi di vita non più esistenti (funzionalità, questa, particolarmente utile sia nel campo dell'archeologia, che per il restauro dell'architettura storica). All'interno del sistema multimediale 3D, dunque, il modello dell'oggetto può essere ruotato, ingrandito, fruito da punti di vista predefiniti o scelti dall'utente tramite rotazioni del punto di osservazione o mediante navigazione immersiva.

Questo tipo di interattività *3D data model-user* risponde alla necessità di pervenire ad una migliore comprensione delle relazioni spaziali che intercorrono tra il sito archeologico (o il complesso monumentale) ed il contesto territoriale in cui esso si inserisce, e tra i manufatti che compongono la scena (scala territoriale). I diversi livelli di visualizzazione permessi dall'applicazione e la possibilità di interagire con il modello 3D consentono, inoltre, una maggiore comprensione delle relazioni spaziali e topologiche tra le parti costitutive del manufatto (scala architettonica), nonché l'identificazione e l'analisi più approfondita delle singole parti costruttive di cui il manufatto è composto (scala di dettaglio). Un ulteriore strumento di conoscenza del bene è rappresentato, poi, dalla possibilità di eseguire delle misure sul modello 3D realizzato e di effettuare su quest'ultimo delle sezioni con opportuni piani ausiliari definiti dall'utente.

La semplice descrizione grafica, pur ad elevato livello di dettaglio, risulta incompleta se il fine è la completa conoscenza del bene. E', dunque, assolutamente necessario integrare la descrizione grafica con l'informazione semantica che, così come quella grafica, può essere organizzata in relazione alla scomposizione e/o visione gerarchica del Bene da descrivere. Ovviamente la modalità di strutturazione dei contenuti dovrà essere tale da potersi differenziare in relazione al tipo di fruitore, sia esso un esperto del settore o un semplice visitatore.

Oltre agli aspetti legati alla fruizione visuale, un'applicazione multimediale per i BB.CC., dunque, deve fornire all'utente anche informazioni spaziali, storiche, dati sui caratteri costruttivi e sullo stato di conservazione dell'oggetto. Ai fini della conservazione del bene, essa inoltre, deve consentire, all'occorrenza, anche la consultazione dei dati amministrativi che ad esso si riferiscono, nonché la consultazione di immagini (anche tramite la definizione di hyperlink): tutto ciò può essere effettuato mediante l'interazione dell'utente con un modello tridimensionale interrogabile.

2.2. Background e lavori correlati

Da quanto detto, nel panorama delle molteplici applicazioni multimediali per i BB.CC., i sistemi che sembrano poter soddisfare maggiormente le esigenze di fruizione dei beni archeologici e monumentali sono i sistemi informativi 3D, derivati dall'integrazione di modelli tridimensionali con banche dati.

La loro realizzazione si basa, in generale, su alcuni passi fondamentali:
- la definizione di un modello concettuale e logico (con la costruzione del modello fisico 3D);
- la definizione di una modalità per l'accesso all'informazione 3D;
- la strutturazione di un'interfaccia grafica che consenta l'interazione utente-sistema informativo;
- l'eventuale condivisione in rete del modello.

Su tali aspetti sono state condotte molteplici sperimentazioni, che, negli ultimi dieci anni in particolare, hanno portato ad una vasta compagine di risultati circa l'integrazione di modelli 3D in ambiente GIS. Tuttavia, allo stato attuale gli effettivi prototipi di sistemi GIS 3D sono pochi e per la maggior parte dedicati alla modellazione urbana.
Multipatch di Esri, GeoVRML, CityGML si avvalgono di alcuni modelli sviluppati nell'ultimo decennio, i piu noti dei quali sono stati utilizzati anche nei software disponibili sul mercato; Tuple model, 3D FDS (*3D Formal Data Structure*), TEN (*Tetrahedral Network*), SSN (*Simplified Spatial Model*), UDM (*Urban Data Model*) ed OOM (*Objects Oriented Mode*) sono alcuni dei modelli implementati (Zlatanova *et al.* 2004). Molti di essi, pur consentendo la visualizzazione e navigazione in real time di oggetti 3D e dati correlati, non supportano, tuttavia, analisi spaziali di dati 3D, nè la gestione di relazioni spaziali, consentite solo da modelli topologici 3D di maggiore complessità (Ammoscato *et al.* 2006).
Per far fronte a queste problematiche, è stato sperimentato, sempre in ambito urbano, un modello cartografico vettoriale 3D open source, unitario sotto l'aspetto semantico, geometrico e topologico: il GIANT 3D Model (*Geographical Interoperable Advanced Numerical Topological 3-Dimensional cartographic model*). Su tale modello è stata condotta una ulteriore sperimentazione relativa alla sua editazione e al trasferimento delle informazioni su un DB geografico, in modo da poter richiamare i dati archiviati secondo una gestione bidirezionale dell'informazione geografica del modello stesso (Scianna, Ammoscato 2010).
I modelli sopra menzionati, sinora adottati per la descrizione di contesti urbani, possono trovare un valido campo di applicazione nel settore dei BB.CC. Tuttavia, per renderli adeguati a tale scopo, è necessario sottoporli ad opportune variazioni ed adattamenti, in modo da consentire un'analisi multiscala del manufatto (da territoriale ad architettonica, e viceversa) ed adattare il modello alle problematiche tipiche del settore dei BB.CC.
A tale riguardo, nell'ultimo decennio in particolare, sono stati condotti studi specificamente rivolti al settore dei BB.CC., come quelli orientati alla realizzazione di modelli 3D semantici per i beni architettonici (De Luca *et al.* 2011) e per la gestione dei beni archeologici (Apollonio *et al.* 2012). In essi la strutturazione ed organizzazione del modello complessivo si fonda su informazioni geometriche e semantiche derivanti dall'analisi morfologica dell'edificio, svolta col supporto dell'antica trattatistica architettonica. Le feature individuate nel manufatto ricevono un'attribuzione semantica secondo i vocabolari specifici della suddetta manualistica e costituiscono una libreria di forme-tipo cui attingere nella fase di modellazione. Il modello prevede: grafi concettuali di relazione tra modello 3D di parti e sottoparti dell'edificio e loro annotazione semantica; grafi temporali associati al modello 3D, descrittivi delle trasformazioni del manufatto; relazioni tra modello 3D e fonti documentali 2D ad esso associate; integrazione del modello con banche dati ed estrazione di attributi dimensionali, gerarchici e topologici in modalità bidirezionale (a partire, cioè, dalla scena 3D o dagli attributi semantici). La gestione del sistema informativo da parte degli utenti avviene tramite l'interfaccia informativa 3D.

3. Il metodo e il workflow

3.1 Il sistema e la struttura
La ricerca qui illustrata è stata orientata verso l'implementazione di un sistema informativo geografico 3D, specificamente progettato per la fruizione multimediale integrata di beni archeologici e monumentali.
Il sistema informativo sperimentato si fonda sull'impiego di un modello 3D semantico, trasposto in ambiente GIS per la visualizzazione ed analisi a scala territoriale, e CAD – esportato in formato PDF 3D – per l'analisi a scala architettonica e di dettaglio. In esso informazioni semantiche,

struttura geometrica 3D dei dati e relazioni spaziali 3D risultano integrate. Il modello prevede: l'archiviazione e la gestione di dati geografici, testuali, raster e 3D, consultabili ed eventualmente aggiornabili in rete; la possibilità di svolgere anche on-line interrogazioni ed analisi spaziali secondo modalità multiscala e multiuso, interagendo col modello 3D (quest'ultimo, associato a un DB allocato su pc o disponibile in remoto).

La struttura logica del database scelta per descrivere e gestire dati relativi a beni archeologici e monumentali si basa sul modello relazionale, che consente di mettere in relazione e gestire più flessibilmente i dati raccolti. Il modello presenta al contempo una matrice gerarchica fondata sulla scomposizione del sistema complessivo nelle sue componenti. Essa consente di passare dalla descrizione ed analisi del sistema più vasto (contesto territoriale) a quella di sub-sistemi, parti ed elementi che lo compongono.

La classificazione dell'informazione, oltre a favorire la connotazione semantica del modello, funzionalmente si è resa necessaria ai fini della progettazione del DB (per la strutturazione delle tabelle) e della modellazione (per l'attribuzione di layer distinti ad ogni parte costitutiva dell'oggetto).

L'applicazione è stata sviluppata operando contestualmente su strutturazione del database, realizzazione del modello 3D e progettazione dell'interfaccia grafica. I tre elementi, infatti, sono stati progettati in modo coerente e secondo una logica comune al fine di corrispondersi all'interno dell'applicazione, consentendo l'interrogabilità del modello all'interno del sistema informativo 3D.

Il modello logico è stato tradotto in una banca dati informativa per l'architettura monumentale e l'archeologia che si integra con il modello 3D, incorporato in un file PDF 3D, in modo tale che si possa attuare una corrispondenza biunivoca fra modello ed informazione semantica.

3.2. Il workflow e gli strumenti utilizzati
La procedura adottata per l'implementazione dell'applicazione ha previsto le seguenti fasi:
- acquisizione dei dati informativi;
- analisi del sistema edilizio e sua scomposizione e classificazione in base a criteri di tipo gerarchico e relazionale;
- progettazione del database;
- implementazione del GIS 2D;
- implementazione del modello 3D;
- implementazione dell'interfaccia grafica PDF;
- esportazione del modello dal software di modellazione al formato PDF 3D;
- connessione del database con il modello 3D mediante l'ODBC (*Open Data Base Connectivity*);
- messa in rete del sistema informativo 3D (WebGIS per la scala territoriale con collegamento tramite hyperlink al PDF 3D per la scala architettonica e di dettaglio, Figura 1).

I dati di partenza per la realizzazione del modello e del DB del sistema informativo sono stati elaborati tramite sistemi FOSS.

Per la descrizione a scala territoriale dei beni archeologici e monumentali si è adottato QGIS, software free ed open source.

Ai fini della strutturazione e allocazione del DB, per le sue funzionalità di connessione con QGIS, si è adoperato il database PostgreSQL con estensione spaziale PostGIS, che consente di gestire dati che hanno una componente geometrica, implementando funzioni tipiche delle analisi geografiche: buffer, calcolo di aree, distanze, query spaziali, ecc.

La modellazione 3D è stata condotta con Blender, software multi-piattaforma ed open source per la modellazione, il rendering, l'animazione, la post-produzione, la creazione e la riproduzione di contenuti interattivi 3D; mentre la connessione tra DB e modello 3D è stata implementata

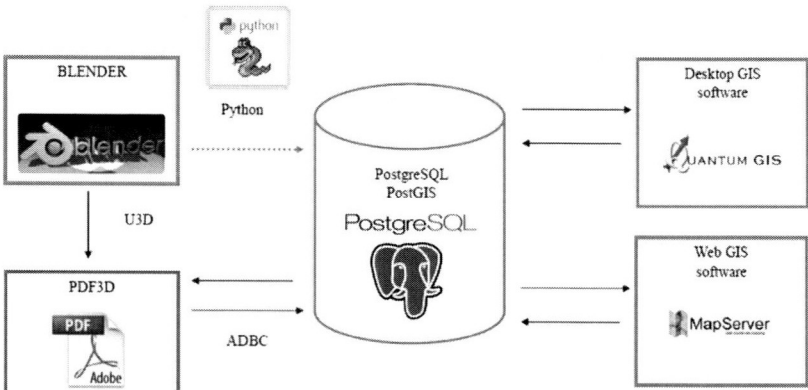

Figura 1 – Schema del sistema PDF 3D.

mediante un plug-in di Acrobat (ADBC, *Acrobat DataBase Connectivity*), avvalendosi di appositi JavaScript. L'ADBC è una funzionalità di Adobe Acrobat che associata all'*Open Database Connectivity* (ODBC) di Microsoft Windows (tecnologia sviluppata da Microsoft per supportare l'accesso a motori di database diversi da parte di applicazioni Windows), permette di accedere alle informazioni di diversi *Relational Database Management Systems* (RDBMS) come adesempio PostgreSQL.

L'interfaccia grafica, infine, è stata realizzata avvalendosi della funzionalità di Adobe Acrobat 9 Professional (unico software non FOSS del sistema). Nato come formato proprietario, il formato PDF è divenuto successivamente uno standard aperto per lo scambio di documenti elettronici, incluso nella categoria ISO (*International Organization for Standardization*) ed è leggibile utilizzando il software gratuito Adobe Reader® o l'app Adobe Reader per dispositivi mobili, così come altri software e sistemi operativi.

A partire dalla *release* Acrobat 7 Professional della Adobe, rilasciata nel 2004, è stata inoltre implementata la funzionalità che consente di inglobare all'interno dei documenti PDF modelli 3D realizzati con i più diffusi software di CAD.

La disponibilità gratuita del software di visualizzazione, nonchè la sua innegabile valenza tecnica - legata alla possibilità, oltre che di visualizzazione, di interazione, analisi e misurazione di oggetti 3D - contribuiscono a rendere il formato PDF uno standard di scambio di documenti contenenti oggetti tridimensionali di alta qualità, creati con programmi di modellazione 3D o CAD 3D e incorporati nel PDF tramite il formato U3D ed altri.

La struttura informatica del sistema descritto è composta essenzialmente da:
- un progetto QGIS;
- un file*.pdf, che implementa l'interfaccia di consultazione e contiene il modello tridimensionale texturizzato, i cui elementi sono connessi con le informazioni allocate in un database;
- un database di PostgreSQL+PostGIS, strutturato in relazione alle informazioni che dovrà contenere.

Affinché dal file pdf si possa, tramite comandi JavaScript, interrogare il database, è necessario che quest'ultimo sia allocato sul disco rigido del server e registrato tramite ODBC Data Source Administrator. Il DB deve essere registrato tramite ODBC come DSN per poter essere accessibile dalla connessione ADBC gestibile attraverso l'interfaccia pdf.

3.3. La strutturazione dell'applicazione

L'insieme degli oggetti geografici descritti nel sistema vanno dalla scala territoriale a quella edilizia; sono descritti, infatti, aree geografiche (la città con le particolari zone di interesse archeologico-architettonico), i contesti ambientali e le emergenze architettoniche presenti all'interno delle diverse aree; il tutto è descritto in accordo ad una visione gerarchica dell'insieme. Tale contesto geografico è pertanto descritto in un GIS che incorpora la descrizione delle diverse aree ambientali ed architettoniche; tramite gli hyperlink del GIS, associati alle feature delle classi presenti, è possibile visualizzare l'interfaccia PDF con la quale si accede alle informazioni geometriche e semantiche multimediali di ognuna di esse, che, come prima detto, hanno una struttura gerarchica.

3.3.1. Progettazione del database

La realizzazione di un DB per descrivere e gestire i dati relativi ai beni archeologici e storico-monumentali necessita di una fase progettuale che tenga conto della complessità degli oggetti che si vogliono analizzare e che favorisca la ricerca ed analisi dei dati eterogenei ad essi relativi. A tal fine, il modello logico più idoneo è stato individuato nel modello relazionale descrittivo della strutturazione gerarchica del sistema monumentale.

L'RDBMS messo a punto per i beni archeologici e monumentali prevede una organizzazione in tabelle, derivanti dalla scomposizione e classificazione gerarchica del sistema edilizio in parti, sottoparti ed elementi, ed una selezione dei campi descrittivi derivati dallo studio:
- delle modalità di catalogazione messe a punto dall'Istituto Centrale del Catalogo e della Documentazione (ICCD), con particolare riferimento alle schede di catalogazione dei beni architettonici e a quelle dei complessi archeologici;
- dei criteri di selezione dei campi descrittivi messi a punto per la schedatura dei beni archeologici nell'ambito del progetto SITAR (Sistema Informativo Territoriale Archeologico di Roma) dall'omonimo Ufficio in seno alla SSBAR (Soprintendenza Speciale per i Beni Archeologici di Roma);

Sono state inoltre previste e definite ulteriori specifiche modalità di catalogazione connesse alle eventuali peculiari esigenze descrittive del bene di volta in volta esaminato.

La struttura fisica vuota all'interno di PostgreSQL è stata predisposta per essere popolata con i dati sulle evidenze archeologiche e monumentali derivanti da giornali di scavo, relazioni, schede di sintesi, pubblicazioni scientifiche, cartografie, immagini, documentazioni amministrative (Sabbatini 2011).

3.3.2. Implementazione del modello 3D

Allo stato attuale non esiste un'unica tecnica di modellazione utilizzabile tout court (ciò dipende anche dalla diversa provenienza dei dati).

Punto di partenza per la modellazione può essere una base CAD, in cui ogni primitiva, costituita da sub-oggetti, vertici, linee (edge) e facce, è modificabile, spostando, scalando, ruotando ed estrudendo ogni singolo elemento; oppure una base raster, da vettorializzare utilizzando mesh (primitive) o curve (Nurbs e curve di Bézier): in questo modo si ottiene un disegno 2D direttamente in Blender e il passo successivo consiste nell'estrudere gli elementi 2D. L'implementazione del modello 3D in Blender, scomposto in parti, sottoparti, elementi e sub-elementi cui vengono assegnati layer distinti, è presupposto fondamentale per la visualizzazione ed analisi multiscala del modello e risponde alla necessità, nell'ambito dei beni monumentali ed archeologici, di distinguere i vari elementi costitutivi dell'oggetto, le sue diverse fasi cronologiche e, ancora, di differenziare le parti esistenti da quelle ricostruite, le parti restaurate dalle superfetazioni, etc. La procedura sperimentata per l'implementazione del modello 3D in base al modello concettuale definito si fonda sui seguenti step:

- acquisizione dei dati (da rilievo integrato - topografico, GPS, fotogrammetrico, laser scanner - o da base CAD o raster) importati nel software di modellazione;
- progetto del modello concettuale 3D (scomposizione della gerarchia dell'oggetto architettonico in parti ed elementi ed elaborazione di una descrizione semantica);
- costruzione del modello fisico 3D a partire dai dati di rilievo integrato o base CAD o raster (tecnica di modellazione);
- assegnazione di layer distinti ai vari elementi (modellati coerentemente con la scomposizione dell'organismo architettonico e con le tabelle del DB);
- texturizzazione;
- connessione del modello al DB mediante ODBC;
- esportazione del modello in formato U3D all'interno del PDF 3D.

Lo studio condotto ha definito una metodologia che, partendo dall'acquisizione del dato, porta alla costruzione di un sistema informativo 3D in grado di soddisfare le richieste di accuratezza geometrica, quelle di riduzione della ridondanza dei dati, di visualizzazione anche fotorealistica dei modelli 3D, di costi contenuti, con l'ulteriore possibilità di fruizione tramite il web.

3.3.3. Interfaccia

L'interfaccia per la visualizzazione del modello tridimensionale e dei dati semantici ad esso associati, allocata all'interno di un PDF 3D presenta una finestra 3D View ed una serie di campi dati, alcuni dei quali configurati come pulsanti. L'interfaccia presenta una configurazione diversa a seconda del livello gerarchico esaminato ed è possibile passare da un livello gerarchico all'altro tramite pulsanti; i campi dati sono ovviamente differenziati in relazione alle informazioni che caratterizzano ogni livello gerarchico.

Il modello 3D sorgente realizzato con qualsivoglia programma di modellazione 3D, ma nel caso specifico realizzato in Blender, può essere caricato nel PDF mediante un passaggio intermedio di esportazione verso un formato compatibile come l'UD3 o l'OBJ, giacché essi mantengono la distinzione dei layer ed ogni altra caratteristica del disegno tridimensionale d'origine.

I pulsanti che permettono l'interazione per la consultazione del modello e dei dati relativi, nonché le funzionalità di base dell'interfaccia, sono associati a moduli JavaScript che sfruttano le funzioni pre-definite nelle API di Acrobat.

4. Il caso studio: i sollazzi di Palermo ed il Castello di Maredolce

Al fine di verificare la effettiva funzionalità del sistema informativo messo a punto, il flusso di lavoro descritto è stato applicato al caso studio dei sollazzi arabo-normanni di Palermo (scala territoriale) ed, in particolare, al Castello di Maredolce (descritto a scala architettonica e di dettaglio).

Il Castello di Maredolce sorge nella parte S-E del territorio di Palermo, presso l'attuale borgata di Brancaccio, circondato dall'edificato sviluppatosi intorno all'area industriale sorta tra gli anni '50 e gli anni '60 (Figura 2). Esso fa parte di un sistema di sei architetture regie suburbane con funzione residenziale, dette "sollazzi", realizzate a Palermo sotto la dominazione araba (X sec. d.C.) e successivamente rimaneggiate dai sovrani normanni tra l'XI ed il XII sec. d.C. Inserite in aree a parco ed arricchite da peschiere e padiglioni, esse costituiscono una autentica peculiarità del territorio palermitano, comune solo ai giardini persiani e a simili realizzazioni rintracciabili in Andalusia, altro importante centro di dominazione islamica in età medievale (Barbera *et al.* 2006). Del sollazzo, originariamente composto dalla residenza regia, da un'estesa area a parco (il "Parcus Vetus" islamico), da un lago artificiale con funzioni di peschiera e da un hammam, e nel corso dei secoli soggetto a vari cambi di destinazione d'uso, rimangono oggi il castello, il bacino - oggi notevolmente ridimensionato - ed un'area coltivata a mandarineto.

Figura 2 – Il Castello di Maredolce.

Figura 3 – Il Castello di Maredolce (la Favara). Incisione tratta da Attilio Zuccagni Orlandini, Corografia d'Italia (Firenze, 1847).

L'edificio è in muratura portante di conci squadrati con basamento ed originale merlatura poi scomparsa; si eleva su due piani fuori terra ed è caratterizzato da un'articolazione degli ambienti quadrangolari (alcuni a doppia altezza), voltati a botte o a crociera, che si sviluppano intorno ad un cortile porticato, sul modello dei *castra* romani e dei *ribat* arabi. Le stanze (l'aula regia, la cappella, i magazzini, le stalle, gli ambienti di rappresentanza e quelli di carattere prettamente utilitaristico), si differenziano sensibilmente per funzione e peculiarità tipologiche e costruttive. Si tratta di un manufatto estremamente complesso, risultato di continue trasformazioni e stratificazioni, successive all'impianto primigenio e legate alla storia dell'edificio: alle sue molteplici fasi costruttive, ai vari passaggi di proprietà e mutamenti di destinazione d'uso, sino alle trasformazioni più recenti. Esse sono testimoniate sia dalla documentazione storica che dalle strutture stesse, le quali evidenziano manomissioni sia per aggiunta che per sottrazione rispetto agli elementi originari: numerose sono, pertanto, le stratificazioni, dovute ai molteplici interventi (demolizioni, superfetazioni, restauri) succedutisi nel tempo (Vassallo 2012).

L'edificio è stato recentemente restaurato dalla Soprintendenza dei Beni Culturali di Palermo secondo criteri ricostruttivi che ne hanno ripristinato volumi ed aperture, evidenziato le parti originali rispetto alle parti ricostruite, messo alla luce evidenze archeologiche. Tutti questi aspetti sono descritti tramite la struttura dati implementata.

Le peculiarità dell'edificio hanno indotto a confrontarsi con i vocabolari attualmente in uso all'interno dei principali sistemi di catalogazione dei BB. CC. e con l'implementazione di un vocabolario apposito, in cui sono stati inseriti nuovi lemmi, specifici dell'esempio architettonico esaminato, che gli strumenti terminologici standard non contemplano. Inoltre, l'applicazione del sistema implementato al caso studio prescelto ha determinato una strutturazione semantica del modello specifica, che tenesse conto degli elementi costruttivi e compositivi propri del sistema dei sollazzi.

4.1. Il workflow applicato al caso studio

Nel caso dei sollazzi e, in particolare, del Castello di Maredolce, i dati informativi sono stati raccolti dalle seguenti fonti: documentazione archivistica da fonti storiche, catastale, fotografica, iconografica (Figura 3); rilievo integrato (topografico con stazione totale e GPS, fotogrammetrico, laser scanner, da volo di drone). In particolare si è proceduto ad indagare gli aspetti morfo-metrici, materici, costruttivi e strutturali del complesso architettonico in esame, con particolare riferimento alle relazioni spaziali intercorrenti con il limitrofo contesto urbano, al periodo della storia dell'architettura siciliana del tempo e all'esame degli anacronismi e sincretismi tipologico-stilistici del complesso, rispetto ad alcune architetture coeve. Ciò al fine di una coerente progettazione del sistema informativo 3D.

L'analisi del sistema dei sollazzi e sua scomposizione e classificazione in base a criteri di tipo gerarchico e relazionale ha condotto all'identificazione delle seguenti classi:
- sollazzo,
- parti di sollazzo,
- aree di parti di sollazzo,
- ambienti,
- elementi architettonici,
- reperti archeologici,

corrispondenti alle tabelle del DB implementato in PostgreSQL (Figura 4).

Il modello logico scelto per la strutturazione del DB è stato il modello relazionale. La progettazione dei campi del database da collegare al modello 3D ha fatto riferimento in parte alla modalità di schedatura messa a punto dall'ICCD per i Beni Architettonici (Categoria: Edifici), in parte ai criteri di catalogazione, schedatura e pubblicazione dei dati su WebGIS definita dall'Ufficio SITAR della SSBAR di Roma, in parte ancora all'esperienza sul campo condotta durante la fase di ricerca storica e di rilievo integrato del Castello di Maredolce. Quest'ultima, infatti, ha messo in evidenza alcuni peculiari aspetti e dati caratteristici dell'edificio che si è ritenuto fondamentale inserire nel database collegato al modello tridimensionale del manufatto architettonico.

Il modello 3D è stato implementato a partire dalla scomposizione della gerarchia dell'edificio nelle sue componenti e sub-componenti, cui è stata associata una descrizione semantica ed assegnato un layer apposito. La modellazione è stata effettuata a partire da una base CAD (la pianta del castello, rilevata topograficamente e con l'ausilio del volo di un drone, e i prospetti, derivati dalla restituzione dei fotopiani) per estrusione di edges e mesh e successivo *sculpting*. Nel modello sono stati integrate, altresì, le elaborazioni del rilievo laser scanner della cappella. La resa fotorealistica del modello è stata effettuata mediante applicazione della texture (i fotopiani dei prospetti del Castello).

5. Risultati

La sperimentazione condotta ha mirato ad indagare ed ottimizzare metodologia e procedure di implementazione di un sistema informativo per la fruizione multimediale di beni monumentali ed archeologici, realizzato con l'ausilio di sistemi GFOSS (Scianna, Sciortino 2012).

Il modello 3D incorporato nel PDF è misurabile; può essere ruotato, ingrandito, visualizzato in assonometria e in vista prospettica, non solo in modalità *solid, wireframe, transparent*, ma anche con le superfici texturizzate al fine di avere una visione fotorealistica del manufatto, agendo semplicemente su alcuni controlli disponibili su una toolbar che appare automaticamente all'interno dei file PDF (Figura 5). Esso consente inoltre di navigare l'oggetto 3D, effettuare su di esso delle sezioni con opportuni piani ausiliari, visualizzare soltanto alcune parti del modello (es. alcune fasi cronologiche o componenti del manufatto) agendo sull'albero dei layer, modificare l'illuminazione della scena e riprodurre animazioni. Tali azioni sono rese possibili da un'interfaccia user-friendly.

Il modello 3D può essere interrogato: l'analisi multiscala avviene a scala territoriale mediante l'interfaccia GIS e a scala architettonica e di dettaglio attraverso l'interfaccia del PDF 3D (Figure 6 e 7). Si ritiene che l'applicazione sviluppata soddisfi le esigenze connesse alla fruizione avanzata dei BB.CC. Resta aperto il problema legato all'uso di un formato o di un sistema FOSS, alternativo al PDF 3D, al fine di poter disporre di un modello di fruizione simile a quello realizzato, ma totalmente free ed open source.

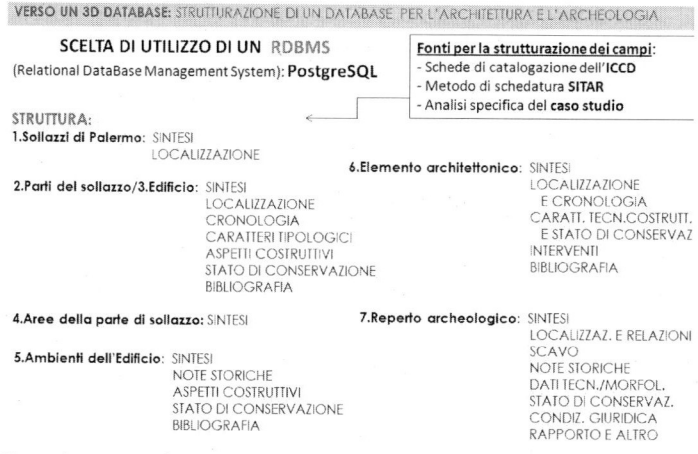

Figura 4 – Fonti per la strutturazione dei campi e modello logico del database.

Figura 5 – Viste del Castello di Maredolce visualizzabili all'interno del PDF 3D.

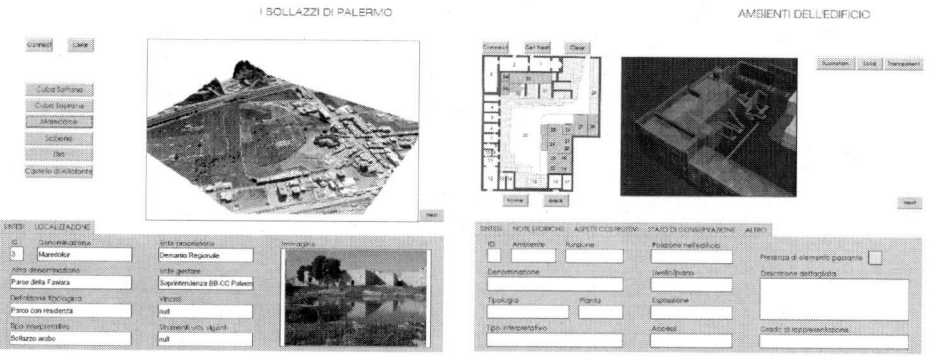

Figura 6 – Pagina del PDF 3D relativa alla tabella "Sollazzi".

Figura 7 – Pagina del PDF 3D relativa alla tabella "Ambienti dell'edificio".

6. Conclusioni

Le applicazioni multimediali 3D per i BB.CC. sono strumenti di divulgazione, promozione e conoscenza, in cui la fruizione di beni monumentali ed archeologici – anche inaccessibili o di cui restano solo alcune rovine o frammenti – è resa possibile virtualmente grazie alla messa a punto di modelli digitali 3D. Tali modelli, ottenuti dall'acquisizione ed elaborazione di dati laser scanner o derivanti da rilievo fotogrammetrico, oltre a fornire una ricostruzione virtuale del monumento, con la possibilità di navigare ed analizzare l'oggetto in dettaglio, fungono da supporto per i sistemi informativi architettonici ed archeologici, il cui requisito fondamentale è il riferimento spaziale tridimensionale dei dati. In tal modo, i modelli 3D dei BB.CC. costituiscono lo strumento per accedere ad informazioni eterogenee (testi, immagini, sequenze video, ecc.) sui manufatti, raccolte ed organizzate in database interrogabili al fine di una piena comprensione e contestualizzazione degli stessi.

Nell'ambito dei BB.CC. è manifesta l'esigenza di avvicinare i due mondi del GIS 3D e del CAD 3D, così da avere modelli multiscala che consentano di passare dalla rappresentazione ad un livello di dettaglio territoriale ad una descrizione al livello architettonico. Inoltre, gli oggetti da rappresentare e descrivere presentano spesso forme più complesse rispetto a quelle dell'edilizia recente, per la quale i modelli urbani sono stati realizzati, e risulta, altresì, fondamentale gestire l'aspetto di parti dell'edificio che, danneggiate e/o rimaneggiate nel tempo si presentano frazionate o dai contorni irregolari.

Note e ringraziamenti

Il presente articolo è frutto di un ulteriore avanzamento dello studio condotto nel 2012 da Susanna Gristina e Alessia Garozzo per la loro tesi di stage e master in seno al GISLab (CNR-UNIPA) di Palermo e poi proseguito sui temi del GIS 3D da Susanna Gristina nell'ambito del suo corso di dottorato sotto il tutoraggio di Andrea Scianna.

Andrea Scianna ha definito il tema di ricerca, organizzando l'intera attività sotto il profilo della ricerca teorica e della realizzazione dell'applicazione; ha condotto l'attività di supervisione del lavoro e di revisione dell'articolo. Susanna Gristina ha contribuito attraverso la redazione del quadro teorico di riferimento, lo studio del sistema di catalogazione per le categorie dei beni architettonici ed archeologici dell'ICCD per la costruzione del database, la costruzione dell'interfaccia PDF e la stesura del presente articolo. Rosanna Sciortino ha contribuito alla strutturazione ed al caricamento nel PDF del modello 3D realizzato da Alessia Garozzo, ha raccolto i dati e strutturato il progetto GIS 2D cui è stato collegato il PDF 3D.

Autori

- Andrea Scianna: IBAM - CNR, GISLAB DICAM UNIPA,
  Viale delle Scienze, edificio 8 - 90128 Palermo, Italy
  andrea.scianna@cnr.it
- Susanna Gristina: GISLAB DICAM UNIPA,
  Viale delle Scienze, edificio 8 - 90128 Palermo, Italy
  susanna.gristina@unipa.it
- Rosanna Sciortino: DICAM UNIPA,
  Viale delle Scienze, edificio 8 - 90128 Palermo, Italy
  rosanna.sciortino@unipa.it

Bibliografia

Ammoscato, A., Corsale, R. e Scianna, A. 2006. Cartografia numerica tridimensionale per GIS e WEB GIS: verso la fruizione virtuale in *Le nuove frontiere della rappresentazione 3D, Atti del 51° Convegno Nazionale SIFET (Castellaneta Marina, Taranto 2006)*, SIFET.

Anzalone, G. 2011. *Sistemi informativi per l'architettura. Applicazioni sul modello delle Carceri dell'Inquisizione a Palermo*, Tesi del Dottorato di Ricerca in Scienze del Rilievo e della Rappresentazione discussa al Dipartimento di Rappresentazione, Settore Scientifico ICAR/06, Università degli Studi di Palermo.

Apollonio, F., Gaiani, M. e Benedetti, B. 2012. 3D reality-based artefact models for the management of archaeological sites using 3D Gis: a framework starting from the case study of the Pompeii Archaeological area. *Journal of archaeological Science* 39: 1271–1287.

Barbera G., Corselli d'Ondes, G., Ala, M., Basile, A. e Fiammella, F. 2007. Il giardino della Fawarah. In G. Barbera (ed.), *Atti del Seminario Internazionale "Giardini Islamici" (Palermo 2006)*, Overwiew allegato al n. 16 di Architettura del Paesaggio: 1-10. Editore www.paysage.it.

De Luca, L., Busayarat, C., Stefani, C., Veron, P. e Florenzano, M. 2011. A semantic-based platform for the digital analysis of architectural heritage, *Computers & Graphics* 35 (2): 227–241.

Dore, C. e Murphy M. 2012. Integration of Historic Building Information Modeling (HBIM) and 3D GIS for Recording and Managing Cultural Heritage Sites. In G. Guidi, A.C. Addison (eds.), *Virtual Systems in the Information Society, Proceedings of the 18th International Conference on Virtual Systems and Multimedia (Milano 2012)*: 369–376. Milano, IEEE.

Gaiani, M. 2012. Creare Sistemi informativi per studiare, conservare, gestire e comunicare sistemi architettonici e archeologici complessi, DISEGNARE CON... 5 (n speciale): 9–20.

Gaiani, M., Benedetti, B. e Apollonio, F. I. 2011. Teorie per rappresentare e comunicare i siti archeologici attraverso modelli critici, *SCIentific RESearch and Information Technology* 1 (2): 33–70.

Roscelli, E. 2012. La rappresentazione digitale del patrimonio culturale: fruizione, valorizzazione, conoscenza. In E. Ilardi, S. Monaci, M. Spano (eds.), *Patrimonio Virtuale. Tecnologie e modelli per la valorizzazione e la comunicazione dei beni culturali*. Napoli, ScriptaWeb.

Sabbatini, F.C. 2011. Il SITAR e le procedure di acquisizione dei dati. In M. Serlorenzi (ed.), *SITAR Sistema Informativo Territoriale Archeologico di Roma, Atti del I Convegno SITAR (Roma 2010)*: 161–164. Roma, Iuno Edizioni.

Scianna, A., Serlorenzi, M., Gristina, S., Filippi, M. e Paliaga, S. 2013. Sperimentazione di tecniche BIM sull'archeologia di epoca Romana: Il caso delle strutture romane rinvenute nella cripta dei SS. Sergio e Bacco in Roma. In M. Serlorenzi (ed.), *Il SITAR nella Rete della Ricerca italiana. Verso la conoscenza archeologica condivisa, Atti del III Convegno SITAR (Roma 2013)*. In corso di stampa.

Scianna, A. e Sciortino, R. 2012. Utilizzo di strumenti free e open source per la fruizione di modelli di siti archeologici 3D basati su PDF. In M. Serlorenzi (ed.), *Archeologia e Calcolatori, Supplemento 4, 2013. ArcheoFOSS. Free, Libre and Open Source Software e Open Format nei processi di ricerca archeologica. Atti del VII Workshop (Roma, 11-13 giugno 2012)*. Firenze, All'Insegna del Giglio s.a.s.

Scianna, A. 2011. Modelli innovativi di cartografia numerica e sistemi di fruizione multimediale dei beni culturali. In M. Serlorenzi, I. Jovine (eds.), *SITAR Sistema Informativo Territoriale Archeologico di Roma, Atti del II Convegno SITAR (Roma 2011)*: 109–120. Roma, Iuno Edizioni.

Scianna, A. 2011. Fruizione di modelli dati GIS 3D di ambiente urbano tramite Web Services. In *Atti 15° Conferenza Nazionale ASITA (Federazione Italiana delle Associazioni Scientifiche per le Informazioni Territoriali e Ambientali), (Parma 2011)*: 1961–1970.

Scianna, A. e Ammoscato, A. 2010. 3D GIS data model using open source software. In *Core Spatial Databases - Updating, Maintenance and Services – from Theory to Practice, (Haifa 2010)*, ISPRS Archive Vol. XXXVIII, Part 4-8-2-W9, HAIFA: University of Haifa.

Vassallo, S. 2012. Il Castello di Maredolce In *Kalòs – Arte in Sicilia* 3, Anno 24: 23–25.

Zlatanova, S., Rhaman, A. A. e Shi, W. 2004. Topological models and frameworks for 3D spatial objects, *Journal of Computers & Geosciences*, May, 30 (4): 419–428

Zlatanova, S., Rhaman, A. A. e Pilouk, M. 2002. Trends in 3D GIS development, *Journal of Geospatial Engineering*, 4 (2): 1–10

Sitografia

http://www.beniculturali.it/mibac/export/MiBAC/sito-MiBAC/Contenuti/MibacUnif/Eventi/visualizza_asset.html_940602542.html/

Applicazioni FLOSS per l'acquisizione, gestione ed analisi dei dati archeologici. Il caso studio del sito paleolitico di Pirro Nord, Apricena (FG), Italia

Domenico Giusti

The Lower Paleolithic site of Pirro Nord (P13), Apricena, southern Italy, dated on biochronological basis between 1.3 and 1.6 Ma, attests the earliest human occupation of Western Europe in Early Pleistocene. It provides, together with other French and Spanish sites, an important contributions to the ongoing debat about the first European peopling. A Mode 1 lithic assemblage has been found in stratigraphic association with Late Villafranchian / Early Biharian paleontological remains. Since 2007, the site is investigated by the University of Ferrara (in collaboration with the Universities of Turin and Roma 'La Sapienza', until 2010). Systematic excavations and the adoption during the last years of modern technologies and recording methods (Total Station and Sfm/IBM among others) have produced a rich amount of digital data which required a convenient software framework to be managed. The development with FLOSS of an Archaeological Information System (AIS) for the management, the analysis and the long-term preservation of data from the P13 site is here presented and discussed. The core of the AIS lies in the spatial database, created with PostgreSQL/PostGIS and easily connected, thanks to a set of libraries, to the software used for data analysis (GRASS GIS, R). Moreover the AIS includes a web-based front-end for the spatial database such as a simple, userfriendly platform for data entry, query and recovery. The web-based interface for the back-end database has been devepoled from scratch in order to keep it simple and the more closed as possible to the paper forms used during the fieldwork to record data. Constraints and alarms guide the user during the data entry, an always critical error-prone activity. The database and the web server are hosted in a portable, credit-card sized computer (Raspberry Pi). Data (not open licensed) are also exported and stored in CSV open format files for long-term preservation aim. This very common and standardized format permits to import data in several software, accordind to specific necessities. In order to investigate the site formation processes, spatial analyses have been conducted, mainly in the R environment. The complete AIS has been documented in detail in a dedicated wiki website, for reproducibility and didactic purpose. Following indications from the *Guide to Good Practice* published by the *Archaeological Data Service* and *Digital Antiquity,* all the steps in the data entry, manipulation and analyses processes have been carefully documented in the wiki. Beside the meta-documentation purpose, the wiki was inspired by bunch of past experiences in offering didactic web resources for archaeological research. As part of a personal research, mainly focused on the documentation of the P13 Archaeological Information System, the wiki was mostly edited by the author. Nevertheless it has been published with the aim to reach and involve rather more scholars as contributors. It indeed represents an optimal environment for multidisciplanry research, adapted with its internal structure to follow the scientific process of continuous revisioning. For specific research projects, the wiki well meets the needs of publication and reproducibility of methods.
Finally the Pirro Nord Archaeological Information System is a pervasive and articulated application of FLOSS to an archaeological research project. Good practices of meta-documentation emerged from its development.

1. Introduzione

Il sito paleolitico di Pirro Nord (P13), Apricena (FG), offre, insieme ai contemporanei siti francesi e spagnoli (riferimenti in ARZARELLO *et al.* 2012), un importante contributo al dibattito sul primo popolamento europeo nel Pleistocene inferiore. Il sito è datato su base biocronologica tra 1.3 e 1.6 milioni di anni: artefatti litici sono associati ad una cospicua collezione di fossili vertebrati pleistocenici (unità faunistica di Pirro Nord, corrispondente al Villafranchiano finale) (ARZARELLO *et al.* 2007, 2009, 2010, 2012). Sistematiche indagini stratigrafiche sono state condotte a partire dal 2007 da un team di ricercatori delle Università di Ferrara, Torino e Roma 'La Sapienza', dal 2010 dall'Università degli Studi di Ferrara.

L'adozione negli ultimi anni di tecnologie e metodologie di rilevamento tridimensionale più sofisticate (stazione totale e SfM/IBM), così come l'aumento del volume dei dati acquisiti, ha richiesto un sostanziale rinnovamento nella gestione dei dati e l'adozione di un nuovo sistema informativo per la loro acquisizione, organizzazione ed analisi.

Tale sistema è stato sviluppato in occasione della mia tesi di Master presso l'Università degli Studi di Ferrara, il cui obiettivo principale era l'interpretazione dei processi formativi del sito attraverso analisi *fabric*, estremamente utili nello studio di eventi post-deposizionali, correlate a precedenti studi tafonomici sui resti di macro vertebrati (GIUSTI 2012). A tal scopo si rendeva necessaria una nuova infrastruttura dati, in sostituzione delle precedenti metodologie archivistiche non orientate alla costruzione di una struttura relazionale delle informazioni, oltre che prevalentemente implementate con software proprietari. L'esigenza di un database spaziale era inoltre supportata dalla particolare conformazione del deposito archeologico. In quanto parte di un articolato sistema carsico, il sito di Pirro Nord occupa una struttura ipogea dalla complessa storia tafonomica. Se «one of the greatest strengths of the use of GIS in archaeology is its diversity» (CONOLLY, LAKE 2006, 10), confermata dalla capillare diffusione che tale strumento vive negli ultimi anni, la sua flessibilità ne permette l'applicazione anche in siti archeologici con una più complessa conformazione. In tal senso, lo sviluppo di un GIS per il sito paleolitico di Pirro Nord ha risposto contemporaneamente ad una necessità gestionale ed ad una sfida analitica non comune.

Oggetto di questo contributo è lo sviluppo con FLOSS (Free/Libre and Open Source Software) di un Archaeological Information System (AIS) per il sito di Pirro Nord. Se l'applicazione di software libero in ambito archeologico non rappresenta più oggi una novità assoluta, grazie ad esperienze pioneristiche ed al lavoro di molti (vedi in ambito italiano i diversi contributi che dal 2006 popolano ArcheoFOSS), tuttavia resta pur sempre attuale una riflessione intorno alle motivazioni fornite ed alle pratiche adottate nello sviluppo di un sistema informativo per una ricerca scientifica. In tal senso il progetto qui esposto si inserisce in un fluire di esperienze passate maturate intorno alla necessità di assicurare un corretto processo di conservazione a lungo termine e pubblicazione dei dati; di un'accurata ed estensiva documentazione della ricerca scientifica; di una libera ed incondizionata diffusione delle conoscenze.

Oltre ad un database referenziale che assicuri consistenza, integrità e sicurezza dei dati, l'AIS implementato include un'interfaccia web, per un accesso condiviso e svincolato da specifiche risorse hardware e software. L'applicazione web per la digitalizzazione dei dati svolge oltretutto la fondamentale funzione di controllo sull'operatore della corretta immissione di questi, fornendo al contempo un semplice ed intuitivo form che ricalca fedelmente la documentazione cartacea. Il database ed il web server risiedono in un mini-computer (Raspberry Pi), dalle risorse hardware sufficientemente potenti, dal prezzo contenuto, estremamente portatile per rispondere alle esigenze di un singolo progetto di ricerca.

La migrazione del complesso di dati verso formati aperti non proprietari costituisce inoltre una decisiva ottimizzazione ed un fondamentale progresso verso un adeguato sistema di conservazione a lungo termine delle informazioni.

L'AIS si ispira alle indicazioni proposte dalle *Guides to Good Practice* (prodotte dalla collaborazione tra l'inglese *Archaeology Data Service* (*ADS*) e l'americana *Digital Antiquity*), nel recupero e nell'importazione dei dati (*Data entry*), nella strutturazione del database spaziale (*Spatial database*), nella produzione di dati secondari e nell'analisi statistica spaziale (*Manipulation and analysis*). Considerando l'eventuale riutilizzo dei dati per ulteriori indagini ed analisi, il sistema informativo spaziale, applicato al sito paleolitico di Pirro Nord, prevede, come parte integrante della ricerca, un dettagliato registro delle procedure seguite nella sua implementazione, nonché una altrettanto particolareggiata documentazione dei dati in esso inseriti, quindi delle analisi effettuate. A differenza dei dati stessi, tali report metodologici sono pubblicati con licenza Creative Commons BY-SA 3.0, assieme alla tesi di Master stessa (BY-NC-SA 3.0), in un sito wiki dedicato.

Tralasciando in questa sede di presentare i risultati ottenuti dalla ricerca, il presente contributo offrirà una panoramica delle metodologie applicate nelle fasi di sviluppo dell'AIS, nonché alcune prospettive di riflessione riguardanti buone pratiche di documentazione di una ricerca scientifica.

2. Data Entry: acquisizione ed integrazione dei dati

Per lo sviluppo dell'AIS sono stati collezionati ed integrati i dati raccolti sul sito P13 nel corso delle campagne di scavo stratigrafico organizzate dal 2007 ad oggi; oltre quelli provenienti da ulteriori analisi tafonomiche sui fossili di macro vertebrati rinvenuti sul sito e da analisi tecnologiche dell'insieme litico. L'obiettivo è stato infatti quello di costruire una struttura integrante che possa nel tempo accogliere e correlare dati provenienti da diversi studi.

L'uniformità formale degli archivi di dati provenienti dall'acquisizione delle coordinate cartesiane registrate dalla Stazione Totale (file TXT), dalla digitalizzazione delle schede stratigrafiche e dalle tabelle compilate nel corso delle analisi tafonomiche ed archeologiche (file Microsoft Office Excel®) ha richiesto l'adozione di un comune formato aperto la cui esportazione ed importazione sia supportata dalla gran parte dei software.

Il formato di file CSV (*Comma Separated Value*) è spesso usato nello scambio e nella conversione di dati tra le più eterogenee applicazioni, risultando di gran lunga il formato più diffuso per questo genere di compiti, pur non esistendo uno standard che lo definisca, quanto piuttosto una descrizione accurata e prassi consolidate che lo rendono altamente indicato anche per la conservazione a lungo termine dai dati.

Attraverso l'uso dei software liberi LibreOffice e GNU Emacs gli archivi di dati acquisiti sono stati dunque editati, esportati e salvati in file CSV e finalmente importati nel database spaziale.

Un iniziale controllo qualitativo e quantitativo sul totale dei dati acquisiti, affinché questi potessero essere integrati e strutturati in una forma idonea alla manipolazione statistica, ha evidenziato infine un ridotto ma non trascurabile numero di dati incoerenti. È possibile, con le dovute cautele necessarie in mancanza di una più accurata analisi, imputare questi ultimi a comuni errori umani di misurazione o di trascrizione. In effetti, al di là degli errori che normalmente accompagnano le misurazioni effettuate sul campo, errori di trascrizione sono generalmente ricorrenti nel trasferimento dei dati primari su supporti secondari.

Questo problema è stato in gran parte aggirato attraverso l'implementazione di una interfaccia web d'inserimento dati, fac-simile della documentazione cartacea, provvista di costrizioni e menù a tendina che guidano l'operatore nella pratica di digitalizzazione dei dati. L'applicazione web (Figura 1) di accesso al database è stata sviluppata, appositamente per questa ricerca, in

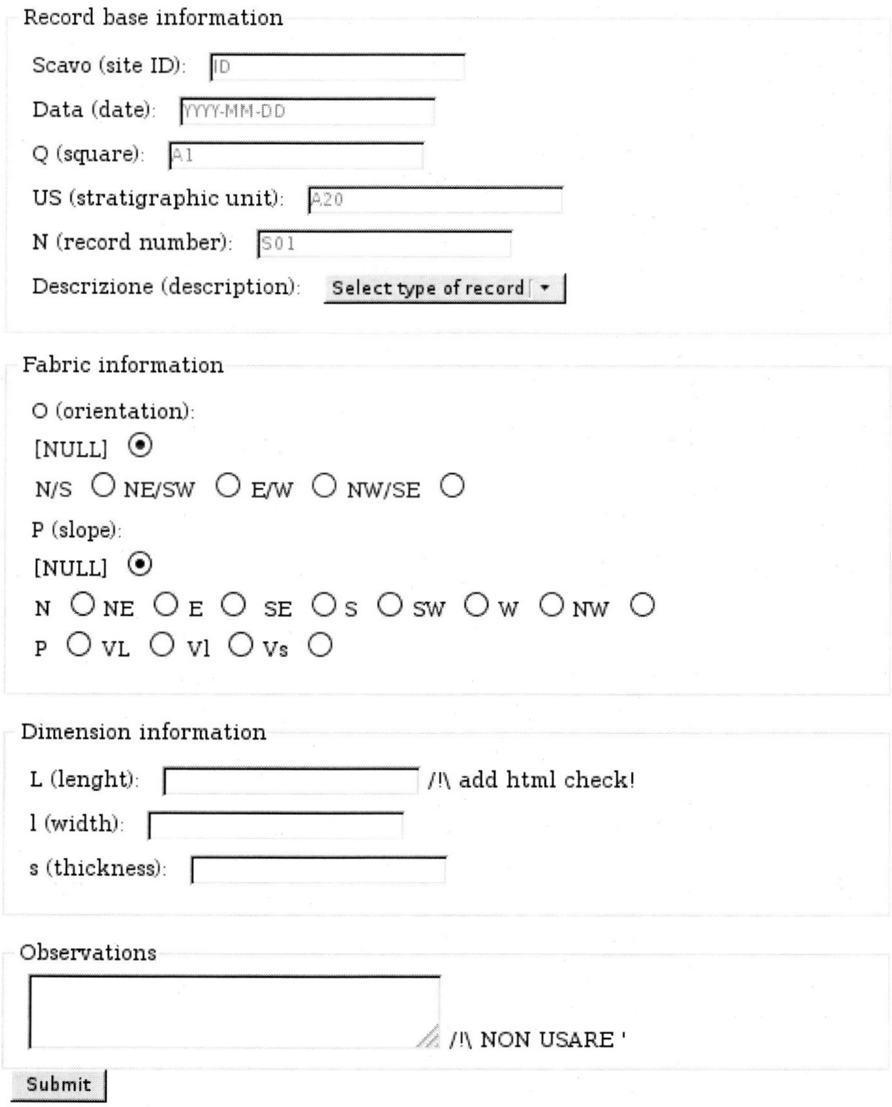

Figura 1 – PiNo, applicazione web di accesso al database del sito di Pirro Nord 13.

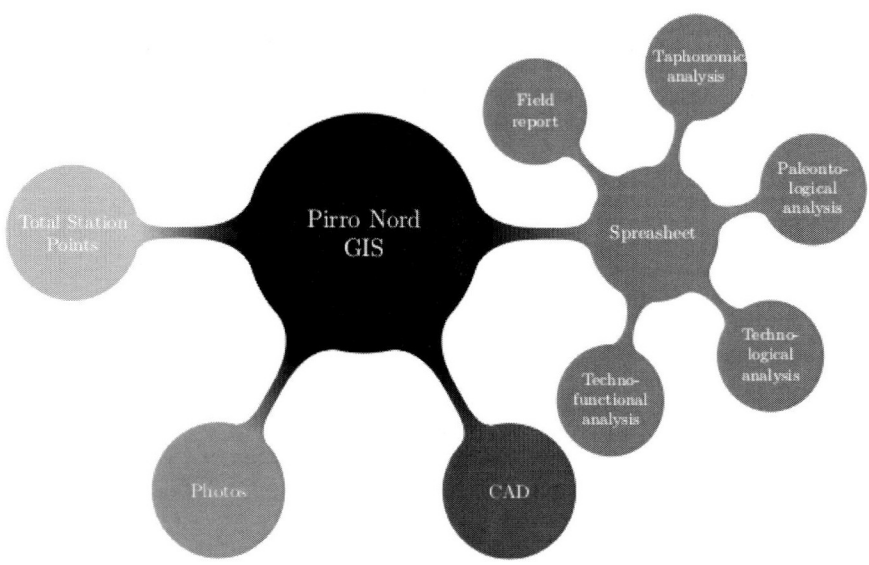

Figura 2 – Diagramma della struttura del database del sito Pirro Nord 13.

linguaggio HTML, CSS e PHP ed è ospitata da un server Raspberry Pi dedicato, raggiungibile da una LAN, dotato di sistema operativo Raspbian e piattaforma Apache HTTP Server. L'implementazione di tale applicazione, ancora in fase di test, agevolerà la digitalizzazione dei dati e permetterà un controllo back-end sui potenziali errori di trascrizione. Fornisce inoltre all'utente la possibilità di richiamare ed editare record dal database, effettuare semplici *query* ed esportarne i risultati in file CSV. Il codice di sviluppo dell'applicazione è liberamente accessibile in una piattaforma di VCS. Pur richiedendo un notevole impegno nello sviluppo *from scratch* e nella revisione del codice, la scelta di non adottare una preesistente applicazione (tra le altre, ARK http://ark.lparchaeology.com/) di gestione dei dati di scavo è stata guidata dalle specifiche necessità del progetto: minimalismo, personalizzazione e fedeltà al formato cartaceo.

3. Spatial Database: gestione e manutenzione dei dati
Il software utilizzato per creare, gestire ed analizzare il database è un potente *relational database management system* (RDBMS): PostgreSQL, grazie alla sua estensione PostGIS, supporta inoltre oggetti geografici, potendo così essere proficuamente usato anche come DBMS per progetti GIS in cui dati spaziali sono relazionati ad attributi non spaziali.
Sebbene molti software GIS integrino soluzioni per la gestione di database non-spaziali, l'utilizzo di programmi specifici a cui collegarli è comunque da preferire per diverse ragioni:
- un DBMS esterno gestisce meglio strutture complesse di tabelle e relazioni;
- il recupero dei dati è molto più veloce per volumi consistenti;
- un DBMS permette *query* molto più complesse consentendo di sfruttare a pieno le potenzialità del linguaggio SQL;
- un DBMS permette inoltre di definire regole (*constraints*) per assicurare l'accuratezza e la consistenza del database (Burrough, McDonnell 1998).

Il diagramma in Figura 2 schematizza la struttura concettuale adottata per il database del sito di Pirro Nord ed evidenzia come siano integrate nel sistema sia dati afferenti a specifiche categorie (*field report, paleontological classification, taphonomic analysis, plan maps (CAD), photos*) sia dati spaziali tridimensionali dei reperti coordinati.

Il modello così concepito, implementato in codice SQL, è predisposto inoltre a successive e future estensioni, permettendo l'aggiunta ed il collegamento di ulteriori tabelle di dati grazie all'elasticità propria del sistema relazionale. Dati provenienti ad esempio da analisi funzionali sull'insieme litico potranno essere integrati e correlati a quelli già presenti.

Per garantire una stabile integrità referenziale ed una gestione avanzata delle transazioni, oltre ai vincoli (*not-null* ed *unique*) associati alle chiavi primarie ed esterne, responsabili del mantenimento della correttezza delle relazioni; vincoli di tipo *check* sono stati definiti per altri campi numerici.

4. Manipulation and Analysis: esplorazione ed analisi dei dati

Sfruttando le capacità di connessione di PostgreSQL con uno dei più potenti applicativi specificatamente orientati alle analisi quantitative (R), lo studio dell'orientazione preferenziale e della distribuzione spaziale dei record ha integrato gli studi tafonomici, là dove questi non sono stati condotti «a causa delle condizioni dei depositi» (BAGNUS2011), al fine di apportare un contributo statistico spaziale alla comprensione dei processi di formazione del deposito. Ad una prima fase descrittiva ed esplorativa (*Exploratory Data Analysis*) è seguita una seconda pienamente deduttiva (*Data mining*) di estrazione delle informazioni.

Librerie di collegamento tra PostgreSQL ed R permettono di riversare i dati dal database spaziale nell'*environment* del linguaggio di programmazione R, in cui sono disponibili una grande varietà di strumenti d'analisi statistiche e di rappresentazioni grafiche. Tra questi i pacchetti Circstats (Circular Statistics, from 'Topics in circular Statistics' (2001) S. Rao Jammalamadaka and A. SenGupta, World Scientific), heR.Misc (http://ExposureScience.Org/) e RFOC (http://cran.r-project.org/web/packages/RFOC/index.html) hanno fornito tutta la gamma di funzioni applicate per le analisi *fabric*.

Per diversi studi (DOMÍNGUEZ-RODRIGO *et al.* 2012; FRANCISCI 2011; LENOBLE, BERTRAN 2004; MCPHERRON 2005) le analisi *fabric* si sono dimostrate un valido approccio nell'interpretazione di pattern di distribuzione circolare e nella ricostruzione dei processi post-deposizionali; ma una condizione imprescindibile risulta essere l'accuratezza delle misurazioni sul campo dei valori di orientazione ed inclinazione. Per il sito di Pirro Nord il grado di misurazione adottato per queste variabili limita drammaticamente l'applicabilità di statistiche circolari e dirotta le analisi quantitative verso altre metodologie d'indagine. D'altra parte, in un ambiente carsico quale il deposito di Pirro Nord, in cui la componente verticale gioca un ruolo fondamentale, lo studio dell'orientazione non può prescindere dall'analisi delle reciproche relazioni tridimensionali che si instaurano tra componenti di un deposito.

Lo studio dei processi *point pattern*, nell'ipotesi che una differente distribuzione spaziale di punti sia generata da differenti processi sedimentari, risulta essere al momento la principale prospettiva d'analisi spaziale per il sito di Pirro Nord 13. Nelle particolari condizioni in cui risiede il sito, tuttavia, tale analisi non può prescindere da una completa ricostruzione tridimensionale del deposito, dal momento che i risultati sarebbero viziati dalla presenza di consistenti vuoti volumetrici, gestiti non sempre ottimamente dalle funzioni statistiche, là dove ad esempio grandi masse rocciose non sono state rilevate.

L'adozione quindi di metodologie di rilevamento tridimensionale come SfM/IBM (Structure from Motion/Image Based Modelling) ha permesso la ricostruzione virtuale del deposito ed analisi spaziali *point pattern*. L'integrazione di superfici e volumi 3D, in relazione col database, è stata possibile grazie a software GIS veri e propri: GRASS GIS (http://grass.osgeo.org/) è stato in particolare usato in questa ricerca.

Figura 3 – Cloud link ad esperienze di riferimento.

5. Wiki: verso una ricerca riproducibile
Un ruolo decisivo nel processo di sviluppo e meta-documentazione dell'AIS per il sito di Pirro Nord è giocato dal wiki. Nato nel contesto del workshop 'GNewArchaeology', principalmente con intenti didattici e sulla scia di altre esperienze – tra le quali: IOSA, Digital Arhaeological Documentation Project, Useless Archaeology (Figura 3), il wiki è stato adottato fin dall'inizio del lavoro come corollario e complemento della ricerca stessa. Considerando l'eventuale riutilizzo dei dati per ulteriori analisi, con il wiki si tenta di seguire buone pratiche di registrazione delle procedure seguite nella implementazione del sistema informativo e nelle analisi. Le guide di riferimento sono le *Guides to Good Practice*, i cui obiettivi dichiarati sono «to ensure digital data access and long-term preservation» (http://guides.archaeologydataservice.ac.uk/g2gp/GuideAim).

La metodologia di ricerca adottata, dettagliatamente descritta, soggetta per natura a continue rielaborazioni e sempre replicabile, trova nel wiki un ambiente assolutamente adatto a trattarne le revisioni. L'idea di riferimento è in questo caso la riproducibilità della ricerca scientifica, uno dei capisaldi del metodo scientifico. La pubblicazione parallela dei risultati della ricerca, delle metodologie applicate ed auspicabilmente dei dati utilizzati rappresenta un enorme vantaggio per la ricerca stessa nei termini di: una accurata valutazione della correttezza dei risultati; una maggiore credibilità; un più efficiente apporto didattico; un globale perfezionamento delle metodologie.

6. Conclusione

Con il presente contributo è stato presentato lo sviluppo di un AIS per il sito paleolitico di Pirro Nord, richiesto dalle necessità di gestione della crescente quantità di informazioni e dalle specifiche esigenze analitiche della mia ricerca sui processi formativi del sito. I software liberi utilizzati, così come l'hardware, si sono rilevati validi ed insostituibili strumenti. Maggiore attenzione è stata tuttavia posta sulle metodologie applicate nell'implementazione del sistema, nel trattamento dei dati e nella documentazione della ricerca.

Per rispondere ad esigenze di controllo e validazione nel processo di digitalizzazione dei dati, altresì per agevolare gli utenti in tale lavoro, è stata integrata al sistema una intuitiva interfaccia web al datatabase spaziale. La migrazione del complesso di dati verso formati aperti non proprietari, così come l'aggiornata e completa descrizione di questi, costituiscono una decisiva ottimizzazione ed un fondamentale progresso verso un adeguato sistema di conservazione a lungo termine delle informazioni. Infine buone pratiche di documentazione dei dati come del processo di sviluppo dell'AIS, dalla progettazione del database alle analisi quantitative applicate, hanno trovato nel wiki correlato uno spazio pubblico adeguato e strutturalmente predisposto alla revisione e riproduzione della ricerca stessa.

Ringraziamenti

Un sentito ringraziamento alla Dott.ssa Marta Arzarello (Università degli Studi di Ferrara), direttrice delle ricerche presso il sito di Pirro Nord 13, per la sua disponibilità e per aver permesso e promosso questo studio; a Julie Arnaud per il suo apporto scientifico alla ricerca e supporto. Parte di questo contributo è stato supportato dall'European Research Council (ERC STG 283503: 'Paleontology at the Gate of Europe: Human Evolution in Southern Balkans').

Autore

- Domenico Giusti: Paläoanthropologie, Senckenberg Center for Human Evolution and Paleoecology, Eberhard Karls Universität Tübingen

Bibliografia

Arzarello M., Marcolini F., Pavia G., Pavia M., Petronio C., Petrucci M., Rook L., Sardella R. 2007, *Evidence of earliest human occurrence in Europe: the site of Pirro Nord (Southern Italy)*, «Naturwissenschaften», 94, 107-112.

Arzarello M., Marcolini F., Pavia G., Pavia M., Petronio C., Petrucci M., Rook L., Sardella R. 2009, *L'industrie lithique du site Pléistocène inférieur de Pirro Nord (Apricena, Italie du sud): une occupation humaine entre 1,3 et 1,7Ma*, «L'Anthropologie», 113, 47-58.

Arzarello M., Peretto C. 2010, *Out of Africa: The first evidence of Italian peninsula occupation*, «Quaternary International», 223–224, 65-70.

Arzarello M., Pavia G., Peretto C., Petronio C., Sardella R. 2012, *Evidence of an Early Pleistocene hominin presence at Pirro Nord (Apricena, Foggia, southern Italy): P13 site*, «Quaternary International», 267, 56-61.

Bagnus C. 2011, *Analisi tafonomica delle associazione a vertebrati del Pleistocene Inferiore di Pirro Nord*, Tesi di Dottorato, Università degli Studi di Torino.

Bertran P., Texier J.-P., 1995, *Fabric analysis: application to Paleolithic sites*, «Journal of Archaeological Science», 22, 521-535.

Burrough P. A., McDonnell R. A., 1998, *Principles of Geographic Information Systems*, Oxford University Press.

Conolly J., Lake M., 2006, *Geographical Information Systems In Archaeology*, Cambridge University Press.

Domínguez-rodrigo M., Bunn H.T., Pickering T.R., Mabulla A.Z.P., Musiba C.M., Baquedano E., Ashley G.M., Diez-martin F., Santonja M., Uribelarrea D., Barba R., Yravedra J., Barboni D., Arriaza C., Gidna A., 2012, *Autochthony and orientation patterns in Olduvai Bed I: a re-examination of the status of post- epositional biasing of archaeological assemblages from FLK North (FLKN)*, «Journal of Archaeological Science», 39, 2116-2127.

Francisci D., 2011, *Analisi di fabric in archeologia: proposta di un metodo per la raccolta, l'elaborazione e l'interpretazione dei dati*, «Archeologia e Calcolatori» 22, 217-241.

Giusti D., 2012, *L'applicazione di tecnologie spaziali al sito paleolitico di Pirro Nord (Apricena), Italia,* Tesi di Master, Università degli Studi di Ferrara.

Lenoble A., Bertran P., 2004, *Fabric of Paleolithic levels: method and implications for site formation processes*, «Journal of Archaeological Science», 31, 457-469.

McPherron S. J., 2005, *Artifact orientations and site formation processes from total station proveniences*, «Journal of Archaeological Science», 32, 1003-1014.

Comprendere e valorizzare il dato cronologico: dalle problematiche del progetto R.I.M.E.M. al progetto Datando

Diego Gnesi Bartolani, Umberto Moscatelli

This paper presents a new python library for managing date and time variables, named Datando. Datando can manage datetime variables in a range of +/- 5,000,000,000 years, with a precision of 10-6 seconds. With such a range and precision, Datando can be used by historians, archaeologists, physicians, and geologists.

Datando allows to convert date/time variables between different formats, to execute operations on these variables, to define time intervals and to execute operations on time intervals, as testing for equality or overlappings, also using a fuzzy approach.

The Datando library has carried out in the framework of the R.I.M.E.M. project (Ricerche Sugli Insediamenti Medievali dell'Entroterra delle Marche, Researches on the Medieval Settlements in the Inland of the Marche Region, Italy), leaded by the University of Macerata. This project requires the recording of all available data about medieval settlements (archaeological, historical and documental information), and the Datando library is used to manage and compare the cronologies of all these kinds of records.

La metodologia del progetto R.I.M.E.M. (Ricerche sugli Insediamenti Medievali nell'Entroterra delle Marche) prevede un utilizzo integrato di un ampio repertorio di fonti e strumenti necessari allo studio diacronico dei paesaggi storici (Gnesi et al. 2007; Moscatelli 2011, 2012 e 2013). L'approccio multidisciplinare ha ovviamente posto il gruppo di ricerca di fronte a una serie di problematiche insite nella diversità dell'apporto testimoniale delle diverse fonti, sia in ordine al loro livello di definizione, sia – per venire al tema di questo contributo – in rapporto alla collocazione cronologica delle fonti stesse o delle informazioni in esse contenute. La ricaduta di tali problematiche, peraltro, appare evidente soprattutto nel momento in cui, nell'ambito dei processi interpretativi, si tenta una coerente ricomposizione dei dati desunti dai diversi filoni della ricerca.

Tra questi ultimi, l'archeologia delle zone arate riveste un ruolo di primo piano per l'ingente quantità di reperti – prevalentemente ceramici – recuperati nel corso delle ricognizioni. In termini di gettito di materiali, infatti, il diverso indice di visibilità dei diversi periodi storici (l'alto medioevo ad esempio è quasi invisibile) ha suggerito il ricorso a una metodologia di indagine particolarmente intensiva, concretizzatasi nella tecnica della quadrettatura sistematica dei campi. Essa ha garantito il recupero di indicatori diagnostici che sicuramente sarebbero risultati indisponibili se fosse stato adottato un livello di intensità inferiore; tuttavia la maggioranza dei reperti si presenta molto frammentata a causa dello stress meccanico dovuto ai lavori agricoli, condizione che ne riduce sensibilmente le possibilità di inquadramento tipologico e cronologico, peraltro reso complesso da altre intrinseche difficoltà riconducibili alle scarse conoscenze che si possiedono sulle produzioni regionali postclassiche, soprattutto se prive di rivestimento, e alla carenza di dati stratigrafici (Konestra, Moscatelli, Virgili 2011). Spesso capita, pertanto, che le datazioni dei reperti si attestino su archi cronologici di una certa ampiezza, fatto che complica non poco il raccordo tra le indicazioni fornite dal *record* di superficie e quelle desumibili, ad esempio, dalle fonti documentarie o dall'edificato storico.

Le prime, a parte lacune riscontrabili per alcuni contesti territoriali, sono di solito disponibili in grande abbondanza e sono pure in grado di fornire informazioni il cui apporto testimoniale è qualitativamente e quantitativamente diverso da quello delle fonti archeologiche, essendo per molti aspetti più "denso". Esse infatti sono ricchissime di riferimenti ad attività, gruppi sociali, cicli produttivi ecc. che risultano di fatto invisibili attraverso la sola lettura degli indicatori archeologici. Mi riferisco, ad esempio, agli spazi di lavoro destinati alla produzione del carbone, oppure alle attività legate alla tintura dei tessuti o alla concia delle pelli, alle attività siderurgiche, a quelle molitorie, a quelle estrattive, come pure all'insediamento sparso e via dicendo.

Ora, lasciando da parte i problemi connessi all'enorme impegno richiesto dallo spoglio sistematico dei dati d'archivio, alla loro lettura, alla georeferenziazione delle informazioni in esse contenute e dunque alla loro gestione all'interno di un sistema informativo territoriale in vista della sovrapposizione topologica con altre categorie di dati, veniamo agli aspetti strettamente collegati alla gestione del dato cronologico.

Normalmente le fonti archivistiche recano un'indicazione esatta della data in cui la fonte stessa è stata compilata. Così è – per quanto concerne la documentazione finora consultata – per le pergamene, i catasti medievali, gli atti notarili, gli elenchi dei fuochi, le visite pastorali, ecc. e per altre classi di documenti provviste di allegati grafici, come alcuni atti notarili e le matrici dei catasti rurali associate a mappe; tra di esse rientrano i catasti Gregoriano, Salimbeni e Devoti, per i quali è iniziato un lavoro di digitalizzazione finalizzata alla gestione G.I.S. (Gnesi, Moscatelli 2008; Ravaschieri 2011).

Ciascuna delle fonti elencate contiene una serie di informazioni di vario genere: toponimi, antroponimi, rete stradale e insediativa, rete ecclesiastica e altro ancora, tutte di grande rilevanza ai fini della ricostruzione del paesaggio. Consideriamo ad esempio la seguente sequenza confinaria, contenuta in un documento datato al gennaio del 977 e appartenente al c.d. Codice 1030 dell'Archivio Diplomatico di Fermo:

[...] et in villa de Aspecto et in Fagieto Rotundo et in Sale Macine et in Caprafico et in pisa via [e Cammiano et in Castavia et in ipsa via de] Busonico et in Tilla et in Castavia grossa et in Colle Selvani et in [colle Alveresia] et in Mure Villa et in Fago Ranciata; et dedimus tibi a dicto Mainardo comes vel [dicta] generazione tua [omnia] ipsa res sancte nostre Firmane Ecclesie de fundo Marte et in fundo de Iuliano [et in No]va et in Furca et in campo de Viani [...]

Il passo citato, riportato secondo una trascrizione di Delio Pacini (Pacini 1996, p. 93), esemplifica solo una minima parte dei dati contenuti nel documento, dati che rendono conto dell'assetto di un ampio territorio dell'entroterra fermano nella seconda metà del X secolo e che pertanto rappresentano un fondamentale punto di riferimento per le indagini archeologiche.

Ora, proprio in vista del raccordo tra le diverse fonti cui si è fatto riferimento in precedenza, la domanda che ci si pone di fronte a documenti come quello riportato è quanto sia ampio l'intervallo di tempo all'interno del quale ritenere valide le informazioni che essi contengono. Tale domanda, naturalmente, ha un suo preciso significato non solo in rapporto ai processi interpretativi, ma anche – a monte – nella formulazione delle interrogazioni delle basi di dati.

Gli stessi problemi si pongono, a maggior ragione, per tutti quei documenti che risultano privi di una indicazione cronologica precisa e che pertanto vengono datati – ad esempio – su base paleografica.

Considerazioni analoghe, peraltro, possono essere espresse a proposito dell'edificato storico, le cui problematiche sono state recentemente lumeggiate da A. D'Ulizia (D'Ulizia 2008). La mancanza di elementi utili alla determinazione di una cronologia assoluta conduce

inevitabilmente a datazioni basate su classificazioni tipologiche, con le conseguenti difficoltà di realizzare una periodizzazione puntuale delle fasi di vita degli edifici.
Tutto ciò ha portato a riconsiderare le modalità di attribuzione del dato cronologico all'interno del S.I.T. del progetto R.I.M.E.M., con il fine di pervenire a una gestione più flessibile e capace di dialogare con le caratteristiche dei dati raccolti.

U.M.

> «Il modo di gestire le date storiche precedenti all'anno 1800 o simili
> è un problema delicato che è meglio lasciare agli esperti di storia.»
> STROUSTRUP 2000. p. 267.

Com'è noto, la fortuna dei GIS, strumenti privilegiati per la gestione e la consultazione di documentazione archeologica in formato digitale, è dovuta alla capacità di questa categoria di software di manipolare ed analizzare dati e fenomeni in relazione alla loro posizione e alla loro estensione geografica, definite sulla base di sistemi di riferimento assoluti.

Eppure, se tale capacità rende i GIS strumenti irrinunciabili per l'archeologo, va registrata l'assenza di un prodotto simile che consenta, altrettanto efficacemente, di memorizzare, analizzare e confrontare la posizione degli eventi sulla lunga linea temporale che si estende dalla preistoria ai giorni nostri.

Ad oggi, le soluzioni proposte per risolvere tale questione possono essere raggruppate nel seguente modo:

1. Indicazione delle cronologie assolute in formato testuale.
Oltre a presentare problemi di convalida del dato (si devono prevedere strumenti di controllo per le espressioni più disparate, come "I sec. a.C.", "secc. I-III d.C.", "primi anni del IV sec. d.C.", "età romana", ecc.), questo metodo di lavoro presenta enormi inconvenienti allorché si debbano eseguire operazioni di confronto e ordinamento di datazioni: si rende infatti necessario predisporre un'applicazione piuttosto sofisticata per tradurre le stringhe di testo inserite in numeri sui quali eseguire i calcoli e, successivamente, i numeri in stringhe di testo per mostrare i risultati delle operazioni. Inoltre, tale conversione deve avvenire per ogni singola datazione, moltiplicando i tempi di esecuzione di procedure altrimenti banali.

Un approccio di questo tipo si ritrova, ad esempio, nei correnti standard catalografici dell'ICCD[1], dove il paragrafo DT (Cronologia) contiene due campi strutturati: DTZ (Cronologia generica) e DTS (Cronologia specifica), che si riferiscono rispettivamente a una "fascia cronologica di riferimento" e a una "datazione specifica in anni".

Nel primo caso, le datazioni vengono memorizzate come indicazioni generiche del periodo cronologico di riferimento, segnalato nelle forme più svariate (es. "sec. I a.C.", "età romana", "secc. IV a.C. - V d.C.") e seguito da una "Frazione cronologica" che può specificare ambiti più ridotti del periodo indicato (es. "inizio", "fine", "metà", "primo quarto", ecc.).

Nel caso delle cronologie specifiche, invece, si forniscono un *terminus post quem* e un *terminus ante quem* indicando gli anni con i numeri arabi, seguiti dalle abbreviazioni "a.C." o "d.C." e da ulteriori indicazioni quali "post", "ante", "ca." e "(?)".

Sebbene sia relativamente semplice convertire i sottocampi del campo strutturato DTS in formato numerico, così non è invece per il campo strutturato DTZ, che soffre di tutti i difetti evidenziati in precedenza.

---

[1] http://www.iccd.beniculturali.it/index.php?it/251/beni-archeologici/

2. Indicazione di ambiti cronologici in forma di intervalli *[post, ante]*, dove *post* e *ante* sono numeri che rappresentano anni del calendario gregoriano, tali che *post* ≤ *ante*.
Questa soluzione è una delle più semplici da implementare e anche una delle più utilizzate dalla maggior parte dei ricercatori, poiché consente di eseguire alcune operazioni di base con le date senza dover effettuare conversioni e senza dover scrivere codice di programmazione. Memorizzando tali valori in due campi di tipo intero in una tabella di un database relazionale, è possibile ad esempio compiere le seguenti operazioni utilizzando l'SQL:
- gestire datazioni all'anno (ponendo *post* = *ante*);
- gestire intervalli cronologici precedenti all'era cristiana (utilizzando numeri negativi per le datazioni);
- calcolare la durata in anni di un intervallo cronologico;
- selezionare tutti gli elementi della tabella *t* le cui cronologie comprendano un determinato anno:

```
SELECT * FROM t WHERE t.post <= 476 AND t.ante >= 476;
```

- selezionare tutti gli elementi della tabella *t* le cui cronologie ricadano completamente nell'arco cronologico [*cron1*, *cron2*]:

```
SELECT * FROM t WHERE t.post >= cron1 AND t.ante <= cron2;
```

- selezionare tutti gli elementi della tabella *t* le cui cronologie ricadano almeno in parte nell'arco cronologico [*cron1*, *cron2*]:

```
SELECT * FROM t WHERE NOT (t.ante < cron1 OR t.post < cron2);
```

- ridurre, aumentare o traslare l'intervallo cronologico, operando sui valori numerici *post* e *ante*.

Tra le applicazioni per la gestione dei dati di scavo e delle collezioni di reperti, le più diffuse sono certamente quelle che trattano le cronologie in questo modo o in modi simili (ad esempio riconoscendo più fasi per uno stesso elemento schedato e attribuendo dei valori *post* e *ante* a ciascuna fase, oppure memorizzando dati aggiuntivi quali una versione testuale della stessa datazione, o ancora non utilizzando i numeri negativi per le date a.C., preferendo gestirle in un campo a parte). Gli esempi sono molti, anche se difficili da individuare, perché spesso le informazioni sul metodo di gestione della cronologia non vengono pubblicate; tra i casi noti, vi sono la celebre piattaforma OpenArcheo, sviluppata dal Laboratorio di Informatica Applicata all'Archeologia Medievale (L.I.A.A.M.) dell'Università degli Studi di Siena (Fronza 2009, pp. 37-38), il sistema *Vasa Rubra* relativo alle terre sigillate di Iulia Concordia (Annibaletto 2007), il S.I.T. archeologico della città di Parma (Bigliardi 2007), e fino ad oggi, lo stesso S.I.T. del progetto R.I.M.E.M. (Gnesi *et al.* 2007, pp. 122-125) e il software Archivio di Scavo, realizzato da chi scrive per la Soc. Coop. ArcheoLAB e utilizzato dal Consiglio Nazionale delle Ricerche e dalla Scuola di Specializzazione in Beni Archeologici dell'Università della Basilicata (Gnesi Bartolani 2007).

3. GIS Temporali
I GIS Temporali (*Temporal GIS* o *TGIS*) rappresentano una soluzione più complessa al problema della gestione delle cronologie, poiché consentono di utilizzare, all'interno di un GIS (preesistente o realizzato *ad hoc*), dati o metadati relativi all'inquadramento cronologico degli elementi gestiti per rappresentare o simulare l'evoluzione di un evento nel corso del tempo. L'applicazione di coordinate temporali alle entità usualmente manipolate dai GIS consente di attribuire maggiore potenza a questa già versatile categoria di software, permettendo ad esempio di eseguire ripetutamente degli algoritmi su un'immagine *raster* per tentare di prevedere

l'evoluzione di un fenomeno a intervalli prestabiliti di tempo in riposta a certe condizioni del sistema o, al contrario, di determinare, sulla base dei cambiamenti rilevati nell'entità o nell'estensione di un certo fenomeno tra una rilevazione e l'altra, l'intensità delle forze che hanno prodotto tali cambiamenti (CHRISTAKOS *et al.* 2002).

Va tuttavia chiarito che la maggior parte delle funzioni di analisi temporale proposte dai GIS in commercio è inadatta ad applicazioni in ambito archeologico[2], poiché basata su tipi di dato pensati per gestire date e intervalli di tempo assai ristretti, che solitamente neppure arrivano a coprire l'ambito cronologico riferibile alla storia contemporanea.

Esistono tuttavia soluzioni più specifiche finalizzate anche allo studio di fenomeni storici, tra cui l'interessante progetto TimeMap condotto dall'Università di Sidney, che si proponeva di fornire uno strumento per la creazione di mappe interattive navigabili in una dimensione diacronica, e di cui purtroppo non si riscontrano aggiornamenti dal 2009[6].

Va tuttavia rilevato che, al di là della complessità degli strumenti di navigazione, i *Temporal GIS* archeologici tendono ad utilizzare lo stesso metodo di indicazione delle cronologie descritto al punto precedente, e cioè basato su intervalli di tempo espressi nella forma [post, ante].

4. Gestione di cronologie assolute tramite l'impiego della *fuzzy logic* e dell'inferenza bayesiana

La *fuzzy logic* rappresenta un ambito di ricerca assai promettente, che vanta già interessanti applicazioni in ambito archeologico. Il concetto alla base della *fuzzy logic* è che vi sono proposizioni riguardanti il mondo reale delle quali non è possibile affermare che siano del tutto vere o false, quanto piuttosto che posseggano un certo grado di verità. Così potrebbe essere, ad esempio, per l'affermazione: "Lo scheletro della tomba x apparteneva ad un giovane," considerando che l'affermazione è certamente vera per la sepoltura di un bambino, è certamente falsa per un individuo morto di vecchiaia ed è parzialmente vera in alcuni casi intermedi[3].

Attribuiti il valore 0 alla condizione di assoluta falsità e 1 alla condizione di assoluta verità, si possono assegnare valori compresi nell'intervallo [0, 1] ad ogni affermazione contraddistinta da un certo grado di vaghezza, cioè, per l'appunto, *fuzzy*.

Il concetto può essere applicato anche alle datazioni per risolvere alcuni problemi derivanti dalla necessità di processare attribuzioni cronologiche contraddistinte da un certo livello di incertezza o di imprecisione. Ad esempio, si potrebbe verificare in che misura sia vero che l'anno 605 d.C. rientri nella definizione "primi anni del VII sec. d.C." considerando:

- che il VII sec. d.C. inizia il 1 gennaio dell'anno 601 e termina il 31 gennaio del 700 (si ricorda che l'anno 0 nel calendario cristiano non esiste; il primo intervallo di cento anni va dunque dall'anno 1 all'anno 100, il secondo dal 101 al 200, e così via, ed è errato porre il VII secolo pari all'intervallo [600, 699]);
- che dunque la definizione è assolutamente vera per il 601, primo anno del secolo;
- che la definizione può essere considerata assolutamente falsa per gli anni successivi al 625, più vicini alla metà del secolo che al suo inizio;
- che è possibile attribuire a ogni anno del venticinquennio così individuato un coefficiente *fuzzy* di verità compreso tra 0 e 1;
- che, infine, per gli anni compresi in questo quarto di secolo si potrebbe calcolare un coefficiente fuzzy con la formula: 1 - (anno - 600)/25;

---

2 Per un'introduzione generale all'impiego della fuzzy logic e del teorema di Bayes in archeologia, si vedano Niccolucci, Hermon 2003, Cowgill 2002 e D'Andrea 2006, pp. 61-75. Per un'introduzione più generale alla fuzzy logic e all'inferenza bayesiana, cfr. rispettivamente Veronesi, Visioli 2003 e Hoff 2009.

3 Esempio tratto da Niccolucci, Hermon 2003.

Quindi, il valore di verità dell'affermazione "l'anno 605 è compreso nella definizione 'primi anni del VII sec. d.C.'" è pari a 1 - (605 - 600)/25 = 0,8 (e dunque risulta più vera che falsa, perché il suo valore si avvicina ad 1 più che a 0).
Immaginando di voler consentire a un GIS di effettuare ricerche per le località di rinvenimento delle iscrizioni datate ai primi anni del VII secolo, si potrebbe ipotizzare di dotarlo di una funzione che visualizzi i risultati sulla mappa assegnando alle geometrie colori più sfumati o valori di trasparenza sempre più elevati al diminuire dei coefficienti *fuzzy* calcolati con il metodo appena mostrato.
L'inferenza bayesiana, invece, consente sempre di esprimere l'appartenenza di un elemento a un determinato periodo cronologico mediante un valore compreso tra 0 e 1, inteso stavolta come la probabilità che l'elemento considerato rientri effettivamente nel range cronologico in esame alla luce dell'esperienza pregressa. La differenza tra approccio bayesiano e *fuzzy logic* è sottile ma importante: con l'inferenza bayesiana (e l'approccio probabilistico in generale) un elemento può appartenere del tutto o non appartenere per nulla a un insieme, e il valore numerico della probabilità esprime quanto una delle due situazioni sia più probabile dell'altra, benché solo una di esse si realizzerà, mentre nella logica *fuzzy* può verificarsi che un elemento appartenga in certa misura a un insieme e, contemporaneamente, al suo complemento[4].
Esistono già interessanti implementazioni di Temporal GIS in grado di operare su valori *fuzzy* o coefficienti bayesiani riguardanti cronologie di fenomeni archeologici. La trattazione più estesa è quella di Chris Green (2008), che a questo argomento ha dedicato la propria tesi di Dottorato di Ricerca e che ha sviluppato un apposito strumento di analisi per ArcGIS10.
Al di là delle singole procedure utilizzate per "fuzzyficare" i dati cronologici o per considerarli in una prospettiva bayesiana, si deve rilevare come esse prevedano sempre la definizione di un intervallo di riferimento, al quale si aggiungono i parametri e le istruzioni per il calcolo *fuzzy* o della probabilità. Si tratta, insomma, di tecniche che intervengono sul metodo di gestione delle date descritto al punto precedente e aggiungono ulteriori informazioni sulla vaghezza o sulla probabilità delle informazioni raccolte.

Tutti i metodi finora esaminati possono essere impiegati per la gestione di cronologie assolute di fenomeni, contesti e manufatti archeologici per i quali un livello di precisione di +/- 1 anno non crea particolari problemi.
Gli ostacoli, dal punto di vista informatico, sorgono quando uno stesso sistema informativo dev'essere in grado di gestire sia la documentazione archeologica, sia la documentazione proveniente da testi scritti o da fonti e strumenti di altra natura, per i quali sia possibile una datazione molto più puntuale, al giorno o, per epoche più recenti, all'ora, al secondo o a sottomultipli del secondo, oppure laddove i calendari in uso e le notazioni impiegate per esprimere la cronologia siano differenti dal nostro.
In particolare, si deve notare che, con gli strumenti attuali e soprattutto con gli attuali sistemi per la gestione di basi di dati, la cronologia di due documenti storici recanti la data esatta di stesura non si può facilmente confrontare per determinare, ad esempio, quanti giorni o mesi

---

[4] Il concetto diviene più chiaro se si analizza un altro problema, quello cioè del sesso di un inumato. Sostenere che un individuo è maschio allo 0,7 significa, dal punto di vista probabilistico, che ci sono il 70% di probabilità che lo scheletro rinvenuto appartenga a un uomo, mentre affermare la stessa cosa secondo la fuzzy logic, significa dire che lo scheletro apparteneva a un individuo al 70% uomo e al 30% non uomo (cioè donna), cosa evidentemente impossibile. Si potrebbe ovviamente sostenere che il coefficiente fuzzy sia riferito all'affermazione "ritengo che il corpo sia maschile" e non a "il corpo è maschile", ma si tratta sostanzialmente di un modo poco chiaro di impostare il problema che mescola i concetti di fuzzy logic e di probabilità soggettiva (la confidenza che si verifichi un certo evento, e cioè che si appuri che il corpo sia effettivamente maschile), e che espone il lavoro agli errori descritti in Priest 2012, p. 107.

siano trascorsi tra la redazione dell'uno e dell'altro. Il fatto è che, come si è già accennato a proposito dei Temporal GIS, i tipi di dato che consentono di gestire il tempo (generalmente denominati *date*, *time*, *datetime*, *timespan* e interval[5]) permettono di memorizzare soltanto date recenti o intervalli di tempo relativamente brevi.

La limitazione è certamente aggirabile, ma richiede l'utilizzo di generici campi numerici e l'implementazione di tutta una serie di procedure non proprio banali per il calcolo esatto del tempo, che tengano conto di tutta una serie di problematiche di cui si dirà in seguito.

Allo stesso modo, il confronto tra una data nel formato giorno, mese e anno proveniente da un testo scritto e la datazione di un reperto archeologico precisa al decennio richiede un metodo di rappresentazione delle informazioni cronologiche e di calcolo ancora differente.

Si è voluto, dunque, sviluppare e proporre dei tipi di dato che consentissero di fornire indicazioni cronologiche applicabili a qualunque momento della storia umana, dalla preistoria ai giorni nostri (e, per ragioni di simmetria e di possibile utilità, anche al futuro). Si è stabilito inoltre che tali strumenti dovessero permettere di acquisire riferimenti cronologici assoluti di durata e precisione assai variabile: dai milioni o miliardi di anni di alcuni fenomeni ed ere geologiche ai millenni, secoli o decenni della periodizzazione storica e delle datazioni archeologiche, dagli anni, mesi e giorni indicati nei documenti d'archivio alle ore, minuti, secondi e microsecondi relativi a transazioni economiche attuali o ad esperimenti scientifici.

Si è considerato infatti che una soluzione del genere sarebbe stata di enorme utilità, poiché la possibilità di gestire ogni datazione immaginabile con un unico tipo di dato avrebbe significato, concretamente, che ogni funzione di analisi temporale basata su di esso avrebbe potuto essere impiegata per ogni periodo storico. Una nuova versione del progetto R.I.M.E.M. avrebbe dovuto dunque essere costruita anche a partire da questo tipo di dato.

Tenendo presente questo obiettivo, ha preso avvio la scrittura di una libreria di codice open source da implementare nei più diffusi linguaggi di programmazione e DBMS e dotata delle seguenti caratteristiche:

- Retrocompatibilità con i formati per la gestione di date e ore previsti dalla maggior parte dei database relazionali e dei linguaggi di programmazione disponibili.
- Precisione al microsecondo ($=10^{-6}$ secondi), così da consentire la registrazione di risultati di esperimenti scientifici.
- Range cronologico definito in ±5 miliardi di anni a partire dal 1 gennaio dell'anno 1 d.C. (calcolato secondo il calendario Gregoriano), così da poter gestire ogni data riguardante la storia passata, presente e futura del pianeta.
- Possibilità di indicare datazioni "all'instante" o per intervalli di tempo di lunghezza variabile tra l'unità minima gestita e il più lungo periodo di tempo concepibile.
- Supporto delle operazioni di conversione da e verso formati noti, in uso attualmente o in passato, sia per date reali che prolettiche.
- Supporto degli operatori di somma, sottrazione, moltiplicazione e divisione tra date.

---

5 I concetti di "dato temporale" e di "intervallo" (Interval) sono stati introdotti nello standard ISO/IEC 9075, che definisce le caratteristiche dei DBMS relazionali, solo nel 2011, mentre i tipi di dato che rappresentano date e ore fanno parte dello standard dal 1992. Cfr. http://www.iso.org, o il più accessibile Kulkarnii, Michels 2012. Il supporto alle date storiche nei DBMS e nei linguaggi di programmazione è assai variabile. Microsoft SQL Server 2012, ad esempio, supporta date non precedenti al 1 gennaio 1753, (l'anno di introduzione del Calendario Gregoriano in Gran Bretagna) e orari precisi al millisecondo. PostgreSQL 9.2, invece, supporta le date a partire dal 4713 a.C. (giorno 0 nel conteggio dei giorni giuliani, utilizzati in astronomia) e orari precisi al microsecondo.

- Supporto di operazioni fondamentali su intervalli cronologici, tra cui unione, intersezione, verifica della sovrapposizione.
- Supporto all'operazione di verifica di appartenenza di una data a un intervallo specifico, sia mediante gli operatori della logica tradizionale, sia mediante funzioni *fuzzy* di appartenenza.

Il progetto è stato denominato Datando e, al momento, esiste un'implementazione funzionante e liberamente scaricabile della libreria scritta in Python[6].

Dietro le quinte, Datando gestisce ogni data come una struttura di tre valori: un segno, che è definito da una proprietà booleana, e due numeri interi corrispondenti rispettivamente ai secondi e ai microsecondi trascorsi da un istante zero, fissato alla mezzanotte del 1 gennaio dell'anno 1 d.C., secondo il calendario gregoriano (scelta puramente convenzionale). Secondi e microsecondi non sono memorizzati in un unica variabile per evitare errori di *overflow* o di arrotondamento nella gestione di cronologie assai remote o assai precise.

Disponendo di questi tre parametri, è possibile definire ogni istante di tempo che è possibile misurare come il numero di secondi e microsecondi trascorsi dall'istante zero a quel momento; in termini più formali, è possibile stabilire una funzione che associ a un qualunque istante di tempo un numero reale. Per numeri compresi nel range specificato in precedenza, la funzione è anche invertibile.

Un'istanza della classe che memorizza le date (denominata LPDateTime, cioè Long Period Date and Time) può essere creata passando il segno (positivo per l'anno 1 d.C. e successivi, negativo per gli anni precedenti) e il numero di secondi o millisecondi trascorsi. Il seguente script, ad esempio, crea una variabile a corrispondente al 2 gennaio 1 d.C., le somma 2 giorni e mostra il risultato a video (si tralasciano, per brevità, le istruzioni di importazione delle classi della libreria):

```
# 86400 è il numero di secondi in un giorno,
# dunque la data seguente corrisponde all'istante 0 più un giorno,
# cioè alla mezzanotte del 2 gennaio 1 d.C. (cal. gregoriano)
a = LPDateTime(True, 86400, 0)
b = LPDateTime(True, 86400 * 2, 0)
# La prossima riga visualizza il numero +259200.000000,
# corrispondente alla mezzanotte del giorno 4 gennaio 1 d.C.
print a + b
```

Ovviamente, un simile sistema di gestione delle date è di difficile utilizzo, ma la libreria rende disponibili classi e metodi per rappresentare le date e gli intervalli di tempo da sommare in molte forme differenti. Lo stesso codice scritto in precedenza può, ad esempio, essere riscritto avvalendosi della classe GregorianDateTime, che rappresenta le date nella forma più consueta di anno, mese, giorno, ora, minuto, secondo, e microsecondo calcolati sulla base del calendario gregoriano, mentre l'indicazione di quanto tempo sommare può essere specificata utilizzando il metodo from_timespan() della classe LPDateTime, che permette di specificare quanto tempo sommare, sottrarre, moltiplicare o dividere in termini di giorni, ore, ecc.:

---

6 https://pypi.python.org/pypi/datando/.
Aggiornamenti e consigli sull'utilizzo sono disponibili al sito http://www.diegognesi.it/.

```
# I valori passati al costruttore sono rispettivamente:
# anno, mese, giorno, ora, minuto, secondo e microsecondo.
a = GregorianDateTime(1, 1, 2, 0, 0, 0, 0)
b = LPDateTime.from_timespan(days = 2)
print a + b
```

Ogni volta che è richiesto un calcolo sulle date, la classe GregorianDateTime genera un'istanza di LPDateTime, ed è questa che si occupa di eseguire i calcoli, secondo metodi che tendono ad evitare o ad annullare del tutto possibili errori di approssimazione. In questo modo, scrivere nuove classi per rappresentare le date diviene un'operazione assai semplice e assai proficua.

L'utilità e le potenzialità della libreria Datando inizieranno a divenire chiare dal prossimo esempio, che utilizza le classi GregorianDateTime e JulianDateTime per convertire una data dal calendario giuliano (in Italia in uso fino al 4 ottobre del 1582) al calendario gregoriano:

```
# Il 5 ottobre 1582 (prolettico) del calendario
# giuliano corrisponde al 15 ottobre 1582 del
# calendario Gregoriano.
a = JulianDateTime(1582, 10, 5)
b = GregorianDateTime.from_datetime(a)
print b
```

Quando una data viene visualizzata su schermo o convertita a stringa, viene rappresentata in un formato ben definito, che ne indica anche il sistema di rappresentazione. Il codice precedente, ad esempio, visualizza la data contenuta nella variabile b in questa forma:

Gregorian \ 1582-10-15 T 00:00:00.000000

Dove, dopo il *backslash*, la data è riportata indicando anno, mese e giorno, il carattere "T" e l'indicazione del momento esatto del giorno, microsecondi compresi.

Attualmente, Datando consente di gestire e convertire date in base al calendario gregoriano, al calendario giuliano, al giorno giuliano (Julian Day, JD[7]) e al giorno giuliano modificato (MJD). In riferimento al Calendario Giuliano, va notato che le date precedenti all'1 d.C. sono da considerarsi imprecise, poiché tra il 47 a.C., data della sua introduzione a Roma, e l'anno 8 a.C., il succedersi degli anni bisestili non seguì una regola e non è ben documentato, mentre il 46 a.C. è noto come *ultimus annus confusionis* ed ebbe durata di 456 giorni, perché composto da un anno bisestile a cui si sommarono un mercedonio e 67 giorni necessari a coprire lo scarto con il moto apparente del sole[8]. Datando calcola le date del calendario giuliano precedenti all'1 d.C. utilizzando la stessa regola delle date successive, intercalando cioè un anno bisestile a tre anni non bisestili, considerando il primo bisestile l'anno 1 a.C., a quattro anni di distanza dal primo bisestile "positivo", il 4 d.C.

La libreria è inoltre in grado di fornire un utile supporto alla comprensione delle date nei documenti storici gestendo i vari stili con i quali, anche in epoca medievale, si faceva iniziare l'anno, in particolare lo stile veneto (inizio dell'anno l'1 marzo, posticipando sul moderno), dell'Incarnazione al modo fiorentino (25 marzo, posticipando), dell'Incarnazione al modo

---

7 http://it.wikipedia.org/wiki/Giorno_giuliano/

8 Cfr. Viganò 2012.

pisano (25 marzo, anticipando), lo stile della Pasqua (detto anche stile francese, che inizia il giorno di Pasqua, posticipando), lo stile bizantino (che inizia l'1 settembre, anticipando) e lo stile della Natività (25 dicembre, anticipando)[9]. Si può specificare in quale stile inizia l'anno passando al costruttore della classe che rappresenta la data secondo il calendario utilizzato un parametro denominato *style*. Il successivo esempio di codice esegue una conversione tra il calendario giuliano e quello gregoriano (prolettico), specificando però che la data (2 marzo 1582) è espressa nello stile veneto e va visualizzata nello stile dell'incarnazione al modo Fiorentino.

```
a = JulianDateTime(1582, 10, 5, style="venetian")
b = GregorianDateTime.from_datetime(a)
b.style = "ab incarnatione"
print b
```

Come si è visto, convertire date da un sistema di rappresentazione all'altro richiede solo due istruzioni, e si ritiene che questa semplicità, all'aumentare dei sistemi di rappresentazione gestiti, potrà costituire un valido invito rivolto agli storici a fare qualche passo nel mondo della programmazione.

Inoltre, le date possono essere confrontate con gli operatori == (uguale), != (diverso) <= (minore od uguale), <, >, >= (maggiore od uguale):

```
# Il giorno 1 gennaio 1 d.C. del calendario
# gregoriano (prolettico) precede il giorno
# 1 gennaio del 1 d.C. del calendario giuliano?
# Lo script visualizza il messaggio "True".
a = GregorianDateTime(1, 1, 1)
b = JulianDateTime(1, 1, 1)
print a < b
```

La libreria supporta anche il concetto di intervallo di tempo, rappresentato dalla classe LPInterval. Istanze di questa classe possono essere create passando al metodo costruttore due oggetti LPDateTime rappresentanti rispettivamente il momento iniziale e finale dell'intervallo. Alternativamente, l'istanza può essere costruita specificando altri parametri, come il secolo (nel caso di intervalli della durata di 100 anni, con i numeri negativi che rappresentano i secoli a.C.):

```
# Crea un intervallo corrispondente al XIII secolo
# del calendario Gregoriano.
i = LPInterval.from_century(13, GregorianDateTime)
```

Gli intervalli possono essere intersecati od uniti, oppure si può testare se due intervalli di tempo si sovrappongano o se uno contenga l'alto. Lo script successivo verifica ad esempio se il concetto di "età romana" comprenda quello di "età tardoantica" o se vi sia sovrapposizione anche parziale (per brevità, il codice assume che le variabili eta_romana ed eta_tardoantica, di tipo LPInterval, siano state già definite altrove).

```
print eta_romana.contains(eta_repubblicana)
print eta_romana.overlaps(eta_tardoantica)
```

---

[9] Pratesi 1999, pp. 129 e segg.

È inoltre possibile verificare se una data appartiene a un certo intervallo. Ad esempio, il codice seguente stabilisce se il giorno di Natale dell'800 d.C. appartiene al Medioevo:

```
# 'medioevo' è un intervallo precedentemente
# dichiarato.
a = GregorianDateTime(800, 12, 25)
print medioevo.contains(a)
```

Infine, si segnala la possibilità di descrivere intervalli fuzzy e di verificare se una data appartiene ad uno di questi intervalli mediante un metodo apposito, che consente tra l'altro di specificare quale funzione di membership utilizzare, a scelta tra quella triangolare/trapezoidale, gaussiana e logistica (le ultime due in corso di implementazione)[10]. L'ultimo esempio di codice riprende l'esempio dell'insieme *fuzzy* corrispondente al concetto di "primi anni del VII sec. d.C.", e verifica quale sia il coefficiente *fuzzy* di appartenenza dell'istante corrispondente alle 12:30 del 3 giugno 610 a tale definizione, così come precedentemente riportata nella sezione dedicata alla fuzzy logic.

```
a = GregorianDateTime(610, 6, 3, 12, 30)
i = LPInterval(start = GregorianDateTime(601, 1, 1),
    end = GregorianDateTime(601, 12, 31),
    fuzzy_end = GregorianDateTime(625, 12, 31),
    fuzzy_function = 'trapezoidal')
# Il coefficiente fuzzy che verrà stampato è 0,35.
print i.fuzzy_membership(a)
```

Si ritiene che un aumento esponenziale dell'utilità della libreria si otterrà allorché i tipi di dato gestiti saranno stati integrati in alcuni dei DBMS e dei GIS più diffusi; attività attualmente in corso sui software PostgreSQL/PostGIS e Quantum GIS. In corso di sviluppo sono, altresì, i meccanismi di gestione dei fusi orari e dell'ora legale per date moderne.

D.G.B.

Autori
- Diego Gnesi Bartolani:
  Università degli Studi della Basilicata, Italy
  diego.gnesi@gmail.com
- Umberto Moscatelli:
  Università degli Studi di Macerata, Italy
  umoscatelli@mercurio.it
  umberto.moscatelli@unimc.it

---

10 Veronesi, Visioli 2003, p. 24.

Bibliografia

Accordi *et al.* 1993 = Accordi B., Lupia Palmieri E., Parotto M., *Il globo terrestre e la sua evoluzione*, Zanichelli, Bologna.

Annibaletto M. 2007, *Vasa Rubra: un catalogo informatizzato per le terre sigillate di Iulia Concordia*, «Archeologia e Calcolatori», 18, pp. 45-56.

Bigliardi G. 2007, *Il sistema informativo territoriale archeologico della città di Parma*, «Archeologia e Calcolatori», 18, pp. 75-100.

Cappelli A. 2012, *Cronologia, cronografia e calendario perpetuo. Settima edizione*, Hoepli, Milano.

Christakos *et al.* 2002 = Christakos G., Bogaert P., Serre M., Temporal GIS: Advanced Functions for Field-Based Applications, New York 2002.

Cowgill G.L. 2002, Getting Bayesian ideas across to a wide audience, «Archeologia e Calcolatori», 13, pp. 191-196.

D'Andrea A. 2006., *Documentazione archeologica, standard e trattamento informatico*, Archaeolingua, Budapest.

D'Ulizia A. 2008, *Archeologia dell'architettura nelle Marche meridionali. Le strutture fortificate nella valle del Chienti tra XIII e XV secolo*, «Archeologia dell'Architettura» XIII, pp. 47-75.

Fronza V. 2009, *L'archiviazione del dato in archeologia*, in Valenti 2009, pp. 29-43.

Gnesi Bartolani D. 2007, L'archivio di scavo di Jure Vetere: modello dati, in Fonseca C.D., Roubis D., Sogliani F. (ed.), *Jure Vetere. Ricerche archeologiche nella prima fondazione monastica di Gioacchino da Fiore (indagini 2001-2005)*, Rubbettino, Cosenza, pp. 133-136.

Gnesi *et al.* 2007 = Gnesi D., Minguzzi, S., Moscatelli U., Virgili S. 2007, *Ricerche sugli insediamenti medievali nell'entroterra marchigiano*, «Archeologia Medievale», XXXIV, pp. 113-140.

Gnesi D., Moscatelli U. 2008, *Applicazioni G.I.S. in aree dell'entroterra maceratese*, in Borraccini R. M., Borri G. (a cura di), *Virtute et labore. Studi offerti a Giuseppe Avarucci per i suoi settant'anni*, a cura di, Spoleto, C.I.S.A.M., pp. 497-508.

Green Ch. 2008, Winding Dali's clock: the construction of a fuzzy temporal-GIS for archaeology. Thesis submitted for the degree of Doctor in Philosophy at the University of Leicester, Leicester.

Hoff 2009, A First Course in Bayesian Statistical Methods, Springer, New York.

Konestra A., Moscatelli U., Virgili S. 2011, *Progetto R.I.M.E.M. Rapporto preliminare sulle campagne di ricognizione 2008-2009-2010*, «Il Capitale Culturale», 2, pp. 299-325.

Kulkarni, K., Michels J.E. 2012, Temporal features in SQL: 2011, in «SIGMOD Record», vol. 41, n. 3, pp. 34-43.

Moscatelli U. 2011, *Tra dibattito teorico e prassi operativa. Lo studio del paesaggio medievale nel progetto R.I.M.E.M.*, in Capriotti G., Pirani F. (a cura di), *Incontri. Storie di testi, immagini, oggetti*, Macerata, pp. 89-112.

Moscatelli U. 2012, *Paesaggio montano e insediamenti: nuovi dati dal Progetto R.I.M.E.M.*, in Redi F., Forgione A. (a cura di), VI *Congresso Nazionale di Archeologia Medievale*. Firenze, pp. 251-256.

Moscatelli U. 2013, *Spazi montani e approccio archeologico. Considerazioni a margine del progetto R.I.M.E.M.*, in Magnani S. (a cura di), *Le aree montane come frontiere e/o come spazi di interazione e connettività / Mountain Areas as Frontiers and/or Interaction and Connectivity Space*, Atti del Colloquio internazionale, Udine-Tolmezzo, 10-12 dicembre 2009, Roma 2013

Moscatelli U, Gnesi Bartolani D., Maroni E. c.s., *Progetto R.I.M.E.M.: rapporto preliminare sulla campagna di ricognizioni 2012*, in corso di stampa in «Il Capitale Culturale».

Niccolucci F., Hermon S. 2003, *La logica fuzzy e le sue applicazioni alla ricerca archeologica*, in «Archeologia e Calcolatori», 14, pp. 97-110.

Pacini D. 1996, *Liber iurium dell'Episcopato e della città di Fermo (977-1266)*, Ancona 1996.

Pratesi A. 1999, *Genesi e forme del documento medievale*, Roma.

Ravaschieri E. 2011, *Trattamento digitale di mappe del Catasto Gregoriano (alta valle del Chienti)*, «Il Capitale Culturale», 2, pp. 327-340.

Stroustrup B. 2000, *C++. Linguaggio, libreria standard, principi di programmazione. Terza edizione*, Addison-Wesley, Milano.

Valenti M. (a cura di) 2009, *Informatica e Archeologia Medievale. L'esperienza senese*, Insegna del Giglio, Firenze.

Veronesi M., Visioli A. 2003, *Logica fuzzy. Fondamenti teorici e applicazioni pratiche*, Franco Angeli, Milano.

SQLITE-SPATIALITE,
una soluzione "portabile" per archeologi. Il caso del database per il progetto "Archeologia della lana: allevamento, produzione e commercio nella Cisalpina romana"

Maria Stella Busana, Denis Francisci, Anna Rosa Tricomi

Between 2009 and 2011, University of Padua carried out the research project "Wool Archaeology: breeding, production and trade in the Roman Cisalpine". The project was aimed at the study of archaeological marks of textile production in Veneto Region and in Province of Brescia in Roman Age. One of the most important steps of the work has consisted in a survey of Roman textile tools, in order to collect data for further investigations on the technology and economic, social and ideological aspects of textile craft. About 2800 finds have been recorded so far, that include shears, spindle whorls, spindle shafts, distaffs, spindle hooks, loom weights and spools, dated from the 2nd century BC to the 5th century AD, a sample believed to be significant and able to reveal trends, with a good degree of reliability. Within the project, a relational database has been created with the software SQLite-SpatiaLite for storing and managing qualitative and quantitative attributes of tools related to textile activities.

After a brief description of the research project, this paper aims to show the potential of the SQLite-SpatiaLite database for the management of archaeological data. At the first, the needs that led to the choice of this solution will be described. The RDBMS had to be simple, but efficient; it had to allow multiple queries (crossed, nested, etc.), an easy connection with GIS and high level statistical analysis; the software had to be completely FLOSS and easy to use for users with diversified skills (not all equally experts in RDBMS, SQL or GIS). At the end, the RDBMS had to be portable and running on different operative systems, in order to make easy the data exchange.

For these reasons we chose to build a RDBMS using SQLite, with its geographic extension SpatiaLite, as database engine and LibreOffice Base as interface between users and the DB engine. The database is organized in two tables (site and finds) with relation 1:n; triggers and automated functions make easy inserting and managing the alphanumeric and geographic data. This solution, completely FLOSS, combines the power of SQL language with the easiness of LibreOffice Base; it allows the connection with GIS (QGIS) and with statistical software R; furthermore, the RDBMS is portable (all the data are stored in a single ".sqlite" file), multiplatform and easy to use also for users not SQL experts.

After the technical description of RDBMS, we will analyse pros and cons of using this RDBMS in archaeology: among the pros, we will emphasize how the software portability is one of the most useful and appreciated advantages by archaeologists; among the cons, some unsupported functions of SQL language could be a source of difficulty for not experts.

At the end of this paper, we will show some study cases that highlight opportunities and results provided by the software and by the database structure designed. At the first, an example of crossed query will be described: this query have shown a likely different textile production between cities and countryside. Afterwards, the results of a spatial analysis in QGIS (based on the different weight of spindle whorls) and of a statistical analysis in R (based on the different shape, weight and thickness of loom weights) will be briefly discussed.

In questo contributo verranno illustrati presupposti, caratteristiche e risultati di un sistema di archiviazione dati per l'archeologia basato sul RDBMS SQLite e sulla sua estensione spaziale SpatiaLite. Si tratta di una soluzione software ancora poco utilizzata in ambito archeologico: se, infatti, escludiamo alcune eccezioni come pyArchInit (https://sites.google.com/site/pyarchinit/home/), ArchaeoSection (Francisci 2013) o Happydigger (http://happydigger.nongnu.org/) – applicazioni in cui, peraltro, l'RDBMS non è utilizzato in maniera *stand-alone*, ma è integrato nell'applicativo – pochi sono gli esempi di database a tema archeologico costruiti in SQLite. Il fine di questo contributo è proprio quello di dimostrare, attraverso l'illustrazione di un'esperienza concreta di lavoro, le potenzialità e i vantaggi che questo strumento offre anche per l'archiviazione dei dati archeologici.

**1. Il progetto "Archeologia della lana:
allevamento, produzione e commercio nella Cisalpina romana"**
Da diversi anni studiosi dell'Università di Padova (Marchiori 1990; Rosada 2004; Bonetto *et alii* 2011; Busana, Basso 2012; tutti con bibliografia precedente) si dedicano allo studio dell'economia della lana nella *Venetia* romana, i cui tessuti sono stati prodotti d'eccellenza, come attestano le fonti (Varrone, Plinio, Columella, Marziale, etc.). La ricerca, dopo aver affrontato l'aspetto letterario-epigrafico e quello topografico-territoriale, in particolare identificando le vie della transumanza, si è rivolta alla documentazione archeologica, indagando anche insediamenti specializzati nell'allevamento ovino (Tenuta di Ca' Tron, territorio di Altino – VE). In anni recenti l'attenzione si è invece concentrata sul segmento finale di questa attività economica, cioè sulla lavorazione tessile, confrontandosi con i principali progetti internazionali, quali il *Craft Traditions in the Ancient Mediterranean: Weaving relationships* (Leicester University) e con le attività di ricerca e di sperimentazione del *Centre for Textile Research* di Copenaghen.

Come si può immaginare, le attestazioni dirette, come fibre o lacerti di tessuti, sono molto carenti, dal momento che la loro conservazione si verifica solo in situazioni pedologiche e climatiche particolari; in questo settore d'indagine però importanti risultati potranno in futuro venire dalla ricerca e dallo studio delle mineralizzazioni su oggetti in metallo.

In questa fase ci si è invece rivolti allo studio delle testimonianze indirette sulla lavorazione della lana (ma anche di altre fibre, come il lino o la canapa) per la produzione di filati e tessuti, in genere da riferire agli strumenti utilizzati.

Nell'ambito di un Progetto di Ateneo dell'Università di Padova, sviluppato nel biennio 2009-2011 e proseguito con la tesi di dottorato di Anna Rosa Tricomi (Tricomi 2014), è stato così avviato il censimento sistematico e lo studio degli indicatori archeologici legati – con maggior o minor certezza – alla lavorazione tessile (oltre alle cesoie da tosatura, rocche, fusi, fusaiole, pesi da telaio, rocchetti) in tutta la Regione Veneto oltre che nell'adiacente provincia di Brescia, molto ricca di reperti (Figura 1).

Per realizzare il censimento, un gruppo di lavoro costituito da esperti delle Università di Padova, Verona e Venezia e della Soprintendenza per i Beni Archeologici del Veneto ha elaborato due schede: la "scheda sito" (che raccoglie tutte le informazioni relative al contesto di rinvenimento) e la "scheda materiali" (che raccoglie, per ogni oggetto, i dati amministrativi, le caratteristiche di classe, materiale, morfometria, peso, decorazione, stato di conservazione, usure, descrizione, cronologia, bibliografia e dati d'archivio, foto e talora disegno), prevedendo vocabolari fissi per la maggior parte dei lemmi. Per i parametri identificativi della classe e delle tipologie si è fatto riferimento ai principali studi condotti su tali reperti in ambito italiano e straniero (Béal 1983, 1984; Cottica 2003; Facchinetti 2005).

Il censimento dei reperti ha riguardato i materiali esposti nei musei e nelle raccolte locali, ma talora anche esemplari presenti nei depositi museali e nei magazzini delle Soprintendenze.

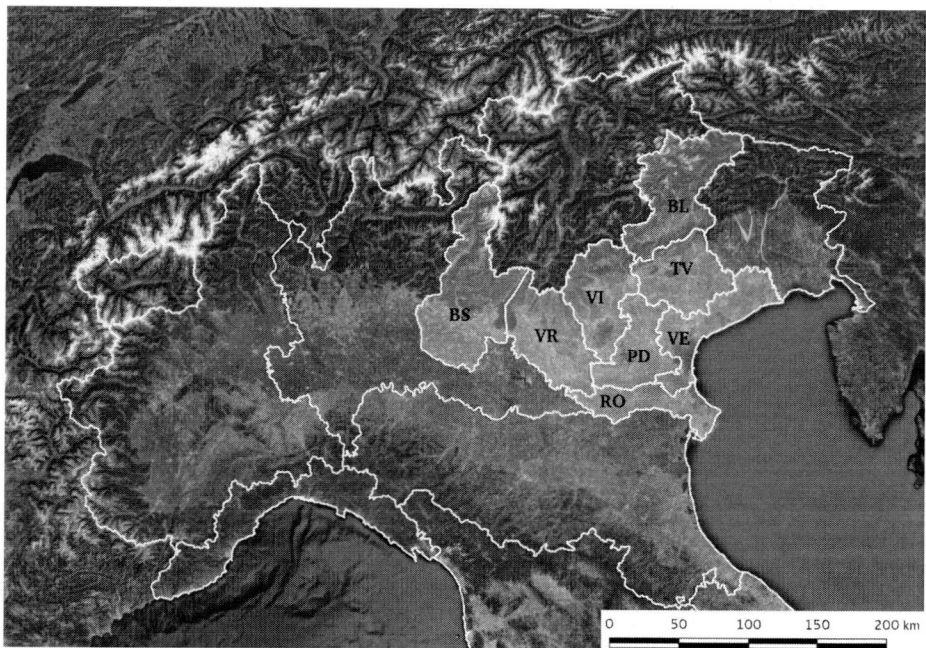

Figura 1 – Territorio di indagine del Progetto di Ateneo.

Complessivamente sono stati schedati 2824 reperti, che certo non costituiscono la totalità dei materiali rinvenuti, ma almeno offrono un campione di studio significativo, soprattutto se consideriamo che per circa il 71 % risultano del tutto inediti.

L'identificazione dei materiali rimane in alcuni casi incerta, a causa dello stato di conservazione frammentario o dell'ambiguità funzionale: per questo nelle schede è stato inserito un "Codice di affidabilità di classe", che tiene conto delle caratteristiche morfometriche e di contesto; inoltre è certa la polifunzionalità di alcuni oggetti e un loro possibile impiego secondario. Tenuto conto della problematicità interpretativa e funzionale dei materiali, uno degli obiettivi del censimento sistematico e dell'elaborazione dei dati mediante il sistema informatico è proprio il tentativo di riconoscere possibili parametri associabili a un effettivo impiego dei manufatti nelle attività tessili. La struttura database-GIS, in cui tutte queste informazioni sono confluite (vedi *infra*), potrà in futuro dialogare con altri sistemi di dati (ambientali, storici, archeologici, toponomastici, etc.) e contribuirà alla definizione, in chiave diacronica e sincronica, di molteplici aspetti del fenomeno: da quelli tecnologici alle caratteristiche peculiari delle produzioni dei diversi territori, dall'organizzazione del lavoro al ruolo socio-economico e ideologico attribuito alle diverse attività.

M. S. B.

2. Il database: presupposti e caratteristiche tecniche

2.1 Vincoli di sistema e vincoli di utenza

Al fine di garantire una completa registrazione e una più efficiente gestione dei dati relativi agli indicatori archeologici delle attività tessili, le schede "sito" e "materiali", ideate per il progetto di Ateneo sopra descritto, sono state implementate all'interno di un database relazionale. Il problema principale nella progettazione della banca dati consisteva nella necessità di adattarsi ad alcune specifiche esigenze: in particolare la struttura dell'archivio e la scelta del software utilizzato per la sua gestione dovevano rispondere a due ordini di vincoli, vincoli "di sistema" e vincoli "di utenza".

I primi imponevano un database strutturato in modo tale che garantisse un'archiviazione dettagliata ed efficace dei materiali indagati; che permettesse di effettuare in maniera semplice ricerche (*query*) complesse, incrociate, nidificate, etc.; che fosse facilmente integrabile con una piattaforma GIS e consentisse di produrre analisi statistiche anche di livello avanzato. Inoltre il database doveva essere realizzato mediante software libero e utilizzare esclusivamente formati aperti; doveva essere compatibile con altri RDBMS FLOSS (es. PostgreSQL) ed essere già strutturalmente predisposto per eventuali futuri sviluppi come la fruizione *on-line* o l'implementazione dei dati in un WebGIS.

Sul fronte dei vincoli c.d. "di utenza" il sistema doveva venire incontro alle specifiche esigenze del variegato team di schedatori che lavoravano al progetto, ciascuno dei quali con competenze, provenienze e necessità differenti. In primis, il database doveva essere di facile utilizzo: gli utenti erano in possesso di abilità informatiche di diverso livello (pochi avevano conoscenze approfondite di banche dati digitali, ancora meno quelli che sapevano usare sistemi GIS). L'archivio dati doveva essere "portabile": era necessario, cioè, che il sistema fosse contenuto in un unico file trasferibile su macchine differenti. Direttamente connessa a questo la necessità che il software di gestione della banca dati fosse multi-piattaforma, cioè utilizzabile su sistemi GNU-Linux, PC o Mac. Fondamentale risultava poi la necessità di un utilizzo in locale, in quanto molto spesso le attività di schedatura dovevano svolgersi in luoghi non coperti da rete internet. Infine il sistema doveva consentire un continuo scambio di dati tra gli utenti al fine di mantenere uniforme e condivisa la messe di informazioni raccolte.

Dati tali presupposti, la soluzione che poteva rispondere punto per punto alle istanze sopra descritte è stata individuata in una *suite* di software composta da SQLite come motore database, SpatiaLite – l'estensione spaziale di SQLite – per la gestione del dato geografico e LibreOffice Base come interfaccia per l'inserimento dei dati.

La potenza del linguaggio SQL consentiva, infatti, una schedatura esaustiva e ben strutturata degli oggetti censiti e offriva la possibilità di un rapido recupero delle informazioni attraverso la composizione di *query* complesse. SQLite e SpatiaLite erano inoltre facilmente interfacciabili con software GIS, in particolare QGIS, e, mediante il pacchetto RSQLite, con il potente linguaggio di statistica R: ciò permetteva di riversare i dati raccolti entro questi applicativi e di produrre analisi spaziali e statistiche. Tutta la *suite* di software, compresi i citati QGIS ed R, rientravano a pieno titolo nella categoria dei software liberi e utilizzavano formati aperti. Infine, la struttura dei dati costruita in SQL era facilmente integrabile in altri RDBMS FLOSS, quali PostgreSQL, e con pochi aggiustamenti poteva essere fruita anche via web.

La soluzione SQLite-SpatiaLite-LibreOffice garantiva anche un superamento dei c.d. vincoli di utenza: l'impiego di Base come maschera per l'inserimento dati e la possibilità di costruire *trigger* e funzioni automatiche rendevano il sistema di facile utilizzo anche da parte di persone poco avvezze all'informatica. Tutti gli applicativi coinvolti erano multi-piattaforma e utilizzabili in locale; inoltre l'intero database era contenuto in un unico file .sqlite, con la possibilità quindi di poterlo spostare da una cartella all'altra o da un computer all'altro, garantendo in tal modo la condivisione dei risultati e un costante processo di uniformazione dei dati tra i diversi schedatori.

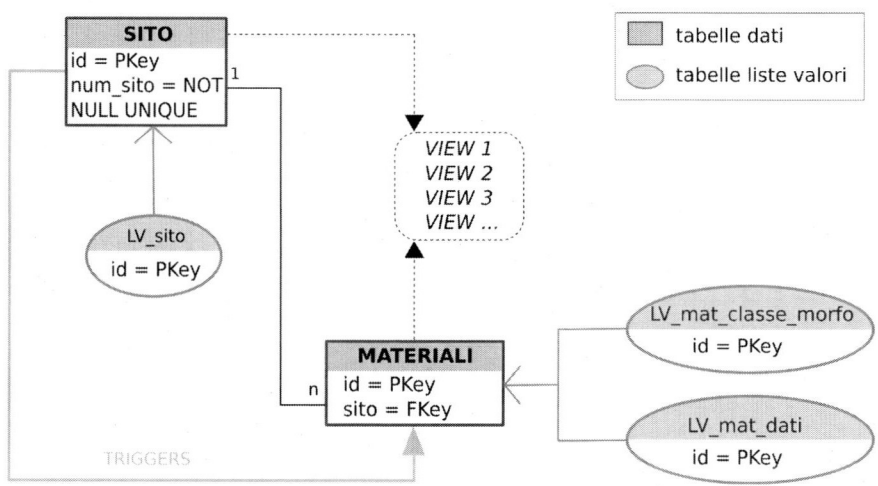

Figura 2 – Schema della struttura interna del database.

2.2 Specifiche tecniche

Da un punto di vista prettamente tecnico la struttura del database risulta molto semplice: i dati sono organizzati in due tabelle, "sito" e "materiali", legate da una relazione uno a molti (1:n); altre tre tabelle individuali gestiscono i vocabolari che popolano le liste a tendina della maschera: ciò consente un costante e facile aggiornamento dei lemmi senza dover intervenire sulla struttura della maschera (Figura 2).

Alcuni *trigger* in SQLite e delle macro in Base generano degli automatismi che facilitano il popolamento delle schede: a questi è delegata, ad esempio, la compilazione automatica dei campi comuni tra tabella sito e tabella materiali (come Provincia, Comune, coordinate, etc.) ad ogni inserimento o aggiornamento di record.

L'interfaccia per l'inserimento dati è costruita, come detto, mediante il software Base della *suite* LibreOffice ed è dotata di liste a tendina con vocabolari chiusi per agevolare la compilazione delle schede (Figura 3). La connessione tra il motore SQLite e la maschera in Base è garantita dalla API ODBC (*Open Database Connectivity*).

Grazie alle funzionalità rese disponibili dall'estensione SpatiaLite, i dati contenuti nelle tabelle possono essere georiferiti e collegati direttamente ad una piattaforma GIS attraverso la localizzazione in mappa dei siti di rinvenimento: è possibile, cioè, generare dalle coordinate registrate i punti-sito, caricarli in GIS e, cliccando su questi, accedere a tutte le informazioni alfanumeriche contenute nella tabella sito e in quella materiali. Il procedimento scelto per la registrazione e la gestione del dato geografico ha dovuto tener conto di due esigenze: da un lato la scarsa conoscenza dei software GIS da parte degli schedatori; dall'altro la necessità di operare nel sistema geodetico di riferimento Gauss-Boaga Roma 40 fuso Ovest. Di conseguenza, nella scheda sito si sono predisposti due campi di coordinate (X e Y), un campo per la quota e uno contenente il "raggio di precisione", ossia la lunghezza del raggio all'interno del quale cadeva con certezza il luogo di ritrovamento. Durante la schedatura l'operatore deve semplicemente localizzare il sito in Google Earth, strumento disponibile e noto a tutti gli schedatori, ricavare da questo coordinate, quota e raggio di precisione e copiare i dati negli appositi campi del database. Le coordinate copiate da Google Earth – ritenute sufficientemente precise per le finalità del progetto – sono rilevate nel sistema WGS84: uno *script* SQL si occupa, perciò, di generare dalle coordinate le geometrie dei punti in WGS84 e di riproiettarle nel sistema di riferimento Gauss-Boaga Roma 40 fuso Ovest, modificato con dei parametri di roto-traslazione più precisi per

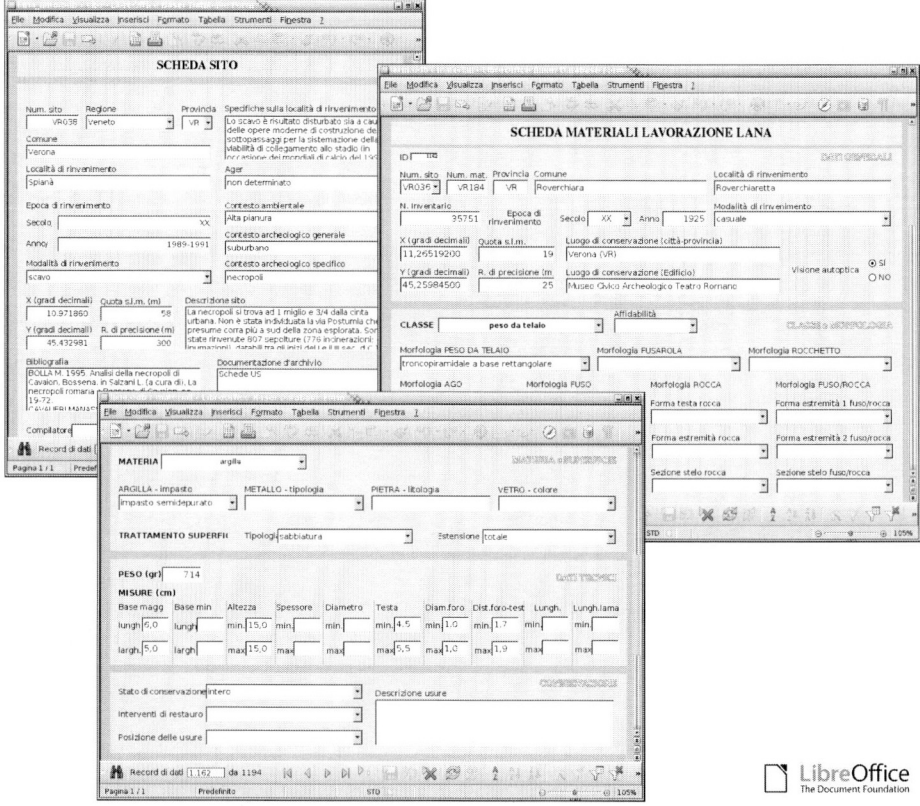

Figura 3 – Maschere per l'inserimento dei dati in LibreOffice Base.

la regione Veneto (http://arc-team-open-research.blogspot.it/2013/06/an-example-of-local-reprojection-from.html); contemporaneamente lo *script* crea pure i *buffer* di precisione intorno ai punti-sito ricavando le dimensioni del raggio dal campo "raggio di precisione". A questo punto è sufficiente importare i punti in QGIS con l'apposito *tool* di caricamento di un vettore SpatiaLite.

2.3 Pro e contro
In conclusione, una valutazione dei pro e dei contro dell'utilizzo di SQLite-SpatiaLite in ambito archeologico. I pro corrispondono, di fatto, a tutti i motivi sopra elencati che hanno giustificato la nostra scelta: dall'impiego del linguaggio SQL alla semplicità d'uso, dall'integrazione con altri software alla possibilità di utilizzo in locale e su qualsiasi sistema operativo. Il vantaggio che merita una maggiore sottolineatura è però la portabilità, ossia la facoltà di avere il database su un unico file trasferibile da una macchina all'altra al pari di un semplice file di testo o di immagine. Tale caratteristica risulta molto utile e apprezzata in un ambito quale quello archeologico, dove la poca dimestichezza con applicazioni informatiche di livello medio alto e *server-based* (quali PostgreSQL o MySQL) e l'abitudine a lavorare con RDBMS chiusi (Microsoft Access, Filemaker, etc.) che producono singoli file rendevano molti archeologi piuttosto diffidenti verso le soluzioni FLOSS per i database, ritenute troppo complesse e quindi non efficacemente alternative rispetto alle soluzione *closed*. La possibilità invece di creare un sistema di archiviazione basato sulla potenza e versatilità del linguaggio SQL, ma allo stesso tempo gestibile come file singolo rende SQLite-SpatiaLite assolutamente competitivo sia rispetto alle soluzioni *open*

di alto livello sia rispetto ai software *closed*. A differenza di questi ultimi, inoltre, SQLite ha il vantaggio di non subire vincoli di formato o di versione: come per la maggior parte dei FLOSS non esistono problemi di incompatibilità tra differenti versioni del software e il formato aperto SQL garantisce la condivisione e la conservazione a lungo termine dei dati.

Non mancano ovviamente i contro. Tra le criticità vanno segnalate soprattutto alcune limitazioni nel linguaggio SQL, dichiarate anche nel sito web di riferimento (http://www.sqlite.org/omitted.html) e dovute alla natura *"light"* del software: ad es. il supporto parziale dell'istruzione "ALTER TABLE" rende piuttosto complessa la procedura di modifica delle colonne di una tabella. In secondo luogo, pur disponendo il programma di GUI *user-friendly* (SQLite Database Browser o SQLite Manager), è comunque opportuno possedere un minimo di familiarità con il linguaggio SQL per poter sfruttare appieno le numerose funzionalità del software. Infine le funzioni di "UPDATE" spaziale gestite da SpatiaLite sono risultate in alcuni casi più lente rispetto alle stesse operazioni effettuate in PostgreSQL-PostGIS. Queste criticità sono tuttavia minoritarie rispetto ai vantaggi sopra elencati e spesso costituiscono "falsi ostacoli" assolutamente aggirabili e che certo non sminuiscono le potenzialità generali dello strumento.

D. F.

3. Casi applicativi

Passiamo ora ad illustrare brevemente alcuni esempi di utilizzo del sistema. La formulazione di ricerche complesse tra i dati contenuti in tabelle diverse rappresenta la prima e più immediata applicazione offerta dal database. E' possibile eseguire queste operazioni sia in maniera guidata tramite la maschera di ricerca interna a Base, sia direttamente da linea di comando utilizzando stringhe di linguaggio SQL. Ad esempio, si è rivelata molto utile la formulazione della *query* in cui si sono incrociati i dati inerenti il contesto di rinvenimento (urbano, territoriale), i parametri relativi alla classe dei materiali ivi scoperti (fusaiola, peso da telaio) e il loro valore ponderale, escludendo nel contempo gli esemplari frammentari o di incerta attribuzione (Figura 4).

In seguito a tale analisi si è chiaramente riscontrata una differenza nel dato ponderale dei reperti recuperati nel territorio rispetto a quelli di provenienza urbana, che risultano mediamente più leggeri, rivelando l'esistenza di una diversificata dinamica produttiva tessile nei due contesti, volta alla realizzazione di prodotti più raffinati in città e più corsivi in campagna.

Un'altra applicazione di base consentita dal sistema è la visualizzazione immediata dei dati all'interno dell'ambiente GIS. Punti-sito e punti-materiali sono collegati al database, consentendo così di incrociare le informazioni metrico-qualitative dei manufatti con le relative localizzazioni topografiche. Ciò permette di procedere ad analisi di tipo spaziale che, per classi di materiale come quelle in esame, sono relativamente nuove e non si trovano frequentemente in letteratura, dal momento che questi reperti vengono in genere considerati per le loro caratteristiche intrinseche, quali morfologia e presenza di elementi decorativi, ma non per la loro distribuzione geografica. Un chiaro esempio dei vantaggi derivanti da questo approccio è visibile nella mappa di distribuzione dei pesi delle fusaiole (Figura 5). Grazie alla connessione tra QGIS e il database, è possibile attribuire ad ogni punto in mappa un simbolo differente a seconda del valore ponderale registrato nella tabella materiali, in modo da apprezzare visivamente la distribuzione spaziale delle fusaiole in relazione al loro peso. Nel caso specifico si notano, a sud e a ovest, significative concentrazioni di materiali pesanti, adatti alla produzione di filati grossolani, e una graduale diminuzione del modulo ponderale procedendo verso nord. Quest'elaborazione GIS consente quindi di avanzare nuove ipotesi inerenti la geografia della produzione e la specializzazione manifatturiera dei territori[1].

---

1 Busana, Tricomi c.s.

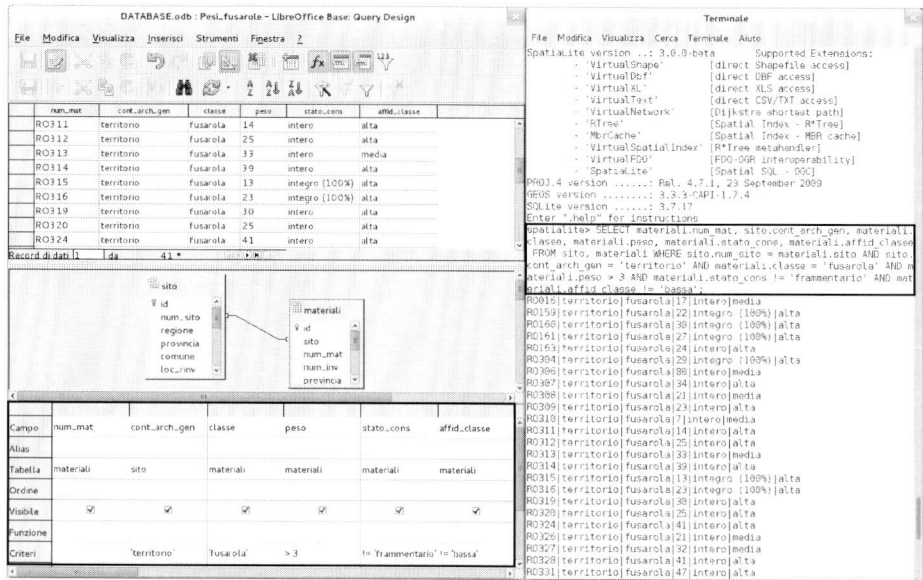

Figura 4 – Esempio di query complessa da interfaccia (Base) e da linea di comando.

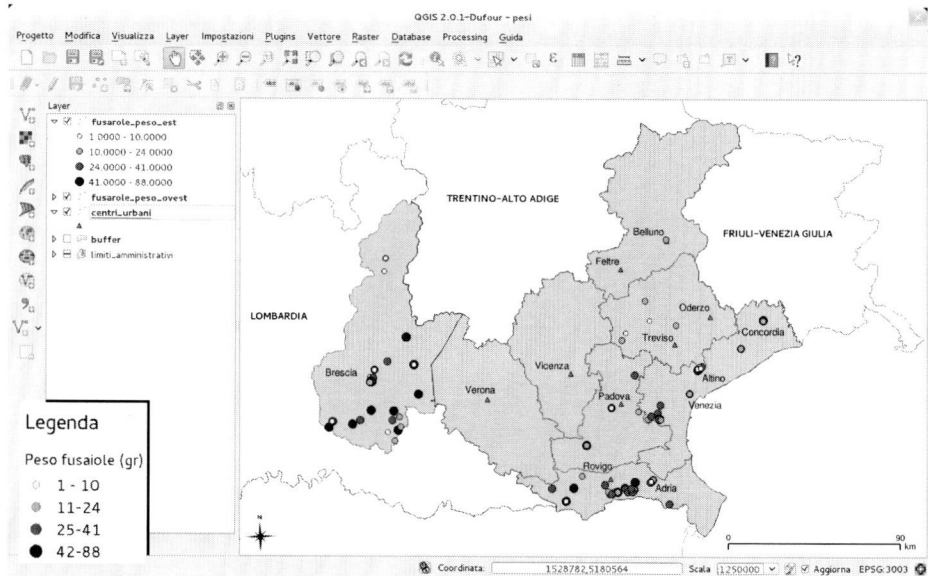

Figura 5 – Mappa di distribuzione delle fusaiole in base al peso.

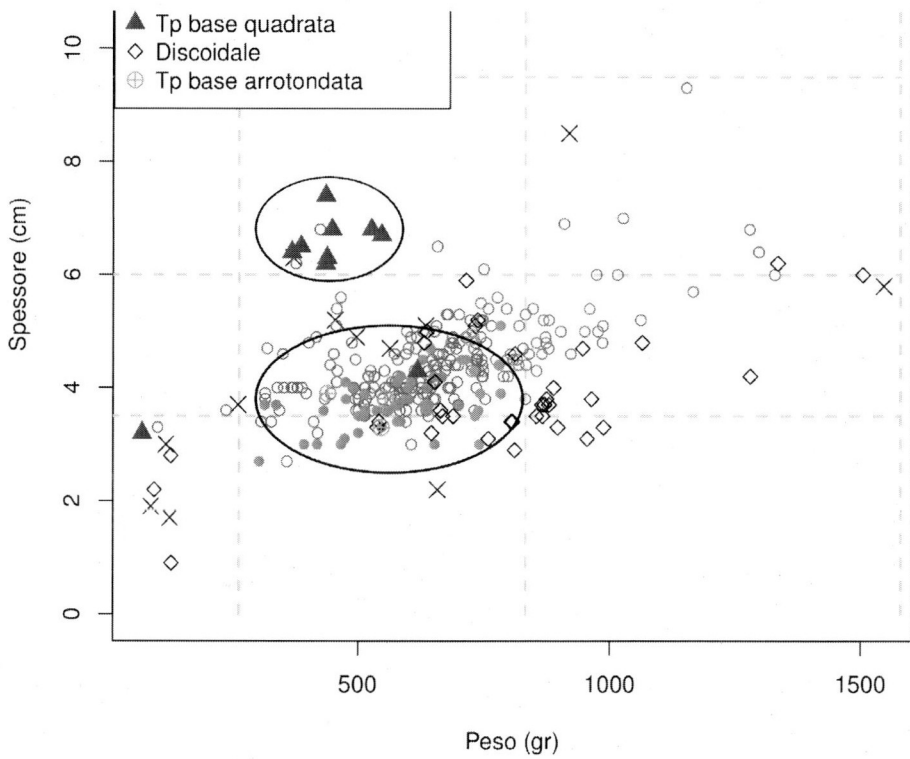

Figura 6 – Scatterplot dei pesi da telaio: in ascissa il peso in grammi, in ordinata lo spessore in cm. I diversi simboli corrispondono a diverse tipologie di pesi da telaio.

Un ultimo caso applicativo corrisponde all'elaborazione statistica dei dati registrati nelle tabelle, sfruttando le potenzialità di connessione diretta tra il database e il programma di statistica R. Mediante il modulo RSQLite i *set* di dati vengono selezionati nel database e importati direttamente in R senza la mediazione di altri software o l'esportazione in fogli di calcolo: i dati così preparati sono pronti per elaborazioni statistiche anche di alto livello. Nella fattispecie si riporta l'esempio di un *set* di dati composto da una particolare classe di materiali (pesi da telaio) distinti in base alla morfologia e ai parametri di peso e spessore: un'analisi bi-variata dei valori quantitativi ha restituito uno *scatterplot* in cui si evidenziano almeno due gruppi di pesi (a base quadrata e a base rettangolare stretta) caratterizzati da un ristretto *range* di misure e dotati probabilmente di caratteristiche funzionali specifiche, tali da qualificarli come strumenti adatti alla produzione di particolari e differenti tipi di tessuto (Figura 6).

L'illustrazione di questi esempi applicativi dimostra come il sistema adottato non solo abbia permesso la registrazione e la conservazione e delle informazioni, ma si sia dimostrato uno strumento indispensabile per la gestione e l'elaborazione della notevole mole di dati censiti, consentendo di rilevare correlazioni non immediatamente evidenti e di produrre nuova informazione.

A. R. T.

Autori
- Maria Stella Busana: mariastella.busana@unipd.it
- Denis Francisci: denis.francisci@gmail.com
- Anna Rosa Tricomi: annarosa.tricomi@gmail.com

Affiliazione
(Ente, Università/Dipartimento, Società, etc.)
Denominazione:
Università degli Studi di Padova – Dipartimento dei Beni Culturali: archeologia, storia dell'arte, del cinema e della musica
Indirizzo completo: p.zza Capitaniato 7, 35100 Padova
Web site: http://www.beniculturali.unipd.it/www/homepage/

Bibliografia

BÉAL J.C. 1983, *Catalogue des objets de tabletterie du Musee de la Civilisation Gallo-Romaine de Lyon*, Lyon, De Boccard.

BÉAL J.C. 1984, *Les objets de tabletterie antique du Musée Archéologique de Nîmes*, Nîmes, Musée archéologique de Nîmes.

BONETTO J., BUSANA M.S., BASSO P. 2011, *Allevamento ovino e lavorazione della lana nella* Venetia: *spunti di riflessione*, in *Tra protostoria e storia. Studi in onore di Loredana Capuis*, Roma, Quasar, pp. 381-411.

BUSANA M.S., BASSO P. (eds.) 2012, *La lana nella Cisalpina romana: economia e società. Studi in onore di Stefania Pesavento Mattioli, Atti del Convegno (Padova-Verona, 2011)*, Padova, Padova University Press.

BUSANA M.S., TRICOMI A.R. c.s., *Textile archaeology in the Roman Venetia (Italy)*, in *Textile and Dyes in the Mediterranean World*, V Purpureae Vestes International Symposium (Monserrat, Barcellona, 20-22 March 2014).

COTTICA D. 2003, *Dalla lana "altinata" al prodotto finito: filatura e tessitura in Altino romana alla luce dei resti della cultura materiale*, in G. CRESCI MARRONE, M. TIRELLI (eds.), *Produzioni, merci e commerci in Altino preromana e romana, Atti del convegno (Venezia, 2001)*, Roma, Quasar, pp. 261-263.

FACCHINETTI G. 2005, *La rocca*, in M.P. ROSSIGNANI, M. SANNAZARO, G. LEGROTTAGLIE (eds.), *La signora del sarcofago. Una sepoltura di rango nella necropoli dell'Università Cattolica*, Milano, Vita&Pensiero, pp. 199-223.

FRANCISCI D. 2013, *ArchaeoSection: uno strumento "artigianale" per il rilievo delle sezioni archeologiche*, in M. SERLORENZI (ed.), *ARCHEOFOSS. Free, Libre and Open Source Software e Open Format nei processi di ricerca archeologica, Atti del VII Workshop (Roma, 11-13 giugno 2012)*, «Archeologia e Calcolatori», Supplemento 4, 2013, pp. 147-156.

MARCHIORI A. 1990, *Pianura, montagna e transumanza: il caso patavino in età romana*, in *La Venetia nell'area padano-danubiana. Le vie di comunicazione, Atti del convegno internazionale (Venezia, 1988)*, Padova, CEDAM, pp. 73-82.

ROSADA G. 2004, *Altino e la via della transumanza nella Venetia centrale*, in B. SANTILLO FRIZELL (ed.), *Pecus. Man and Animal in Antiquity, Proceedings of the Conference at the Swedish Institute in Rome (Rome, 2002)*, Rome, The Swedish Institute in Rome, pp. 71-83.

TRICOMI A.R. 2014, *Archeologia tessile nella* Venetia *romana: testimonianze materiali per una sintesi storica*, Tesi di dottorato, Università di Padova.

Restituzione tridimensionale delle gallerie della prima guerra mondiale usando l'approcio del FLOSS - Image Based Modelling

Hubert Steiner, Rupert Gietl

With the centenary years 2014–2018, a hitherto relatively unknown branch of archaeological research, the so-called conflict archaeology, is coming into the limelight. Since excavation work is able to supply only very selective assertions on account of the enormous extent of the mountain front, the overriding objective of monument conservation in the years to come must focus on taking stock of all material remains from the WWI era. As a result of the developments in satellite geodesy and 3D documentation, it is now possible to approach this task on a wide scale and comparatively economically. The data collected form the basis of targeted protection measures and provide for future reference numerous new methods of presentation which fulfill the requirements of nature and monument preservation as well as the growing interest of demographic groups.
For that reason the South-Tyrolean Heritage Departement was starting an extensive archaeological survey campaign in high alpine environment up to 3900 m.s.l. We've had to find out a rapid, lightweight and low cost method to document the uncountable amount of structures along both frontlines.
The area of our pilot project is an approximately 6 sqkm large high plane between 2000 and 2300 m.s.l. called Plätzwiese. Between 1915 and 1917 it was a strongly fortified second line artillery position of the Austro-Hungarian Army.
Because of the seclusion of this area, today there we can find some of the best preserved residues of WW1 in Europe. We expect a total amount of more than 1000 archaeological remains just in this sector.
One of the major challenges is the documentation of the numerous tunnels and caverns driven into the rock to protect troops and material from enemy artillery fire.
We apply SfM to obtain pointclouds of the interiors, dealing with difficult conditions of illumination and space. After placing GCP's around the entrance(s) and measuring them with our DGPS, we start with one or more sequences of pictures in the entrance area, advancing along the tunnels, turning at their end and coming back to the starting point. In the dark we use of course a tripod to allow long exposures and some torches, to illuminate shadow areas.
In this way we've taken up to 600 pictures for one single structure.
Various attempts of processing them in Python Photogrammetry Toolbox divided in a few single sequences, gave us some indications of the most advantageous way of photographing.
For good results we need to follow two important rules:
- Redundancy: The same point has to be visible in as much pictures as possible.
- Long baseline: To obtain correct geometrical information, the projection centers of the sensors have not to be to close together.

Taking just a single photo-sequence along one way of the cavern, causes often problems with redundancy and subsequently leads to empty areas in the pointcloud, especially along the ceiling of the cavern.
- Another of the experiences gained, is that the software has big difficulties to match features form the photo-sequence taken on the way inwards, with features from the photo-sequence taken on the way back to the entrance of the tunnel.

Figura 1 - L'area di progetto lungo il fronte dolomitico tra il 1915 e 1917.

- We get the best results advancing on two parallel lines, as well on the way in, as on the way out of the structure.

Finally we processed the parallel sequences of each direction and referenced them after in CloudCompare.

1. Premessa

A partire da ottobre 2012, su incarico dell' Ufficio per i Beni Archeologici della Provincia Autonoma di Bolzano-Sudtirolo, la ditta Arc-Team ha intrapreso una serie di lavori finalizzati alla documentazione delle evidenze archeologiche ed architettoniche legate al fronte sudorientale della Grande Guerra (1915-18), al confine tra la Provincia Autonoma di Bolzano-Sudtirolo e la Provincia di Belluno. I risultati finali dello studio, oltre a fornire una mappatura delle rimanenze legate al primo conflitto mondiale per una loro corretta conservazione ed un eventuale sfruttamento delle loro potenzialità turistiche, produrranno una serie di dati di valore storico ed integreranno quanto già noto sulle attività belliche che hanno interessato l'area in oggetto. L'intero progetto si inserisce pertanto nel quadro delle attività previste nei prossimi anni per le commemorazioni riguardanti il centenario dello scoppio della Prima Guerra Mondiale (l'*ultimautm* alla Serbia del luglio 1914) e l'entrata dell'Italia nel conflitto, con la dichiarazione contro l' *Impero Austro-Ungarico* del *maggio 1915* (Figura 1).

2. Definizione di una strategia sua attuazione

Sin dalle prime fasi del lavoro, e addirittura in sede di progettazione (durante lo studio di fattibilità), è apparso chiaro che l'attività più urgente era anche quella che avrebbe assorbito la maggior parte di risorse, soprattutto dal punto di vista della tempistica, e andava individuata nel survey archeologico vero e proprio, cioè nelle ore spese sul campo per mappare e documentare le evidenze superstiti. Infatti, nonostante sia passato un lasso di tempo relativamente piccolo, la maggior parte delle tracce legate ai combattimenti (trincee, postazioni, fortificazioni e gallerie) appaiono fortemente

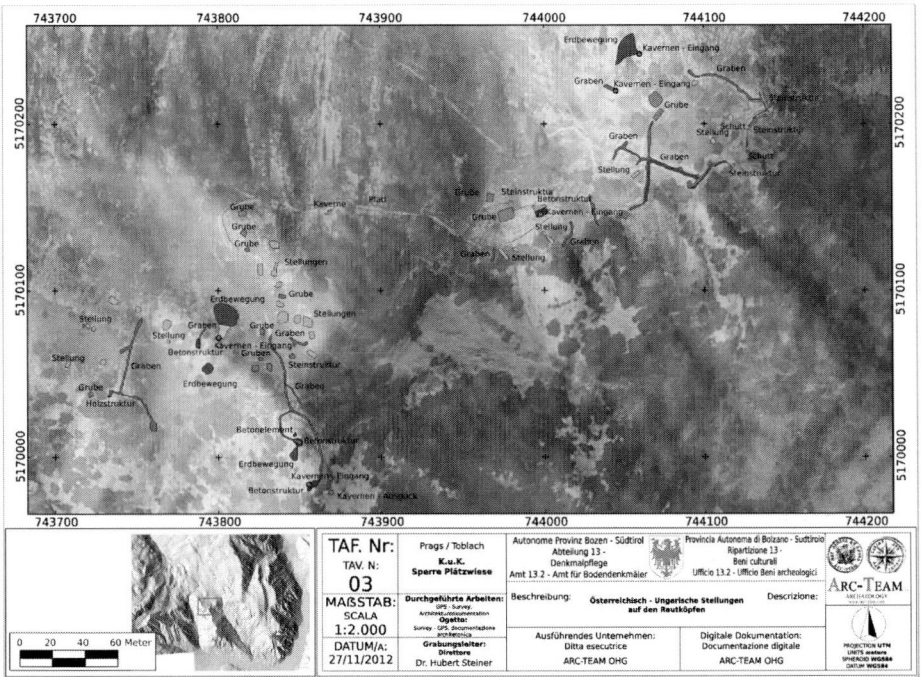

Figura 2 - I primi risultati del rilievo con DGPS, elaborati tramite GRASS, QGIS, Inkscape.

Figura 3 - Una delle gallerie documentate.

degradate, a causa del deterioramento delle varie componenti lignee di cui sono in parte composte. Il quadro complessivo era inoltre complicato dalla necessità di registrare anche le strutture più difficilmente accessibili, ovvero quelle situate fino a quote di 3900 m s.l.m oppure quelle che si caratterizzano per una conformazione fortemente difensiva del tipo "a nido d'aquila".

Tra le problematiche principali da affrontare vi erano dunque quelle imposte dalla logistica, quelle legate alla tempistica (piuttosto ristretta a causa della breve stagione estiva in alta montagna) e, non ultime, quelle derivanti dal budget a disposizione. In definitiva si trattava di elaborare una strategia di rilievo 3D, che mantenesse alti standard di precisione e accuratezza, ma che fosse nel contempo di rapido utilizzo sul campo, *low cost* e, soprattutto, ottenuta con hardware leggero e facilmente trasportabile. Quest'ultima caratteristica era fondamentale in quanto la metodologia adottata doveva essere sufficientemente versatile per adattarsi ai diversi ambiti in cui sarebbe stata utilizzata. Di conseguenza la strumentazione necessaria avrebbe dovuto garantire un perfetto funzionamento sia all'aperto, sia in ambienti sotterranei (come le gallerie), oltre a prevedere la possibilità di equipaggiare un drone per i rilievi aerei delle zone meno accessibili (anche per questioni di sicurezza sul lavoro).

Una volta definita, a livello teorico, la strategia da adottare, è stata individuata una zona per un progetto pilota, ovvero il pianoro di Plaetzwiese, un'areale di circa 6 kmq compreso tra i 2000-2300 metri s.l.m. Tra il 1915 e il 1917 quest'area è stata ampiamente fortificata, essendo destinata a diventare una seconda linea di artiglieria per l'esercito austro-ungarico. A causa del suo isolamento, Plaetzwiese può essere considerata tra le meglio conservate aree pertinenti alla Prima Guerra Mondiale di tutta l'Europa. Durante lo studio di fattibilità è stato stimato un numero totale di più di 1000 evidenze archeologiche superstiti per questo settore.

Al fine di velocizzare le operazioni di survey vero e proprio, prima dell'inizio dei lavori, è stato condotto uno studio storico negli archivi militari italiani ed austriaci, in modo da produrre una prima mappa delle evidenze potenziali, su cui impostare la ricerca sul campo, ausiliata da un rilievo geodetico basato principalmente sull'uso del GPS differenziale ed integrato da un'estesa campagna fotografica e descrittiva. Il tutto era finalizzato ad un sistema geografico digitale, basato su GRASS e QGIS,in cui far confluire tutte le informazioni raccolte, in due o in tre dimensioni, per produrre, in un secondo momento, un webGIS (tramite GeoServer e OpenLayer) per la fruizione turistica e scientifica. (Figura 2).

2.1. La problematica principale: il rilievo 3D di ambienti sotterranei

Se per quanto riguarda il rilievo di evidenze all'aperto e quello aereo di strutture "a nido d'aquila" non si sono registrati particolari problemi, ed anzi l'esperienza accumulata in precedenti progetti (BEZZI, ATOR, 05-12-2013) ha permesso di operare sin da subito con un strategia ben definita, per la documentazione degli ambienti sotterranei si è dovuto adattare la metodologia alla peculiarità logistica delle realtà da registrare. Infatti, allo stesso modo dei rilievi *outdoor*, anche per le numerose gallerie scavate nella roccia, utilizzate per la difesa di truppe e munizioni durante i bombardamenti (Figura 3), ci si è basati su tecniche di *Computer Vision* (*Structure from Motion* e *Image-Based Modeling*; BEZZI et al.2010, 103-111), al fine di ottenere le nuvole di punti degli interni. Come anticipato, però, il sistema utilizzato ha subito un'evoluzione dettata dalle diverse condizioni ambientali.

Nello specifico, almeno inizialmente, si è operato piazzando un numero sufficiente di GCP (*Ground Control Point*) presso l'entrata della cavità da documentare (registrati tramite GPS) ed effettuando, con una macchina fotografica ed un cavalletto, una o più riprese, avanzando lungo la galleria. In questo modo, però, ovvero con sequenze fotografiche unidirezionali, si sono riscontrate importanti lacune nel modello 3D, concentrate soprattutto sul soffitto delle strutture. (Figura 4). Inoltre si è introdotta così, in sede di *mesh-editing*, una maggiore difficoltà per il software (MeshLab) nell'identificare correttamente i punti in comune tra le diverse nuvole prodotte.

Figura 4 - Fotosequenza con avanzamento unidirezionale.

Figura 5 - Le due sequenze fotografiche, di entrata e di uscita.

Figura 6 - Allineamento e unione di diverse nuvole di punti.

I migliori risultati si sono invece ottenuti effettuando due riprese parallele, ma con direzioni contrapposte: una in entrata ed una in uscita (Figura 5). Questo sistema ha permesso di ampliare notevolmente il numero di punti in comune tra le diverse nuvole 3D ed ha portato ad un'ottimizzazione della strategia di acquisizione dei dati, basata sul rispetto di due due semplici principi:
- Ridondanza (lo stesso punto doveva essere visibile nel maggior numero di foto possibile)
- Long baseline (le fotografie dovevano essere sufficientemente distanziate tra loro)

Mediante questo procedimento sono stati registrati sino a 1000 scatti per galleria, un numero eccessivo per un rapido processamento dei dati raccolti. In seguito ad ulteriori test effettuati con Python Photogrammetry Toolbox (*Bezzi et al.2012, 153-170*), in cui si è proceduto ad una clusterizzazione delle foto in diversi gruppi (basata sul software CMVS), è stata migliorata la metodologia, considerando non solo l'acquisizione, ma anche l'elaborazione e la gestione dei dati. La persistenza di problematiche legate all'alto numero di foto mantiene però alti i costi di questo sistema, almeno in termini di tempo. Infatti lo scatto ad esposizione lunga (fino a 6 secondi) e l'assenza di luci artificiali (al di fuori di pile a LED) rallenta notevolmente la ripresa, con punte che arrivano alle a due ore per soggetto. Se si considera che per un totale di 1000 strutture sono state preventivate alcune dozzine di gallerie, si capisce come questo dilatamento delle tempistiche si traduca in una maggiorazione dei costi. Al fine di ridurre ulteriormente le spese, per i futuri lavori, successivi alla conclusione del progetto pilota, si è deciso di sperimentare l'uso di una videocamera, quale alternativa alla ripresa tradizionale. I primi test effettuati in tal senso, però, hanno dovuto fare i conti con una qualità inferiore delle immagini riprese, apparentemente non adatta agli standard di rilievo 3D sinora adottati.

Per quanto riguarda le fasi di elaborazione dei dati raccolti, invece, non si prevedono modifiche significative al flusso di lavoro sinora utilizzato, che prevede l'allineamento delle diverse nuvole di punti 3D mediante programmi di *mesh-editing* come MehLab e CloudCompare, il secondo dei quali è stato usato, in combinazione con GRASS, anche per la georeferenziazione dei modelli (*Fritsch, ATOR, 05-12-2012*), in modo da integrare i dati bidimensionali (sia vettoriali che raster) già inseriti nel GIS. A tal fine, la suddivisione delle nuvole generate in tratti di pochi metri di lunghezza, considerando solo i punti al centrali per ogni modello, ha ridotto i tipici errori di distorsione e traslazione. Per l'intero processo appena descritto ci si è avvalsi del sistema operativo libero ArcheOS (*Bezzi et al.2013, 164-172*; Figura 6).

3. Prospettive future

In seguito alla conclusione del progetto pilota è previsto un ampliamento dell'area da indagare, cosa che offrirà la possibilità di sperimentare ed evolvere la metodologia sinora adottata in altri ambiti logisticamente difficoltosi, quali ghiacciai e formazioni rocciose particolarmente impervie o ambienti sotterranei e cavità più anguste di quelle sinora documentate. Si prevede di affrontare le problematiche legate all'enorme mole di dati da elaborare orientando le sperimentazioni ad una maggiore clusterizzazione, dividendo non solo le informazioni, ma anche il calcolo stesso, attraverso l'utilizzo simultaneo di più processori (un test già parzialmente effettuato durante il progetto pilota). In questo modo si ritiene di poter mantenere gli alti standard sin qui ottenuti (su un'area relativamente ristretta), in modo da garantire alle Soprintendenze un quadro completo dei monumenti vincolati finalizzato alla protezione e alla valorizzazione dei resti della Grande Guerra.

Autori
- Hubert Steiner: *Soprintendenza per i Beni Archeologici della Provincia Autonoma di Bolzano/Sudtirolo.*
- Rupert Gietl: Arc-Team.

Bibliografia
(in ordine cronologico di edizione)

Bezzi A., Bezzi L., Ducke B. 2010, *Computer Vision e Structure From Motion, nuove metodologie per la documentazione archeologica tridimensionale: un approccio aperto in* ARCHEOFOSS. Open Source, Free Software e Open Format nei processi di ricerca archeologica. Atti del V Workshop (Foggia, 6-7 maggio 2010), a cura di G. De Felice Maria e G. Sibilano, Foggia, ed. Edilpuglia, 103-111

Bezzi A. Moulon P. 2012, *Python Photogrammetry Toolbox: A free solution for Three-Dimensional Documentation in* ARCHEOFOSS. Open Source, Free Software e Open Format nei processi di ricerca archeologica. Atti del VI Workshop (Napoli, 9-10 giugno 2011), a cura di F. Cantone,Napoli, ed. Naus, 153-170

Bezzi A., Bezzi L., Francisci D., Furnari F. 2013, *ArcheOS 4.0 "Caesar": novità e aspetti della distribuzione GNU/Linux dedicata all'archeologia* in «Archeologia e Calcolatori», Supplemento 4, 2013, Roma, ed. All'Insegna del Giglio, 164-172

Gietl R., Steiner H., Terzer C., *Stumme Zeugen des Ersten Weltkrieges. Dokumentation der Hochgebirgsfront im Pustertal* in «Der Schlern» 89, 2015, 4-25

Sitografia
(in ordine cronologico di edizione)

Fritsch B. 2012, *Georeferncing 3D pointclouds with open source tools in ATOR (Arc-Team Open Research)*, 05-12-2012

Bezzi A. 2013, *From drone-aerial pictures to DEM and ORTHOPHOTO: the case of Caldonazzo's castle in ATOR (Arc-Team Open Research)*, 05-12-2013

3D Graphic for promoting Cultural Heritages: the example of Petraro archaeological site in Villasmundo (Melilli - Siracusa, Sicily)

Federico La Spada, Danilo Limpido,
Simona Raneri, Germana Barone, Paolo Mazzoleni

The main goal of this work is to present a virtual reconstruction of the prehistoric archaeological area known as Petraro in Villasmundo (Melilli – Siracusa, Sicily), in which the remains of an interesting fortified village dated back to the Early Bronze Age are recognizable. The archaeological structures have been evaluated as an unicum in Sicily for their architectonical characteristics and the relevant archeological records found in the site. Unfortunately, for many years, the area has been abandoned and inaccessible to visitors, causing an important degrade of it. In order to clarify some features of the area and offer a new tool for promoting the archeological site, a virtual model of the prehistoric village of Petraro and the archeological records therein recovered have been produced in form of a 3D short educational film. The project has been supervised by Legambiente Melilli – Sezione Timpa Ddieri; the 3D film is actually available at the Legambiente Melilli and it is distributed in local schools.

1. Introduction

This work is part of a wider project aimed at studying and promoting the Petraro archeological area in collaboration with Legambiente Melilli – Sezione Timpa Ddieri.
In the last decade the use of virtual reconstructions of Cultural Heritages is becoming a recurring custom for the visualization of several features of archaeological sites [STANCO et al.2009, 2012a]. In particular, 3D computer graphics have been interpreted as useful tools for the understanding of prehistoric remains [STANCO et al.2012b], often characterized by bad preservation and absence of documentary sources. Moreover, the fragility of these archaeological sites requires a controlled use of them; therefore, a large number of visits and visitors should be avoided. For aforementioned, 3D modeling represents an efficient option able to allow virtual tour in these sites. The case of the Petraro prehistoric village site in Villasmundo (Melilli – Syracuse) represents a significant example of this approach.
In fact, the present research has been devoted to the realization of a 3D short educational film in which the actually arrangement of the site and the 3D models of the original structures are shown. The video is actually available at Legambiente Melilli and it's used during the numerous workshops organized by Legambiente in the schools of the Siracusan area.

2. Archaeological context

The Petraro fortified village (Figure 1) is located in the Villasmundo district (Melilli, Sicily) on the top of a natural slope known as Timpa Ddieri. It rises over the Mulinello river and exhibits a lot of artificial cave tombs referred to the Castelluccio culture. The archeological site has been investigated from 1967 by a mission of Superintendence of Cultural Heritages of Siracusa under the supervision of Prof. Voza [VOZA 1968]; the excavation of the area highlighted a fortified structure of trapezoidal shape and extension about 2500 m^2 (Figure 2).
The archaeological evidences testify that the area has been occupied from Neolithic to Early Bronze Age; during this latter period, the fortification walls and the structures known as Tower A, Tower B and Tower C were built.

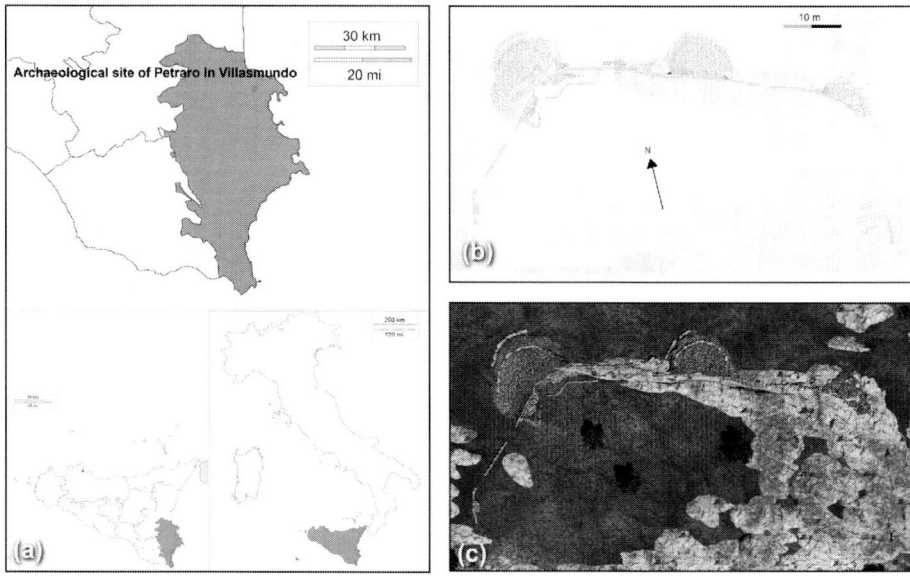

Figure 1 – (a) Geographical location of the site. (b) Plan of the fortified village. (c) 3D model of the actually arrangement of the archaeological area.

Tower A was the northern structure of the fortification; it was made up by a semicircular mound of 15 m in diameter; the building had both external and internal rows of rectangular blocks with roughly stones and soil on the inside. Tower B was the intermediate structure, placed 25 m far away Tower A; near Tower B, a little tower has been identified as a later construction with defensive aims. The remains suggest also the presence of a southern tower known as Tower C, showing the same structural characteristics of the previous ones.

The archaeological records found in the site [Russo 2003] belong to two different archaeological contexts. In fact, stone tools and pottery fragments referred to both Stentinello and Castelluccio cultures have been identified; in particular, the Stentinello Ware has been recognized by the typical impressed decoration made through sticks, combs, fingernails or seashells, while two "ossi a globuli" and many fragments of a buff-ware painted with black or green lines and draws have been related to Castelluccio culture.

3. Interactive 3D model of the fortified village

In order to promote the site and allow a virtual tour of the archaeological area, a
3D short educational video has been realised. In particular, it shows the actually arrangement of the protected archeological area and suggests the archaeological hypotheses on the evolution phases of the village (Figure 3). Moreover, a selection of relevant archeological records have been placed in a ideal interactive virtual Museum (Figure 4). Finally, the film offers a 3D models of how original buildings had to be, also showing the artifacts set in a realistic context (Figure 5). For the development of this project, Blender free and open-source 3D computer graphics software has been used as work tool.

3D Graphic for promoting Cultural Heritages   55

Figure 2 – Virtual reconstruction of the area occupied by the fortification wall.

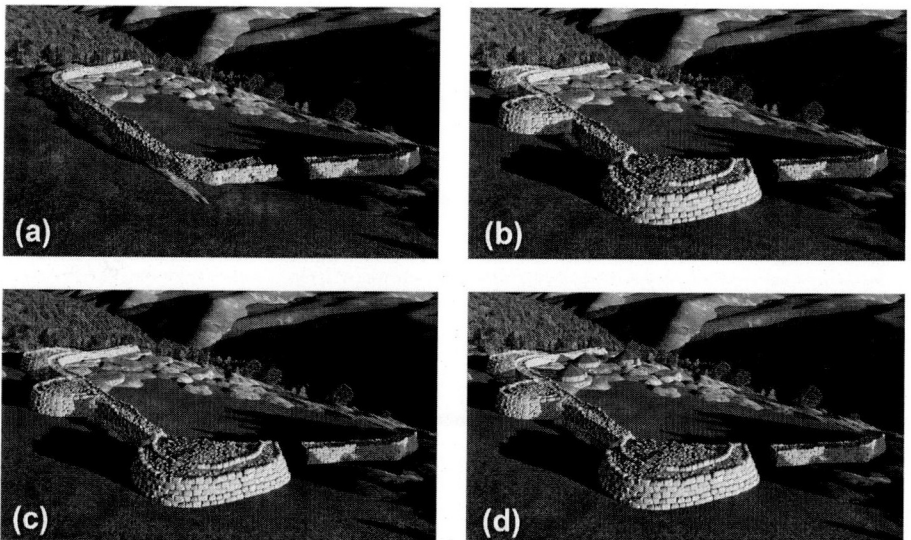

Figure 3 – Multilayered 3D model of the Petraro village: (a) phase I, surrounding wall; (b) phase II, surrounding wall and Towers A, B and C; (c) phase III, previous structures with little tower; (d) Spreading of huts both inside and outside the fortified area.

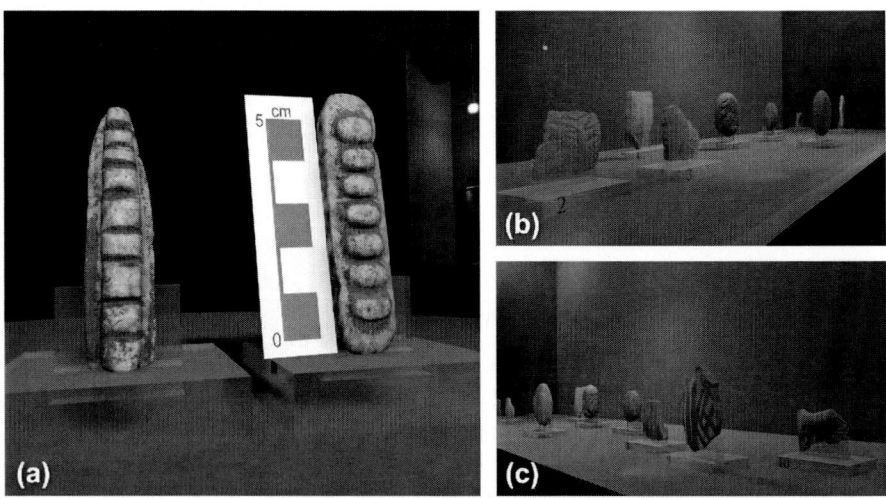

Figure 4 – 3D model of the archaeological records in a ideal virtual museum. (a) Ossi a globulo; (b pottery fragments and c) stone tools and Stentinello and Castelluccio Ware fragments.

Figure 5 – 3D model of the site. Artifacts set in original context.

4. Conclusion

In this work the 3D virtual reconstruction of the Petraro prehistoric fortified village is presented as part of a project realized in collaboration with Legambiente Melilli. The realistic 3D model has been based on documentary data collected during the excavation about buildings, artifacts and archeological setting of the site and represents a relevant scientific and educational tool useful in interpreting the evolution of the area. Finally, the achieved success of the 3D short educational film demonstrates the potentially of 3D modeling for promoting Cultural Heritages.

Acknowledgements

The authors are very grateful to Prof.ssa Emilia Ferrara, President of Legambiente Melilli – Sezione Timpa Ddieri, for financial and organizing support.

Authors

- Federico La Spada: Conservator Scientist for Cultural Heritage.
- Danilo Limpido: Conservator Scientist for Cultural Heritage.
- Simona Raneri: University of Catania, Department of Biological, Geological and Environmental Science, C.so Italia 55 – 92125 Catania (CT) *sraneri@unict.it*
- Germana Barone: University of Catania, Department of Biological, Geological and Environmental Science, C.so Italia 55 – 92125 Catania (CT).
- Paolo Mazzoleni: University of Catania, Department of Biological, Geological and Environmental Science, C.so Italia 55 – 92125 Catania (CT).

References

Stanco F., Tanasi D. 2009, *La computergrafica nella ricerca archeologica. Dal 3D Modeling alla Digital Archaeology*, In: Gueli A. (a cura di), *Atti del V Congresso Nazionale di Archeometria, (Siracusa 2008)*, Siracusa, Morrone, 605-617.

Stanco F., Tanasi D., Privitera S. 2012a, *Reconstructing the past. Il 3D modeling nella ricerca archeologica*. In: Bezzi L., Francisci D., Grossi P., Lotto D., *Open Source,Free Software e Open Format nei processi di ricerca archeologica, Atti del III Workshop, (Padova 2008)*, Roma, 17-32.

Stanco F., Tanasi D. 2012b, *Virtual Acropolis. Digital recreation of a Sicilian Archaic sanctuary*, Virtual Archaeology Review, 3 (5), 126-130.

Russo I. 2003, Quaderni di archeologia preistorica, la presenza umana in Sicilia nella preistoria dalla grotta al villaggio. Il Petraro di Villasmundo, Siracusa, Morrone, 1-173.

Voza G. 1968, Villaggio fortificato dell'età del Bronzo in Contrada Petraro di Melilli, In:*Atti della XI e XII Riunione Scientifica Ist. Ital. Pr. e Prot. Firenze, Sicilia*, 173-187.

Il rilievo tridimensionale in archeologia: computer vision e laser scanning a confronto. Il caso studio del settore 3 del sito archeologico di Adulis (Eritrea)

Giulio Bigliardi, Sara Cappelli, Enzo Cocca,
Dawit Efrem, Nahom Welderufial

This research is part of the Adulis Project, an international project started in 2010, directed by the Ce.R.D.O. in collaboration with the Centre for GeoTechnologies of University of Siena, the National Museum of Eritrea, the Civic Museum of Rovereto, the University of Milan "La Cattolica", the University of Naples "L'Orientale", the Regional Museum of Massawa and the Eritrean Mapping and Information Center. This project has the purpose to resume the archaological research carried out in the ancient city of Adulis (Eritrea), the old trade center of the Red Sea considered by scholars the most important port of the Aksumite kingdom. The research activity is focused on the testing of a new methodology for the documentation, analysis, processing, management and publishing of archaeological and topographic data also by the use of Open Source software. At the end of the third excavation campaign (2012), was made a three-dimensional relief of the sector 3, proceeding with two different techniques. The first approach is based on using a laser scanner. The second approach is completely open source and based on computer vision techniques for Image Based Modeling: Structure-from-Motion, Clustering Views for Multi-View Stereo (CMVS) and patch-based multiview stereo (PMVS). The 3D laser scanning was carried by Eritrean Mapping and Information Center with a Leica Geosystems ScanStation 2 ™.

Three scans were performed with a range of 10 m for scanning and a density of points equal to 2 mm in the horizontal and 2 mm vertically. Each scan lasted about 1 hour and 30 minutes. The three scans were assembled using the software Leica Cyclone ™. The error of the standard deviation calculated on the at-tack in post processing of point clouds is less than 2 mm. The end result is a point cloud consisting of 25.196.740 points, a total area of 96 square meters, with an average density of 262.466 points/sqm. The second relief was carried out by taking 94 photographs with a Canon EOS 1000D with CMOS sensor resolution of 10.1 MP. The photos were taken in sequence moving around the area, along the edges of the excavation. The images were processed with Python Photogrammetry Toolbox-PPT (Bundler/PMVS2) by setting a scale factor of 0.5 (50% of the native resolution) using a desktop PC with Asus i7 3770 processor, graphics card Nvidia GT650M GeoForce, 8 GB DDR3 RAM, installed with Debian "wheezy" 64-bit. The end result of the process was a point cloud consisting of 892.133 points, with an average density of 9.293 points/sqm. The cloud of points obtained with PPT was processed by appropriate post-processing tasks performed with the software open source MeshLab in order to create a polygonal surface and texturing the model. The two point clouds are imported into CloudCompare software to calculate the difference between the cloud of points obtained by PPT and that obtained with the laser scanner.

The results obtained for the survey and 3D modeling allow us to affirm that the techniques of Image Based Modeling integrated with the use of open source software can prove to be an alternative (low cost, simple and compact instrumentation, simple data acquisition) compared commercially available solutions for the 3D representation, which are often difficult to use for high costs and complex instrumentation.

1. Introduzione

Adulis è un antico porto marittimo di età aksumita, uno dei più importanti siti archeologici dell'Eritrea. Nel 2010 è stato avviato nel sito un progetto di indagine archeologica e valorizzazione promosso dal Ce.R.D.O - Centro Ricerche sul Deserto Orientale e condotto in collaborazione con il Centro di GeoTecnologie dell'Università degli Studi di Siena, l'Università "L'Orientale" di Napoli, il Museo Civico di Rovereto, l'Università Cattolica di Milano, il Museo Nazionale Eritreo, il Museo Regionale di Massawa e l'Eritrean Mapping and Information Center.

A partire da gennaio 2011 sono stati aperti e indagati tre settori di scavo, con lo scopo di riportare alla luce alcune strutture monumentali già individuate nei vecchi scavi del XX sec. e per definire la stratigrafia dell'insediamento, dalla sua origine fino al suo abbandono. Inoltre, è stata avviata un'attività di rilevamento topografico su tutta l'area del sito al fine di ricostruirne la morfologia (*Adulis* 2011, 2012; ZAZZARO 2013; BIGLIARDI *et al.* c.s. a; BIGLIARDI *et al.* c.s. b).

In questo caso di studio si è preso in considerazione esclusivamente il Settore 3, che è stato aperto nei pressi del limite orientale della città, in un'area dove non erano mai stati condotti scavi in precedenza, con l'obiettivo di indagare una sequenza stratigrafica intatta. Sotto una serie di depositi alluvionali, testimonianza del susseguirsi nell'area di alluvioni periodiche che hanno interessato tutte le zone più basse del sito, sono stati parzialmente riportati alla luce alcuni muri che delimitano ambienti di un grande edificio. I reperti finora rinvenuti nella porzione più superficiale del crollo dei muri sono stati datati tra il VI e il VII sec d.C. (Figura 1).

Nel febbraio 2012, al termine della terza campagna di scavo, è stato realizzato un rilievo tridimensionale delle strutture esposte. Viste le risorse a disposizione, si è deciso di procedere con due approcci differenti: il primo, più tradizionale, basato su un sistema laser scanner, il secondo basato su tecniche di Image-based Modelling e software libero e open source.

2. Il rilievo 3D con laser scanner

I sistemi laser scanner sono ormai da anni utilizzati per il rilievo di contesti archeologici (CIGNONI, SCOPIGNO 2008; RUSSO, GUIDI, REMONDINO 2011; URCIA, MONTANARI 2012) seppur il costo e la complessità di utilizzo ne hanno finora impedito una diffusione capillare ed un uso intensivo negli scavi archeologici.

La scansione laser 3D del settore di scavo è stata realizzata con un Leica Geosystems ScanStation 2™ (il lavoro di acquisizione è stato svolto sul campo dall'Eritrean Mapping and Information Center, mentre il post-processing è stato svolto dall'Università "L'Orientale" di Napoli). Questo strumento ha un intervallo nella scansione verticale di 270° e un intervallo di scansione orizzontale di 360°, il range massimo è di 300 m con albedo del 90% e 134 m con albedo del 18%. Sono state effettuate 3 scansioni con un range di 10 m per scansione ed una densità di punti pari a 2 mm in orizzontale e 2 mm in verticale. Ogni scansione ha avuto una durata di circa 1 ora e 30 minuti, per un totale di oltre 5 ore di lavoro, comprensive di operazioni di stazionamento dello strumento e di rilevamento dei target tramite stazione totale.

Le tre scansioni sono state riunite utilizzando il software Leica Geosystems Cyclone™. L'errore calcolato in post elaborazione sull'attacco delle nuvole di punti è inferiore ai 2 mm. Il risultato finale è una nuvola di punti composta da 25.196.740 punti, su una superficie totale di 96 mq, con una densità media di 262.466 punti/mq (Figura 2).

3. Il rilievo 3D con tecniche di Image-Based Modeling e software Open Source

Nel campo dell'Image-Based Modeling sono oggi disponibili diverse soluzioni completamente libere e Open Source già sperimentate con successo nel settore archeologico (CALLIERI *et al.* 2011; DUCKE *et al.* 2011; KERSTEN, LINDSTAEDT 2012; BIGLIARDI *et al.* 2013; DELLEPIANE *et al.* 2013). In questo caso di studio è stata utilizzata l'applicazione Python Photogrammetry

Figura 1 - Il Settore 3 al termine della terza campagna di scavo.

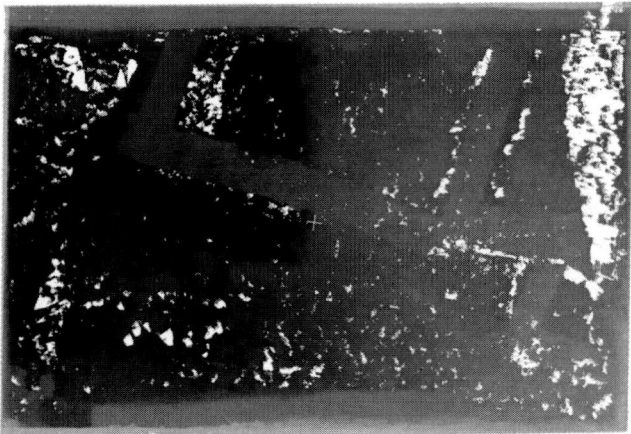

Figura 2 - La nuvola di punti ottenuta dalla scansione laser.

Figura 3 - La nuvola di punti ottenuta dall'elaborazione con PPT.

Toolbox (PPT) (Moulon, Bezzi 2012), una suite elaborata da P. Moulon e A. Bezzi, che racchiude due applicazioni sviluppate dall'Università di Washington a Seattle (USA): Bundler e CMVS/PMVS2.

Sono state scattate 94 fotografie, impiegando 1 ora di tempo, con una Canon EOS 1000D con sensore CMOS e risoluzione di 10,1 MP. Le fotografie sono state scattate in sequenza muovendosi lungo tutti i bordi dello scavo.

Il processo di elaborazione delle immagini è composto dai seguenti passaggi:
- *image matching*: riconoscimento di *features* corrispondenti in immagini differenti (Lowe 2004);
- *Structure-from-Motion reconstruction*: ricostruzione nello spazio della geometria di presa di ciascuna immagine e creazione di una nuvola di punti tridimensionale a bassa densità, *sparse 3D point cloud* (Snavely *et al.* 2006a, 2006b);
- *Multi-view Stereo reconstruction*: creazione di una nuvola di punti tridimensionale ad alta densità, *dense 3D point cloud* (Furukawa Y., Ponce J. 2007; Furukawa *et al.* 2010).

Le fotografie sono state elaborate ad un fattore di scala pari a 0,5, cioè al 50% della risoluzione originaria, utilizzando un PC desktop Asus con processore i7 3770, scheda grafica nvidia GeoForce GT650M, 8 GB Ram ddr3, OS Debian "wheezy" a 64 bit.

Il risultato finale del processo è stata una nuvola di punti composta da 892.133 punti, con una densità media di 9.293 punti/mq (Il lavoro di acquisizione è stato svolto sul campo dall'Università "L'Orientale" di Napoli, che ha eseguito il lavoro di post-processing in collaborazione con il Centro di GeoTecnologie dell'Università degli Studi di Siena) (Figura 3).

4. Il confronto tra i rilievi

Il confronto tra le due tecniche può essere condotto sotto molti aspetti, quali praticità, economicità, velocità e difficoltà di esecuzione ed elaborazione, risoluzione e qualità della nuvola di punti 3D (Kolecka 2011; Kersten, Lindstaedt 2012; Westoby, Brasington, Glasser, Hambrey, Reynolds 2012).

La risoluzione della nuvola di punti prodotta dal rilievo laser scanning è indiscutibilmente superiore in termini di densità di punti, ma è necessario sottolineare che il risultato dell'elaborazione in PPT è strettamente legato alla potenza dell'hardware a disposizione. Per tutti gli altri aspetti - praticità, economicità, velocità e difficoltà di esecuzione ed elaborazione – l'approccio basato sulla combinazione tra Image-based Modelling e software open source è naturalmente la soluzione migliore, in quanto si avvale di software non commerciale, disponibile gratuitamente con licenza GNU GPL, di attrezzature low-cost (PC e macchina fotografica), generalmente già presenti in qualsiasi scavo archeologico.

Tuttavia, in questa sede interessa valutare la presenza di eventuali deformazioni nella nuvola di punti ottenuta da quest'ultimo approccio, poiché il limite principale generalmente ad esso riconosciuto è l'impossibilità di inserire punti di controllo nell'orientamento delle immagini, come invece avviene per la fotogrammetria tradizionale, e quindi di non poter valutare la presenza e l'entità di eventuali deformazioni.

La nuvola di punti ottenuta da PTT è stata scalata in MeshLab utilizzando alcune misure di controllo desunte dal rilievo laser scanner, dalle quali è stato calcolato un fattore di scala medio. Successivamente, le due nuvole di punti sono state importate in CloudCompare e allineate con i tools "Align" e "Register", utilizzando come base di riferimento quella del laser scanner. Una volta allineate, è stata calcolata la distanza della nuvola di punti ottenuta da PPT rispetto a quella ottenuta con il laser scanner, al fine di valutare la presenza di eventuali deformazioni.

Il risultato è una distanza media di 4,7 cm, con una deviazione standard di 3,665 cm (Figura 4; Tabella 1).

Figura 4 - Risultato del confronto tra le due nuvole di punti. I punti della nuvola ottenuta con PPT sono colorati in base alla distanza (espressa in metri) dalla nuvola del laser scanner: in blu i punti più precisi, in rosso quelli che presentano uno scarto maggiore.

Scostamento della nuvola elaborata con PPT rispetto alla nuvola della scansione laser	n. punti in percentuale della nuvola di PPT per fasce di scostamento	n. punti della nuvola di PPT per fasce di scostamento
0-1 cm	15%	133.820
1-2 cm	15%	133.820
2-3 cm	12%	107.055
3-4 cm	10%	89.213
4-5 cm	9%	80.291
5-6 cm	8%	71.370
6-7 cm	7%	62.449
7-8 cm	5%	44.606
8-9 cm	5%	44.606
9-10 cm	4%	35.685
10-11 cm	2%	80.291
11-12 cm	3%	17.842
12-13 cm	2%	26.763
13-14 cm	1%	17.842
14-15 cm	1%	8.291
>15 cm	1%	8.291

Tabella 1 - valori di scostamento tra la nuvola elaborata con PPT e quella da scansione laser.

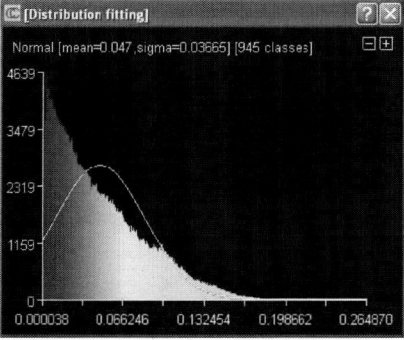

Figura 5 - Grafico della distribuzione dei punti della nuvola di PPT: rapporto tra numero di punti e scostamento dalla nuvola della scansione laser.

In particolare, è evidente una sensibile divergenza tra le due nuvole nell'angolo nord-est dello scavo ed in generale un aumento progressivo della divergenza tra di esse dal centro dell'area agli angoli nord-est e sud-ovest, seppur con intensità differente. Per quanto riguarda l'angolo nord-est si deve notare che, in quel punto, la nuvola di punti del laser scanner presenta numerosi vuoti, dovuti a zone cieche create da elementi dello scavo che non hanno consentito una completa scansione. Questo, evidentemente, può aver influenzato negativamente il confronto in tale zona, anche se è da sottolineare che l'area con uno scarto superiore ai 10 cm si estende maggiormente (Figura 5).

Il problema potrebbe essere dovuto alle modalità di ripresa fotografica: la porzione centrale dell'area compare infatti in un numero maggiore di immagini, rispetto alle porzioni marginali, che potrebbero inoltre aver risentito in misura maggiore delle distorsioni ottiche della fotocamera. Ciò potrebbe essere all'origine di tale disomogeneità nell'accuratezza della nuvola di punti e potrebbe essere risolto con un numero maggiore di immagini o, più probabilmente, con immagini meglio distribuite.

Sebbene il laser scanner costituisca una tecnologia oramai largamente stabile, ampiamente sperimentata e di facile impiego, le tecniche di Image-based Modeling risultano straordinariamente utili nei contesti di scavo per la loro rapidità di impiego; l'errore è bilanciato dai costi contenuti di questa tecnologia, dalla sua semplicità di impiego e dalla sua adattabilità a qualsiasi contesto archeologico, sia esso uno scavo stratigrafico, caratterizzato da crolli e manufatti costruiti, o una struttura muraria.

Nonostante una positiva evoluzione, anche in termini di riduzione dei costi di acquisto della strumentazione e formazione del personale, la tecnologia laser scanning resta ancora appannaggio di un numero molto ristretto di gruppi di ricerca. La disponibilità di sistemi di fotogrammetria non calibrata, i cui margini di precisione come si è tentato di dimostrare nell'articolo sono soddisfacenti e compatibili con le esigenze di una documentazione accurata e scientifica dello scavo archeologico, potrà invece spingere i ricercatori ad adottare in modo sistematico tecniche di rilievo digitale di tipo speditivo integrate con l'uso della stazione totale o di altri dispositivi per assicurare la corretta roto-traslazione delle nuvole di punti. La portabilità della strumentazione, ridotta sul campo ad una macchina fotografica digitale, associata a tempi di ripresa molto ragionevoli e costi esigui renderà nel futuro la fotogrammetria non calibrata una tecnologia insostituibile per la documentazione dello scavo archeologico.

Autori
- Giulio Bigliardi: 3D ArcheoLab.
- Sara Cappelli: Centro di GeoTecnologie, Università degli Studi di Siena.
- Enzo Cocca: Dipartimento di Africa Asia e Mediterraneo, Università "L'Orientale" di Napoli
- Dawit Efrem: Eritrean Mapping and Information Center.
- Nahom Welderufial: Eritrean Mapping and Information Center.

Bibliografia

Adulis Fieldwork Report 2011, CeR.D.O. (ed.), inedito.

Adulis Fieldwork Report 2012, CeR.D.O. (ed.), inedito.

Bigliardi G., Cappelli S., Bezzi A. (eds.) 2013, *Applicazioni Open Source per il rilievo 3D dei Beni Culturali. Atti della Giornata di Studio* (San Giovanni Valdarno, 19 luglio 2013), "Free and Open Source Software per i Beni Culturali", 1.

Bigliardi G., Cappelli S., Cocca E., c.s. a, *Il sito di Adulis (Eritrea). Raccolta e gestione dei dati archeologici tramite software open source*, in *Open Source, Free Software e Open Format nei processi di ricerca archeologica. Atti del VII Workshop* (Roma 11-13 giugno 2012), Serlorenzi M. (ed.), "Archeologia e Calcolatori", 23, Supplemento 4, in corso di stampa.

Bigliardi G., Cappelli S., Cocca E., c.s. b, *Tecnologie digitali integrate per lo studio del sito archeologico di Adulis (Eritrea)*, "Archeologia e Calcolatori", 24, in corso di stampa.

Callieri M., Dell'Unto N., Dellepiane M., Scopigno R, Soderberg B., Larsson L. 2011, *Documentation and Interpretation of an Archeological Excavation: an Experience with Dense Stereo Reconstruction Tools*, in Niccolucci F., Dellepiane M., Peña Serna S., Rushmeier H. E., Van Gool L. J. (eds.), *VAST11- The 12th International Symposium on Virtual Reality, Archaeology and Intelligent Cultural Heritage*, 33-40.

Cignoni P., Scopigno R. 2008, *Sampled 3D models for CH applications: A viable and enabling new medium or just a technological exercise?*, "ACM Journal on Computing and Cultural Heritage", 1(1), 1-23.

Dellepiane M., Dell'Unto N., Callieri M., Lindgren S., Scopigno R. 2013, *Archeological excavation monitoring using dense stereo matching techniques*, "Journal of Cultural Heritage", 3(14), 201-210.

Ducke B., Score D., Reeves J. 2011, *Multiview reconstruction of the archaeological site at weymouth from image series*, "Computer & Graphics", 35, 375-382.

Furukawa Y., Ponce J. 2007, *Accurate, dense, and robust multi-view stereopsis*, in *Proceedings of IEEE Conference on Computer Vision and Pattern Recognition (CVPR)* (Minneapolis, USA, 17–22 June), 1–8.

Furukawa Y., Curless B., Seitz M., Szeliski R. 2010, *Clustering view for multi-view stereo*, in *Proceedings of IEEE Conference on Computer Vision and Pattern Recognition (CVPR)* (San Francisco, USA, 13–18 June), 1434–1441.

Lowe D. 2004, *Distinctive image features from scale-invariant keypoints*, "International Journal of Computer Vision", 60(2), 91-110.

Kersten T. P., Lindstaedt M. 2012, *Image-Based Low Cost Systems for Automatic 3D Recording and Modelling of Archaeological Finds and Objects*, in Ioannides M., Fritsch D., Leissner J., Davies R., Remondino F., Caffo R. (eds.), *Progress in Cultural Heritage Preservation. 4th International Conference EuroMed 2012* (Limassol, Cyprus, October 29 – November 3, 2012), "Lecture Notes in Computer Science", 7616, Heidelberg, Springer-Verlag, 1-10.

Kolecka N. 2011, *Photo-based 3D scanning vs. laser scanning – Competitive data acquisition methods for digital terrain modelling of steep mountain slopes*, "International Archives Photogrammetry Remote Sensing and Spatial Information Sciences", XXXVIII-4/W19, 203-208.

Koutsoudis A., Vidmar B., Ioannakis G., Arnaoutoglou F., Pavlidis G., Chamzas C. 2013, *Multi-image 3D reconstruction data evaluation*, "Journal of Cultural Heritage", 14, in corso di stampa.

Moulon P., Bezzi A. 2012, *Python Photogrammetry Toolbox: A free solution for Three-Dimensional Documentation*, in Cantone F. (ed.), *ARCHEOFOSS. Open Source, Free Software e Open Format nei processi di ricerca archeologica. Atti del VI Workshop* (Napoli, 9-10 Giugno), Pozzuoli, Naus, 153-170.

Russo M., Guidi G., Remondino F. 2011, *Principali tecniche e strumenti per il rilievo tridimensionale in ambito archeologico*, "Archeologia e Calcolatori", 22, 169-198.

Snavely N., Seitz S. M., Szeliski R. 2006a, *Photo tourism: exploring image collections in 3D*, in *ACM transactions on graphics. Proceedings of SIGGRAPH*, 25 (3), 835-846.

Snavely N., Seitz S. M., Szeliski R. 2006b, *Modelling the world from internet photo collections*, "International Journal of Computer Vision", 80, 189-210.

Urcia A., Montanari M. 2012, *Scansione laser e ricostruzione digitale: il sito di san severo a Classe (RA)*, "Archeologia e Calcolatori", 23, 311-325.

Westoby M.J., Brasington J., Glasser N.F., Hambrey M.J., Reynolds, J.M. 2012, *'Structure-from-Motion' photogrammetry: A low-cost, effective tool for geoscience applications*, "Geomorphology", 179, 300-314.

Zazzaro C. 2013, *The Ancient Red Sea Port of Adulis and the Eritrean Coastal Region. Previous investigations and museum collections*, BAR International Series 2569, Archaeopress.

Performance Evaluations of 3D Web-Services and Open-Source software for digital modeling of archaeological finds

Mauro Lo Brutto, Paola Meli

The Structure From Motion (SFM) algorithms derived from Computer Vision community make image-based techniques a competitive and user friendly approach to obtain 3D information of real objects. These algorithms have been implemented in many 3D web-services and open-source software to develop free instruments for the reconstruction of very detailed 3D digital models. Their use is becoming very common above all in archaeological studies but their potentiality for metric application has not been tested at all. The aim of the work is to investigate the quality and the accuracy of 3D models obtained through 3D web-services and SFM open-source software. Different tests have been performed using some 3D web-services (Autodesk 123D Catch, ARC3D, My3Dscanner) and one freeware software (VisualSFM). The 3D models have been compared to reference models obtained by photogrammetric and laser scanning techniques. The work has showed that in some situations these instruments could substitute photogrammetric and laser scanning techniques.

1. Introduction

The survey techniques which allow to obtain 3D information of real objects can be divided into two main categories: range-based techniques that use active sensors and image-based techniques that are based on passive sensors (Remondino & El-Hakim, 2006). The former include the measurement techniques that use systems such as laser scanners, structured light systems or range-imaging camera, while the latter include systems based on photogrammetric or computer vision techniques. The choice of the technique to use depends on the budget, on the time available, on the operating conditions, on the complexity and on the features of the objects and on the operators experience (Remondino, 2011). In particular the scientific research has been increasingly moving towards the study of no time consuming and low cost solutions to perform surveys that allow to obtain complete, metrically and qualitatively accurate 3D reconstructions. The image-based techniques are becoming the main protagonists in this field of research due to the development of algorithms derived from computer vision such as the Structure from Motion (SFM) approach. Indeed this strategy allows to orient a very huge number of images without any knowledge of the camera parameters and network geometry and to obtain a sparse 3D point cloud (Szeliski, 2010). The SFM process is divided into three phases: automatic features detection and extraction, identification and elimination of outliers and false matches through the use of robust estimates and finally computation of internal and external images orientation parameters through bundle adjustment (Nguyen, et al., 2012; Remondino et al., 2012). The sparse point cloud calculated by the SFM algorithms can be refined through the application of dense stereo matching algorithms, to create a more detailed point cloud and the 3D model of the object.
Recently the SFM procedure and the dense image matching algorithms have been developed in several open-source and freeware software (Blunder and PMVS, VisualSFM, Mic Mac, Apero, etc ...), in some commercial software (Agisoft Photoscan, PhotoModeler Scanner, 3DF Zephyr) and finally in web applications defined 3D web-services (ARC3D, Autodesk123Dcatch, Cubify, My3Dscanner etc...) (Vergauwen & Van Gool, 2006). The use of these techniques has

Dataset	Description	Dimensions [cm]	Number of images	Camera type	Resolution [pixel]	Dist. camera-object [m]	GSD [mm]
1	Sculptural artwork	30 x 45 x 30	85	Kodak Easyshare C315	2576 x 1932	0.75	0.28
2	Arula	33 x 33 x 15	8	Canon EOS-1Ds Mark II	4992 x 3328	1.00	0.15
3	Fountain of the Dolphins	490 x 540 x 260	11	Canon D60	3072 x 2028	7.00	3.10

Table 1 - Main characteristics of the datasets.

had a gradual and constant increase to get 3D information mostly in archaeological field both during excavation operations and for finds documentation (Callieri, 2011; Moulon & Bezzi, 2011; Plets et al., 2012; De Reu et al., 2013). These tools are not developed to be used for metric surveys but mainly for 3D visualization. For this reason the studies for their reliability and for the accuracy of the final products are increasing significantly. Several studies have investigated their possible use instead of traditional photogrammetry and laser scanning techniques (Fratus De Balestrini & Guerra, 2010; Doneus et al., 2011; Lo Brutto & Meli, 2012; Skarlatos & Kiparissi, 2012; Di Paola et al., 2013; Inzerillo & Santagati, 2013).

The work aims to verify the metric reliability of the 3D reconstruction of small and medium size objects obtained by SFM and dense matching approach using some 3D web-services (Autodesk 123D Catch, ARC3D, My3Dscanner) and the freeware software VisualSFM. The main objective is to investigate the performance of these applications in relation to the quality and metric accuracy of the final products and to assess whether these new tools can be a valid alternative to laser scanning and traditional photogrammetric techniques for some applications in Archaeology.

2. Methodology

The CV tools used are Autodesk 123D Catch (http://www.123dapp.com/catch), ARC3D (http://homes.esat.kuleuven.be/~visit3d/webservice/v2/index.php), My3Dscanner (http://www.my3dscanner.com/index.php), three of the 3D web-services available online for free during the carrying out of this work, and the freeware software VisualSFM (http://ccwu.me/vsfm/). For the performance evaluation some datasets were used; the datasets are different for type of object, size, type of camera, camera network, number of images, resolutions (Table 1).

The work was divided into three phases: images acquisition and processing of the datasets, exporting, scaling, alignment of 3D models obtained with the 3D web services and the open-source software, comparison with the reference 3D models.

The images were processed with the various 3D web-services following the procedures provided by these services (images upload, remote computing of the images orientation and of the 3D model, download the model as points cloud or as mesh); the data processing with VisualSfm was performed with the hardware resources of the our Geomatics laboratory.

The models were scaled using different approaches with respect to the available features in the used tools. The 3D models obtained with Autodesk 123D Catch and VisualSfm were scaled using known distances measured collimating points directly on the images through the management platform of the 3D web-service in the first case and through the freeware software Sfm_Georef (James & Robson, 2012; http://www.lancaster.ac.uk/staff/jamesm/software/sfm_georef.htm) in the second case; with ARC3D and My3Dscanner the 3D models were

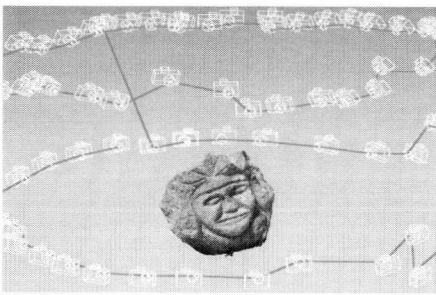

Figure 2 - Camera network of the Dataset 1.

scaled with the open-source software MeshLab (http://meshlab.sourceforge.net/) through the inclusion of a scale ratio estimated by measuring one or more known distances directly on point clouds or polygonal models.
The reference 3D models were obtained by laser scanning or by the processing of the same images used for the tests by commercial close-range photogrammetry software.
All the models were put in the same reference system using the ICP algorithms.
Different methodologies were carried out for metric comparisons among the models used as reference and the test models. The type of metric comparisons performed were chosen according to the characteristics of the objects:
- three-dimensional comparison between surfaces through the creation of a map that identifies the distance in three dimensions;
- comparison between 2D profiles.

3. Data acquisition and data processing

3.1 Dataset 1: Sculptural artwork

A sculptural element that represents a head with two faces was the first object test. This sculpture is situated at the "Enchated Castle" in Sciacca. The "Enchanted Castle" is located on a country large area in the western part of the city of Sciacca, near Agrigento on the southwestern coast of Sicily (Italy). In this area, the sculptor Filippo Bentivegna has created among olive and almond trees sculptures of heads carved into the rocks or on tree trunks. These sculptures are so strange and particular that this place should be an obligatory destination for tourists staying in Sciacca. The dataset was composed of two strips taken from a distance of about 75 cm from the sculpture (Figure 2). The two strips were taken putting the camera at different heights and rotating around the sculpture in order to get images with different viewpoints of the head: the first strip, constituted of 43 images, was taken putting the camera in front of the head, while the second, composed of 42 images, was taken putting the camera on the top of the sculpture (Figure 3).
The reference model was created through photogrammetric techniques using the software Photomodeler Scanner 2013 performing the classic photogrammetric workflow (camera calibration, image orientation, calculation of point clouds and 3D model). The photogrammetric orientation provided a RMS of about 0.48 pixels in the image coordinates and of about 0.62 mm in the object coordinates. In order to scale the photogrammetric model four calibrated bars of 300 mm (respectively indicated with a number from one to four) were placed at the four sides of the head. Two bars, respectively, the 1 and 3 positioned in correspondence of the two faces, have actually been used for the operation of scaling, while the other two have been used as check

Figure 3 – Some images of the Dataset 1.

	The deviations values on the lengths of the bars [mm]		
Bars	2	3	4
Photomodeler Scanner	0.17	-	0.05
Autodesk 123D Catch	0.46	0.70	0.60
Arc3D	-	-	-
My3DScanner	-0.20	-0.60	0.20
VisualSFM	-0.09	-	0.80

Table 4 - Deviations on the lengths of the bars not used for scaling.

	Number of points	Number of triangles	Gaps [%]
Photomodeler Scanner	957.072	1.918.178	-
Autodesk 123D Catch	228.454	456.306	1
Arc3D	1.721.166	3.364.809	28
My3DScanner	425.747	773.109	8
VisualSFM	311.612	618.657	12

Table 5 - Number of points, of triangles and percentages of the gaps for the Dataset 1.

providing residuals of 0.17 mm and of 0.05 mm respectively. The 3D model was calculated with a step of 1.5 mm, using 20 stereopairs.

The models calculated with the 3D web-services and VisualSFM have been converted into an exchange format and managed with Geomagic and CloudCompare software (http://www.danielgm.net/cc/) to perform metric comparisons. The calibrated bars not used to scale the 3D models were measured and used as check; the residuals values for almost all the models were below the millimeter thus highlighting that the models seem to have been scaled properly (Table 4). This check was not performed for the model generated with ARC3D since three of the four bars were reconstructed only partially.

A first analysis was carried out evaluating the number of calculated 3D points, the resulting number of triangles and the percentage of gaps of the respective polygonal surfaces. This analysis shows that there is not always an effective relationship between the number of calculated points and the 3D reconstruction quality of the object. For example, the 3D model obtained with ARC3D was the one that has shown the most significant gaps, although it is constituted by the largest number of points and triangles (Table 5).

In order to facilitate graphic representation of the comparisons with the reference model the 3D models were represented in the two main sides called "Face A" and "Face B" (Figure 6). The 3D maps resulting from the 3D comparisons with the reference model have shown that in general the distribution of the deviations was quite satisfactory in all models since the deviations were for the most part contained in the range of ±2 mm, with the exception of the model obtained with ARC3D (Figure 7). Furthermore the areas with higher deviation values were undercut areas as the portions around the eyes, the tip of the nose and low parts or the areas in contact with the floor.

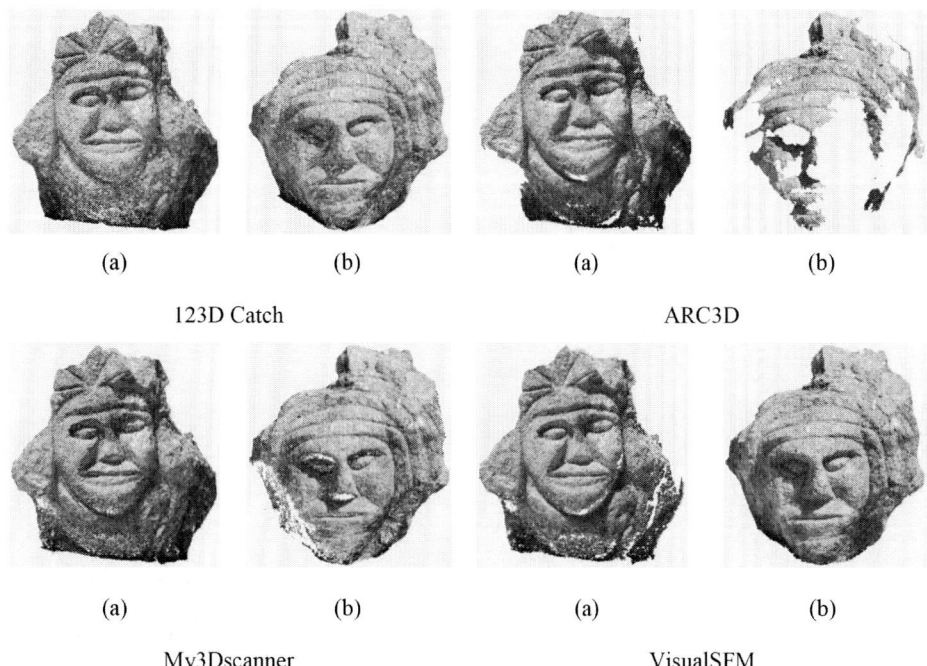

Figure 6 - Points clouds generated with 123D Catch, ARC3D, My3DScanner and VisualSFM (a) "Face A", (b) "Face B".

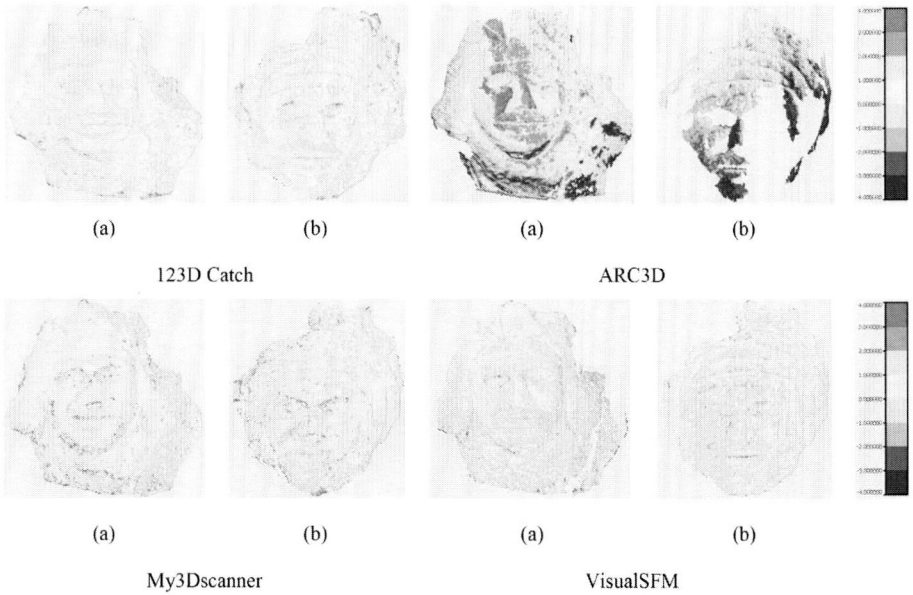

Figure 7 - Maps of the 3D comparisons with the reference model of the two faces- "Face A", (b) "Face B".

	Mean [mm]	Standard Dev. [mm]
Autodesk 123D Catch	0.46	0.70
Arc3D	0.56	1.38
My3DScanner	0.15	0.66
VisualSFM	0.00	0.55

Table 8 - Statistical values of the 3D comparisons of the Dataset 1.

The worst result was obtained with ARC3D indeed the 3D reconstruction was partial and the obtained deviations were higher than all other models with an odd distribution of the deviations especially in "Face B" where most of the values are negative. The mean and the standard deviation of the residuals have shown that the best accuracy was obtained from the VisualSfm 3D model (Table 8). Moreover the mean values obtained with the 3D web-services were always all positive and also quite significant (0.46 mm for 123D Catch and 0.56 mm for ARC3D). This condition would indicate the presence of a systematic error whose cause is difficult to identify (images orientation problems, errors of the scaling operations or alignment problems between the 3D models). However the values of standard deviation were below the millimeter in all resulting models, except for ARC3D, and then within tolerances for graphic representation of a scale of 1:2.

3.2 Dataset 2: The Arula of the Temple of Victory

The second dataset was an archaeological object that represents one of the most important finds of the collection preserved in the Archaeological Museum of Himera (near Palermo, on the northwestern coast of Sicily - Italy). The object test is an *Arula*, dating back to 480 BC, that represents a winged old man that carries the lifeless body of a young man probably a representation of the myth of Daedalus and Icarus.

The test was performed only at the surface of the low relief. The dataset was composed of 8 convergent images taken from a distance of about 1 meter (Figures 9 -10).

The reference model was obtained by laser scanning technique, using the triangulating laser scanner Minolta Vivid 9i. The scan, consisting of 26 mesh, was resampled to obtain a surface with a uniform step of 0.50 mm.

The points clouds generated with the investigated tools have a low percentage of gaps; in particular, also in this case the points cloud generated by ARC3D has the highest percentage of gaps although it is constituted of a number of points and triangles significantly higher than all the points clouds generated by the other 3D web-service (Figure 11 – Table 12).

A calibrated bar of about 170 mm,, placed on the base of the *Arula*, was used to scale the models. The maps resulting from the 3D comparisons with the reference model have shown that the largest values of residuals were for the most part in correspondence of the edges of the *Arula* (Figure 13). The mean of the residuals was below the tenth of a millimeter while the standard deviation was below the millimeter (Table 14). The standard deviations were lower than the sampling step of the point cloud resulting from the laser scanning (0.50 mm) and were within tolerance for graphic representations of the scale of 1:2.

Finally further comparisons were performed by extrapolating two sections from the 3D models (Figure 15) and comparing the respective deviations with the same sections extracted from the laser scanner model (Figure 16). The AA section has shown greater deviation values present in

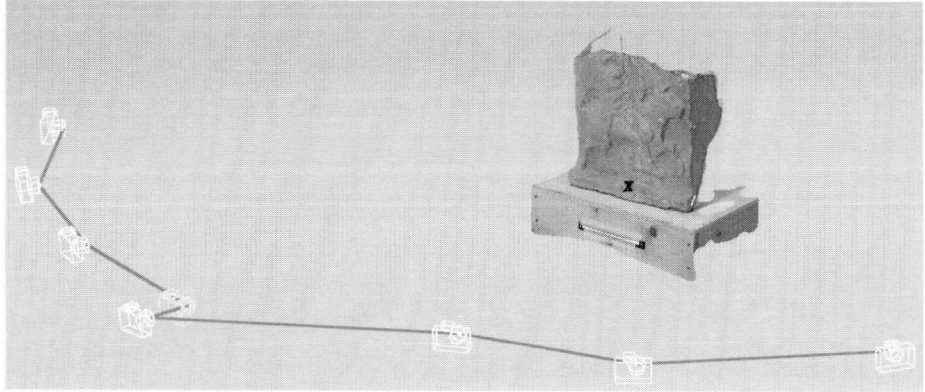

Figure 9 - Camera network of the Dataset 2.

Figure 10 - Some images of the Dataset 2.

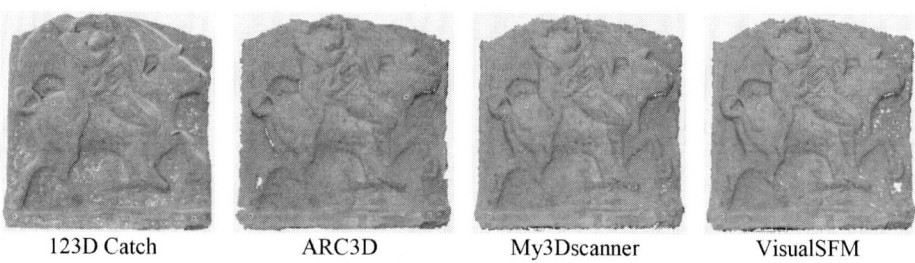

| 123D Catch | ARC3D | My3Dscanner | VisualSFM |

Figure 11 - Points clouds of the Dataset 2.

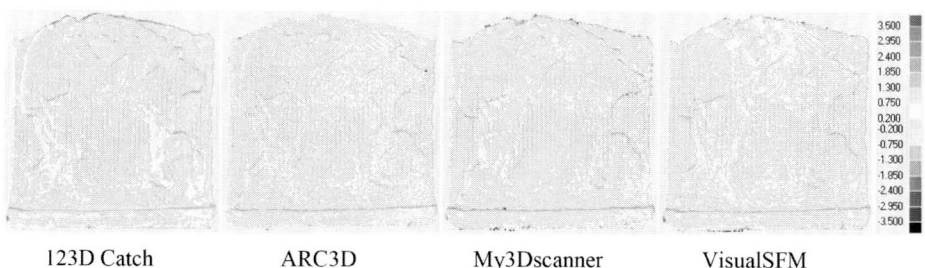

| 123D Catch | ARC3D | My3Dscanner | VisualSFM |

Figure 13 - Maps of the 3D comparisons with the reference model.

	Number of points	Number of triangles	Gaps [%]
Laser scanner	65.308	127.277	-
Autodesk 123D Catch	101.666	210.507	1
Arc3D	2.218.318	4.345.869	2
My3DScanner	102.700	212.947	1
VisualSFM	222.959	461.854	0

Table 12 - Number of points, of triangles and percentages of the gaps for the Dataset 2.

	Mean [mm]	Standard Dev. [mm]
Autodesk 123D Catch	0.05	0.33
Arc3D	0.03	0.32
My3DScanner	0.03	0.29
VisualSFM	0.00	0.28

Table 14 - Statistical values of the 3D comparisons of the Dataset 2.

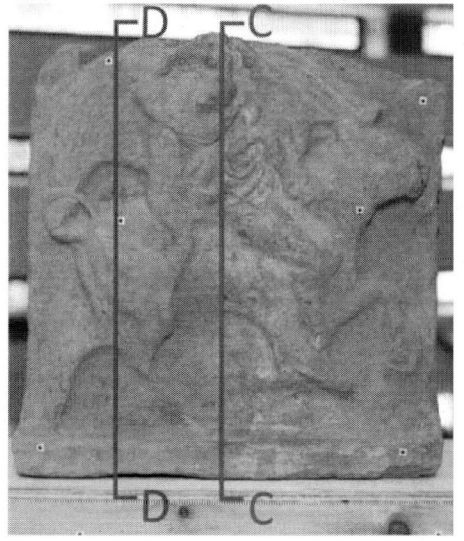

Figure 15 - Section scheme.

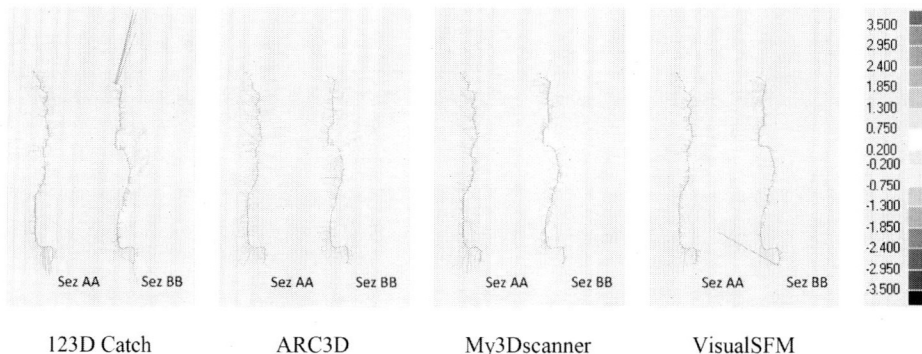

Fig. 16 - 2D comparisons between the sections extracted from the calculated 3D models and the reference model.

the protruding areas and in correspondence with changes of curvature; the section extracted from ARC3D model has displayed the greatest deviations. The BB section has shown the greatest deviation values at the edges of the *Arula*. In particular the section resulting from the comparison with 123D Catch has had odd values in the edge areas of the top part and a prevalence of positive values especially in the central part of the section; also in this case the section resulting from the comparison with ARC3D has displayed greater deviation values uniformly distributed in the entire section.

	Number of points	Number of triangles	Gaps [%]
Laser scanner	3.072.144	6.154.966	-
Autodesk 123D Catch	145.190	277.887	9
My3DScanner	204.471	391.387	16
VisualSFM	187.211	360.121	23

Table 20 - Number of points, of triangles and percentages of the gaps for the Dataset 3.

	Mean [mm]	Standard Dev. [mm]
Autodesk 123D Catch	0.51	14.07
My3DScanner	-0.55	9.06
VisualSFM	0.66	9.35

Table 22 - Statistical values of the 3D comparisons of the Dataset 3.

Figure 17 - Camera network of the Dataset 3.

Figure 18 - Some images of the Dataset 3.

123D Catch   My3Dscanner   VisualSFM

Figure 19 - Points clouds of the Dataset 3.

123Dcatch   My3Dscanner   VisualSFM

Figure 21- Maps of the 3D comparisons with the laser scanner model.

3.3 Dataset 3: The Fountain of the Dolphins

The object of the third test was the dataset called "Fountain-P11" available on the website http://cvlabwww.epfl.ch/data/multiview/denseMVS.html for metric checks concerning dense multi-view stereo matching (Strecha *et al.* 2008). The dataset was constituted of 11 convergent images of the Fountain of the Dolphins (Figures 17-18). This fountain is situated in the courtyard of the castle of the town of Ettlingen in Baden-Württemberg, Germany. The comparisons were carried out using as reference a model obtained through laser scanning available on the same website.

The images were processed with 123Dcatch, My3Dscanner and VisualSFM; ARC3D was not considered in the evaluation since it created a model quite incomplete.

As can be seen from the generated point clouds (Figure 19) and from the number of points and triangles of the 3D reconstructions of each tools (Table 20) the points cloud of 123D Catch has had fewer percentage of gaps (9%) than the point clouds obtained by the other instruments although the number of points and triangles was lower.

Maps resulting from the 3D comparisons of all three datasets has shown that the larger deviations were present in areas not visible from the photos such as the central recess or undercuts areas and the recessed portions of the spirals (Figure 21).

The mean and the standard deviation were all below the centimeters except for the value of the standard deviation obtained with 123D Catch (14.07 mm). The worst result was obtained with 123D Catch while the best result was achieved with My3Dscanner. The values of standard deviation were of the order of centimeters allowing graphic representation of a scale of 1:50 (Table 22).

4. Comments and conclusion

The work represents a test of the potentialities of the image-based techniques using 3D web-services and open-source softwares to generate 3D models of real objects of small and medium dimensions. The first and the second testes allow to state that for objects of small and medium size it is possible to obtain good results in terms of both quality and metric accuracy of 3D reconstructions. The obtained standard deviation allows the extraction of graphic representations from a scale of 1:2. Therefore for some applications and for this type of objects the considered tools could be a valid alternative to traditional photogrammetry and laser scanning techniques. The last test demonstrates that the 3D reconstruction is more problematic for medium size objects and especially for objects of great complexity. The obtained standard deviation values are within the tolerances for the extraction of drawings at a scale of 1:50; this metric accuracy is acceptable for many applications in the survey of cultural heritage but definitely not adequate for an accurate metric survey of the fountain used as a case study. For medium size objects the approach does not seem comparable in metric terms with the "classics" photogrammetric or laser scanning surveys yet.

The instruments investigated have a considerable potentiality for metric uses but it is necessary to consider some problems due to the impossibility of operator intervention to facilitate the success of the automatic process and due to the difficulty to verify the metric accuracy of the final products without reference data. Furthermore, it is important to pay particular attention to the images acquisition phase and to the camera network geometry that should be suitable for dense image-matching and chosen in relation of the characteristics of the object in order to obtain 3D reconstructions complete and without deformation. Finally, it is important to note that the performance of this instruments can be very different despite this applications are based on the same operating principles. For example all tests conducted for this work with ARC3D have proved the instability of this 3D web-service in terms of both processing capability and metric accuracy.

Authors

- Mauro Lo Brutto: Dept. of Civil, Environmental, Aerospace and Materials Engineering (DICAM), University of Palermo, Italy. mauro.lobrutto@unipa.it
- Paola Meli: Dept. of Civil, Environmental, Aerospace and Materials Engineering (DICAM), University of Palermo, Italy. paola.meli@unipa.it

References

Callieri M., Dell'Unto N., Dellepiane M., Scopigno R., Soderberg B., Larsson L., 2011, Documentation and interpretation of an archeological excavation: an experience with dense stereo reconstruction tools, The 12th International Symposium on Virtual Reality, Archaeology and Cultural Heritage VAST.

De Reu J., Plets G., Verhoeven G., De Smedt P., Bats M., Cherretté B., De Maeyer W., Deconynck J., Herremans D., Laloo P., Van Meirvenne M., De Clercq W., 2013, Towards a three-dimensional cost-effective registration of the archaeological heritage, Journal of Archaeological Science 40, 1108-1121.

Di Paola F., Inzerillo L., Santagati C., 2013, Image-based modeling techniques for architectural heritage 3D digitalization: limits and potentialities, The International Archives of the Photogrammetry, Remote Sensing and Spatial Information Sciences, Volume XL-5/W2, 2013, 555-560.

Doneus M., Verhoeven G., Fera M., Briese Ch., Kucera M., Neubauer W., 2011, From deposit to point cloud – a study of low-cost computer vision approaches for the straightforward documentation of archaeological excavations, Geoinformatics CTU FCE, 6, 81-88.

Fratus De Balestrini E., Guerra F., 2010, New instruments for survey: on line softwares for 3D reconstruction from images. The International Archives of the Photogrammetry, Remote Sensing and Spatial Information Science, Vol. XXXVIII-5/W16, 545-552.

Inzerillo L., Santagati C., 2013, 123D Catch: efficiency, accuracy, constraints and limitations in architectural heritage field, International Journal of Heritage in the Digital Era, Multi Science Publishing, Volume 2, Number 2, 263-290.

James M. R., Robson S., 2012, Straightforward reconstruction of 3D surfaces and topography with a camera: accuracy and geoscience application, Journal of Geophysical Ressearch, Volume 117, F03017,

Lo Brutto M., Meli P., 2012, Computer Vision tools for 3D modelling in Archaeology, International Journal of Heritage in the Digital Era, Multi Science Publishing, Volume 1, Supplement 1, 1-6.

Moulon P., Bezzi A., 2011, PythonPhotogrammetry Toolbox: a free solution for three-dimensional documentation, Proceedings of VI Workshop ArcheoFOSS, Napoli, Italy, Juno 9-10, 2011, 12 pp..

Nguyen H. M., Wünsche B., Delmas P., 2012. 3D Models from the Black Box: Investigating the Current State of Image-Based Modeling. Proc. of the 20th International Conference on Computer Graphics, Visualization and Computer Vision (WSCG 2012), Pilsen, Czech Republic, June 25–28, 2012, 10 pp.

Plets G., Gheyle W., Verhoeven G., De Reu J., Bourgeois J., Verhegge J., Stichelbaut B., 2012, Three-dimensional recording of archaeological remains in the Altai Mountains, Antiquity 86 (333), 884–897.

Remondino F., 2011, Heritage Recording and 3D Modeling with Photogrammetry and 3D Scanning, Remote Sensing, 2011, 3, 1104-1138.

Remondino F., Del Pizzo S., Kersten T., Troisi S., 2012, Low-Cost and Open-Source Solutions for Automated Image Orientation – A Critical Overview, Proc. EuroMed 2012 Conference, M. Ioannides et al. (Eds.), LNCS 7616, Springer, Heidelberg, 40-54.

Remondino, F., El-Hakim S., 2006, Image-based 3D modelling: a review. The Photogrammetric Record, 21(115), 269-291.

Skarlatos D., Kiparissi S., 2012, Comparison of laser scanning, photogrammetry and SFM-MVS pipeline applied in structures and artificial surfaces. ISPRS Annals of the Photogrammetry, Remote Sensing and Spatial Information Sciences, Volume I-3, 299-304.

Strecha C., Von Hansen W., Van Gool L., Fua P., Thoennessen U., 2008, On Benchmarking Camera Calibration and Multi-View Stereo for High Resolution Imagery, Proc. IEEE Computer Society Conference on Computer Vision and Pattern Recognition, 8 pp.

Vergauwen, M., Van Gool, L., 2006, Web-based 3D reconstruction service, Machine Vision and Application, 17, 411-426.

Szeliski R., 2010, Computer Vision: Algorithms and Applications. Springer,

Sul restauro digitale di foto storiche

Mariapaola Monti, Giusy Arvizzigno,
Donatella Lombardo, Giuseppe Maino

The historical photograph is a valuable documentary evidence for Archaeology and History of Art as it shows sites and artworks in their conservation status at the time when the picture was taken, or no longer existing as a result of armed conflicts or natural disasters, and it can significantly contribute to non-invasive restorations and even reconstructions of the works of art that it depicts. Virtual restoration can be applied with particularly fruitful results on old photographs, not involving an intervention on its constituent materials but, by the use of specific software, performing a manipulation occurring only on its digital reproduction, ensuring an exclusively visual improvement or proposing a hypothetical reconstruction. All this considered, it was performed an in-deep research work on 143 historical photographs (mostly albumen photographs depicting important Italian and foreigner architectural monuments) belonging to the rich heritage of the "Historical Photographic Archive" of the University of Bologna. Such set of pictures was analyzed, catalogued and dated, while three of them were chosen to be virtually restored.

1. Fotografia e restauro digitale

La fotografia è ormai comunemente considerata un bene culturale in sé, in quanto oggetto materiale (o immateriale nel caso della fotografia digitale) di interesse storico. Tuttavia essa assume importanza anche per ciò che vi è rappresentato e che costituisce sovente una testimonianza di valore culturale. In questo senso la fotografia 'storica' ha valore di documento per l'archeologia e la storia dell'arte in quanto illustra siti e opere nello stato di conservazione all'epoca dello scatto o, magari, non più esistenti in seguito a eventi bellici o a catastrofi naturali. Inoltre la fotografia, proprio perché rappresentazione, può risultare utile in eventuali interventi di restauro non invasivo, in ricostruzioni di monumenti, edifici storici, opere d'arte, purché basati su precise analisi documentarie ed archivistiche, su fondate ipotesi di ripristino e di riproposizione critica, su indagini scientifiche e su interpretazioni filologiche.

L'evoluzione della pratica e – di conseguenza – del significato del restauro virtuale, è strettamente correlata al progresso della tecnologia informatica. Questa offre continuamente nuovi strumenti algoritmici e multimediali che possono essere utilizzati per l'analisi, la rappresentazione, la ricostruzione e la riproduzione delle opere d'arte in una forma digitale sempre più raffinata.

È chiaro, quindi, che quando si parla di restauro virtuale si fa riferimento ad un'operazione che non è un restauro vero e proprio. Tra queste due attività ci sono delle differenze oggettive nell'approccio che esse hanno con l'opera d'arte. Diversamente dal restauro tradizionale che agisce direttamente sul bene originale al fine di consolidare la materia di cui esso è costituito, di migliorarne la leggibilità e di prevenirne le eventuali successive alterazioni, quello virtuale consiste in un'operazione che non comporta un intervento sulla materia costitutiva dell'opera d'arte, ma che – con l'impiego di software appositi – agisce esclusivamente sulla sua riproduzione digitale, assicurandone un miglioramento esclusivamente visivo o proponendone un'ipotetica ricostruzione (BENNARDI, FURFERI, 2007, 13). Pertanto, possiamo affermare che il restauro virtuale rientra appieno nell'area della salvaguardia dei beni culturali, intendendo quest'ultima come «provvedimento conservativo che non implica alcun intervento diretto sull'opera» (Art. IV della Carta del restauro del 1972).

2. Il restauro virtuale applicato alla fotografia

Il restauro virtuale può essere applicato in maniera particolarmente fruttuosa sulle fotografie antiche. Se normalmente esso non può essere considerato un restauro vero e proprio poiché non opera sulla materia dell'opera d'arte ma solo sulla sua immagine digitalizzata, nel caso delle fotografie storiche può sostituire pienamente un restauro tradizionale, dal momento che sono esse stesse delle riproduzioni. In questo modo vogliamo porre l'accento sull'importanza dell'immagine riprodotta, in quanto testimonianza storica e culturale, pur senza dimenticare che anche la materia costitutiva dell'immagine fotografica e del relativo negativo – quando presente – costituiscono un'importante testimonianza storica delle tecniche fotografiche utilizzate in passato.

Il processo di realizzazione di un restauro virtuale su fotografie storiche comincia naturalmente con l'acquisizione in formato digitale delle stesse per mezzo di scanner ad alta risoluzione o di speciali apparecchi fotografici.

È interessante notare che, mentre normalmente per il restauro virtuale sugli altri beni storico-artistici vengono utilizzati software generici per l'elaborazione delle immagini, non essendo stati messi a punto software appositi, per il restauro virtuale della fotografia è stato creato un software su misura, *AKVIS Retoucher*, che consente di ripristinare l'immagine cancellando i danni dovuti a polvere, graffi e macchie. *AKVIS Retoucher* utilizza particolari algoritmi che consentono di semplificare e velocizzare le operazioni di fotoritocco, inoltre può essere utilizzato su immagini digitalizzate di fotografie sia in bianco e nero sia a colori. Ciò non toglie che sia possibile intervenire sulle digitalizzazioni di foto storiche – con eccellenti risultati e con migliore controllo sulle operazioni effettuate – per mezzo dei tradizionali software di fotoritocco, quali *Adobe Photoshop*, *Corel Photo Paint* e *GIMP* (Monti, Maino 2012, 22-27). In particolare, quest'ultimo software, open source, è stato utilizzato per il presente lavoro.

Un approccio virtuale al restauro delle fotografie storiche permette di realizzare anche interventi inattuabili con le metodologie del restauro tradizionale, quali il ripristino del contrasto originale, la ricostruzione delle parti abrase o mancanti, il riequilibrio cromatico, e il recupero di particolari non più visibili ad occhio nudo.

Inoltre, a differenza del tradizionale restauro della fotografia la cui procedura cambia in base alle caratteristiche tecniche e strutturali della fotografia e alla compatibilità dei possibili trattamenti con i materiali di cui essa è composta, il restauro virtuale consente di intervenire indipendentemente da questi fattori.

Dal punto di vista della leggibilità dell'opera, i risultati che è possibile ottenere digitalmente sono in genere di gran lunga migliori di quelli raggiungibili con un restauro tradizionale, proprio perché si tratta di un'elaborazione fatta su un'immagine che non è la stampa fotografica, ma una sua riproduzione digitale. Infine, il restauro virtuale mette al sicuro da tutte le modificazioni permanenti e dagli eventuali danneggiamenti che un restauro tradizionale potrebbe portare a un bene delicato come una stampa fotografica antica, consentendo – se necessario – di limitare l'intervento materiale ad un semplice consolidamento (Menghi *et al.* 2012).

3. L'Archivio storico fotografico dell'Università di Bologna

L'Archivio Storico Fotografico dell'Università di Bologna conserva un ricco patrimonio di fotografie storiche, delle quali 143 sono state oggetto del presente studio. Tra queste, alcune sono state scelte per elaborare esempi di restauro virtuale.

Si tratta di fotografie eterogenee sotto molteplici aspetti, ma accomunate da soggetto e tecnica: si tratta generalmente di albumine – tranne qualche gelatina a sviluppo – ritraenti i più importanti monumenti dell'architettura italiana e non solo. Ci sono, infatti, anche alcuni esempi di strutture architettoniche di città quali Londra, Parigi, Istanbul e Atene. Ad eccezione di sei fotografie, di cui cinque sono su tela invece che su carta, tutte le altre, com'è consuetudine per le albumine, sono incollate su cartoncini che hanno la funzione di non farle ripiegare su se stesse. Le fotografie si differenziano anche per le loro dimensioni, che partono da 10 × 14,2 cm (vi è un solo esemplare con questo formato) per arrivare sino a 43 × 58 cm. Nella maggior parte delle foto, in basso, è indicato l'Editore, con il relativo numero di lastra e quello dell'edizione; in altre, queste informazioni non sono fornite o non sono più leggibili. Tra gli Editori indicati nelle immagini considerate compaiono Brogi, F.lli Alinari e Fotografia dell'Emilia.

Per quanto riguarda la datazione delle singole fotografie, quando non è espressamente indicato un riferimento cronologico, è possibile desumere informazioni dalla tecnica utilizzata, che ci permette, per esempio nel caso delle albumine, di collocarle in un periodo che va pressappoco dal 1855 al 1895, quando cadono in disuso.

I timbri impressi sui cartoncini a supporto delle immagini indicano la loro appartenenza alla "R. Università di Bologna, Scuola di Disegno geometrico e Architettura" (1868-1948) e alla "Regia Scuola d'Applicazione per gli Ingegneri di Bologna" (1875-1926).

Mentre le albumine, in base alle informazioni desunte dagli Annuari dell'Università di Bologna, potrebbero essere collocate cronologicamente grossomodo nell'ultimo trentennio dell'Ottocento, il gruppo delle sei gelatine a sviluppo su carta baritata è databile a un periodo successivo, che va dal 1886 (anno in cui si affermò tale procedimento di stampa) ai primi decenni del XX secolo.

Lo stato di conservazione delle fotografie qui considerate non è dei migliori: sono presenti macchie dovute all'umidità e al fenomeno del foxing, deformazione dei cartoncini, rigonfiamenti e increspature dell'albumina, dovuti agli sbalzi termoigrometrici. Si notano poi sulle albumine le alterazioni caratteristiche di questa tecnica di stampa fotografica: lo sbiadimento dell'immagine, l'ingiallimento diffuso sull'intera superficie e le crettature. Sono inoltre presenti danni dovuti all'uso delle immagini come materiale didattico: fori di puntine, scritte a penna o matita, strappi e graffi.

L'acquisizione è stata eseguita con uno scanner Epson GT 15000 con una risoluzione pari a 400 dpi. In alcuni casi è stato necessario aumentare o diminuire il contrasto al fine di migliorare la leggibilità dell'immagine. Le foto sono state salvate in formato TIFF (Tagged Image File Format), il quale consente di ottenere file compressi senza perdita di informazione. Per via delle grandi dimensioni, le fotografie sono state scannerizzate in quattro parti, poi ricomposte digitalmente.

4. Restauro virtuale di alcune fotografie dell'Archivio dell'Università di Bologna

Come precedentemente notato, lo stato di conservazione delle fotografie acquisite dalle Scuole Regie di Architettura e Ingegneria dell'Università di Bologna nel periodo postunitario non risulta essere buono, prestandosi dunque a interventi di restauro virtuale (eseguiti utilizzando *GIMP 2.8*) che hanno consentito di ripristinare o migliorare la leggibilità delle immagini.

Il primo caso affrontato riguarda una fotografia strappata in due parti e recante il timbro a secco del Fratelli Alinari (Figure 1 e 2), ma priva di indicazioni sul soggetto architettonico rappresentato, se non una scritta a matita ("ROCCHETTA MATTEI"), aggiunta successivamente sull'immagine stessa e quindi destinata ad essere rimossa in fase di restauro virtuale. Questa ha consentito di identificare la struttura fotografata come il Cortile dei Leoni, riproduzione del cortile dell'Alhambra di Granada realizzata all'interno della Rocchetta Mattei, castello in stile eclettico e moresco edificato a partire dal 1850 dal Conte Cesare Mattei, sulle rovine di un complesso medievale situato sull'Appennino Bolognese.

Il restauro virtuale che è stato necessario eseguire su questa immagine ha comportato diverse fasi:
- la ricomposizione delle due parti e la ricostruzione dell'interposto margine mancante;
- l'uniformazione della luminosità delle due parti;
- il risarcimento delle lacune e l'eliminazione di scritte e macchie;
- la regolazione di curve, luminosità e contrasto al fine di ridurre l'ingrigimento della superficie e restituire all'albumina il suo caratteristico tono caldo (Figura 3).

Figura 1 - Fotografia Alinari del Cortile dei Leoni (parte superiore).

Figura 3 - Fotografia Alinari del Cortile dei Leoni dopo il restauro virtuale.

Figura 2 - Fotografia Alinari del Cortile dei Leoni (parte inferiore).

Il secondo caso concerne una fotografia raffigurante la Cattedrale di Cremona (Figura 4) e recante l'indicazione del soggetto e dei Fotografi autori della stampa ("A. Betri e Calzolari Fotografi") entro una striscia nera posta alla base dell'immagine stessa. La fotografia mostra diverse lacune, strappi e macchie, cui è stato necessario porre rimedio in fase di restauro virtuale ricostruendo le parti mancanti; sono inoltre state regolate le curve di colore al fine di ottenere un'immagine più definita (Figura 5).

Infine, l'ultimo caso riguarda una fotografia molto sbiadita raffigurante la facciata della Cattedrale di Notre-Dame di Parigi (Figura 6) su cui è stato necessario intervenire per rimuovere alcune righe e scritte a penna e per ripristinare la leggibilità dell'immagine aumentandone il contrasto per mezzo della regolazione delle curve di colore (Figura 7).

Autori

- Mariapaola Monti: Scuola di Lettere e Beni Culturali, Università di Bologna, Sede di Ravenna, via Mariani 5, 48100 Ravenna.
- Giusy Arvizzigno: Scuola di Lettere e Beni Culturali, Università di Bologna, Sede di Ravenna, via Mariani 5, 48100 Ravenna.
- Donatella Lombardo: Scuola di Lettere e Beni Culturali, Università di Bologna, Sede di Ravenna, via Mariani 5, 48100 Ravenna
- Giuseppe Maino: Scuola di Lettere e Beni Culturali, Università di Bologna, Sede di Ravenna, via Mariani 5, 48100 Ravenna.

Figura 4 - Fotografia della Cattedrale di Cremona.

Figura 5 - Restauro virtuale della fotografia della Cattedrale di Cremona.

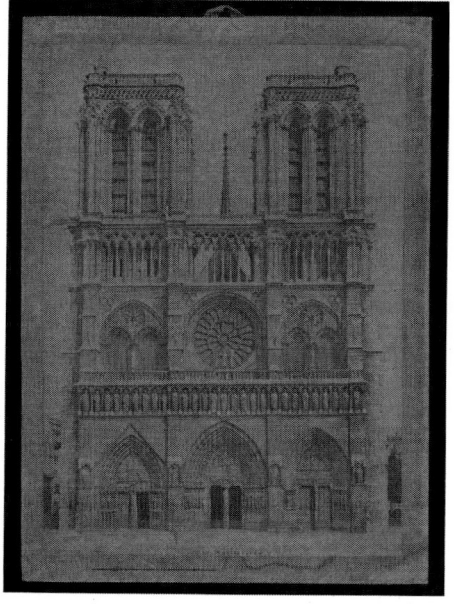

Figura 6 - Fotografia della Cattedrale di Notre-Dame di Parigi.

Figura 7 - Restauro virtuale della Cattedrale di Notre-Dame.

Bibliografia

CAPPELLINI V., 2000, *La realtà virtuale per i beni culturali*, Bologna, Pitagora.

BORTOLOTTI I., 2006, *Grafica al computer per il restauratore*, Padova, Il Prato.

BENNARDI D., FURFERI R., 2007, *Il restauro virtuale. Tra ideologia e metodologia*, Firenze, Edifir.

MONTI M., MAINO G., 2011, "Image processing and a virtual restoration hypothesis for mosaics and their cartoons", in Giuseppe Maino, Gian Luca Foresti (a cura di), *Proceedings of Image Analysis and Processing – ICIAP (Ravenna 2011)*, Lecture Notes in Computer Science (LNCS 6979), Berlin, Springer, pp. 486-495.

MENGHI R., MONTI M., MAINO G., 2012, "Principles of virtual restoration and application to artistic and archaeological objects", in Giovanna Vezzalini, Paolo Zannini (a cura di), *Atti del VII Congresso Nazionale di Archeometria A.I.Ar (Modena 2012)*.

MONTI M., MAINO G., 2012, "L'informatica per il mosaico, tre casi prototipali", in *Archeomatica. Tecnologie per i Beni Culturali*, Anno III, Numero 1, pp. 22-27.

La ricostruzione 3D della domus delle "bestie ferite" di Aquileia (UD)

Lucia Michielin

The object of the present paper is the attempt to reconstruct a 3D model of the northern portion of the "Bestie Ferite" *Domus* of Aquileia (Udine) in in its later stage of the fourth century AD. The area of the house is still being excavated by a team from the University of Padua and, therefore, the data and display solutions must necessarily be considered as work in progress. Moreover, at this point, it has been realized just the northern portion of the house because the excavation data available for the rest of the building are still under analysis. The decision to reconstruct the later stage of the house has been taken both because is the most preserved one but also because this correspond to a peculiar flourishing phase for the North-Adriatic town in its complex.

This project has a double function: on one hand it will be use in the future as a tool for the valorisation of the archaeological area; on the other hand it has been already used as a checking test of the interpretation analyses formulated by the excavator during the different campaigns.

For the construction of the 3D model it has been used three different softwares Autocad, Gimp and Blender. The choice of using Autocad was due to the fact that all the archaeological data survey was realized in this format. On the other hand Gimp and Blender have been selected not only for their open softwares characteristics but most of all for some peculiar tools implemented within them: for Gimp the wide amount of different filters very useful in the realisation of the textures (e.g. The mosaic effect). Whereas, Blender with its good rendering engine and the double channel for texture and material allowed a better render of the model.

Moving on, more specifically, to the pipeline used in the present work, the reconstruction of the volumes of the house were modeled from the 2D reconstructive survey with the Blender software. The lacking of good elevations archaeological data made necessary use for the estimation of heights, the lease of the openings and trends in the slopes of the roofs a comparisons with other buildings and with sources. This lack of well preserved archaeological data has, of course, influenced deeply the degree of certitude of the present model.

Regarding the reconstruction of the decorative displays two different procedures were used for the realisation of the frescoes and the mosaics due to a very different degree of conservation of the structures.

Since the conservation of the pavements has a percentage variable between 3% and 50% it has been possible to obtain a model from the remaining fragments for the reconstruction of the mosaics (clearly with different levels of certitude in the model produced). The first step has been the realization of the geometric modules followed by the re-elaboration of this scheme with the Gimp software in order to obtain a photorealistic texture.

Whereas, the percentage of preserved frescos (almost all not in situ) compelled to recourse to pictorial schemes taken from similar contemporary buildings (adapted to the dimension of the different rooms of the house); in this way the frescoes textures must be considered just evocative of how the pictorial decoration of the house could have look like.

1. Introduzione

Il lavoro di seguito presentato si inserisce nel più ampio contesto dello studio e della valorizzazione del sito della *domus* delle "Bestie Ferite" di Aquileia, oggetto di indagini dell'Università degli Studi di Padova. Tale ricostruzione ha una duplice funzionalità: da una parte è previsto un suo utilizzo in vista di una futura valorizzazione dell'area, dall'altra, il modello è stato largamente utilizzato come strumento di controllo e verifica delle ipotesi formulate in corso di indagine e ha, quindi, permesso di identificare nuove domande da sciogliere nel corso delle prossime campagne scavo. Una sorta di "circolo virtuoso" in cui i dati provenienti dallo scavo concorrono alla realizzazione del modello che, a sua volta, diviene un importante test per le ipotesi formulate, in un processo di interscambio e implementazione reciproca. Al momento è stato prodotto un unico modello relativo alla sola fase tardoantica (IV secolo d.C.) perché corrispondente ad un peculiare momento di fioritura della città alto-adriatica e poiché tale fase appare la meglio conservata a livello di record archeologico (GHEDINI, BUENO, NOVELLO 2009). Inoltre, l'analisi si è concentrata sulla sola porzione settentrionale della *domus* poiché, questa, al momento, appare la maggiormente organica dal punto di vista delle possibili ricostruzioni planimetriche.
Sulle differenti pipeline seguite per la realizzazione dei diversi apprestamenti (strutturali e decorativi), e sulla complessità delle stesse, ha fortemente inciso il maggiore o minore stato di conservazione degli apparati: più complessa e articolata appare quella relativa ai mosaici, in quanto ben documentati a livello di resti archeologici, molto più speditive quelle relative ai resti strutturali e alle decorazioni ad affresco dato lo scarsissimo o nullo grado di conservazione degli stessi.

2. Il contesto

Il sito della casa delle "Bestie Ferite" si trova nella porzione nord-orientale dell'abitato antico. La *domus* sembrerebbe essere localizzata presso la porzione meridionale di un'insula, ubicata in un punto nevralgico per la viabilità intramuraria a causa del transito, in loco, della prosecuzione urbana della via Annia (BONETTO SALVADORI 2012). Incerta appare la suddivisione interna dell'isolato, tanto che nell'area oggetto di scavo sembra possibile individuare, forse, diverse unità abitative.
I primi interventi in loco si devono agli scavi di Luisa Bertacchi, ispettrice della Soprintendenza negli anni '60, effettuati nel corso di una serie di indagini finalizzate non tanto allo studio estensivo quanto alla messa in sicurezza dell'area. A partire dal 2007 sono, poi, ripresi gli studi in loco a cura dell'Università degli studi di Padova. Sono state effettuate, al momento, 7 diverse campagne scavo. L'area complessiva messa in luce supera, ad oggi, i 900 mq.
Come già accennato il modello qui descritto non copre tutta l'area indagata ma si concentra sulla porzione settentrionale ed in particolare su di una serie di 5 ambienti disposti intorno ad una grande corte lastricata (vedi Figura 1).
Tra essi vi è anche il grande vano absidato la cui decorazione musiva con scene caccia da il nome al complesso.

3.Ricostruzione 3D

3.1. I software

Sono stati utilizzati i programmi Autocad, Gimp e Blender.
La scelta di utilizzare il software proprietario Autocad (nella sua release per studenti) è stata effettuata per motivi di tempistica e comodità poiché tutta la documentazione grafica proveniente dallo scavo della *domus* era stata realizzata in tale formato proprietario.
Gimp e Blender sono stati scelti, invece, oltre che per la loro caratteristica di software open, anche per alcune peculiarità; per quanto riguarda Gimp per la grande varietà di filtri in esso

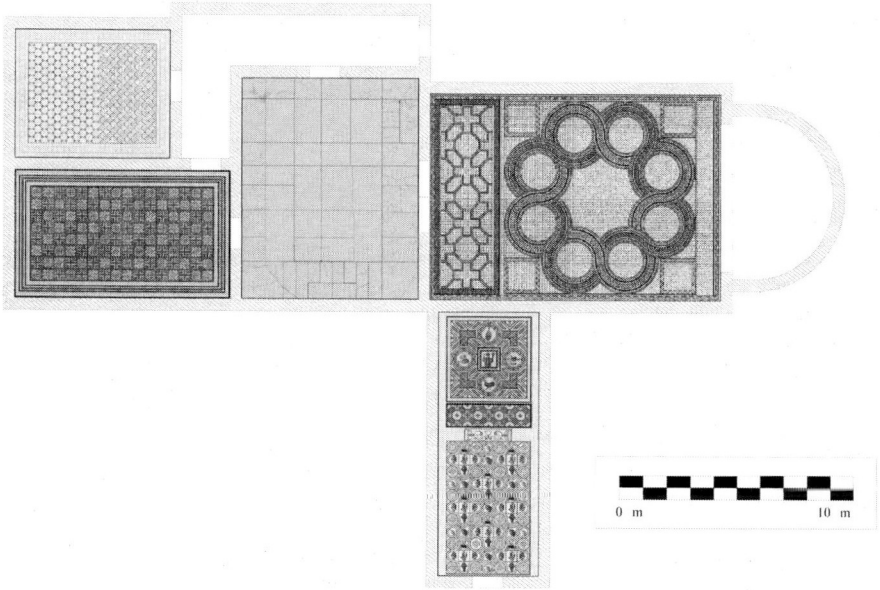

Figura 1 - Planimetria degli ambienti ricostruiti (elab. grafica dell'autore).

implementati che si sono resi indispensabili, come, ad esempio, per la resa dell'effetto delle tessere di mosaico dei pavimenti; per quanto concerne, invece, Blender la scelta è stata motivata principalmente dal buon motore di rendering che lo caratterizza e dalla ricchezza dei tool concernenti la resa del materiale e delle texture.

3.2. La ricostruzione degli alzati: murature, coperture, porte e finestre

Per quanto riguarda la ricostruzione dei volumi della casa, essi sono stati modellati a partire dalla planimetria ricostruttiva 2D elaborata in corso di scavo. Mancando quasi totalmente gli alzati (altissima percentuale di fosse di spoglio), la stessa stima delle altezze, e, a maggior ragione della locazione delle aperture e dell'andamento delle falde dei tetti sono state postulate a partire da confronti e stime con altri edifici. Tuttavia, la scarsa percentuale di conservazione di edifici coevi e prossimi geograficamente ha limitato fortemente la sicurezza di tale calcolo (Si è, infatti, reso necessario l'utilizzo di confronti poco vicini sia dal punto di vista cronologico che geografico quali il testo vitruviano e i contesti vesuviani che tuttavia è chiaro risultino quanto meno deboli). La stima delle altezze è stata basata, postulando un edificio ad un unico piano, soluzione verosimilmente maggiormente diffusa in loco, sulla base di calcoli statistici a partire dalle dimensioni dei diversi vani e dai confronti con le fonti.

Per quanto riguarda le coperture è stato ipotizzato un sistema a capriate che permetterebbe la copertura di apparati con ampia luce come quelli oggetto di indagine (Per una disamina sull'utilizzo di tale sistema nel mondo romano si veda ADAM 1988; GIULIANI 2006; ULRICH 2007). L'andamento dell'inclinazione delle falde, poi, è stato organizzato in maniera da far confluire le acque verso la corte centrale e si è scelto di ipotizzare un aggetto di gronda fisso pari a un piede e mezzo (FURLAN 2012, p. 63).

Per le porte e le finestre, mancando quasi totalmente dati diretti, si è scelta di volta in volta la soluzione più probabile, anche alla luce dei possibili percorsi interni all'abitazione.

Dal punto di vista della pipeline seguita per la resa degli alzati i passaggi principali sono stati:

- ricostruzione della dimensione del vano (sulla base sei dati di scavo e dall'analisi dei moduli dei mosaici geometrici)
- creazione del modello degli alzati in Blender (in base a calcoli statistici, alle differenze di quota dei diversi piani pavimentali, alle fonti...)
- vestizione del modello in Blender e rendering statico (al modello grezzo ottenuto sono state associate le diverse texture provenienti dalla ricostruzione degli apparati decorativi e si sono generati diversi render statici da differenti punti di vista).

3.3. La ricostruzione degli apparati decorativi: mosaici e affreschi

Per quanto riguarda la ricostruzione degli apparati decorativi due diverse procedure sono state utilizzate per la ricostruzione delle decorazioni pavimentali e parietali a causa del diversissimo grado di conservazione delle stesse.

Per la ricostruzione dei mosaici è stato possibile procedere a partire dai lacerti rimanenti, in quanto attestati con percentuali variabili tra il 3% e il 50%. I diversi step per arrivare al modello finale sono stati:
- ricostruzione delle dimensioni del vano (in alcuni casi all'ottenimento di tali misure ha contribuito anche l'analisi del modulo geometrico della porzione di mosaico superstite).
– analisi del modulo del mosaico (analisi del modulo al fine di fornire una ricostruzione probabile del disegno complessivo anche sulla base di confronti con altri mosaici che presentassero un modulo simile).
- ricostruzione del modello geometrico in Autocad (in questa fase del lavoro è stato necessario effettuare un'approssimazione basata sul numero di filari di tessere per ogni disegno geometrico e sul rilievo della porzione residua: si è proceduto a individuare quale fosse la misura standard delle tessere si è mantenuto tale valore costante all'interno di tutta la riproposizione grafica).
- colorazione della porzione geometrica dei mosaici (alle singole campiture è stato dato un range di valori RGB. Tale valore è stata postulato a partire dalle immagini delle porzioni di mosaico rimanenti, analizzando i valori dei singoli pixel e effettuando una doppia media tra i valori più chiari e più scuri, tenendo anche in considerazione eventuali alterazioni colorimetriche dovute a patine o a particolari condizioni di ripresa delle fotografie).
- elaborazione in Gimp (per i tessellati che presentavano solo decorazione geometrica il file generato è stato processato tramite il filtro di distorsione Mosaic (L'algoritmo su cui lavora tale filtro permette di settare diversi valori molto utili al fine di ottenere una resa foto-realistica dell'immagine generata). Nel caso di mosaici che presentassero anche riempitivi figurati è stata necessaria un'ulteriore fase di elaborazione costituita dal trattamento e pulizia dei fotopiani dei diversi riempimenti figurati).
- realizzazione della bump (al fine di aumentare l'effetto foto-realistico delle texture è stata creata una seconda immagine per ognuna con un filtro di mappatura presente all'interno del software Gimp: Bump il cui algoritmo permette l'ottenimento di un nuovo file con una rappresentazione in falsi colori della "rugosità" dell'immagine iniziale). Passando quindi alla resa degli affreschi è purtroppo da premettere che, per la fase oggetto di indagine, non sono stati rinvenuti frammenti di intonaco, quindi, più che di ricostruzioni sarebbe consono parlare di ipotesi dei sistemi decorativi. Esse si sono basate, infatti, su contesti noti coevi. In via del tutto ipotetica, si può ritenere che la decorazione di IV secolo non si dovesse discostare poi molto da quella attestata per le fasi medio imperiali, che presentavano numerosi frammenti con intonaci a imitazioni marmoree, e per questo si sono scelti confronti afferenti a tale tipologia.

Passando ora a descrivere più nello specifico le metodologie specifiche utilizzate per la realizzazione delle texture degli affreschi si è proceduto come segue:
- ricostruzione del modello ipotetico in Autocad (sulla base delle dimensioni stimate per le diverse pareti e soffitti si è proceduto alla scelta di un modulo che si adattasse a tali misure partendo dagli esempi noti);

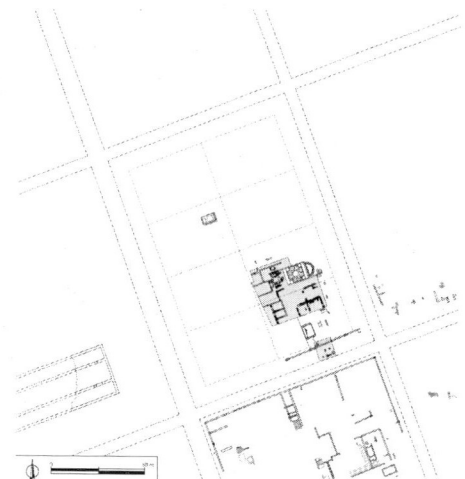

Figura 3 - Particolare del modello in blender (elab. grafica dell'autore).

Figura 2 - Ricostruzione ipotetica dell'insula della Casa delle Bestie ferite (da Bueno, Mantovani, Novello 2012, p. 80).

- elaborazione in Gimp (per quanto riguarda le decorazioni a finti marmi, si è partiti da immagini reali di marmi reperite presso il sito http://www.cgtextures.com, tali file sono stati, quindi, processati all'interno di Gimp per mezzo del tool Gimpressionist, al fine di ottenere un effetto simile ad una resa pittorica degli stessi. Per quanto riguarda, invece, le campiture monocromatiche si è proceduto a partire da immagini rappresentative di intonaci e per la scelta della tonalità di colore si è cercato, per quanto possibile, di imitare pigmenti il cui utilizzo risulta essere attestato in antico. Inoltre, al fine di aumentare l'effetto foto-realistico delle texture, sono state aggiunte in trasparenza crepe e effetti di umidità);
- realizzazione della bump (vd supra).

4. Considerazioni e problematiche aperte

Il lavoro qui esposto, come già sottolineato, si presenta come parte di un progetto più ampio ancora in fieri e, dunque, le considerazioni di seguito esaminate sono da considerarsi, più che come conclusioni, come analisi di problematiche individuate nel corso del lavoro a cui si spera di dare in futuro una risposta. Particolarmente evidente è la relativa scarsità dei dati sull'alzato e il conseguente rischio di far scadere la ricostruzione in un "falso storico". Anche per tale ragione sarà, a maggior ragione, necessario fornire, in fase di fruizione da parte del pubblico, un prodotto in grado di discernere il conservato dall'ipotizzato, dotato quindi di una scala di affidabilità ad esempio sul modello di quella utilizzata nel progetto sulla villa di Livia (FORTE 2007). Più nello specifico, peculiari problematiche (data la quasi totale presenza di fosse di spoglio) sono state riscontrate per quanto riguarda la stima delle altezze dei diversi corpi di fabbrica. Inoltre, a causa della parzialità dell'area ricostruita il sistema di coperture andrà sicuramente modificato con l'estendersi della ricostruzione. Infine particolarmente interessante sarà poi ampliare lo studio sulle dimensioni e localizzazione delle aperture sulla base della duplice fonte luminosa naturale e artificiale.

Autore
- Lucia Michielin: lucia.michielin@libero.it

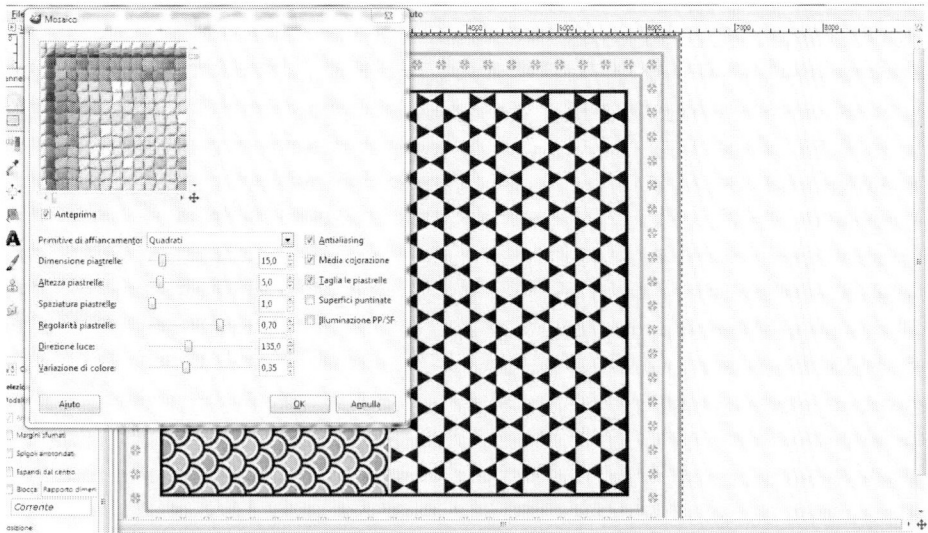

Figura 4 - Particolare della realizzazione delle texture musive (elab. grafica dell'autore).

Figura 5 - Modello texturizzato complessivo dell'area ricostruita (elab. grafica dell'autore).

Figura 6 - Particolari di rendering da diversi punti di vista della domus (elab. grafica dell'autore).

Figura 7 - Particolari di rendering da diversi punti di vista della domus (elab. grafica dell'autore).

Bibliografia

ADAM J. P. 1988, l'arte di costruire presso i Romani. Materiali e tecniche, Milano, Longanesi.

BONETTO J. E SALVADORI M. 2012 (a cura di), *l'architettura privata ad Aquileia in età romana. Antenor quaderni 24. Atti del convegno di studio (Padova, 21-22 febbraio 2011)*, Padova, Padova University Press.

BUENO M., MANTOVANI V., NOVELLO M. 2012, *Lo scavo della casa delle Bestie ferite, in l'architettura privata ad Aquileia in età romana. Antenor quaderni 24. Atti del convegno di studio (Padova, 21-22 febbraio 2011)*, a cura di J. BONETTO E M. SALVADORI, Padova, Padova University Press, pp. 77-103.

FORTE M. 2007(a cura di), la *villa di Livia. Un precorso di archeologia virtuale*, Roma, L'Erma di Bretschneider.

FURLAN G. 2012, *Ipotesi ricostruttiva del sistema di copertura della casa centrale dei Fondi ex-Cossar*. Tesi di Specializzazione discussa presso l'Università degli Studi di Padova.

GHEDINI F., BUENO M., NOVELLO M. (a cura di) 2009, Moenibus et portu celeberrima. **Aquileia. Storia di una città**, Roma, Istituto poligrafico e Zecca dello Stato .

GIULIANI C. 2006, *L'edilizia nell'antichità*, Roma, Carrocci editore.

ULRICH R. B. 2007, *Roman woodworking*, New Heaven, London, Yale University Press.

HTTP://WWW.BLENDER.ORG/

http://www.cgtextures.com

Un processo aperto di comunicazione della conoscenza

Valentina Vassallo, Paola Ronzino, Uros Damnjanovic, Sorin Hermon

This paper presents the research approach carried out at the Science and Technology in Archaeology Research Centre (STARC) of the Cyprus Institute and focuses on the adoption of open procedures in the digital data creation, management, sharing and publication.
The research conducted at the STARC has a multidisciplinary approach and aims at enhancing knowledge in the field of Cultural Heritage. The work is based on the use of information technologies, digital documentation and semantics, scientific visualization of digital objects and on virtual reality.
Professionals involved in the management and conservation of Cultural Heritage have to deal daily with a variety of data that are different in format, typology, etc. This affects the choice to adopt for their description, documentation, archiving and interpretation. Metadata standards are usually adopted to precisely represent the semantic of data and to enhance data sharing. At this regard, the STARC research team has developed a specific metadata schema able to manage information about digital resources and to provide open access to the digital resources archived within the repository, specifically realized for this scope.
Particularly, the structure of this metadata allows to archive and to retrieve 3D models, activities and decisions taken during the production of the digital replicas. Its novelty is in the fact that it makes possible to register and trace all information regarding the digital provenance of 2D and 3D objects. The data archiving process in the STARC repository guarantees interoperability and accessibility and follows a FLOSS procedure. Moreover, the repository itself has been implemented using free and open source software. It has an interactive front-end interface, where the users can access 2D and 3D data of archaeological sites, museum objects, architectural elements, and so forth. The repository offers basic functionalities for the management of the content, allowing also granted users to add new data, modify and edit the old ones, and make basic research. Furthermore, the repository is used to experiment new access and new ways of interaction with 3D digital replicas.
The online visualization of 3D models is still a hard task. The challenge regards the way big data can efficiently be transferred, together with the information they bear. This includes also how to receive and visualize, correctly, this information in a browser.
In the past years, 3D models were visualized (or explored) locally, due to their size and format, ensuring for users a better experience. Nowadays, thanks to the information technology progress, it is possible to explore 3D data on the web. The repository developed by the STARC research group wants to contribute to the comprehension and communication of the cultural heritage, giving access to these cultural resources. The possibility to use advanced visualization technologies offers to the users an environment where digital data can be easily created, archived and shared. Moreover, the use of 3D visualization technologies gives the users the possibility to enjoy a more realistic representation of the objects and to enhance the comprehension of the visualized data. Particularly, within the repository two approaches for the visualization of the 3D data are used: the first one is based on the use of the Adobe plug-in for the visualization and manipulation of 3D objects; the second is instead based on the use of the X3DOM JavaScript libraries. Both are characterized by the free availability of the software and the second one is also open source. The methodology established by the research group, from data acquisition to data publication, is based on the concept of providing free access to digital resources, ensuring information transparency about their creation process.

In questo articolo saranno presentate le attività di ricerca condotte al *Science and Technology in Archaeology Research Centre* - STARC (Centro di ricerca in Scienza e Tecnologia per l'Archeologia) del Cyprus Institute di Cipro, sottolineando con particolare enfasi l'adozione di procedure open nella creazione, gestione, condivisione e pubblicazione di dati digitali.

Tale linea di ricerca presenta un approccio multidisciplinare finalizzato all'accrescimento della conoscenza, nell'ambito dei Beni Culturali, attraverso l'utilizzo delle tecnologie dell'informazione (ICT) basate sulla documentazione digitale e la semantica, la visualizzazione scientifica di oggetti digitali e la realtà virtuale.

1. Introduzione

Le tecnologie dell'informazione, al giorno d'oggi indispensabili alla conservazione del nostro patrimonio culturale, vengono utilizzate in varie fasi del ciclo di vita delle informazioni stesse. Esse aiutano a preservare, archiviare, esplorare e comprendere i dati culturali disponibili, rendendo più facile ed efficiente il lavoro di archeologi, professionisti della cultura e curatori museali. Uno degli usi più importanti delle tecnologie dell'informazione è quello di costruire *repository* che possano archiviare una grande quantità di dati e che rappresentano una preziosa fonte di materiale educativo facilmente accessibile attraverso Internet. Con l'avanzamento delle tecnologie dell'informazione la quantità di dati e collezioni disponibili è cresciuta significativamente, stimolando nuove domande di ricerca sull'utilizzo delle informazioni e su come gli utenti possano trasformarle in conoscenza.

Il lavoro descritto in questo articolo vuole essere una testimonianza dell'adozione, da parte del Cyprus Institute, di procedure open che interessano la fase di vita di un dato digitale dalla creazione, gestione, condivisione fino alla pubblicazione. Nell'ambito dei progetti di Rete di Buone Pratiche finanziate dalla Commissione Europea, il Cyprus Institute si impegna concretamente all'apertura dei dati scientifici verso una comunità allargata che non prevede solo utenti specializzati (archeologi, storici dell'arte, ricercatori ecc.), ma anche il grande pubblico, nella garanzia e nel rispetto del *copyright* e secondo regole di non commercializzazione dei dati pubblicati. Le attività di ricerca del Centro, sviluppate dallo STARC, presentano un forte approccio multidisciplinare nell'accrescimento della conoscenza nell'ambito dei Beni Culturali attraverso l'utilizzo della tecnologia dell'informazione basata sull'adozione di una procedura FLOSS per la documentazione digitale e la semantica, la visualizzazione scientifica e la realtà virtuale.

2. Un processo aperto di comunicazione della conoscenza

I professionisti coinvolti nella gestione e conservazione dei Beni Culturali, ed in particolare dei "Beni Culturali Digitali", si confrontano con un'ampia varietà di dati differenti per formato, natura e tipologia. Ciò implica una scelta continua del tipo di procedura da adottare per la loro descrizione, documentazione, archiviazione ed interpretazione dell'informazione che portano con sé (Ronzino *et alii*, 2013). Di conseguenza, la comunicazione delle informazioni intrinseche ai dati diventa un processo necessario ed importante al fine di garantire che tutte le fasi di creazione di un prodotto culturale digitale siano documentate (Ronzino *et alii*, 2012).

Un tale processo deve essere in grado di superare qualsiasi problema di inconsistenza del dato e deve inoltre garantire la rintracciabilità dell'informazione di una risorsa digitale dalla sua creazione fino alla pubblicazione, provvedendo ad una dettagliata descrizione di tutti i passaggi intermedi. I metadati possono essere utilizzati per rappresentare con precisione la semantica dei dati e per migliorarne la condivisione e lo scambio. Poiché i vari tipi di metadati vengono creati in modi diversi, possono soffrire di un problema di inconsistenza (Dongwon *et alii*, 2005). Per quanto riguarda gli oggetti 3D, la maggior parte delle risorse digitali è archiviata in *repository* di difficile accesso pubblico. Queste risorse digitali, nella maggior parte dei casi, sono differentemente

Figura 1 - Esempio della struttura dello STARC metadata schema.

strutturate ed impediscono l'accesso ai dati originali e alla procedura di creazione, precludendo la trasparenza del dato. Metadati ben strutturati sono fondamentali: è necessaria infatti la presenza di una struttura che risolva qualsiasi problema di inconsistenza dei dati (Stephens, 2004) in termini di conoscenza e che sia in grado di tracciare le informazioni relative al procedimento di creazione della risorsa digitale, dall'acquisizione dei dati alla pubblicazione, fornendo una descrizione dettagliata di tutti i passaggi intermedi. Nel caso di oggetti digitali 3D questa esigenza è quindi più forte in quanto essi custodiscono, per loro stessa natura, una molteplicità di informazioni intrinseche. La mancanza di un processo di comunicazione della conoscenza strutturato e aperto rischia infatti di causare una perdita di informazioni, rendendone difficile il recupero e non permettendone la trasparenza.

La metodologia di archiviazione dei dati è di fondamentale importanza per la longevità del dato stesso e dell'informazione correlata: in particolare la sostenibilità (Vassallo, Pitzalis, 2012) e l'accesso ai dati, sia 2D che 3D, devono essere garantiti dallo sviluppo e dall'utilizzo di standard e di ontologie (Amico *et alii* 2013).

2.1. Lo STARC metadata schema

Al fine di descrivere gli oggetti digitali e rappresentare la conoscenza in modo esplicito, è stato sviluppato uno schema di metadati (chiamato STARC metadata schema) (Ronzino *et alii*, 2012) che garantisse la sostenibilità del contenuto, un accesso aperto alle risorse digitali archiviate nel *repository* locale e la gestione di differenti *dataset*, consentendo inoltre l'interoperabilità dei dati. La sua struttura permette di archiviare e recuperare i modelli tridimensionali, le attività e le decisioni prese nel corso del processo di produzione del dato digitale (Figura 1).

Lo schema di metadati dello STARC nasce dall'integrazione di alcuni tra i più importanti schemi di metadati sviluppati all'interno di progetti europei sulle librerie digitali (Ronzino *et*

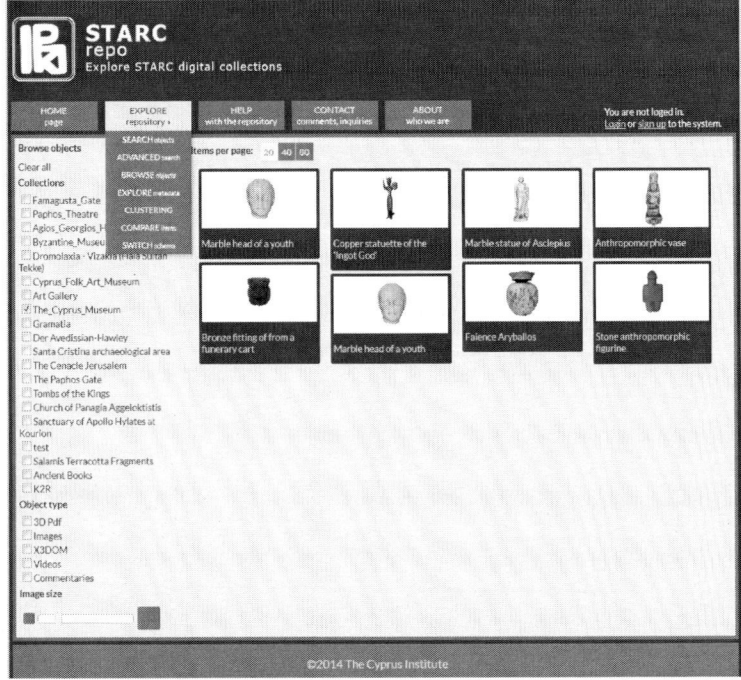

Figura 2 - L'interfaccia utente dello STARC repository.

alii, 2011) ed in particolare LIDO (LIDO, 2010) e CARARE (CARARE, 2011), ed è basato sull'ontologia CIDOC-CRM (Le Boeuf *et alii*, 2012).
La novità nello STARC metadata schema, rispetto agli standard e agli schemi di metadati utilizzati da istituzioni culturali e centri di ricerca, si trova nella possibilità di registrare le informazioni relative alla provenienza digitale degli oggetti 2D e 3D.

2.2. Lo STARC repository
Un importante fattore nella procedura FLOSS seguita dallo STARC è la modalità di archiviazione dei dati all'interno di un *repository*, atta a garantirne la loro interoperabilità ed accessibilità. Proseguendo quindi nella procedura di diffusione della conoscenza in maniera aperta, anche per la realizzazione dell'archivio digitale si é optato per la scelta di strumenti free ed open source. Il *repository* si basa infatti su un database MySql collegato ad un server Apache, a cui si accede tramite un'interfaccia utente interattiva (Figura 2).
L'avanzamento delle tecnologie *web-based* non ha ancora cambiato il modo in cui le collezioni di beni digitali vengono rese accessibili. D'altra parte invece, si ha un sempre maggiore divario tra ciò che può essere fatto attraverso il web e ciò che viene fornito agli utenti. Spesso il pieno potenziale dei dati archiviati non viene utilizzato a causa delle limitazioni delle tradizionali applicazioni *web-based*. Questo determina la difficoltà di comprendere e di utilizzare appieno le informazioni complesse archiviate nelle collezioni culturali (Abdullah *et alii*, 2011).
Il processo di creazione del contenuto digitale deve essere accuratamente programmato, così come la struttura del database e dell'interfaccia utente dovrebbero fornire sufficiente flessibilità e controllo in modo da permettere l'iteratività delle collezioni digitali. La creazione di collezioni utilizzando il *repository* non deve essere pensata soltanto come un processo di archiviazione di

Figura 3 - Esempio di un dato 3D relativo ad oggetto museale all'interno del repository.

dati finiti, ma anche come una procedura in cui gli utenti possano modificare e migliorare il contenuto di una collezione. Ciò significa che durante la creazione delle collezioni, esse possono essere modificate aggiungendo nuovi *record*, rimuovendo quelli esistenti o modificando la struttura del metadato descrittivo, e tutto questo per effetto dell'interazione con il contenuto. A tal proposito la sperimentazione si svolge anche sull'utilizzo di altri schemi di metadata per la descrizione delle collezioni (per esempio, LIDO customizzato e CyInscription, quest'ultimo sviluppato dal gruppo di ricerca per la descrizione di iscrizioni Cipriote) al fine di testare *mapping* interni al *repository* tra diversi schemi e collezioni (Vassallo *et alii*, 2013a; Vassallo *et alii*, 2013b). I *dataset* archiviati nello STARC *repository* si riferiscono a dati 2D e 3D di siti archeologici, oggetti museali ed elementi architettonici (Figura 3). Trattare con i dati del patrimonio digitale rappresenta una delle parti fondamentali del lavoro del gruppo di ricerca. Il *repository* offre funzionalità di base per la gestione dei contenuti, consentendo agli utenti abilitati di aggiungere facilmente nuovi dati, modificare quelli esistenti ed eseguire ricerche di base. Il *repository* è utilizzato anche per sperimentare nuove modalità di accesso e di interazione con i dati culturali 3D.
L'interfaccia utente del *repository* e le funzionalità di interazione sono state progettate in modo tale da offrire agli utenti il controllo sul contenuto e la capacità di comprendere le informazioni caricate. Infatti l'interattività consente agli utenti, con vari mezzi, di esplorare il contenuto disponibile, aiutandoli a rilasciare il carico cognitivo di controllo e navigazione del contenuto stesso. Liberando le risorse mentali degli utenti da "inutili" compiti di navigazione e di controllo del contenuto, essi possono utilizzare le proprie capacitá mentali per elaborare le informazioni disponibili e prendere le decisioni necessarie. L'uso di tecnologia AJAX e varie librerie JavaScript offrono una buona base per lo sviluppo di applicazioni web interattive avanzate che consentono di raggiungere tutti questi obiettivi. Inoltre, é stato utilizzato il paradigma *Rich*

Internet Application (RIA) per introdurre un alto livello di interattività nel processo di gestione dei contenuti.

Con la definizione di nuovi campi di metadati, o utilizzando i campi dello schema esistente, gli utenti possono creare nuovi schemi per descrivere le loro personali collezioni di dati. Un altro aspetto importante del *repository* è l'idea di utilizzarlo come un ambiente di lavoro in cui è stabilito un continuo flusso di informazioni tra il contenuto e gli utenti.

3. La pubblicazione e la visualizzazione dei dati

La visualizzazione di modelli 3D archiviati nei *repository* online è ancora un compito impegnativo. Le sfide principali da risolvere sono quelle del trasferimento di grandi quantità di informazioni contenute all'interno del modello stesso in modo efficiente, e di essere in grado di ricevere correttamente e visualizzare queste informazioni in un browser.

Tradizionalmente i modelli 3D, a causa delle loro dimensioni e della loro complessità, sono stati utilizzati localmente per fornire agli utenti una migliore esperienza. Con l'avanzare delle tecnologie dell'informazione, è oggi possibile esplorare i dati 3D sul web, aprendo nuove possibilità nell'utilizzo di tecnologie di visualizzazione 3D. Il *repository* di modelli 3D sviluppato dallo STARC può contribuire alla comprensione e alla comunicazione della conoscenza del patrimonio culturale: esso fornisce l'accesso ai dati del patrimonio culturale in forme nuove, utilizzando queste tecnologie di visualizzazione avanzate, e fornisce uno spazio in cui i dati digitali possono essere facilmente creati, archiviati e condivisi. L'utilizzo di tecnologie di visualizzazione 3D fornisce all'utente la possibilità di sperimentare un ricco contenuto culturale in un modo completamente nuovo. Rispetto alle immagini i modelli 3D forniscono una più realistica rappresentazione degli oggetti, consentendo anche una migliore comprensione dei dati. Lo STARC utilizza due differenti approcci per la visualizzazione di dati 3D nel *repository*.

Il primo approccio si basa sull'utilizzo del *plug-in* di Adobe per la visualizzazione e manipolazione degli oggetti 3D. La disponibilità gratuita del software di visualizzazione nonché la sua valenza tecnica ha contribuito a rendere il formato PDF un standard di fatto per lo scambio di documenti a qualsiasi livello. Inoltre recentemente Adobe ha deciso di aprire questo formato, in precedenza rigidamente proprietario, per farlo diventare uno standard internazionale, noto come ISO 32000-1. I modelli, elaborati attraverso l'uso del software open source Meshlab (http://meshlab.sourceforge.net/) (Figura 4), vengono convertiti in formati che ne permettono la visualizzazione all'interno della finestre 3D di un file PDF. I formati utilizzabili sono U3D (Universal 3D) oppure PRC (Product Representation Compact), a seconda se la *texture* del modello 3D è *point per vertex* o mappata sul modello stesso.

Gli strumenti presenti all'interno della finestra 3D, contenuti in una toolbar che appare automaticamente all'interno dei file PDF quando visualizzati nel Reader, permettono la navigazione e l'esplorazione del modello (rotazione, ingrandimento, visualizzazione in assonometria, renderizzazione grafica) (Figura 5).

La scelta dell'uso del 3D PDF per la visualizzazione dei modelli 3D è legata alle linee guida dettate dal progetto CARARE (CARARE, 2011) per la pubblicazione dei dati al grande pubblico in Europeana (http://www.europeana.eu/). Il software permette la trasformazione della maggior parte dei formati nativi di oggetti 3D più comunemente utilizzati e consente di associare un testo descrittivo che accompagna il modello. Lo scopo principale di questo tipo di visualizzazione non è quella di ottenere nel PDF un'immagine 3D fotorealistica (che richiederebbe quindi eccessive risorse hardware e renderebbe il file estremamente pesante), ma quello di far apprezzare all'utente l'oggetto sotto vari punti d'osservazione e dunque di averne una migliore fruizione.

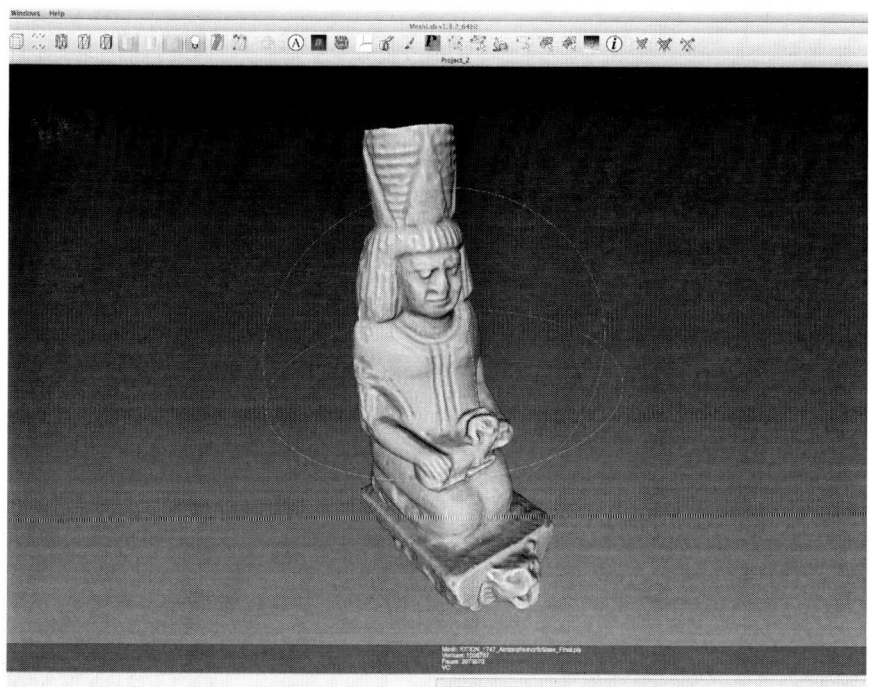

Figura 4 - Elaborazione del modello 3D attraverso l'uso del software open source Meshlab.

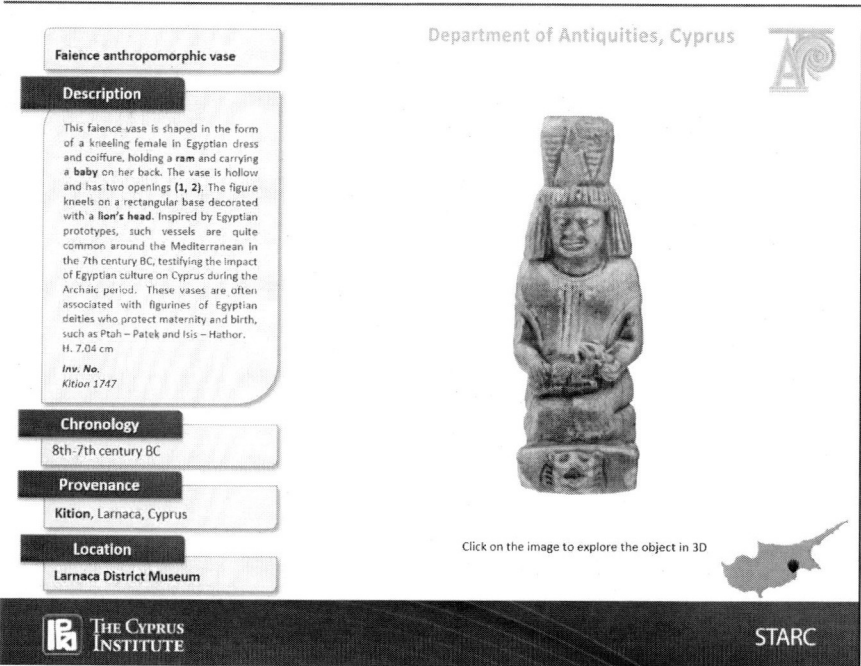

Figura 5 - Visualizzazione della risorsa digitale tramite 3D PDF.

Figura 6 - Visualizzazione dell'oggetto 3D tramite X3DOM.

Per scopi di ricerca legati alla visualizzazione e all'accesso dei modelli 3D nei browser, all'interno dello STARC *repository* si sta sperimentando un altro approccio che utilizza le librerie JavaScript di X3DOM, e si basa sull'X3D, il formato royalty-free ISO standard basato su XML e successore del *Virtual Reality Modeling Language* (VRML). Le estensioni X3D offrono al VRML la capacità di codificare la scena utilizzando una sintassi XML, nonché la sintassi Open Inventor di VRML97 o la formattazione binaria, ed Interfacce di Programmazione delle Applicazioni avanzate (API - *Application Programming Interface*). L'estensione X3D supporta multi-stage e multi-texture rendering, supporta shader con lightmap e normalmap. Dal 2010 X3D supporta anche l'architettura di rendering differito. X3D può importare SSAO, CSM e Realtime Environment Reflection/Lighting. L'utente può anche utilizzare ottimizzazioni come BSP / QuadTree / OctTree o culling nella scena X3D. X3DOM utilizza i dati X3D incorporati in pagine (X)HTML e file X3D-XML opzionali riferiti dalla parte incorporata. I file X3D-XML possono fare riferimento ad ulteriori file X3D-XML e quindi creare una gerarchia di contenitori di attività.

A livello pratico, al fine di rappresentare il modello 3D nel browser, è necessario convertirlo nel formato X3DOM (nel caso si abbia un X3D-XML o un file VRML, si possono facilmente ricodificare i dati senza alcuna perdita). Questo processo è abbastanza semplice. Ci sono diverse opzioni, tra le quali la più *user-friendly* è l'*Avalon-Optimizer* (aopt) contenuta nei pacchetti *InstantReality*, che può essere usata sia online che in locale per ricodificare i dati. Una volta che la conversione è fatta, viene creato un file HTML che mostra il modello. A questo punto gli utenti possono ingrandire e rimpicciolire il modello, possono ruotarlo, cambiare il punto di vista e così via. Inoltre è possibile usare la libreria X3DOM e aggiungere ulteriori interazioni con il modello. Un esempio di tali interazioni è l'annotazione. L'utente può selezionare un punto nel modello e aggiungere annotazioni riguardo il punto selezionato. Queste informazioni possono poi essere memorizzate nel database e collegate all'oggetto specifico. X3DOM è utilizzabile in tutti i browser moderni e non dipende da nessuna libreria esterna (Figura 6).

La scelta di X3DOM dipende anche dal fatto che trattandosi di un *framework* sperimentale open-source soddisfa i requisiti richiesti dalle comunità del Web3D e del W3C (comunità internazionali che sviluppano open standards per assicurare la crescita a lung termine del Web) riguardo l'integrazione di HTML5 e dei contenuti 3D (Behr, 2009; Behr, 2010).

4. Conclusioni e futuri sviluppi

Le attività di ricerca descritte in questo contributo si pongono all'interno dell'attuale ricerca sulla creazione, descrizione, pubblicazione, condivisione e conservazione di risorse digitali online per i Beni Culturali. La metodologia seguita, dall'acquisizione dei dati fino alla loro pubblicazione, si basa su applicazioni FLOSS e sul concetto di accesso libero alle risorse digitali e alla trasparenza dell'informazione nel processo di creazione di queste risorse.

Il team di ricercatori continua a lavorare allo sviluppo del *repository* focalizzandosi su nuove funzionalità, come gli strumenti per la navigazione e la generazione di contenuti, e alla pubblicazione online dei numerosi oggetti digitali e dei relativi metadati, il tutto tramite metodologia, processi e strumenti open. Questa é un'attività in corso che prevede la pubblicazione di numerosi oggetti digitali di tipo culturale. Questo é un numero che tende a crescere grazie a diverse attività: il continuo lavoro di produzione di dati nati digitali o di processi di digitalizzazione, il coinvolgimento di nuove istituzioni che contribuiscono con contenuti culturali digitali, lo sviluppo di nuovi progetti e l'allargamento del network e della tipologia di contenuti. Ció garantisce anche in futuro la sostenibilitá dei dati, la conservazione e il libero accesso alla conoscenza.

Autori

- Valentina Vassallo: The Cyprus Institute - Science and Technology for Archaeology Research Center. vassallo@cyi.ac.cy
- Paola Ronzino: The Cyprus Institute - Science and Technology for Archaeology Research Center / PIN, Servizi Scientifici e Didattici per l'Università di Firenze, Prato ronzino@cyi.ac.cy
- Uros Damnjanovic: The Cyprus Institute - Science and Technology for Archaeology Research Center. damnjanovic@cyi.ac.cy
- Sorin Hermon: The Cyprus Institute - Science and Technology for Archaeology Research Center. hermon@cyi.ac.cy

Bibliografia

Abdullah N., Adnan W.A.W., and Noor N. L. M., "Cognitive Design of User Interface: Incorporating Cognitive Styles into Format, Structure and Representation Dimensions," In DICTAP vol. 2, 2011, pp. 743-758.

Amico N., Ronzino P., Felicetti A., Niccolucci F., 2013. Quality management of 3D cultural heritage replicas with CIDOC-CRM. Practical Experiences with CIDOC CRM and its Extensions (CRMEX) in 17th International Conference on Theory and Practice of Digital Libraries (TPDL 2013) 26th September 2013 Valetta, Malta (in press).

Behr J., Eschler P., Jung Y., and Zöllner M. 2009. X3DOM: a DOM-based HTML5/X3D integration model. In Proceedings of the 14th International Conference on 3D Web Technology (Web3D '09), Stephen N. Spencer (Ed.). ACM, New York, NY, USA, 127-135.

Behr J., Jung Y., Keil J., Drevensek T., Zoellner M., Eschler P., and Fellner D., 2010. A scalable architecture for the HTML5/X3D integration model X3DOM. In Proceedings of the 15th International Conference on Web 3D Technology (Web3D '10). ACM, New York, NY, USA, 185-194.

Dongwon J., In H. Jarnjak P., Kim F., Young-Gab, Doo-Kwon B., 2005. A message conversion system, XML-based metadata semantics description language and metadata repository. Journal of Information Science October 2005 vol. 31 no. 5: 394-406

Le Boeuf, P., Doerr, M., Ore, C.E., Stead, S., Definition of the CIDOC Conceptual Reference Model (2012). Available at http://www.cidoc-crm.org/official_release_cidoc.html

Ronzino P., Niccolucci F., D'Andrea A., 2013. Built Heritage metadata schemas and the integration of architectural datasets using CIDOC- CRM. Online proceedings of the International Conference Built Heritage 2013, Monitoring Conservation Management, 18-19 November 2013, Milan.

Ronzino P., Niccolucci F., Hermon S., 2012. A metadata schema for Cultural Heritage documentation, in Electronic Imaging & the Visual Arts: EVA 2012 Florence, Firenze University Press, pp. 36 – 41, ISBN 978-88-6655-127-0, e-ISBN 978-88-6655-130-0.

Ronzino P., Amico N., Niccolucci F., 2011. Assessment and comparison of metadata schemas for architectural heritage, in online peer-reviewed proceedings of the XXIIIrd International CIPA Symposium, Prague, Czech Republic, September 12-16, 2011, ISBN: 978-80-01-04885-6, ISBN 978 90 8555 066 2.

Ronzino, P., Vassallo, V., Hermon, S., and Niccolucci, F., 27 March 2012, The metadata is the message: communicate knowledge through metadata. Online abstracts of the 40th Conference on Applications and Quantitative Methods in Archaeology, Southampton, UK.

Stephens, R. Todd, Utilizing metadata as a knowledge communication tool, in Professional Communication Conference, 2004. PCC 2004. International Proceedings. In IEEE Xplore, Digital Library (http://ieeexplore.ieee.org/xpl/freeabs_all.jsp?arnumber=1375275) Accessed March 12, 2012.

Vassallo V., Pitzalis D., La libreria digitale di Cipro, in F. Cantone (a cura di), ARCHEOFOSS. Open Source, Free Software e Open Format nei processi di ricerca archeologica. Atti del VI Workshop (Napoli, 9-10 giugno 2011), Napoli:Naus 2012, ISBN : 978-88-7478-031-0.

Vassallo V., Athanasiou E., Hermon S. and Eliades I., 2013a, Publishing Cultural Heritage content for Digital Libraries: the case of the collections of the Byzantine Museum and Art Gallery of the Archbishop Makarios III Foundation. Peer-reviewed paper in Digital Heritage International Congress (DigitalHeritage), 28 Oct – 1 Nov 2013 Marseille, France (Eds. A. C. Addison, L. De Luca, G. Guidi, S. Pescarin), IEEE.

Vassallo V., Christophorou E., Hermon S., and Niccolucci F., 2013b, Revealing cross-disciplinary information through formal knowledge representation – a proposed Metadata for ancient Cypriot inscriptions. Peer-reviewed paper in Digital Heritage International Congress (DigitalHeritage), 28 Oct – 1 Nov 2013 Marseille, France (Eds. A. C. Addison, L. De Luca, G. Guidi, S. Pescarin), IEEE.

Sitografia

LIDO (2010) Available at http://www.lido-schema.org/schema/v1.0/lido-v1.0-schema-listing.html

CARARE (2011) Available at http://www.carare.eu/swe/Resources/CARARE-Documentation/CARARE-metadata-schema

WebGIS e divulgazione del dato archeologico con software open source. Il progetto "Siponto Aperta"

Patrizia Albrizio, Francesco de Virgilio,
Ginevra Panzarino, Enrica Zambetta

This paper shows how a set of open source tools, ranging from CSS templates to JavaScript libraries, from PHP interfaces to PostGIS and MySQL databases, can be used to create a complete environment suitable for both touristic and enhanced view and management of archaeological data.

The case study has been structured around the medieval settlement of Siponto (Manfredonia, FG, Italy), which has been escavated and documented constantly since 2001. The site, even though well analyzed and interesting from the scientific point of view, had serious issues related to the usabilty from a touristic perspective; the height of the walls and structures is limited to few centimeters, and all the items excavated are showed in the museum, which is 3 kilometers far from the site. Thus, it is really diffcult to communicate the history and everyday life during the middle ages to visitors, and this project represents a great enhancement in this context, bringing 3D contents on a responsive mobile web interface.

During this experience various frontend tools have been analyzed and compared, and some of them have been chosen to create a touristic purposed archaeological website, www.sipontoaperta.it, and the corresponding data management interface with on-request access; in this setup the "stratigraphic unit" approach to data management has been mixed with "single context record"-based tools and a spatial-enabled database plus Python scripts to obtain a full featured (albeit user friendly) webGIS. It has been demonstrated how this approach works using most of the data collected during the digging, without any major format conversion or manipulation (as long as the data are recorded in Shapefile and CSV).

The work also presents for the first time in literature a successful stratigraphic unit data import into the ARK platform, and an OpenLayer (JavaScript) plus Pannellum (HTML5) software setup to create the first 360 degree immersive photographic webtour documented on an archaeological site completely realized with Free Software. The photographic webtour has been realized with a low-end digital camera, while the pictures have been post processed using The GIMP and Hugin, with excellent results.

To increase the attractiveness of the website, 3D laser-scanned reconstructions have been created, exported using open formats (ASCII STL) and embedded in the webGIS using open source JavaScript libraries.

The idea behind this approach is to have a single backend infrastructure (ARK) serving as storage and management system for archaeological data, and also providing different interfaces (customly built web frontends) with data which can be used in different ways. The most time consuming task while developing the project has been cleaning, scanning and postprocessing the 3D meshes to reach acceptable results. Also, the degradation of the 3D mesh to reduce the size of the STL file to something embeddable in a web page has resulted as the major bottleneck: while reducing the size and detail of the mesh will make the page load considerably faster, the whole usability and enoyment of the 3D rendering will be lowered. This is an open issue and still requires a detailed investigation.

Sommario
Questo documento mostra come un insieme di strumenti *open source* che vanno dai template CSS alle librerie JavaScript, dalle interfacce PHP a *database* PostGIS e MySQL, possa essere usato per creare un ambiente completo ed adatto a mostrare — e gestire — dati archeologici ad un pubblico sia turistico che specialistico.

Il caso di studio è incentrato sull'insediamento medievale di Siponto (Manfredonia, FG, Italia), oggetto di scavi e ricerche accuratamente documentati sin dal 2001. Il sito, nonostante sia stato molto ben analizzato e sia interessante dal punto di vista scientifico, presentava diverse problematiche aperte dal punto di vista turistico; l'elevato delle strutture è limitato a pochi centimetri, e tutti i reperti sono esposti in un museo a 3 chilometri dal sito. Per questi motivi, è molto difficile comunicare la storia e la vita quotidiana durante il medioevo sipontino ai visitatori, e questo progetto rappresenta un grande passo avanti in questo contensto, portando modelli tridimensionali su interfacce web in dispositivi mobile. Durante questa esperienza sono stati analizzati vari strumenti per la costruzione di *frontend*, ed alcuni tra questi sono stati scelti per creare il sito di divulgazione archeologica orientato al turismo www.sipontoaperta.it, e l'annessa interfaccia per la gestione dati, con accesso su richiesta; in questo sistema l'approccio alla gestione dei dati delle "unità stratigrafiche" è stato fuso con strumenti basati sul concetto di *single contest record* e database geografici, con *script* in Python per ottenere un webGIS funzionale e di semplice utilizzo. Viene dimostrato come questo approccio funzioni per gran parte dei dati raccolti durante gli scavi senza necessità di grande manipolazione (laddove la documentazione archeologica sia basata su Shapefile e CSV).

Il lavoro inoltre presenta per la prima volta nella letteratura il successo nell'operazione di importazione di dati di unità stratigrafiche all'interno della piattaforma ARK, ed un sistema basato su OpenLayers (JavaScript) e Pannellum (HTML5) per la creazione del primo *webtour* immersivo con fotografie a 360 gradi in un sito archeologico mai realizzato con Software Libero. Il tour fotografico immersivo è stato realizzato con una macchina fotografica digitale di fascia economica, mentre le fotografie sono state elaborate con The Gimp e successivamente montate con Hugin, con eccellenti risultati.

Per incrementare l'attrattività e la competitività del sito web, sono state create ricostruzioni 3D con laser-scanner, esportate usando formati ben documentati ed integrate nel webGIS usando librerie JavaScript *open source*.

L'idea di base di questo approccio è avere una singola infrastruttura (ARK) atta a conservare e servire dati archeologici, oltre che a facilitarne la gestione; questa architettura permette quindi di servire differenti interfacce (pagine web costruite su misura), con dati che possono essere utilizzati in differenti maniere. Il compito più impegnativo in termini di tempo investito è stata la scansione tridimensionale dei reperti, a lungo processati per raggiungere risultati accettabili. Inoltre, la degradazione delle maglie tridimensionali per ridurre i file STL ad una dimensione atta ad essere integrata in una pagina web si è dimostrato il collo di bottiglia più importante: laddove ridurre il dettaglio dell'oggetto e la dimensione del file risulterà in una riduzione dei tempi di caricamento della pagina, l'usabilità e il godimento dell'oggetto sul web vengono notevolmente compromessi. Questo punto rimane un problema aperto che necessita ulteriori indagini.

Figura 2 - Vista aerea di Siponto medievale (Foto del LabTAF — Laboratorio di Topografia Antica e Fotogrammetria dell'Università del Salento).

1. Il caso di studio

Siponto (Manfredonia – Foggia) è un'antica colonia romana dedotta nel II sec. a.C., precoce diocesi della *II regio Apulia et Calabria* e fiorente porto sull'Adriatico fino all'epoca dell'abbandono, decretato dal sovrano svevo Manfredi nel 1263.

L'indagine sulla città si inserisce nell'ambito del programma di ricerca su *Siponto. Una città portuale abbandonata*, realizzato grazie alla collaborazione istituzionale con diversi enti, quali il Ministero dei Beni Culturali attraverso la Soprintendenza dei Beni Archeologici della Puglia, la provincia di Foggia con il Museo del Territorio, l'Università degli Studi di Bari — Aldo Moro (Dipartimento di Scienze della Terra e Geoambientali) e l'Università del Salento (Laboratorio di Topografia Antica e Fotogrammetria del Dipartimento di Beni Culturali).

L'attività di ricerca multidisciplinare condotta a Siponto, iniziata nel 2001 e tutt'ora in corso, continua a rivelare la complessa vicenda insediativa del centro dauno. L'area interessata dalle campagne di scavo stratigrafico è quella ad ovest della ferrovia Foggia-Manfredonia, vicino al tratto settentrionale della cinta muraria in luce e si estende su una superficie complessiva di circa 1100 m^2 (Figura 2). Diversi gli esiti raggiunti:

- sono stati indagati 14 edifici dal punto di vista funzionale, strutturale e materiale — gli altri sono ora in corso di studio;
- è stato riconosciuto un modello di viabilità interna e della disposizione degli spazi;
- è stato ridisegnato il perimetro delle mura urbiche, grazie alla ricognizione diretta sul territorio e alla fotointerpretazione;
- sono stati pubblicati in diverse sedi i dati ottenuti, raccolti anche in due monografie di recente uscita (Laganara, 2011, 2012).

2. Il progetto

Il progetto "Siponto Aperta: nuove tecnologie per la divulgazione dei beni culturali" nasce dall'esperienza di un gruppo di studenti e professionisti dell'equipe di scavo ed è stato realizzato tramite un finanziamento della Regione Puglia nell'ambito del progetto "Bollenti Spiriti — Principi Attivi 2010" [1], conclusosi formalmente nell'ottobre 2012. Al progetto hanno collaborato la Cattedra di Archeologia Medievale e il Centro Interdipartimentale Strutture di Museologia Scientifica Unversitaria (C.I.S.M.U.S.) dell'Università degli Studi di Bari — Aldo Moro nelle figure rispettivamente della prof.ssa Caterina Laganara e del dott. Ruggero Francescangeli. Il gruppo di lavoro si è costituito nell'associazione *O.I.A. — Open Idea for Archaeology* [2], vincitrice anche del *Puglia Innovation Contest 2010* ("Nuove idee per grandi imprese") nella categoria "Imagination" (industria della creatività, innovazioni per beni culturali, turismo, formazione, comunicazione, Pubblica Amministrazione) con il progetto "Nuove metodologie per la gestione dei Beni Culturali".

Il progetto è incentrato sull'informatizzazione dei dati di scavo archeologico del sito di Sipontoda realizzarsi interamente con software libero; si propone di rendere moderna e innovativa la gestione del *workflow* di ricerca archeologica con un occhio di riguardo alla fruizione attraverso canali multimediali e innovativi, rendendo di conseguenza più efficienti i servizi destinati agli utenti.

2.1. Le problematiche

Il Parco Archeologico è stato recentemente riorganizzato e aggiornato grazie all'intervento della Soprintendenza per i Beni Archeologici della Puglia, della Regione Puglia e dell'Università degli Studi di Bari — Aldo Moro. Tra le criticità ancora vive nel sito, ricordiamo:
- la difficoltà nell'attirare visitatori a causa della posizione ai margini del centro abitato e alla mancanza di un progetto globale di valorizzazione e fruizione di tutte le emergenze archeologiche — oltre che storico artistiche e paesaggistiche — della città di Manfredonia;
- la scarsa visibilità e leggibilità delle strutture a causa della sistematica spoliazione a cui è andata incontro la città già all'epoca di Manfredi e alle profonde e continue arature che il terreno ha sopportato fino ai giorni nostri;
- la totale assenza di documentazione digitale per la conoscenza e lo studio del sito;
- la progressiva esclusione del Parco dalle rotte turistiche della zona.

Non meno influenti le problematiche di gestione del dato archeologico legate ad un'estesa documentazione storiografica, d'archivio, ma soprattutto di scavo, dopo dieci anni di lavori nei quali sono state prodotte di più di 700 schede US e relative piante e sezioni.

2.2. Gli obiettivi

Alla luce delle criticità sopra citate, il progetto "Siponto Aperta" si è posto i seguenti obiettivi:
- digitalizzazione della documentazione di scavo, finora quasi completamente cartacea;
- realizzazione di modelli 3D di alcuni tra i reperti più significativi rinvenuti;
- realizzazione di un sito web dalla forte impronta turistica (*webtour* e ricostruzioni virtuali);
- implementazione di una interfaccia web per l'interrogazione del database archeologico;
- un webGIS per la visualizzazione dei dati stratigrafici e delle relative schede catalografiche;
- l'utilizzo esclusivo di software *open source* di ogni singola parte del progetto e la conseguente pubblicazione del codice sorgente con licenza libera.

In particolare, l'ultimo punto è giustificato da diverse motivazioni:
- la palese convenienza economica, già abbondantemente documentata nelle pubblicazioni nazionalied internazionali (Pescarin, 2006);
- la coerenza con il movimento verso piattaforme che garantiscano al cittadino il diritto alla conoscenza di quanto è stato realizzato con fondi pubblici, come il progetto in oggetto;
- l'aderenza ai principi del movimento *open data* che si sta affermando anche in Italia.

In questa sede presenteremo e motiveremo le scelte fatte in materia di architettura del sistema e software utilizzato.

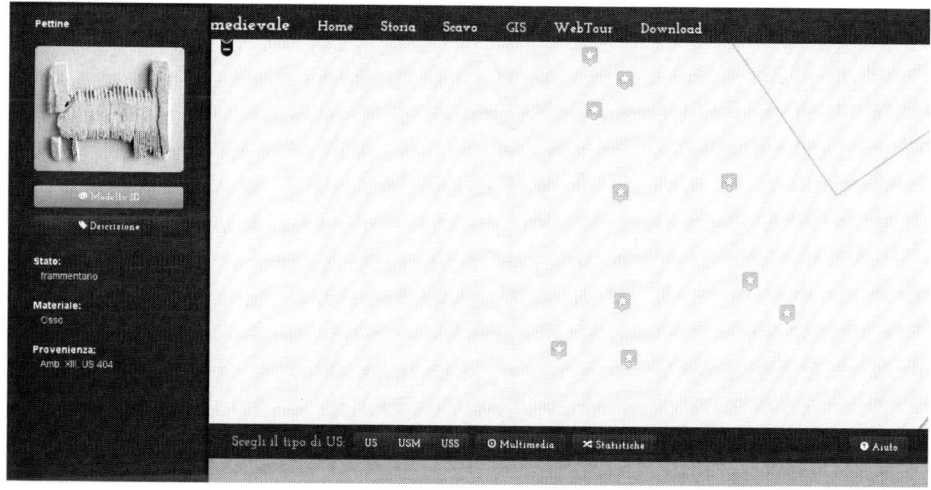

Figura 4 - La pagina GIS, in cui è aperta la scheda di un reperto ceramico dal layer multimediale.

3. webGIS archeologici: stato dell'arte

Parte integrante dell'analisi preliminare che ha preceduto la realizzazione del progetto è stata una ricognizione dei sistemi webGIS sin'ora utilizzati per la divulgazione del dato archeologico a livello nazionale ed internazionale. La scelta del termine divulgazione non è casuale e riassume la vocazione del webGIS realizzato con un'impronta fortemente divulgativa e turistica.

3.1. Per il turismo

Da un'analisi preliminare dei lavori sul tema realizzati con software *open source* pubblicati negli ultimi dieci anni (Castrianni et al., 2010; Moscati, 2008; Scianna e Villa, 2011) risulta evidente la popolarità di Pmapper [3] come strumento per la visualizzazione della cartografia archeologica su web (Costa et al., 2008; Semeraro, 2007). È stato utilizzato in progetti come MAPPAGIS [4], Appia Antica Project [5], Digital Crete [6], I-sites [7]. In altri casi, soprattutto prima che strumenti come Pmapper o GeoExt si affermassero, si è ricorso a software scritto all'uopo (MARWP - *Minnesota Archaeological Researches in the Western Peloponnese* [8]). Infine, seppure limitata a pochi casi, è interessante l'adozione di un framework come GeoExt (AlpiNet ArcheoGIS [9]).

La facilità nell'implementazione di un'istanza di Pmapper usando MapServer [10] ci ha indotti a scegliere uno strumento flessibile, possibilmente in JavaScript e che con supporto a dispositivi mobile; considerando la natura turistica e "minimale" del webGIS in proggetto, sono stati esclusi i *framework*, per cui la scelta è ricaduta su OpenLayers [11] (esperienza simile è stata registrata recentemente in Bezzi et al., 2011).

Il termine minimale apre una riflessione sulla struttura dell'interfaccia dei webGIS archeologici sopra citati, la cui complessità è spesso direttamente proporzionale alla quantità di informazioni che si è voluto mostrare all'utente. Nell'ottica di mantenere un approccio quanto più possibile didattico e semplice, si è scelto di inserire nell'interfaccia principale solo cinque pulsanti (Figura 4), e di ridurre al minimo gli altri controlli (zoom, pan), mantenendo sempre nell'inquadratura di default l'intera estensione dello scavo. Ne risulta un'interfaccia webGIS graduale, in cui si aggiungono pulsanti e funzioni man mano che l'utente si addentra nell'esplorazione delle unità stratigrafiche e dei punti d'interesse mostrati.

3.2. Per la gestione dati

Il panorama delle interfacce web *open source* ai dati geografici sviluppate specificamente per i dati archeologici è piuttosto limitato poiché risulta equamente efficace l'adozione di strumenti GIS *desktop*, affiancati da *database* lato *desktop* o *server*. Fa eccezione il neonato progetto Arches [12], che pur integrando un webGIS per la gestione dei geodati archeologici, è orientato più alla catalogazione dei siti che alla gestione delle singole unità stratigrafiche.

Unico nel panorama è il progetto ARK (*Archaeological Recording Kit*), sviluppato a partire dal 2005 da L - P : Archaeology (Eve e Hunt, 2 0 0 7), *frontend* PHP ad un *database* MySQL [13] per l'organizzazione delle schede di unità stratigrafica, che integra un sistema di gestione degli *shapefile* basato su OpenLayers ed una procedura semi-guidata per la definizione delle impostazioni. ARK rappresenta ad oggi un progetto stabile, di semplice utilizzo, sufficientemente documentato, basato su standard e con supporto alla scheda US. Queste caratteristiche ne hanno determinato l'adozione da parte del gruppo di lavoro, come argomentato nel paragrafo successivo. Esempio dell'estrema flessibilità di ARK è FastiOnline [14], interfaccia web per il tracciamento degli scavi operanti in Europa, che rappresenta una efficace soluzione al problema della conoscenza — geografica — degli scavi archeologici operativi sul territorio ed un buon esempio di scalabilità di un sistema di tracciamento archeologico.

3.3. Oltre i webGIS archeologici: la questione dei database

Nonostante con il passare degli anni si moltiplichino le esperienze relative ai *database* archeologici e di pari passo con questi l'interesse per gli *open data* in archeologia e per i *linked metadata*, ad oggi non esiste ancora una esperienza che possa unificare il panorama italiano ed internazionale sul tema. Prima di analizzare le soluzioni esistenti, abbiamo escluso l'idea di creare l'ennesimo *database* archeologico *from scratch*. I criteri di scelta in ordine di importanza sono stati:
- scelta di un database *open source*, possibilmente *free software*;
- scelta di un database basato su standard informatici (anche *de facto*);
- ampia documentazione;
- flessibilità.

Tra le varie soluzioni analizzate spiccano:
- iadb *Integrated Archaeological Database* [15], Università di Reading, Southampton, Nottingham, Salford, UCL; è un *database open source*, incentrato sul *Single Context Record* (equivalente dell'unità stratigrafica nell'archeologia anglosassone), che è stato scartato poiché non supporta l'unità stratigrafica;
- OpenArcheo è stato scartato a causa dell'impossibilità di reperire il codice sorgente; inoltre non esiste una demo funzionante e la documentazione è scarsa;
- ARK presenta tutte le caratteristiche richieste, con supporto ad US ed SCR; permette di incorporare file esterni (*shapefile*, fotografie); una delle caratteristiche che distingue il database di ARK dagli altri è inoltre la sua struttura ad *elementi e frammenti*, che merita un approfondimento.

Un elemento è l'unità minima in cui è possibile dividere la stratigrafia (nel caso specifico, l'unità stratigrafica), oppure un oggetto (moneta, elemento architettonico); ad ogni elemento possono essere collegati dei frammenti di informazione, ognuno dei quali corrisponde ad un attributo. A sua volta ad ogni frammento ne possono corrispondere — potenzialmente — infiniti altri a definirne le specificità (come dei sotto-attributi). In questa maniera, le informazioni legate ad ogni elemento possono diramarsi in un albero la cui estensione, cioè il livello di dettaglio, può essere definito dall'utente stesso a seconda delle esigenze dello scavo. Il vantaggio immediato di questa struttura è non dover necessariamente definire un database esteso che contempli

tutti i possibili casi, a vantaggio dunque di una maggiore flessibilità. La restante parte di ARK è un'interfaccia in PHP al database appena descritto.
Anche ARK presenta alcuni svantaggi, tra i principali:
- l'assenza di API per l'estrazione alle schede US da parte di software esterni o di terze parti;
- l'accesso allo sviluppo limitato ai soli collaboratori (disponibile su richiesta);
- nessuna integrazione con un *database* geografico.

Quest'ultimo aspetto rappresenta senz'altro la maggiore criticità di ARK, che gestisce gli *shapefile* come fossero oggetti, ma non ha supporto ad un vero e proprio *database* geografico.
La soluzione adottata non prevede la modifica del codice di ARK (ed un adattamento eventuale e possibile di MySQL a PostgreSQL [17] con PostGIS [18]) e il *geodatabase* è un'installazione standard di PostGIS residente sullo stesso *server*, che interagisce con il webGIS tramite alcuni *script* Python. Per quanto concerne quindi il *database* geografico, la scelta di PostGIS è stata quasi obbligata; l'unica alternativa considerata è stata SpatiaLite [19], ma si è deciso per PostGIS in vista di un possibile aumento dei dati trattati in futuro.

4. Siponto Aperta: specifiche

4.1. Digitalizzazione ed importazione dei dati

La base dei dati su cui il progetto è strutturato è stata digitalizzata all'inizio dei lavori. Le schede di unità stratigrafica sono state trascritte manualmente all'interno di fogli di calcolo usando LibreOffice Calc [20] ed esportate nel formato CSV, successivamente importato in MySQL usando le funzionalità di PHPMyAdmin [21]. Da questo punto in poi, il processo di importazione dei dati in ARK nell'ultima versione (1.0 beta) al momento non è affatto intuitivo né tantomeno ben documentato, poiché tale funzionalità è ancora in stato embrionale. Ci si è perciò avvalsi della collaborazione e del supporto degli sviluppatori e del team di L - P : Archaeology per portare a termine l'operazione, operando anche alcune modifiche al file SQL che viene distribuito insieme al software. Allo scopo di facilitare la replicazione del processo da parte della comunità scientifica, si è messa a punto una guida con il file SQL corretto, disponibile nel repository GIT del progetto [22]. Occorre inoltre notare che per una corretta importazione dei dati in MySQL il CSV deve rispettare una struttura precisa, anch'essa descritta approfonditamente nella guida.

Il lavoro è risultato decisamente più complesso nel caso della documentazione grafica, aggiornata nel corso degli anni sotto forma di file DWG elaborati usando la *suite* proprietaria AutoDesk AutoCAD [23]. Questo metodo ha comportato diverse problematiche legate oltre che alla chiusura del formato, alla natura non georeferenziata e non proiettata dei dati. Si è proceduto dapprima al salvataggio dei dati in formato DXF direttamente da AutoCAD (con l'aiuto del responsabile della documentazione grafica, la dott.ssa Raffaella Palombella), quindi alla georeferenziazione ed esportazione in *shapefile* usando GRASS GIS [24] ed alcuni script in Bash per automatizzare il processo (per alcuni cenni sull'utilizzo pratico di script Bash con GRASS GIS in archeologia si veda de Virgilio, 2011). La pulizia e divisione delle geometrie è stata effettuata con OpenJump [25] e il caricamento in PostGIS è stato operato attraverso l'interfaccia fornita da Quantum GIS [26].

4.2. La struttura del sito

Raggiungibile all'indirizzo www.sipontoaperta.it (Figura 3), il sito è servito da una macchina gestita da Ubuntu Server [27] con Apache [28]. Uno schema riassuntivo di come interfacce, framework e librerie sono state organizzate è visibile in Figura 1. Il sito è stato realizzato utilizzando Twitter Bootstrap [29], particolarmente apprezzato per la sua *responsiveness*, ovvero l'adattamento a qualsiasi tipo di dispositivo (il sito è fruibile da computer, tablet, smartphone)

Figura 3 - La Home Page di Siponto Aperta.

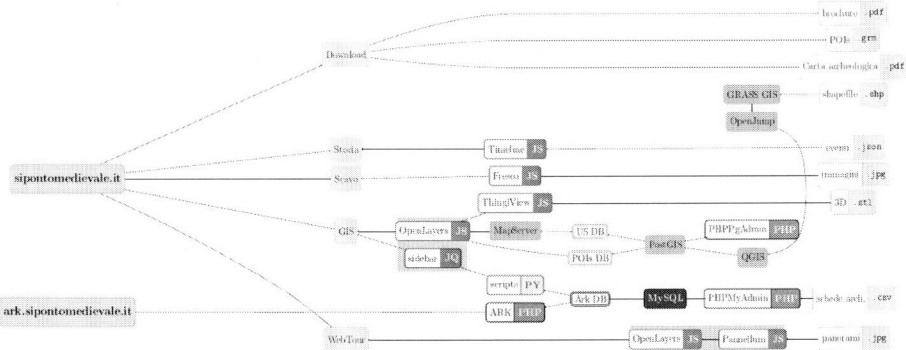

Figura 1 - Struttura dei contenuti multimediali ed interattivi di Siponto Aperta.

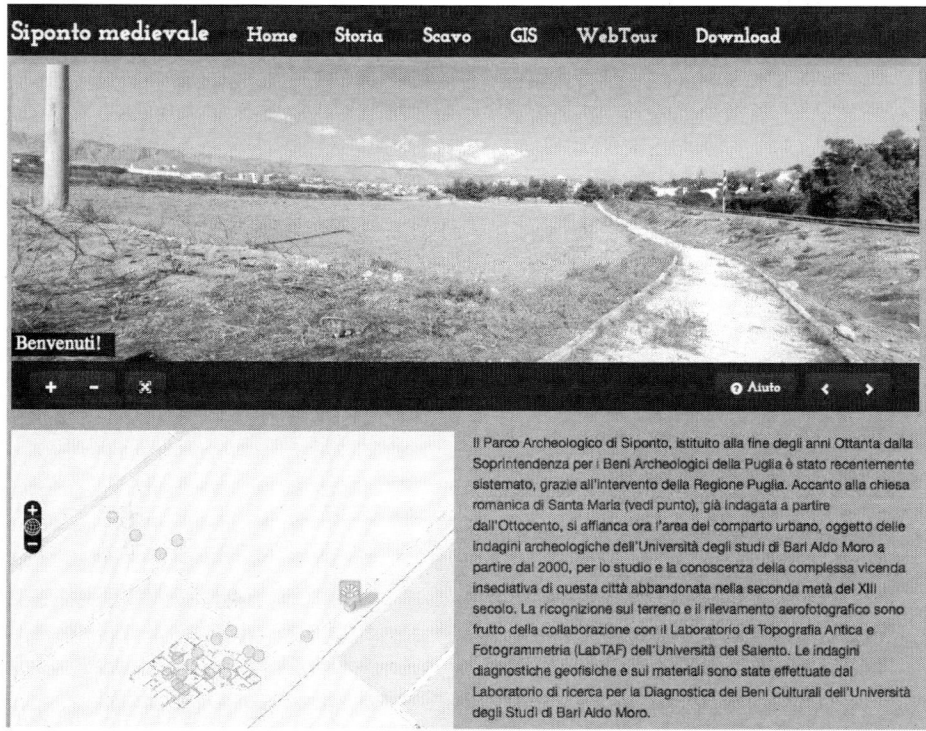

Figura 6 - La pagina WebTour.

e per la compatibilità con quasi tutti i maggiori browser web. Tutto il codice del sito (con l'esclusione delle librerie esterne) è rilasciato su GitHub [30] in licenza GPL v3. La struttura del sito è ottimizzata per la visualizzazione con Mozilla Firefox.

I contenuti sono stati divisi nelle seguenti pagine: *Home, Storia, Scavo, GIS, WebTour, Download*. Ogni pagina, ad esclusione dell'ultima, contiene un elemento multimediale, basato su componenti JavaScript *open source*, finalizzato al maggior coinvolgimento dell'utente. Escludendo la pagina GIS a cui si dedicano i paragrafi successivi, le singole parti sono strutturate come segue.

La pagina principale contiene uno *slider* JavaScript con alcune immagini aeree del sito, e le informazioni principali su posizione, orari e fruibilità (Figura 3).

La pagina *Storia* presenta, oltre ai contenuti testuali, una linea temporale interattiva integrante una breve descrizione ed un'immagine per ogni evento della storia sipontina tra il 465 ed il 1620 d.C.. È stata usata allo scopo TimelineJS [31].

Nella pagina *Scavo* è riportata una breve storia degli scavi dagli anni Sessanta fino alle campagne dell'Università di Bari ed una descrizione dello scavo archeologico, dei suoi scopi e delle sue metodologie con relative immagini. Si è privilegiato il testo come contenuto principale, corredato da gallerie di foto costruite con FrescoJS [32].

La pagina *Webtour* (Figura 6) contiene il tour immersivo in HTML5 realizzato con Pannellum [33]. Le fotografie panoramiche sono state ottenute mediante unione di semplici foto (realizzate con un classico treppiedi direttamente sul sito) con Hugin [34]. Attraverso vari punti di osservazione è possibile camminare nel parco archeologico di Siponto e ottenere informazioni sulla porzione osservata attraverso la comparsa di una casella di testo laterale. Con l'esclusione delle fotografie, tutti i dati sono conservati in una tabella del *database* PostGIS insieme a geometrie puntuali. Al *webtour* è affiancata una carta realizzata con OpenLayers che permette all'utente di trascinare il cursore che indica la sua posizione attuale e di spostarsi all'interno del parco sul punto panoramico immediatamente più vicino alla posizione cliccata. La corretta esecuzione di HTML5 da parte del browser è assicurata da webgl-utils.js [35], operativo al caricamento della pagina, che mostra un *popover* in caso il browser o la scheda grafica non supportino la tecnologia in oggetto.

Nell'ultima pagina, *Download*, è possibile infine scaricare materiale informativo utile durante la visita al parco archeologico; dove non altrimenti indicato, tutto il materiale messo a disposizione è in licenza Creative Commons BY-SA.

4.3. Il webGIS e le componenti geografiche

La pagina GIS racchiude molti più contenuti rispetto alle pagine precedenti: l'elemento principale è una carta della zona garganica avente come *layer* di base OpenStreetMap [36] (la mappatura della zona è stata ulteriormente perfezionata da O.I.A. nel corso dei lavori).

Una barra dei pulsanti nella parte inferiore permette di selezionare i *layer* geografici all'interno del *database* PostGIS, serviti da MapServer tramite standard OGC WFS [37]. Per ogni *layer* sono state definite delle opzioni relative al comportamento dello zoom o di eventuali *layer* di base che vanno a sostituirsi a quello di default per migliorare la leggibilità delle unità stratigrafiche. I *layer* presentati comprendono due tipi di geometrie:
- poligoni rappresentativi delle unità stratigrafiche; contenenti rispettivamente US, USM, USS (pulsanti mutuamente esclusivi);
- puntuali contengono le informazioni su reperti e panorami, che danno accesso agli elementi multimediali ad essi relativi (foto panoramiche, modelli 3D).

Il click su una geometria tra quelle visualizzate apre un pannello laterale contenente informazioni estratte dinamicamente dal database MySQL delle schede US di ARK tramite *script* in Python e strutturate dal sistema di *templating* Jinja2 [38]. Ai *layer* dei poligoni possono essere sovrapposti quelli puntuali degli elementi multimediali selezionabili dall'apposito menù a tendina; questi sono rappresentativi dei dieci reperti più importanti rinvenuti nello scavo e ad essi corrisponde un comportamento simile a quello appena descritto per le US, con l'aggiunta nella scheda laterale di un'immagine e del pulsante per la visualizzazione del modello 3D (Figura 4).

4.4. I modelli 3D

Rappresentano la parte più complessa del progetto per realizzazione ed implementazione. Gli oggetti — una decina selezionati tra i reperti ceramici, metallici, osteologici umani e animali — sono stati puliti e scansionati con un laser scanner in dotazione al laboratorio del Museo di Scienze della Terra del Dipartimento omonimo dell'Università degli Studi di Bari. In questa fase ci si è avvalsi della competenza e disponibilità del dott. Marco Petruzzelli, che ha elaborato le nuvole di punti, successivamente esportate in formato STL (*Standard Tessellation Language*). Durante la scansione i problemi principali sono riconducibili alla riflessione operata dalle superfici metalliche, alle dimensioni eccessivamente ridotte di alcuni oggetti e al montaggio digitale di reperti dalla struttura più complessa.

L'integrazione all'interno del webGIS è stata operata tramite Thingiview.js [39], che permette di visualizzare dinamicamente gli oggetti STL all'interno di un *canvas* e di interagire con esso tramite le operazioni più comuni: zoom, rotazione in tutte le direzioni dello spazio tridimensionale, visualizzazione delle superfici o del solo *wireframe*. Per rendere più leggera l'interfaccia del webGIS, al momento della pressione del pulsante per la visualizzazione del 3D, si è deciso di far scomparire verso sinistra la barra laterale e verso il basso OpenLayers, in modo che l'utente concentri l'attenzione

WebGIS e divulgazione del dato archeologico con software open source

Figura 5 - La visualizzazione di una scheda di unità stratigrafica in ARK dopo l'importazione.

unicamente sull'elemento multimediale; l'operazione viene annullata alla pressione di uno dei due pulsanti sotto il *canvas* di Thingiview, tornando alla carta e alla scheda dell'oggetto.
Tralasciando in questa sede come i file STL (di dimensioni spesso è ragguardevoli), vengono trasmessi dal server al client web, si sottolinea la possibilità offerta da Thingiview di trasferire tutto il file con un unico scaricamento prima della visualizzazione (lento), oppure di visualizzarlo progressivamente durante lo scaricamento (veloce). Aggiungendo una funzione JavaScript che controlli la dimensione del file, è possibile impostare un comportamento variabile tra queste due opzioni in funzione del volume di dati da scaricare, superando il gravoso problema della lentezza della visualizzazione di nuvole di punti — che per rimanere verosimili, non possono essere eccessivamente ridotte e "pulite".

4.5. Accesso ai dati, gestione e interfaccia specialistica
In un sottodominio del progetto, http://ark.sipontomedievale.it, si è inclusa l'interfaccia di accesso all'istanza di ARK che permette di gestire i dati delle schede di US. Nonostante quanto detto prima rispetto agli *open data*, il gruppo di lavoro non è attualmente in grado di fornire accesso pubblico a tutti i dati archeologici. L'interfaccia web permette comunque a chiunque sia in possesso di credenziali di accedere ai dati via internet. Le credenziali possono essere richieste via email direttamente all'amministratore del sito.
L'interfaccia, seppur in lingua inglese, è di facile comprensione, e racchiude schede con funzioni specifiche per la gestione degli utenti, inserimento dati, lettura delle schede, ricerca avanzata, visualizzazione della carta, importazione dati (Figura 5).

5. Conclusioni
Le potenzialità dell'approccio descritto emergono chiaramente, e sono tanto maggiori rispetto alla gestione tradizionale dello scavo archeologico quanto maggiore è il volume dei dati da trattare. I vantaggi discendono in parte dalla qualità del software utilizzato ed in parte dalla modularità e dall'adozione di standard nella comunicazione tra i vari componenti (esempio tra tutti, il WFS). L'implementazione di altre componenti con sforzi relativamente modesti potrebbe ulteriormente ampliare le funzioni proposte; tra tutte:

- migrazione del database di ARK da MySQL a PostGIS con integrazione dei dati geografici
- strumenti per l'importazione diretta dei CSV in ARK
- sistema di pacchettizzazione che renda semplice l'installazione degli applicativi (in particolare ARK) su macchine *destkop/server* ed integrazione con distribuzioni *software* orientate all'archeologia (tra tutte, ricordiamo ArcheOS [40]).
- integrare un sistema di API in ARK permetterebbe ad applicazioni esterne di ricostruire rapidamente una scheda US ed esportarla con applicativi di terze parti come L^ATEX[41];
- interfaccia web per la rapida configurazione di un *webtour* immersivo;

Sottolineamo inoltre che l'aderenza agli standard del sistema proposto renderebbe semplice il *porting* del software a nuove convenzioni sulla gestione del dato archeologico a livello nazionale (tra i quali il più rilevante attualmente è sicuramente il SITAR [42]; da non trascurare in questo contesto è anche la potenziale scalabilità del sistema ed il suo possibile impiego su scala più ridotta (sovrintendenze, uffici pubblici, università).

Autori
- Patrizia Albrizio: O.I.A. — Open Idea for Archaeology.
- Francesco de Virgilio: O.I.A. — Open Idea for Archaeology.
- Ginevra Panzarino: O.I.A. — Open Idea for Archaeology.
- Enrica Zambetta: O.I.A. — Open Idea for Archaeology.

Bibliografia

Bezzi, A. et al. 2011, «Progetto Castellum Vervassium: dal dato archeologico al WebGIS», in: *Archeo- logia e Calcolatori*, vol. 22.

Castrianni, L. et al. 2010, «La cinta muraria di Hierapolis di Frigia: il geodatabase dei materiali di reimpiego come strumento di ricerca e conoscenza del monumento e della città», in: *Archeologia e Calcolatori*, vol. 21.

Costa, L. et al. 2008, «Vers la mise en réseau des données et des cherceurs: le système d'information de la prospection d'Itanos (Crète orientale)», in: *Archeologia e Calcolatori*, vol. 19.

de Virgilio, F. 2011, https://github.com/fradeve/grass-arch/blob/master/paper_ presentazione/paper.pdf.

Eve, S. e G. Hunt 2007, «ARK : A Development Framework for Archaeological Recording», in: *Layers of Perception. Proceedings of the 35th International Conference on Computer Applications and Quantitative Methods in Archaeology*.

Laganara, C. 2011, *Siponto. Archeologia di una città abbandonata nel Medioevo*, Foggia.

— 2012, *Case e cose nella Siponto medievale. Da una ricerca archeologica*, Foggia.

Moscati, P. 2008, «Webmapping in the Etruscan landscape», in: *Archeologiae Calcolatori*, vol. 19.

Pescarin, S. 2006, «Open source in archeologia. Nuove prospettive per la ricerca», in: *Archeologia e Calcolatori*, vol. 17.

Scianna, A. e B. Villa 2011, «GIS applications in archaeology», in: *Archeologia e Calcolatori*, vol. 22. Semeraro, G. 2007, «Landlab project and archaeology on-line. Web-based systems for the study of settlement patterns and excavation data in classical archaeology», in: *Archeologia e Calcolatori*, vol. 18.

Sitografia

[1] http://bollentispiriti.regione.puglia.it

[2] http://www.openoia.org

[3] http://www.pmapper.net

[4] http://mappaproject.arch.unipi.it/?page_id=452.

[5] http://www.vhlab.itabc.cnr.it/appia

[6] http://digitalcrete.ims.forth.gr/index.php?l=1

[7] http://ags.gis.iastate.edu/IsitesPublicAccess

[8] http://marwp.cla.umn.edu/gis/main.php

[9] http://laboratoriobagolini.mpasol.it/ais/webgis/carto

[10] http://mapserver.org

[11] http://www.openlayers.org

[12] http://archesproject.org

[13] https://www.mysql.it

[14] http://www.fastionline.org

[15] http://www.iadb.org.uk

[17] http://www.postgresql.org

[18] http://postgis.net

[19] http://www.gaia-gis.it/gaia-sins

[20] https://www.libreoffice.org/features/calc

[21] http://www.phpmyadmin.net

[22] https://github.com/fradeve/sipontomedievale/tree/master/ark-guide

[23] http://www.autodesk.it/adsk/servlet/pc/index?siteID=457036&id=14626681

[24] http://grass.osgeo.org

[25] http://www.openjump.org

[26] http://www.qgis.org

[27] http://www.ubuntu.com/business

[28] https://www.apache.org

[29] http://twitter.github.com/bootstrap

[30] https://github.com/fradeve/sipontomedievale

[31] http://timeline.verite.co

[32] http://www.frescojs.com

[33] http://www.mpetroff.net/software/pannellum

[34] http://hugin.sourceforge.net

[35] Facente parte del repository "webglsample" realizza- to dal team di Chromium, https://code.google.com/p/webglsamples

[36] http://www.openstreetmap.org

[37] http://www.opengeospatial.org/standards/wfs

[38] http://jinja.pocoo.org/docs

[39] https://github.com/tbuser/thingiview.js

[40] http://www.archeos.eu

[41] http://www.latex-project.org

[42] http://www.commissario-archeologiaroma.it/opencms/export/CommissarioAR/sito-CommissarioAR/Strumenti/Cartografia/index.html.

Archeologia preventiva, predittiva, potenziali archeologici. Una breve introduzione al panorama italiano

Mirella Serlorenzi, Valeria Boi

This paper, which aims to introduce the session on "Preventive archaeology, predictive archaeology, archaeological potential", gives an overview on italian approach to those themes, focusing the attention on urban-scale-ones. In academic projects the aim of predictive modeling is to model the locational behaviour of different types of occupations, in order to guide future surveys. In AHM, on the other end, predictive models are used as risk assessment tools, in order to assess and preserve archaeological heritage in areas interested by urbanistic development, and to limit the destruction of a "finite, non renewable resource", as archaeological remains are. The aim of maps of archaeological potential is also to limit costs and delays due to unexpected archaeological findings, allowing archaeology to co-operate in urban planning policies. During the last years in Italy some projects about the archaeological potential of urban areas have been developed: so, the session was designed as a round table, in which the presentation of the projects was followed by an informal discussion, during which the coordinators of the projects tried to give an overview of the existing experiences in Italy and to define a "road map" of the most useful tools and the most relevant methods which would be easily applied to the daily workflow of italian preventive archaeology, to ensure a thorough understanding of the archaeological resource and consequently a more efficient protection of the archaeological heritage preserved in our cities. The reflections that emerged during the round table revealed some common points in all projects, that represent the real priorities for the development of this theme in the near future: first, the need to create multidisciplinary teams, which would be able to process not only archaeological data but also geomorphological and paleoenvironmental ones; secondly, data processing must be entrusted to advanced technological tools. As for the data, the establishment of complete, frequently updated knowledge bases is the priority, and in order to reach this goal it's necessary to ensure the cooperation between the various "data producers"; another key aspect is the need to create synergies between institutions, in order to make a common effort and to share the enormous public funds requested by the construction and maintenance of such infrastructures. As for the users, the former are of course the public territorial bodies in charge of urban planning, notably regions, provinces, municipalities, which usually play this role in partnership with the Superintendences. At the same time, during the discussion it has been underlined that the number of potential contributors and users would be extremely extended by opening these data and systems to private companies and professionals which are involved as consultants in the archaeological impact assessment for major infrastructure works, as well as academic researchers and scholars.

1. Premessa

Questo contributo nasce dall'esigenza di sintetizzare gli argomenti sviluppati durante la tavola rotonda dedicata a "Archeologia preventiva, predittiva, potenziali archeologici", tracciando un quadro generale dell'approccio adottato in Italia nei confronti di questo tipo di analisi, con particolare attenzione alle esigenze di uno studio su scala urbana.
A partire dalla sua nascita, il workshop Archeofoss ha visto via via ampliare la sua platea di organizzatori, relatori, uditori, riuscendo ad accogliere un numero sempre più ampio di istanze e di interessi differenti: desta una grande soddisfazione vedere come nelle ultime edizioni sia stato sempre più vivace il confronto fra il mondo della libera professione, le Università, le Soprintendenze, confronto che ha fatto emergere in maniera efficace una sempre più positiva

interazione e dialogo fra contesti abitualmente lontani nelle esigenze, nell'approccio e nei ruoli. Proprio in quest'ottica è nata la proposta di una sessione tematica dedicata a questi argomenti, che in Italia sono stati al centro di numerosi progetti sia in ambito accademico che in seno al Ministero per i Beni e le attività Culturali e il Turismo (MiBACT).

Il progetto MAPPA, coordinato da Maria Letizia Gualandi, il progetto SIUrBe (Sistema Informativo del patrimonio archeologico urbano di Benevento), il progetto SITAVr (Sistema Informativo Territoriale Archeologico di Verona), il "polo" sardo della Rete Informatica Nazionale per la costruzione collettiva del webGIS del patrimonio archeologico italiano, la piattaforma per la fruizione dei modelli tridimensionali del territorio della romana *Urbis Salvia*, infine il Sistema Informativo Territoriale Archeologico di Roma (SITAR), che presentano alcune affinità. Tutti i progetti presentati, infatti, al di là delle loro specificità, hanno come finalità primaria la realizzazione di una piattaforma che permetta la consultazione, a vari livelli di accesso e di approfondimento, delle informazioni archeologiche, correttamente localizzate nello spazio geografico, così da favorire una gestione efficiente, agevole e condivisa degli interventi di trasformazione dello spazio urbano.

La sessione è stata pensata come una tavola rotonda, formula che ha consentito di far seguire alla presentazione dei singoli contributi una discussione informale, durante la quale si è tentato di tracciare una sintesi delle esperienze fin qui condotte e di definire una "road map" degli strumenti e dei metodi più utili e più facilmente applicabili alla prassi concreta del lavoro, per garantire una conoscenza approfondita del bene archeologico e conseguentemente una tutela più efficiente del patrimonio archeologico conservato nelle nostre città.

2. Archeologia preventiva, archeologia predittiva: prevenire è meglio che curare

In Italia il concetto di tutela preventiva del patrimonio archeologico è nato in seguito alle intense trasformazioni urbane che hanno avuto inizio dopo la fine del primo conflitto mondiale e hanno accompagnato la crescita del regime fascista, per poi svilupparsi nei decenni seguenti, in cui le ricostruzioni post-belliche prima e il boom economico dopo hanno portato ad una sempre più rapida trasformazione dei centri storici, che hanno dovuto lasciare il posto a un nuovo concetto di organizzazione degli spazi urbani. Non a caso gli studiosi, costretti a far fronte a questo fenomeno, hanno elaborato precocemente i primi studi relativi alla salvaguardia del patrimonio archeologico in area urbana (una corposa bibliografia su alcuni esempi è in Gelichi 1992 e in Brogiolo 2000). Più tardi, in risposta al sempre più esteso consumo di territorio extraurbano dovuto all'espansione edilizia, è emersa la necessità di tutelare anche le aree esterne ai nuclei storici dell'abitato (Amendolea 1999; Guermandi 2001).

Al di fuori del contesto italiano, un esempio precoce dell'uso di carte archeologiche pensate come mappe del "rischio" da utilizzare come strumento di tutela del patrimonio nell'ambito della pianificazione territoriale è rappresentato dal caso di Londra (Biddle, Hudson D. 1973), che per la prima volta introduce il concetto di "previsionalità" della risorsa archeologica, ovvero la possibilità di prevedere la localizzazione dei resti archeologici sepolti sulla base dei dati già noti. Tale principio viene ripreso in Italia da Peter Hudson, che nella sua carta del rischio archeologico di Pavia rappresenta localizzazione, quota s.l.m. e spessore di tutti i depositi archeologici noti, e ipotizza la localizzazione delle aree nelle quali il deposito archeologico è già scomparso a causa di interventi post-antichi, che definisce aree "depotenziate" (Hudson P. 1981). Sebbene la lucidità di questo studio si configuri come un'esperienza pionieristica e resti a lungo un caso isolato, bisogna constatare tuttavia che pochi anni dopo, fra 1980 e 1990, vengono realizzati numerosi esempi di carte archeologiche orientate alla gestione del patrimonio culturale, che raccolgono su una unica base topografica tutti i dati noti (Azzena 2001 a cui si rimanda per una sintesi delle esperienze più importanti). Si veda inoltre da ultimo la rassegna di Calaon, Pizzinato 2011: 414-415). Come più volte sottolineato i limiti di questa produzione cartografica, peraltro molto efficace in termini di consapevolezza e conoscenza del territorio, risiedono soprattutto nella piccola scala di rappresentazione, cosicché le emergenze archeologiche sono generalmente rappresentate nello spazio topografico come punti, privi di informazioni planimetriche e tantomeno altimetriche.

La riflessione sulla tutela del patrimonio archeologico nel contesto delle trasformazioni territoriali ha ricevuto un forte impulso all'inizio degli anni Novanta, con l'approvazione della Convenzione Europea per la Salvaguardia del Patrimonio Archeologico (*European Convention on the Protection of the Archeological Heritage*, La Valletta, Malta, 16-11-1992); tale provvedimento ha posto l'accento sul pericolo di un progressivo deterioramento del patrimonio archeologico a causa delle grandi opere infrastrutturali e della scarsa conoscenza e consapevolezza pubblica, stabilendo l'istituzione di procedure amministrative e scientifiche di supervisione e tutela e prevedendo l'emanazione di norme che conciliassero le esigenze di conservazione del Patrimonio con quelle dello sviluppo economico ed urbanistico, attraverso provvedimenti normativi la cui emanazione viene demandata ai paesi membri. Nonostante il mancato recepimento della direttiva, il dibattito tecnico-scientifico ha portato anche in Italia all'elaborazione di strumenti di management preventivo delle risorse archeologiche, capaci di trasmettere a pianificatori e politici, con un linguaggio accessibile ed una modalità immediatamente utilizzabile, i dati scientifici, individuando nella carta archeologica numerica lo strumento ideale per condividere i dati, permettendo agli enti territoriali di sovrapporre alle basi cartografiche una mappatura esaustiva delle aree per le quali programmare specifici piani di tutela. Si può ricordare il ruolo di primo piano assunto dalla regione Toscana, che nel 1995 ha approvato il progetto della Carta Archeologica regionale, realizzato con il contributo di Università, Enti di ricerca, Soprintendenze, Enti locali; in quell'occasione, si giunse alla stesura di una serie di "Linee guida" che traevano spunto dalla comparazione e dallo studio di analoghi dispositivi adottati in ambito europeo a scale territoriali diverse (Francovich, Pellicanò, Pasquinucci 2001). Il mancato recepimento della Convenzione di Malta ha avuto ripercussioni negative anche e soprattutto sul piano economico, poichè ha privato il mercato di ingenti risorse che potrebbero essere specificamente dedicate a questo tema, sia sul piano degli studi teorici che dell'applicazione alla pianificazione territoriale (Verhagen et al. 2010: 434). Tuttavia, molti passi sono stati compiuti in ambito normativo negli ultimi anni: oggi la legge prevede che il Ministero dei Beni Culturali e del Turismo sia chiamato a partecipare alla pianificazione di concerto con gli altri enti pubblici territoriali, e che la realizzazione delle nuove opere pubbliche sia preceduta, già in fase di progetto preliminare, da una valutazione della probabilità di intercettare, alterare, distruggere depositi e strutture di interesse archeologico, al fine di quantificare l'impatto dei ritrovamenti sulla realizzabilità dell'opera, in termini di tempi e costi di realizzazione. Le modalità concrete in cui la tutela deve essere realizzata sono state oggetto della L. 109/2005 (si veda in proposito il commento di Malnati 2005), successivamente modificata dagli art. 95-96 del D. Lgs 163/2006, cui sono seguite modifiche e integrazioni, fino alla Circolare 10/2012 della Direzione Generale per le Antichità, che ha definito le "linee guida in materia di archeologia preventiva". Tale provvedimento, purtroppo, chiarisce solo parzialmente aspetti fondamentali quali l'ambito di applicazione e le modalità operative, nonchè i ruoli e le competenze dei vari soggetti coinvolti, e speriamo che nel futuro tali punti trovino piena definizione a livello normativo.

3. Rischio, impatto, potenziale archeologico

Il graduale spostamento dal concetto di rischio a quello di potenziale archeologico, cui abbiamo assistito negli ultimi anni, non costituisce la creazione di un eufemismo per sostituire l'accezione negativa di rinvenimento archeologico come ostacolo al progresso con una positiva che vede in esso una risorsa culturale e un valore aggiunto. Il cambiamento lessicale esprime, in maniera più concreta, la modifica del ruolo dell'archeologia nell'esecuzione di grandi opere infrastrutturali: si è passati dalla logica dello scavo di emergenza, condotto in tutta fretta a cantiere già aperto, alle indagini preventive, che consentono di prendere in considerazione già in fase di progetto preliminare il contesto nel quale si va ad operare, potendo prevedere le conseguenze dello scavo e, in caso di necessità, modificare il progetto, pianificare per tempo strategie di studio e, se possibile, di conservazione e valorizzazione di ciò che viene riportato alla luce. I due termini esprimono infatti aspetti nettamente differenti: il rischio archeologico è legato all'impatto che i lavori di trasformazione di un'area hanno sul patrimonio archeologico in essa conservato, come fattore contingente legato all'entità dell'intervento da svolgere, alla vastità dell'area interessata e alle profondità raggiunte (Calaon, Pizzinato 2011: 413). Il potenziale archeologico definisce invece la possibilità che una determinata area possa restituire nuove informazioni e nuovi dati archeologici, ed essendo una caratteristica intrinseca, è determinabile a monte di qualunque intervento su di essa: esso può essere quantificato grazie all'apporto di tutte le fonti conoscitive per il territorio in esame, con un dettaglio maggiore con l'aumentare della quantità e qualità delle informazioni disponibili. Come è evidente, gli elementi da considerare sono non soltanto quelli archeologici, ma anche quelli storici, geomorfologici, geografici, economici, nonchè quelli relativi alle modalità dell'insediamento moderno e contemporaneo (la bibliografia è vastissima; si veda Calaon, Pizzinato 2011: 413, con bibliografia precedente. Da ultimo, si veda Anichini, Dubbini, Fabiani, Gattiglia, Gualandi 2013).

Lo strumento della valutazione del potenziale archeologico ha trovato applicazione in ambito accademico per facilitare la selezione delle aree sulle quali concentrare future ricerche, e come supporto per la formulazione di ipotesi e sullo sviluppo del tessuto territoriale nelle varie epoche e contesti storico-topografici. Nella sua applicazione alla tutela dei beni culturali esso è adottato invece come strumento di supporto nel processo di "*decision making*" nell'ambito delle politiche di pianificazione urbanistica, e costituisce quindi l'anello di congiunzione fra il campo di attività degli enti preposti alla tutela e quello degli enti territoriali. In questo ambito, nonostante la realtà europea sia molto diversificata, gli studi più approfonditi sono stati realizzati nei paesi in cui è stata recepita la Convenzione di Malta, ma come precedentemente accennato, anche in ambito nazionale la già citata evoluzione della legislazione sull'archeologia preventiva, nonché degli strumenti urbanistici redatti dalle Regioni e dai singoli comuni, hanno garantito risorse e spazi all'inserimento di questi studi nelle fasi preliminari alla realizzazione degli interventi di trasformazione urbanistica. In ambito extraurbano, infatti, la valutazione del potenziale archeologico interessa aree vaste, generalmente ancora non edificate e poco "disturbate" in età contemporanea, e solitamente è funzionale all'avvio degli interventi di realizzazione di nuovi quartieri urbani o di grandi infrastrutture. La valutazione ha in questi casi l'obiettivo di individuare le aree interessate dalla presenza antropica e il "tessuto connettivo" fra i vari nuclei abitativi (strade e altre infrastrutture, necropoli, aree agricole), nonchè le aree a potenziale nullo perchè in epoca antica non interessate dall'insediamento umano. La valutazione del potenziale archeologico in ambito urbano, tema privilegiato di questa tavola rotonda, pone invece delle problematiche diverse: spesso infatti la città attuale si sovrappone almeno in parte all'insediamento antico, del quale in genere si conosce con certezza la presenza e con buona approssimazione l'estensione. L'incognita, in questo caso, è rappresentata da quella che si può definire la "qualità informativa dei depositi", e si può risolvere solo se si è in grado di valutare le aree in cui la stratigrafia antica si è conservata e al contrario quelle interessate da profondi lavori di scavo in età recente, nelle quali è ipotizzabile che essa non si conservi o sia stata in parte asportata; è questo il metodo adottato ormai più di trenta anni fa, per il centro storico di Pavia, dal già citato Peter Hudson (Hudson P. 1981): nella sua carta del rischio archeologico i dati noti sono riportati tenendo conto della loro esatta collocazione topografica e altimetrica, così come è registrato puntualmente lo spessore dei riporti e sono rappresentate le aree - e le quote - in cui è prevedibile effettuare nuovi rinvenimenti. Dove la quota raggiunta da interventi post-antichi è più profonda rispetto alla quota del deposito archeologico, è registrata la presenza di quelli che vengono definiti "vuoti archeologici", o aree "depotenziate". Lo stesso approccio è stato adottato nella redazione delle carte archeologiche di Modena e di Cesena, che considerano tutti questi fattori e si configurano esplicitamente come carte di potenziale, dichiarando la loro finalità come strumento decisionale, pensato come supporto alla gestione del piano regolatore della città (per il caso di Modena: Gelichi, Malnati 1989; Cardarelli et al. 2011. Su Cesena, Gelichi, Alberti, Librenti 1999; Gelichi 2001; Gelichi, Negrelli 2009).

4. Il potenziale archeologico in area urbana

La definizione del potenziale archeologico delle aree urbane richiede quale fondamentale premessa la realizzazione di una cartografia a grande scala che "descriva" tutti gli elementi che costituiscono il sottosuolo: non solo dunque i dati archeologici noti, ma anche le informazioni geomorfologiche e pedologiche, e la documentazione dei carotaggi effettuati con qualunque finalità; l'edificato di età post-antica demolito in età moderna, ricavabile dalla cartografia storica, infine gli interventi infrastrutturali che hanno inciso il sottosuolo, ivi compresa la rete dei sottoservizi.

É quasi superfluo specificare che tale mappatura non si può limitare al solo dato planimetrico, ma deve dare conto anche degli aspetti altimetrici. Già la semplice sovrapposizione di queste informazioni costituisce una base di conoscenza fondamentale e di grande utilità nell'ambito della gestione degli interventi di scavo urbano, laddove consente, ad esempio, di ricalcare per la posa dei nuovi sottoservizi il percorso dei cavidotti esistenti, limitando al massimo il rischio archeologico e contenendo in maniera significativa tempo e costi degli interventi. L'integrazione dei dati provenienti dalla cartografia storica consente di dare immediata attribuzione a numerose evidenze strutturali di età post-antica riportate alla luce dai lavori, e d'altra parte permette di evidenziare con estrema facilità quelle aree in cui, nonostante l'assenza di costruzioni ancora visibili, l'attività edilizia moderna ha determinato l'asportazione, parziale o totale, del deposito archeologico. I dati di base citati fin qui servono da punto di partenza per una successiva elaborazione di tipo più specificamente "predittivo", che provi ad estendere le informazioni ricavabili dai dati noti anche alle aree non indagate. É in questa fase del lavoro che ricopre una grande importanza la capacità del sistema di esplicitare il percorso interpretativo effettuato, permettendo di conservare le informazioni sulla qualità dei dati di partenza e di gestire efficacemente il grado di incertezza.

Un passo fondamentale è stato compiuto dal Progetto MAPPA, il cui obiettivo è stato quello di realizzare una carta predittiva del potenziale archeologico sul centro urbano di Pisa: il sistema GIS raccoglie non solo una grande mole di dati archeologici, editi e inediti, ma anche i dati geomorfologici, idrologici, paleoambientali, raccolti ed elaborati grazie alla collaborazione con altre équipes specialistiche (http://mappaproject.arch.unipi.it/ si veda anche Anichini, Dubbini, Fabiani, Gattiglia, Gualandi 2013). L'applicazione di un modello matematico basato sulle relazioni spaziali e funzionali fra i ritrovamenti, grazie ad un algoritmo realizzato *ad hoc*, ha permesso di ricostruire delle mappe di potenziale archeologico specifiche di ogni macro-fase cronologica che ha interessato la città, dando conto delle modifiche nell'assetto del paesaggio, del graduale mutare dell'estensione dell'abitato e della localizzazione delle sue diverse aree funzionali, permettendo di formulare ipotesi anche sulle aree non indagate (Bini, Dubbini, Steffè 2011 e Bini, Dubbini, Steffè 2012). Il Progetto MAPPA ha costituito un sostanziale passo avanti nel panorama italiano non solo per il suo approccio marcatamente interdisciplinare e per la novità della scelta di un algoritmo matematico per l'elaborazione dei dati, ma anche per la scelta di rendere le informazioni archeologiche di partenza e le successive elaborazioni accessibili in rete sia all'utenza specialistica degli studiosi e degli addetti alla pianificazione territoriale, che ai semplici cittadini.

Risultano di grande interesse anche le riflessioni ed elaborazioni teoriche sviluppate dagli altri progetti: i punti comuni che emergono come vere priorità per lo sviluppo di questo tema nei prossimi anni sono rappresentati innanzitutto dalla necessità di disporre di una base di conoscenza aggiornata e completa, e su questo punto risulta imprescindibile la cooperazione fra i vari "produttori di dati", come sottolineato dall'équipe che lavora alla costituzione del polo sardo della Rete Informatica Nazionale per la costruzione collettiva del webGIS del patrimonio archeologico italiano; altro aspetto fondamentale è rappresentato dalla necessità di creare sinergie fra istituti, con la finalità di condividere e rendere affrontabili i cospicui investimenti pubblici per la costruzione ed il mantenimento di infrastrutture di questo tipo. Inoltre, la comunicazione e condivisione di questi dati fra i vari enti preposti alla pianificazione territoriale, come sottolineato per il caso del SiUrBe, è fondamentale, perché permette che queste basi di dati esplichino davvero tutte le loro potenzialità e vengano utilizzate al meglio.

Il caso particolare rappresentato dalla piattaforma per la fruizione dei modelli tridimensionali del territorio della romana *Urbis Salvia*, da parte sua, mostra come sia possibile elaborare in maniera fruttuosa studi approfonditi su specifici campi di applicazione che permettono la fruizione e condivisione di dati complessi anche ad un pubblico non specialistico, con particolare attenzione alla divulgazione e alla costruzione di supporti utili per il turismo e la didattica.

La scelta della rete quale mezzo privilegiato per la condivisione delle informazioni e l'apertura consultazione da parte di una utenza non specialistica, è stata anche la strada scelta dal Progetto SITAR, realizzato dalla Soprintendenza Speciale per i Beni archeologici di Roma. Il progetto, che attualmente consente la consultazione dei dati relativi agli interventi svolti nella Capitale attraverso un portale webGIS, sta lavorando in questi mesi all'elaborazione concettuale del potenziale archeologico. Grazie anche allo specifico contesto istituzionale in cui viene sviluppato, il progetto prevede che si ponga una speciale attenzione alla gestione del patrimonio archeologico in relazione alla pianificazione urbanistica, alla quale il Ministero è chiamato a collaborare in cooperazione con gli Enti Territoriali. Il potenziale archeologico, infatti, va inteso non come semplice quantificazione della probabilità di nuovi rinvenimenti, ma come valutazione della qualità delle informazioni che il sedime su cui insiste l'area urbana può ancora restituire, e come valutazione delle prospettive di valorizzazione dei rinvenimenti archeologici, già effettuati o ancora allo stato di mera "potenzialità", all'interno del progetto della città attuale. Una pianificazione integrata è quindi doppiamente conveniente: innanzitutto perché ritrovamenti non del tutto inaspettati, ma inquadrati in ipotesi plausibili, evitano il lievitare imprevisto dei costi durante i lavori (in proposito si possono citare le riflessioni di Bloemers et al. 2010, *passim*, in particolare il contributo di Verhagen et al., p. 434); in secondo luogo perché un paesaggio "di qualità", nel quale gli elementi del passato sono inseriti in maniera equilibrata e non come inutili "denti cariati", è un paesaggio che economicamente vale di più, può diventare una zona di pregio anziché l'ennesimo "non luogo" sperduto nella periferia. Per questo motivo, il SITAR intende inserire nella definizione del potenziale archeologico la distinzione fra potenziale informativo e potenziale conservativo di un contesto: il potenziale informativo, che rappresenta la "quantità di conoscenza conservata nel sottosuolo", trova una corrispondenza diretta con il potenziale archeologico, mentre il potenziale conservativo fa riferimento alla possibilità che, alla conclusione dell'indagine archeologica, i rinvenimenti possano essere valorizzati e inseriti all'interno della progettazione urbana, continuando a "vivere" insieme alla città moderna.

Autori
- Mirella Serlorenzi: Responsabile scientifico del Progetto SITAR, MiBACT - Soprintendenza Speciale per il Colosseo, il Museo Nazionale Romano e l'Area Archeologica di Roma.
- Valeria Boi: Archeologa, libera professionista, collabora al Progetto SITAR. Dottoranda presso l'Università degli studi di Sassari, con un progetto di ricerca sulla valutazione del potenziale archeologico in area urbana.
  boivaleria@gmail.com

Bibliografia

Amendolea, B.(ed.) (1999), Carta Archeologica e pianificazione territoriale: un problema politico e metodologico, Atti del 1° incontro di Studi (Roma 1997), Roma: Palombi Editori.

Anichini F., Dubbini N., Fabiani F., Gattiglia G., Gualandi M.L. 2013, MAPPA. Metodologie Applicate alla Predittività del Potenziale Archeologico, vol.2, Roma Archeologia urbana in Lombardia 1984

Azzena, G. (2001). L'indagine topografica e la cartografia archeologica, in Il mondo dell'archeologia, Treccani 2000, Roma, Istituto della Enciclopedia Italiana, 149-152.

Biddle, M., Hudson, D. (1973), The future of London's Past: a survey of the archaeological implications of planning and development in the nation's capital, Worcester: Rescue Publication

Bini, D., Dubbini, N., Steffè, S. (2011). Modelli matematici per la determinazione del potenziale archeologico, in MapPapers 4-I, pp.68-76. Retrieved from http://mappaproject.arch.unipi.it/wp-content/uploads/2011/08/MapPapers_41.pdf

Bini D., Dubbini N., Steffè S. 2012, Sulle due questioni principali inerenti le applicazioni dei modelli page rank per la determinazione del potenziale archeologico, in MapPapers 2-II, pp.39-44 (http://mappaproject.arch.unipi.it/wp-content/uploads/2011/08/MapPapers_6_it.pdf)

Bloemers T., Kars H., Van der Valk A., Wijnen M.(ed) (20109, The Cultural Landscape & Heritage Paradox: Protection and Development of the Dutch archaeological-Historical Landscape and its European Dimension, Amsterdam: Amsterdam University Press.

Brogiolo, G. P. (2000), Archeologia urbana, in Francovich, R., Manacorda, D. (eds.), Dizionario di archeologia, Roma, Laterza.

Calaon, D., Pizzinato, C. (2011), L'analisi archeologica nei processi di valutazione ambientale. Proposta metodologica in ambiente GIS, «Archeologia e Calcolatori», 22, 413-439.

Casarotto, A., Kamermans, H. (2013). Archaeological Predictive modelling: a proposal for the CRM of the Veneto region. Abstract. Retrieved from https://www.academia.edu/7130912/Casarotto_A._Kamermans_H._2013_._Archaeological_Predictive_modelling_a_proposal_for_the_CRM_of_the_Veneto_region_abstract_in_Opening_the_Past_2013_Archaeology_of_the_Future_Pisa_13-14-15_06_2013_10-11

Francovich, R., Pellicanò, A., Pasquinucci, M. (2001), La carta archeologica fra ricerca e pianificazione territoriale : atti del seminario di studi organizzato dalla Regione Toscana, Dipartimento delle politiche formative e dei beni culturali. Firenze: All'Insegna del Giglio.

Gelichi, S. (1992). Problemi di tutela e programmazione archeologica nei centri storici, in Colloquio hispano-italiano de arqueologia medieval (Granada 1990), Granada, pp. 95-108.

Gelichi 2001: Gelichi S. (a cura di), Dalla carta del richio archeologico di Cesena alla alla tutela preventiva in Europa (Cesena 1999), Firenze, 2001.

Gelichi S., Alberti A., Librenti M. (1999). Cesena: la memoria del passato. archeologia urbana e valutazione dei depositi, Firenze: All'Insegna del Giglio.

Gelichi, S. , Malnati, L. (1989), Lineamenti per una carta del richio archeologico della città di Modena, in Modena dalle origini all'anno 1000. Studi di archeologia e storia, I, Modena, 1989, pp. 413 – 414.

Gelichi, S., Negrelli, C. (ed) (2009), A misura d'uomo. Archeologia del Territorio cesenate e valutazione dei depositi, Firenze: All'Insegna del Giglio.

Guermandi, M. P. (ed) (2001), Rischio archeologico: se lo conosci lo eviti. atti del Convegno di studi su Cartografia archeologica e tutela del patrimonio (Ferrara 2000), Firenze: All'Insegna del Giglio.

Hudson, P. (1981), archeologia urbana e programmazione della ricerca, Firenze: All'Insegna del Giglio.

Malnati, L. (2005). La verifica preventiva dell'interesse archeologico, "Aedon", 3. Retrieved from http://www.aedon.mulino.it/archivio/2005/3/malnati.htm

Verhagen, J.W.H.P.; Kamermans, H.; Leusen, M. van; Ducke, B. (2010). New developments in archaeological predictive modelling. Amsterdam: Amsterdam University Press, 429-442.

Open Hardware, Open Space, Open Funding: dal mondo dell'informazione aperta nuovi modelli economici per il patrimonio culturale

Augusto Palombini

The paper proposes a new perspective in managing italian Cultural Heritage, following the Open Source metaphor and shifting from a "closeness" approach (where money income is directly produced through ticketing and royalies), to an "openness" one, aimed to promote indirect economic growth (merchandising, social exchange, etc.). Three examples are exposed, in the domain of: open hardware, open space, open funding; thus referring to the 3D printing devices, the open museum, the crowdfunding specifically designed for archaeological and museum purposes.

1. Introduzione

Questo contributo prende l'avvio da alcuni quesiti legati a una visione critica della gestione del Patrimonio monumentale italiano, anche in termini di valorizzazione economica; in particolare, da domande quali: può l'approccio Open Source dare un contributo in termini di possibili modelli economici alla gestione del Patrimonio? Cosa sta già accadendo?

Storicamente, la strategia italiana per la valorizzazione del Patrimonio, dalla legge Ronchey e lungo le successive disposizioni, si basa sulla chiusura: cioè sull'idea di controllare e limitare l'accesso al bene, ottenendone così dei benefici sul piano degli introiti di biglietti e royalties.

Altri paesi hanno portato avanti un approccio diverso, basato sull'apertura. In quest'ottica il bene non è più portatore di un rendimento economico diretto (in taluni paesi l'ingresso ai musei è costantemente gratuito) ma stimola notevoli introiti in termini di indotto, tramite la partecipazione dello Stato alla creazione di contenuti che saranno poi commerciati da realtà pubbliche e private, nonché fenomeni di condivisione di spazio pubblico, a propria volta apportatori di benefici sul piano sociale ed economico, secondo un'idea di spazio culturale socializzato.

I vantaggi di questo approccio si evidenziano nel favorire lo sviluppo di realtà economiche locali, creare risorse per i piccoli musei, favorire aggregazione sociale in contesti culturali di qualità e mettere lo Stato in condizione di esercitare forme di controllo del livello scientifico della divulgazione.

D'altro canto, i problemi dell'adozione di un'impostazione di questo tipo sono connessi con la sua scarsa conciliabilità con la legislazione vigente e con la necessità di un ripensamento delle strutture di interazione con l'esterno da parte dei musei (uffici stampa, PR, etc.) implicando anche la creazione di nuove figure professionali.

Si affronterà questa analisi attraverso tre esempi legati a strumenti innovativi sul piano tecnologico e sociale e riassumibili nei domini di open hardware, open space, open funding. Più precisamente, facendo riferimento alla rivoluzione delle stampanti 3D, all'idea di museo vissuto, al fenomeno del crowdfunding contestualizzato all'archeologia.

2. Open Hardware: le stampanti 3D

ArcheoFOSS non è nuovo alla presentazione di progetti di Open Hardware. Il primo esempio in questo senso risale all'edizione 2009, con la presentazione di un progetto di droni autocostruiti per uso archeologico (Bezzi et al. 2009). Il successo raggiunto in tempi odierni da questi apparecchi ci può probabilmente offrire un esempio di quanto l'approccio aperto sia foriero di sviluppo diffuso.

Nel nostro caso ci soffermeremo sulle potenzialità offerte dalle stampanti 3D. Questi strumenti hanno infatti conosciuto negli ultimi anni una crescita rapidissima in termini di diffusione e di varietà, e un altrettanto repentino crollo dei costi, soprattutto in caso di progetti aperti. Il progetto RepRap[1] ha poi portato per primo in evidenza la possibilità di produrre i componenti di assemblaggio di una stampante attraverso una stampante dello stesso tipo. La tecnologia ha ormai raggiunto prestazioni notevoli anche per i prodotti a basso costo. Nonostante la varietà di modelli e prestazioni, che richiede certamente una disamina attenta, si può affermare che è oggi possibile acquistare stampanti di buona qualità nella fascia fra i mille e i duemila euro.

È facile immaginare le innovazioni possibili grazie a questi strumenti, ad esempio, per il merchandising museale. Una semplice analisi visiva dei modelli di opere vendute nei bookshop dei musei rivela che sono pochissime le istituzioni che effettuano una commercializzazione (e quindi commissionano una produzione) di opere appartenenti alle proprie collezioni, limitandosi nella grande maggioranza dei casi a esporre e vendere pochi elementi di valore conclamato. Se ciò accade per i grandi musei, a maggior ragione è difficile per le piccole realtà pianificare produzioni specifiche del proprio patrimonio.

L'uso di stampanti 3D potrebbe quindi dare vita a nuovi modelli commerciali basati sulla possibilità dei musei (grandi e piccoli) di produrre e porre in vendita direttamente le riproduzioni dei propri pezzi (la creazione del modello 3d digitale di un oggetto è oggi assolutamente alla portata di tutti). Purtroppo ciò non è possibile, in quanto la normativa vigente non consente alle istituzioni statali di esercitare in proprio attività di commercio, tuttavia sono facilmente studiabili forme di accordo analoghe a quelle che oggi regolano i rapporti fra le amministrazioni e i gestori dei punti commerciali.

Lievemente più complesso è immaginare gli aspetti economici di tali accordi, considerando ancora una volta i limiti della legislazione vigente. Infatti, non esistendo una normativa specifica per la riproduzione digitale, dobbiamo fare riferimento a quella di novecentesca memoria concepita per le copie tradizionali. Al proposito, la situazione è abbastanza indefinita, cerchiamo di seguirne le tappe. A seguito della legge 4/93 (Legge Ronchey), il D.M. 08/04/1994, stabiliva, al Capo V:

«Riproduzioni in facsimile, copie e prodotti derivati

Corrispettivo fisso: lire 500.000

Deposito cauzionale: lire 2.500.000

Il corrispettivo fisso comprende la riproducibilità per un solo paese e per una durata limitata, stabilita d'intesa con l'Amministrazione.

In aggiunta al pagamento delle tariffe e dei diritti sopraindicati, dovranno essere corrisposte «royalties» del 6% sull'introito lordo derivante da qualsiasi uso del materiale

il suddetto D.M. è superato da Codice dei Beni Culturali (D.L. 42/2004), che recita (Art. 108, comma 6)

Gli importi minimi dei canoni e dei corrispettivi per l'uso e la riproduzione dei beni sono fissati con provvedimento dell'amministrazione concedente.»

Questa libertà concessa alle singole istituzioni, a causa delle frequente mancanza di personale adibito a specifiche funzioni di marketing (e con le relative competenze), è però generalmente ignorata, al punto che le tariffe del D.M. 08/04/1994 vengono tuttora prese come punto di riferimento nella maggior parte dei casi.

È comunque evidente che vi siano margini per lo studio di nuovi modelli economici localizzati e focalizzati sull'autonomia gestionale di produzione e vendita dei modelli. Da questo punto di vista, un calcolo puramente indicativo del costo di produzione di modelli 3d monocromatici di 2 reperti dell'altezza di circa 10 cm (un'urna cineraria e un Buddha: Fig. 1 a,b) si aggira fra i 6

---

[1] http://www.reprap-3d-printer.com/

e i 12 centesimi di euro a pezzo. L'esiguità del costo assoluto è tuttavia bilanciata da un elevato costo per unità di tempo, in quanto con gli strumenti citati il tempo di stampa è ancora molto lungo, e può raggiungere alcune ore, un ostacolo questo, certamente passibile di superamento vista la rapidità di sviluppo del settore, e che non ci impedisce di indicare queste prospettive come assai promettenti per pianificare un'attività che può costituire una pur minima fonte di introiti autonomi e uno strumento di diffusione culturale a basso costo (mantenendo un controllo sulla natura scientifica del dato) per molte istituzioni culturali, anche attraverso l'interazione con il tessuto imprenditoriale locale.

3. Open Space: il museo vissuto

Sin dalla nascita delle prime istituzioni museali moderne si è realizzata una grande suddivisione degli spazi di elevato contenuto culturale che ha visto da una parte i luoghi preposti alla conservazione (il museo, per come lo conosciamo), in una dimensione di isolamento dalla realtà circostante, di accesso regolamentato, di luogo *altro*; dall'altro i contesti monumentali (almeno per la maggior parte), come luoghi invece inseriti nel tessuto sociale collettivamente condivisi. La delimitazione dei siti archeologici secondo un criterio di "musei all'aperto" è infatti relativamente recente, e fino ad almeno un secolo fa le realtà monumentali sul territorio erano parte indistinta dello spazio vitale pubblico, con le relative conseguenze anche in termini di deperimento, ma consentendo alla popolazione un contatto costante, diffuso e quindi emotivamente più rilevante, con il passato. In altre parole, anche in epoche in cui la cultura media rendeva probabilmente molto più rara la consapevolezza storica delle epoche trascorse, la presenza emotiva delle vestigia di tali epoche nella vita sociale era certamente più rilevante e generalizzata.

C'è oggi da chiedersi se non sia possibile animare una nuova visione dello spazio culturale (museo, scavo o monumento che sia), che recuperi quella dimensione sociale (pur in una moderna prospettiva di attenzione e tutela), per intensificarne la funzione di catalizzatore di inclusione, scambio, interazione e crescita anche nell'ottica di un turismo sostenibile e di nuovi modelli di economia della cultura.

Interessanti esempi di ri-socializzazione dello spazio pubblico (in situazioni molto diverse) ci vengono oggi da quelle città americane che hanno visto abbattere drasticamente il numero dei propri abitanti a seguito di drammatici eventi economici, e che hanno potuto innescare processi di rinascita solo attraverso una nuova pianificazione (con un deciso intervento dell'autorità) degli spazi socializzati (Coppola 2013). E' d'altronde evidente che in situazioni critiche l'intervento dello Stato in supporto del rilancio economico, in tempi di crisi, vede una risorsa enorme nel possesso di un vasto patrimonio di spazi di elevata qualità culturale.

Questo tipo di indirizzo può attuarsi in varie forme. Alcuni esempi virtuosi sono costituiti da quelle istituzioni che animano negli spazi culturali iniziative ricorrenti che coinvolgono attori di diverso genere, in primo luogo le piccole realtà imprenditoriali. Citiamo per tutti il caso del parco archeologico di Xanten, in Germania, che a fronte di un patrimonio materiale (in termini di reperti) non certo eccezionale, raggiunge il traguardo di oltre seicentomila visitatori annui[2], un dato che in Italia è vantato da un numero assai esiguo di contesti (Antinucci 2007, 19-22). Si tratta di uno dei possibili esempi in questo senso, ma è senz'altro indicativo delle prospettive offerte da un approccio partecipativo (incentivazione della presenze, della partecipazione, dell'interazione sociale) in contrapposizione all'attuale visione rigidamente commerciale (cessione di servizi e concessione di spazi) (Palombini 2012). Una dicotomia di modelli che molto ricorda quella fra software aperto e proprietario.

---

2 Per l'esattezza: 710.901 visitatori nel 2009, 575.104 visitatori nel 2010, 632.186 visitatori nel 2011 (Uff. stampa del Museo Archeologico di Xanten)

Piattaforma	Nazionalità	Commissione	Tipologia progetti	Soglia limite
Kickstarter www.kickstarter.com	USA	5%	Vari	si
Kapipal www.kapipal.com	ITA	4%	Vari	no
Ulule http://ulule.com	FRA	8%	Vari	si
Indiegogo www.indiegogo.com	USA	4-9%	Vari	Politiche specifiche
GrowVC http://www.growvc.com	UK	Variabile su livelli e servizi	Startup PMI	Politiche specifiche
Spot.Us www.spot.us	USA	Sul servizio	Giornalismo	no
Eppela www.eppela.com	ITA	5%	Vari	si

Tabella 1 - sintetico elenco di alcune fra le piattaforme più diffuse con le relative caratteristiche.

4. Open Funding: il Crowdfunding

Il Crowdfunding è uno strumento di finanziamento partecipato per progetti specifici che recentemente ha visto una significativa diffusione in vari ambiti. Vediamone anzitutto il funzionamento. Un soggetto proponente ha in mente un progetto per la cui realizzazione occorre un finanziamento iniziale che non è disponibile. Il soggetto in questione decide allora di chiedere il finanziamento alla comunità concedendo in cambio un piccolo omaggio di varia natura ("perk"), ma secondo quote e regole ben definite, che rendono i contributori dei semplici donatori, senza nulla a pretendere sulla sorte del prodotto finale. Si possono naturalmente prevedere varie categorie di finanziamento, con quote differenziate e quindi con differenti perk. Il perk è un premio generalmente privo di un significativo valore economico e che acquista una forte valenza simbolica proprio in connessione al progetto cui si contribuisce (ad esempio una maglietta con il marchio dell'iniziativa). Torneremo in seguito su questo importante aspetto.

La diffusione della pratica del Crowdfunding ha portato alla nascita di una serie di piattaforme web dedicate a questo fine. Esse hanno diverse caratteristiche di funzionamento e diversi focus tematici. In generale, un progetto di crowdfunding implica necessariamente la definizione di un budget da raggiungere e una data limite oltre la quale non è più possibile sottoscrivere adesioni. Le piattaforme web si diversificano anche in questo senso, poiché alcune consentono – alla scadenza – di ricevere il denaro delle sottoscrizioni qualunque sia la cifra ottenuta, mentre altre lo permettono solo se la soglia limite viene raggiunta, altrimenti i versamenti vengono restituiti ai contributori.

A titolo informativo, si riporta nella Tabella 1 una sintesi di alcune fra le piattaforme più diffuse con le relative caratteristiche.

L'uso di questi strumenti per finalità connesse ai Beni Culturali offre un panorama relativamente ristretto ma variegato. Esistono esempi di crowdfunding dal notevole successo inerenti il finanziamento di ricerche archeologiche, come il Meander Project[3], e l'Ancient Roman DNA project (si noti l'efficacia dei video promozionali)[4], e di musealizzazione, come l'acquisto di collezioni di valore storico da parte di Musei di prestigio[5].

Gli stessi campi offrono al contempo diversi esempi fallimentari, che non sarebbe corretto né utile ai nostri fini indicare nel dettaglio, ma che sollevano domande su quale sia la strategia adeguata per il successo.

---

3 http://www.kickstarter.com/projects/colleenmorgan/the-maeander-project-a-digital-archaeological-land/

4 http://electricarchaeology.ca/2011/11/02/crowdfunding-archaeology-ancient-roman-dna-project/

5 http://www.palazzomadamatorino.it/crowdfunding/

Affrontiamo qui (in forma necessariamente rapida) due temi fondamentali: la realizzabilità pratica di queste operazioni nel contesto normativo italiano e l'indicazione di alcuni dettagli sul funzionamento – dal unto di vista tecnico ma anche sociologico – delle piattaforme di crowdfunding, al fine di fornire qualche utile indicazione per pianificare un'operazione con prospettive valide.

Sul piano normativo è anzitutto importante comprendere che la partecipazione di un utente al finanziamento di un progetto si configura come libera donazione, e il perk che gli viene offerto come omaggio. Ciò semplifica notevolmente dal punto di vista fiscale l'operazione, qualunque soggetto privato può quindi avvalersi di questo strumento senza particolari oneri economici o burocratici. Per i musei e le istituzioni pubbliche invece, la questione è più complessa, e occorre qui operare una distinzione fra le piattaforme che richiedono una commissione per il proprio servizio, sui finanziamenti accumulati, e quelle che non lo fanno. Questo dettaglio risulta determinante ai fini della creazione di un progetto di crowdfunding da parte di un'amministrazione pubblica italiana, in quanto, in caso di commissione, l'operazione assume l'aspetto di una sponsorizzazione (la donazione, convogliata dalla piattaforma, ha una contropartita) e viene pertanto assoggettata alla relativa normativa (le sponsorizzazioni per i BBCC sono regolamentate dal D.M. 19 dicembre 2012), dettaglio che complica questo tipo di utilizzo. Viceversa, se la piattaforma non richiede commissione, l'unica necessità è connessa alla creazione di un conto corrente relativo all'operazione, e a quanto ne consegue in termini di procedure interne all'amministrazione stessa. Per quanto riguarda il successo delle iniziative, ci si limita qui ad alcune osservazioni molto generiche. Va anzitutto tenuto presente che le piattaforme di crowdfunding ricevono moltissime proposte di progetti, e devono gestirne la visibilità. Per questo scopo utilizzano algoritmi analoghi a quelli che regolano la visibilità dei post sui social network: il progetto avrà una visibilità immediata alla presentazione, mentre successivamente sarà visualizzato in modo proporzionale al numero delle adesioni nelle prime ore di vita. È senz'altro utile che i proponenti tengano conto di questo aspetto. Fattori determinanti nella riuscita di un progetto sono poi il video di presentazione e la tipologia dei perk, quest'ultima determinata non dal valore economico, ma da quello simbolico in relazione al coinvolgimento emotivo che il progetto riesce a trasmettere ai contributori. In questa chiave si spiega, ad esempio, il successo di progetti in cui il perk era costituito dalla semplice foto autografata del team di una missione archeologica.

5. Conclusioni

Con questo testo si è inteso semplicemente suggerire alcune possibili direzioni (e le loro potenzialità) di sviluppo di un nuovo approccio al Patrimonio, secondo una logica per la quale il modello del software Open Source vs. proprietario rappresenta un'utile metafora in quanto le problematiche sono analoghe.

A dispetto delle difficoltà tuttora legate a una situazione normativa e ad impostazioni organizzative non al passo con le opportunità odierne, oggi appaiono possibili vari modelli economici alternativi nella cornice di un approccio aperto al Patrimonio. Raccogliere e mettere in rete le esperienze già esistenti in questo senso è probabilmente il prossimo passo necessario nella prospettiva di sperimentare modelli generalizzabili.

Ringraziamenti

L'autore ringrazia la Dott.ssa Rosanna Friggeri, della SSBAR per le delucidazioni normative, e l'Ufficio Stampa del Parco Archeologico di Xanten per la disponibilità e l'efficienza nel fornire i dati sui visitatori.

Autore

Augusto Palombini: (Istituto per le Tecnologie Applicate ai Beni Culturali – CNR)
augusto.palombini@itabc.cnr.it

Bibliografia

Antinucci F. 2007, *Musei virtuali*, Roma-Bari, Laterza.

Bezzi A., Bezzi L., Gietl R. 2009, Archeologia e Open Source, il prossimo passo: costruire e sviluppare progetti hardware, in: P.Cignoni, A.Palombini, S.Pescarin "Archeofoss" Atti del VI Workshop Free and Open Source Software in Archeologia (Roma 2009) «Archeologia e Calcolatori», suppl. 2, 183-193.

Coppola A. 2012, Apocalypse Town, Roma-Bari, Laterza.

Palombini A. 2012, Narrazione e virtualità: possibili prospettive per la comunicazione museale, «Digitalia», 1, 9-22

Tra diritti e doveri.
L'open data nell'archeologia italiana

Francesca Anichini, Marco Ciurcina, Fabio Fabiani,
Gabriele Gattiglia, Maria Letizia Gualandi

The MAPPA Open Data (MOD) archaeological repository (www.mappaproject.org/mod) stores and considers openly accessible all kind of archaeological data from raw data to linked open data produced during the research process, including metadata, and it's connected with the Journal of Open Archaeological Data for good quality data. Our infrastructure is hosted on GNU/Linux of the Centro Interdipartimentale di Servizi Informatici per l'Area Umanistica (CISIAU) of University of Pisa, is designed on an Open Source LAMP technological platform using an Apache HTTP Server, PHP 5.x scripting language and MySQL Open Source relational database.

Currently, as our main purpose was to persuade the archaeological community of the importance of open data, we use a basic policy for data management: we acquire raw data from archaeologists, and we validate the data from a legal point of view. Various types of records are published on the MOD which refer to archaeological interventions: preliminary reports, reports, context lists, context records, lists of finds, quantification records, period tables, stratigraphic diagrams, lists of activities, masonry contexts, masonry context records, rapid archiving records, excavation diaries, letters and communications, maps, sections, drawn records and photographs. Consequently, we checked the legitimacy of the activities carried out in the MOD with the records (uploading and dissemination to the public via the Internet) in the light of the following regulations:

- Law no. 633 of 22 April 1941, "Protection of copyright and rights related to its exercise" (LdA);
- Legislative Decree no. 42 of 22 January 2004, "Code of the cultural and landscape heritage, pursuant to article 10 of Law no. 137 of 6 July 2002" (CBC);
- Legislative Decree no. 196 of 30 June 2003, "Personal data protection code" (Privacy Code);
- Legislative Decree no. 30 of 10 February 2005, "Industrial property code, in accordance with article 15 of Law no. 273 of 12 December 2002" (CPI).

We published a detailed guide in which are explained the procedures that must be followed to prepare and provide the material to be published. In compliance with the laws, published documents are not expected to contain the personal data of natural persons who have not previously agreed to their publication, whether they are authors or third parties mentioned inside the records. Specific disclaimers have been prepared and can be downloaded to help authors correctly collect the authorisations needed to put their material online.

Once validated the data, we embed metadata to each dataset describing all the information regarding the dataset itself, we stored the data in our repository, providing protection. We use a metadata schema for each dataset describing all the information regarding the dataset itself: the structure and format of the digital data, the history of the archaeological investigation, the sources used, the method and the relationship with the physical data. The schema is composed partly from Dublin Core and partly from ISO 19115 metadata core for the geographical section. We don't describe the quality of data, because we firmly believe that the quality of research data must be responsibility of researchers in a sort of open peer review method.

Negli ultimi tempi parlare di open data è finalmente diventato usuale: tutti li citano, qualcuno li vuole, pochi li mettono in rete (almeno per ora). Oggi in Italia i dati archeologici non circolano liberamente e un'archeologia 2.0 italiana appare ancora una realtà molto lontana. Non ci riferiamo tanto ai dati inseriti in pubblicazioni ufficiali – che peraltro, viste le difficoltà economiche degli ultimi anni, sono sempre meno – ma ai *raw* data dell'archeologia, ovvero a tutti i dati archeografici prodotti nel corso di un'indagine: disegni, fotografie, schedature, diagrammi, report ecc., vale a dire a quella documentazione che, in molti casi, è tutto ciò che resta di un patrimonio che la stessa pratica archeologica concorre parzialmente a distruggere. Lo scavo archeologico, infatti, è un'attività non ripetibile: l'unico elemento di riproducibilità e ri-analisi è costituito dalla continua possibilità di attingere ai dati grezzi, attraverso i quali la comunità scientifica può ripercorre le tappe del processo interpretativo e formulare nuove ipotesi e ricostruzioni storiche, per non dire della possibilità di riuso delle informazioni su scale e con finalità diverse.

Oggi il MOD (MAPPA archaeological Open Data archive), creato all'interno del più ampio progetto di ricerca *MAPPAproject - Metodologie Applicate alla Predittività del Potenziale Archeologico*, realizzato dall'Università di Pisa e finanziato dalla Regione Toscana (http://mappaproject.arch.unipi.it/?page_id=454), si pone come la prima e ancora unica esperienza concreta di archivio open data per l'archeologia italiana (ad Agosto 2013 il MOD è entrato nella lista dei repositories raccomadati dal Journal of Open Archaeological Data (http://openarchaeologydata.metajnl.com/about/editorialPolicies#custom-0; ANICHINI *et al*. 2013). Oltre alla costruzione della struttura informatica, palesemente ispirata a quella ormai collaudata dell'*Archaeological Data Service* dell'Università di York, la realizzazione del MOD ha richiesto un grosso lavoro di studio di tutte le problematiche legali ed etiche connesse alla pubblicazione aperta dei dati archeologici (CIURCUNA 2013). In questo campo lo stato delle conoscenze, legate principalmente alle consuetudini adottate in ambito archeologico (universitario, ministeriale, professionale), si è infatti rivelato lacunoso e spesso discordante dalle norme sul diritto d'autore e sulla *privacy*, dal codice della proprietà industriale e dal codice dei Beni Culturali. L'*équipe* di ricercatori e legali del progetto MAPPA ha così deciso di intraprendere un percorso di analisi della legislazione vigente e di confronto tra questa e le prassi consolidate nel mondo archeologico, in vista delle sfide che la filosofia open data pone specificatamente nel settore dei Beni Culturali. È stato avviato un serrato e fruttuoso confronto con la Soprintendenza per i Beni Archeologici della Toscana e con la Direzione Regionale per i Beni Culturali e Paesaggistici della Toscana in merito alle modalità operative generali e su punti di confronto specifici quali, fra gli altri, il riconoscimento della titolarità dei diritti sui dati, il ruolo del direttore scientifico nella pubblicazione open data della documentazione archeografica, le modalità di pubblicazione delle immagini/fotografie, le responsabilità dell'autore rispetto alla struttura/ente che pubblica online i dati (Università di Pisa), la tutela dei dati personali presenti all'interno dei documenti pubblicati, la ricognizione e la gestione di limiti imposti da accordi contrattuali tra archeologi e committenti del lavoro, le tipologie di licenze adottabili, ecc.

Da queste riflessioni è scaturita una revisione della versione beta del MOD, già *on line* da giugno 2012. Se non è stato necessario fare sostanziali cambiamenti nella struttura informatica e nemmeno nelle interfacce utente della versione già licenziata, è stato invece indispensabile rivedere i criteri d'inserimento dei documenti e la loro trattazione prima della pubblicazione *on line*. E' stato inoltre essenziale riscrivere i documenti che illustrano agli utenti i criteri adottati, gli obblighi e le condizioni di chi acconsente alla pubblicazione dei dati (autore), di chi gestisce il servizio di pubblicazione *on line* (Università di Pisa), di chi usufruisce dei dati pubblicati, di chi, infine, ha rilasciato le eventuali autorizzazioni alla pubblicazione (Soprintendenza per i Beni Archeologici della Toscana e terzi, diversi dagli autori). I confini e le modalità di utilizzo del MOD sono stati sintetizzati in due documenti pubblicati all'interno della piattaforma: le "Condizioni di servizio" (http://mappaproject.arch.unipi.it/mod/condizioni.php) e il "Disclaimer" (http://mappaproject.arch.unipi.it/mod/disclaimer.php). I diritti e gli obblighi degli autori, invece, sono stati tradotti in una "Liberatoria" che ciascun autore deve sottoscrivere per ogni intervento che intende pubblicare.

Per definire le "Condizioni di servizio" è stato necessario specificare innanzitutto quali fossero i "contenuti": il MOD vuole essere il primo archivio di dati grezzi archeologici italiani, ma cosa intendiamo comunemente con dati grezzi? Visioni contrastanti, che probabilmente scaturiscono dall'assenza di definizioni condivise e standard precisi, inseriscono nei dati grezzi elementi diversi di quella che può essere genericamente considerata la documentazione in campo archeologico. Nel MOD si è scelto di definire "contenuti" dell'archivio tutti i "file contenenti relazioni preliminari, report, elenchi Unità Stratigrafiche (US), schede US, elenchi reperti, schede di quantificazione reperti, tabelle di periodizzazione, diagrammi stratigrafici, elenchi Attività, elenchi Unità Stratigrafiche Murarie (USM), schede USM, schede di archiviazione veloce (SAV), diari di scavo, lettere e comunicazioni, planimetrie, sezioni, rappresentazioni grafiche e fotografie ed altri testi, immagini, registrazioni audio e/o video, dati e/o informazioni organizzati in banca di dati (...)". Obbiettivo del MOD è infatti dare massima diffusione a tutto il materiale primario prodotto nell'ambito di un intervento archeologico di qualunque entità, lo stesso materiale che rimane per lo più inedito e che è ciò che consente la verifica diretta delle analisi sintetiche o delle ricostruzioni storiche che spesso rappresentano gli unici elaborati che circolano nella comunità scientifica e non. Per non dire del fatto che vi sono interventi archeologici che, per vari motivi, non arrivano mai a essere pubblicati e per i quali i dati grezzi rimangono l'unica forma di documentazione (a giugno 2012 il MOD conteneva 13 archivi, oggi 119).

Se si parte dalla considerazione che la pratica archeografica – sia essa frutto del lavoro di professionisti o di ricercatori afferenti a strutture pubbliche come le Università e le Soprintendenze – è sempre e comunque un'attività di ricerca, dal momento che produce dati unici e irripetibili, e che non vi è ricerca fin quando non vi è pubblicazione del dato, appare evidente come la condivisione dei dati grezzi e della letteratura grigia debba essere considerata come una pubblicazione a tutti gli effetti, salvaguardando sia le competenze che la capacità professionale e l'impegno, anche temporale, profuso da chi quel dato ha prodotto con il suo lavoro (ANICHINI, GATTIGLIA 2012).

Parallelamente sono state specificate le modalità di pubblicazione ("oggetto") nel MOD. L'idea (già delineata ampiamente in ANICHINI *et al.* c.s.) che ha guidato la riflessione e l'analisi della legislazione sul diritto d'autore è stata comprendere innanzitutto a chi debba essere riconosciuta la paternità intellettuale della documentazione prodotta durante un intervento archeologico. La versione beta del MOD riportava come autore della relazione dell'intervento il firmatario della stessa e, come autori del dataset contenente la restante documentazione, gli archeologi firmatari e il direttore scientifico dell'intervento (molte volte coincidente con il funzionario responsabile della Soprintendenza). La fase di studio ha portato a riconsiderare che, alla luce delle norme sul diritto d'autore, per aventi diritto si devono intendere gli estensori della documentazione indipendentemente da chi ha avuto la direzione scientifica dell'intervento e da chi (ditta esterna, ente locale o istituzione) lo ha finanziato, i quali, in quanto autori, dispongono del diritto d'autore sugli elaborati, fatto salvo il caso in cui nel contratto di affidamento del lavoro, od in altro modo, abbiano ceduto tale diritto. Le "condizioni" specificano pertanto come "ciascun contenuto è associato all'Utente che ha provveduto a pubblicare lo stesso contenuto e, se quell'Utente lo desidera, il Servizio rende nota la qualità di autore dello stesso Utente".

La paternità intellettuale dei dati è gestita mediante l'apposizione di DOI (Digital Object Identifier) distinti per la sezione "Relazione" (che comprende la letteratura grigia) e la sezione

"Dataset" (in cui è raccolta tutta la restante documentazione), i cui autori possono non coincidere: poiché il lavoro archeologico è quasi sempre un lavoro d'équipe, è usuale imbattersi in relazioni a firma singola o multipla (il/i responsabile/i dell'intervento), mentre gli elaborati che costituiscono la restante documentazione sono realizzati da un numero maggiore di autori. In particolare si pongono questioni diverse per tipologie di prodotti diversi. Per la compilazione delle schede di US, ad esempio, rimane dubbio se sussista in ogni caso un diritto d'autore, come pure per gli schizzi e le piante di US, che si configurano più come schemi e spesso sono successivamente rielaborate da altri soggetti rispettivamente in planimetrie composite e, oggi, vettorializzate in ambiente digitale. All'autore, o agli autori, si chiede di verificare, prima della pubblicazione, la presenza interna ai documenti di "dati personali di persone fisiche (incluse fotografie, planimetrie e/o altri contenuti che si riferiscano ad abitazioni di proprietà di o utilizzate da persone fisiche)", a meno che queste non abbiano "dato il consenso al trattamento dei loro dati personali"; tale impegno è specificato nella Liberatoria a firma di ciascun autore. Laddove non sia stata richiesta o rilasciata la specifica autorizzazione alla pubblicazione dei dati personali, questi sono coperti da *omissis*, mentre nelle fotografie sono resi irriconoscibili i volti delle persone e illeggibili eventuali elementi identificativi, quali targhe automobilistiche, insegne, ecc...

Le condizioni di servizio specificano inoltre agli utenti il tipo di licenza scelta dall'autore per liberare i propri dati: CC BY o CC BY-SA. Firmando la liberatoria l'autore ha la possibilità di scegliere tra le licenze CC BY e CC BY-SA.

Un capitolo a parte è rappresentato dalla pubblicazione delle fotografie e riproduzione di Beni Culturali. Nel *case study* del progetto MAPPA (il territorio urbano di Pisa), l'autorizzazione alla pubblicazione delle foto (ancora ai sensi degli artt. 106 e sgg. del D. Lgs. 22 gennaio 2004 n. 42) è stata concessa a monte dalla Soprintendenza per i Beni archeologici della Toscana, in virtù di un'apposita convenzione, che consente l'utilizzo di immagini senza gli oneri di cui all'art. 108 del Codice dei beni Culturali (ANICHINI *et al*. 2012, 165-170). Tutte le fotografie sono pubblicate nel MOD nella dimensione massima di 1024 pixel per il lato lungo; inoltre sulle fotografie di proprietà esclusiva della Soprintendenza (non scattate cioè da soggetti terzi, che detengono diritti ai sensi della legge sul diritto d'autore), viene apposto in sovraimpressione il marchio del Mibact. Con l'entrata in vigore della Legge n. 106 del 29/07/2014 ("Art Bonus") la prassi adottata in Mappa (e già prima nel progetto "Wiki Loves Monument"), è stata probabilmente normata. Questa è, infatti, la lettura più ragionevole del controverso nuovo comma 3-bis dell'art. 108: le fotografie dei beni possono essere pubblicate con licenza CC-BY-SA in sito che non ha fini di lucro, con idoneo avvertimento che fa salve le previsioni degli artt. 106 e seg. del Codice dei beni culturali e del paesaggio.

È doveroso precisare che il MOD è uno strumento ancora ampiamente migliorabile, ad esempio lavorando sul formato dati e sulla loro metadatazione (in corso di ultimazione). Come già ricordato in altre sedi però, il primo obbiettivo che ci si è posti nella creazione del MOD è stato l'avvio di una riflessione – non più procrastinabile – sul tema della condivisione dei dati archeologici, allo scopo di sensibilizzare tutta la comunità archeologica sui temi dell'open data (e dell'open access) e di far comprendere le grandi opportunità scientifiche e professionali che sono intrinseche in un nuovo modo di approcciarsi ai dati e alla loro disseminazione. Per raggiungere tale obbiettivo, è stato scelto deliberatamente di non vincolare l'inserimento dei dati nel MOD a quelle che sono le buone regole (e le "buone stelle") che definiscono un dato veramente open, ma di "accontentarsi" di far arrivare alla portata di tutti, aprendo faldoni e cassetti, quanto più materiale possibile, nella consapevolezza che un lavoro di ottimizzazione dei formati e dei metadati potrà essere fatto in uno *step* successivo. Sondando un vasto campione di utenti, infatti, è apparso chiaro come, nonostante la sempre maggior diffusione della filosofia open data, siano ancora presenti la diffidenza verso lo *sharing*, i dubbi sul riconoscimento della paternità intellettuale a chi ha prodotto materialmente il dato, lo scetticismo nei confronti dell'attribuzione della dignità di pubblicazione scientifica alla pubblicazione dei *raw data*. È sembrato quindi prioritario iniziare, lanciare il sasso nello stagno attorno al quale si muovono tutti gli attori del mondo archeologico.

Con il MOD vogliamo proporre un modello operativo – e già attivo – che può diventare sede, oltre che di pubblicazione, anche di riflessione comune, nella convinzione che i fatti guidino le parole. Apriamo i dati, pubblichiamoli, condividiamoli in formati sempre più aperti e, contemporaneamente, confrontiamoci su modalità e standard per renderli ancora più utili per il lavoro di noi tutti.

Autori
- Francesca Anichini: Università di Pisa.
- Marco Ciurcina: Studio Legale Marco Ciurcina
- Fabio Fabiani: Università di Pisa.
- Gabriele Gattiglia: Università di Pisa.
- Maria Letizia Gualandi: Università di Pisa.

Bibliografia

ANICHINI F., CIURCINA M., NOTI V. 2013, Il MOD: *l'archivio Open Data dell'archeologia italiana*, in ANICHINI F., DUBBINI N., FABIANI F., GATTIGLIA G., GUALANDI M.L., *MAPPA. Metodologie Applicate alla Predittività del Potenziale Archeologico*, vol.II, 121-132 doi: 10.4458/0917-09

ANICHINI F., GATTIGLIA G., GUALANDI M.L., NOTI V. c.s., *MOD (Mappa Open Data), Conservare, disseminare, collaborare: un archivio open data per l'archeologia italiana*, in Serlorenzi M. (a cura di), Open Source, Free Software e *Open Format nei processi di ricerca archeologica*, Atti del VII Workshop (Roma 11-13 giugno 2012), «Archeologia e Calcolatori», Supplemento 4.

ANICHINI F., FABIANI F., GATTIGLIA G., GUALANDI M.L .2012, *MAPPA. Metodologie Applicate alla Predittività del Potenziale Archeologico, vol.I*, 165-170.

ANICHINI F., GATTIGLIA G. 2012, *#MappaOpenData. From web to society. Archaeological open data testing*, in GUALANDI M.L., *MapPapers* 2,2012, 53. doi: 10.4456/MAPPA.2012.05

CIURCINA M. 2013, *Parere legale sul portale Mappa Open Data*, in "MapPapers", 4, 2013, 87-106 doi:10.4456/MAPPA.2013.76

Digital Literacy e Open Archaeology: nuove forme di integrazione in atto tra Open Learning, Open Access, Open Knowledge

Francesca Cantone, Andrea De Tommasi

In the rising knowledge society, archaeology and cultural heritage disciplines intersect the progressive diffusion of open approaches, ranging from using open tools and software, to sharing open data, to implementing participatory processes in knowledge construction.

The constantly changing scenario challenges traditional knowledge transmission systems, accelerating obsolescence and fast outdating of information. This process stimulates a reflection on the need for renewing stronger relationships and interconnections among such fields as higher education/training/lifelong learning, productive chains, business activities and territorial assets. This paper focuses on this scenario identifying new approaches to create, share and disseminate archaeological knowledge, in order to meet the emerging requirements generated by the disciplinary innovative dynamics, and to support the progressive integration of education, training, research and business systems.

Some promising starting points for this study derive from researches in the field of e-learning and educational technologies. In this sector recent studies brought to the definition and application of the concept of *digital literacy*, as a notion related to the analysis of the new skills necessary to cope with the complex and evolving knowledge system, and to the processes of structuring and achieving these competences.

Indeed, also in the archaeological domain, as well as generally in humanities and social sciences, professionals, scholars, students and all the stakeholders could benefit from overcoming traditional bounds between notions and skills, and from merging individual knowledge into inter-cultural awareness.

With these premises, the opportunity of characterizing an *archaeological digital literacy* is proposed as a preliminary focus on some discipline peculiarities, in particular paying attention to the need of combining traditional knowledge with new competences and skills and harmonizing the requirements of the different stakeholders and communities involved in archaeological knowledge making and sharing processes.

The identification of several matching issues in the literature on open archaeology and digital literacy, carried on in the paper, can be considered a preliminary test on the existence of preconditions and basis for the settlement of an archaeological digital literacy.

The paper analyses and defines the main steps of the workflow to achieve an archaeological digital literacy and it proposes a schema of steps and actions to perform in order to provide a basic roadmap for further developments and implementation. The process is arranged in: a knowledge phase, aiming at reviewing archaeology cultural heritage public and private chains and competencies; a mapping phase, devoted to a definition of information and skills needs and offer in the public and private sector involved in archaeology and cultural heritage; an implementation phase, focused on building up the archaeological knowledge circulation system. Setting up a way to an archaeological digital literacy is proposed in order to facilitate constant circulation of methods, contents and information among research, academic, institutional, business fields. Furthermore, this process facilitates keeping such archaeological knowledge system always updated and aligned on the one hand with the cultural and archaeological heritage field needs, on the other with the territorial development requirements. Territorial development is expected to be facilitated by the diffusion of disciplinary innovation and domains integration. Finally, a new approach to knowledge production and circulation aims at supporting internationalization in cultural heritage methods exchanges and debate.

1. L'open archaeology nella società della conoscenza

L'emergere degli approcci aperti nello scenario della società della conoscenza si afferma progressivamente anche nelle discipline del patrimonio culturale e archeologico: diffusione di open data e big data, processi aperti e partecipativi di creazione e condivisione dell'informazione, uso e ri-uso virtuoso di software open source, sono alcuni aspetti di una innovazione aperta della filiera di intervento complessiva che va dalla fase della pianificazione strategica degli indirizzi di ricerca, all'acquisizione standardizzata della documentazione scientifica, ai processi dell'archiviazione, dell'analisi e della *long term preservation*, fino a quelli della pubblicazione e comunicazione (UNESCO 2005; MOSCATI 2007; GUENZI, BORASO 2013; CAFFO 2015; RUUSALEPP, DOBREVA 2013; PESCARIN 2013; POZZO 2015). Questa tendenza determina una sempre più massiccia e libera circolazione di conoscenza, una ri-socializzazione del sapere archeologico, implicando, tra l'altro, l'esigenza di definire originali forme di tutela dei dati, di garantirne la qualità e tracciarne la fonte, di individuare strategie inclusive e partecipative di interazione tra i diversi *prosumers* (produttori/fruitori) di informazione culturale (CANTONE, CHIANESE 2013; SERLORENZI 2013a, 2013b; FRESA 2013; NICCOLUCCI, RICHARDS 2013). In questo generale scenario evolutivo, peraltro, il bagaglio informativo individuale rimane competitivo solo se arricchito da fattori chiave come la capacità di acquisire informazioni aggiornate discriminandole tra tutte quelle disponibili e costantemente accessibili, di ricombinarle e di ricontestualizzarle in diversi sistemi cognitivi e situazioni d'uso (OLIMPO 2010). Il patrimonio di conoscenze tradizionali, dunque, pur essendo lungi dal diventare obsoleto, necessita di opportune strategie di integrazione con le nuove modalità e strutture informative. Nel sistema accademico, ad esempio, nonostante alcune delle innovazioni metodologiche e strumentali risultino progressivamente accolte, appare ragionevole prospettare la definizione e integrazione di ulteriori forme di allineamento costante tra il fabbisogno formativo e l'offerta istituzionale che risultino maggiormente inclusive degli stimoli provenienti dagli ambienti professionali e dai territori di riferimento delle istituzioni educative, accademiche e formative (PNR 2011, 4-14; CANTONE 2012a, 2012b, 2012d; FRANKLIN, MOE 2012). Nell'ambito delle ricerche sulle metodologie e tecnologie didattiche si maturano interessanti spunti nella formulazione dei caratteri e della natura della nuova *digital literacy*, che individua un insieme di capacità di gestire la dimensione e la complessità dei cambiamenti socio-culturali, di mantenersi aggiornati, di richiamare le conoscenze di volta in volta necessarie e utilizzarle per orientarsi negli scenari che mutano continuamente (SØBY 2003; ESHET-ALKALAI 2004; MARTIN 2006; BANZATO 2011). In questo contesto anche i luoghi e le situazioni della didattica archeologica si moltiplicano per meglio affrontare le sfide della complessità e sempre più frequentemente si richiede l'integrazione di momenti formativi sviluppati tra università, mondo della ricerca, istituzioni di tutela, mondo professionale (ETZKOWITZ, LEYDESDORFF 2000; CANTONE et alii 2014). Negli ultimi anni, infatti, si evidenzia nell'ambito gestionale del patrimonio culturale un drammatico progressivo scollamento tra le competenze richieste dal mercato professionale e quelle acquisite nei percorsi accademici, con impatti significativi in termini di trend occupazionale nel settore e di graduale de-professionalizzazione delle nuove generazioni di archeologi, ad esempio, in termini di qualità deontologica e, al contempo, di diminuzione dei controvalori economici delle prestazioni professionali, sia di tipo scientifico che tecnico-applicativo.

Inoltre, come ulteriore conseguenza diretta di tale disallineamento, la difficoltà di trasferimento dell'innovazione prodotta dagli ambienti della ricerca nel sistema produttivo impedisce di generare processi virtuosi di sviluppo territoriale, fortemente auspicati anche nelle sedi di programmazione istituzionale della ricerca nazionale (PNR 2011, 55-56). Peraltro, per quanto riguarda gli ambiti applicativi e professionali, va notato che la stessa struttura delle attività e delle professioni collegate direttamente o indirettamente al patrimonio culturale e archeologico risulta estremamente frammentata e la sua conoscenza necessita ancora di specifici approfondimenti che ne sappiano sondare con maggiore efficacia e trasparenza i processi, le figure, le nuove relazioni tra metodologie, attori/operatori, dati e prodotti attesi della ricerca e dell'applicazione tecnologica attivate intorno al patrimonio culturale e, nel caso specifico, archeologico (Cabasino 2005; Djindjian 2012, 284-287).

Pertanto, si delinea un bisogno critico di un riallineamento, di azioni capaci di armonizzare l'inestimabile valore della conoscenza archeologica prodotta da università, istituti di ricerca ed enti di tutela, con le esigenze espresse dai territori di radicamento e di applicazione e anche con i nuovi orientamenti di politica culturale ed economica imposti dalle contingenze storiche correnti. I metodi tradizionalmente implementati per innovare il settore, come le riforme periodiche, più o meno frequenti, dei quadri di riferimento normativo non sono in grado da sole di far fronte a uno scenario in continua evoluzione (Pnr 2011, 5, 52-56; Metris 2012, 2-14). Appare opportuno, piuttosto, esplorare nuovi metodi di approccio al tema della circolazione di dati e informazioni nell'ambito del settore del patrimonio culturale. In tal senso, spunti interessanti derivano dall'osservazione e comparazione dei processi innovativi che si sviluppano in campi della conoscenza, come, ad esempio, quello delle Social Sciences e Humanities (Metris 2012, 28-29, 40-52; http://www.metrisnet.eu/metris/), quello dei conservatori dei beni culturali (http://www.ecpl-project.eu/), quello informatico, quello medico, quello delle biotecnologie, dove negli ultimi anni si è avviata una complessa ridefinizione di competenze e professionalità basata, tra l'altro, su un audit sulle esigenze espresse dal settore produttivo e professionale (Eurostat 2006; Ec 2009).

Nello scenario delineato appare, dunque, opportuno individuare una declinazione specificamente archeologica di *digital literacy*, che tenga conto dei peculiari fermenti evolutivi delle discipline del patrimonio culturale nel contesto contemporaneo e dell'amplificazione del concetto stesso di literacy, se vista, appunto, come un radicale «cambiamento di paradigma e un framework teorico e culturale all'interno del quale ripensare l'intero senso dell'educazione e della formazione nella società della conoscenza» (Banzato 2011, 4). La natura di tale *archeological digital literacy*, le modalità della sua definizione e valutazione, le strategie di implementazione nei sistemi formativi accademici e nel lifelong learning si offrono, dunque, quale materiale primario ad uno specifico lavoro di approfondimento per la cui formulazione questo contributo intende proporre le prime basi di riflessione e di indagine, ispirandosi ai filoni di ricerca già maturi degli altri domini scientifici adiacenti a quello del Cultural Heritage (Midoro 2007; Calvani *et al.* 2009; Banzato 2011; Tortora 2012).

2. Verso un'Archaeological Digital Literacy

Lo scenario metodologico approfondito negli studi sull'open archaeology presenta spunti di riflessione che possono costituire la base fondante per la definizione dell'*archaeological digital literacy*. Probabilmente è più opportuno parlare di un'amplificazione piuttosto che di una semplice definizione dal momento che essa è già da tempo un fenomeno in atto e in evoluzione, e pur tuttavia non ancora colta complessivamente nella sua forza innovativa e abilitante per il progresso culturale e anche socio-economico delle comunità scientifiche di settore. Già un'analisi della letteratura, infatti, consente di identificare nei filoni di ricerca relativi alla *digital literacy* e all'*open archaeology* una convergenza di temi e problemi che anticipano, preparano e indirizzano verso la definizione e l'esplorazione di un campo di indagine di comune interesse.

DIGITAL LITERACY	OPEN ARCHAEOLOGY
«*reproduction literacy*, as the art of creative recycling of existing materials»	re-mix di software, modelli dati, procedure, hardware, etc.
«*photovisual literacy*, as the art of reading visual representations»	creazione di modelli utente ed esperienze di personalizzazione di software FLOSS
«*branching literacy*, as hypermedia and non linear thinking»	comunicazione iper-mediale e multi-rappresentativa
«*information literacy*, as the art of skepticism»	impegno alla trasparenza e tracciabilità dei processi produttivi dei dati, delle rielaborazioni, delle metadatazioni, etc.
«*socio-emotional literacy*, as the art of being willing to share data and knowledge with others, capable of information evaluation and abstract thinking, and able to collaboratively construct knowledge»	open data, open access, open learning, open science, open knowledge
(ESHET-ALKALAI 2004); inoltre cfr.: GILSTER 1997; PÉREZ TORNERO 2003; SØBY 2003; MARTIN 2006; BANZATO 2011	Elaborazione degli autori dagli Atti dei Workshop ArcheoFOSS 2006 – 2013 (http://www.archeofoss.org/)

Figura 1 - Tabella di raffronto tra le tematiche della digital literacy e dell'open archaeology.

In particolare, sembrano molto proficue le analisi da condurre proprio negli ampi ambiti di sovrapposizione tra questi due domini delle scienze sociali e umanistiche, ad esempio gli aspetti di carattere metodologico, tra cui l'approccio trasparente e condiviso ai processi ermeneutici, e gli elementi di natura strumentale, come lo sviluppo collaborativo di ambienti e strumenti di rappresentazione e rielaborazione della conoscenza.

La tabella riportata a Figura 1 evidenzia alcuni dei temi di consonanza.

Nella direzione di un potenziale modello condiviso di literacy e di filiera culturale continua, è proprio nel punto di passaggio e nello spazio di incubazione tra le due edizioni 2011 e 2012 dei Workshop ArcheoFOSS (CANTONE 2012; SERLORENZI 2013b) che, in particolare, ha attecchito un confronto più intenso di interessi, di temi e di prospettive di indagine, intorno a due contesti di ricerca e sviluppo che afferiscono rispettivamente all'Università degli Studi di Napoli "Federico II" e alla Soprintendenza Speciale per il Colosseo, il Museo Nazionale Romano e l'Area Archeologica di Roma. Nell'ambito dei due scenari applicativi si individuano, infatti, percorsi sperimentali di formazione, didattica archeologica e self-training che negli ultimi anni si svolgono in armonia con gli orientamenti partecipativi e condivisi descritti. Metodologie e tecniche di blended learning, costruzione di comunità di interesse e di apprendimento, inclusione di attori eterogenei nei processi formativi, approcci costruttivi alla creazione di conoscenza anche mediante l'implementazione di knowledge base, sono alcuni degli elementi che si evidenziano in questo spazio – pur se non ancora compiutamente formalizzato – di condivisione virtualizzata sulle infrastrutture digitali e di sperimentazione aperta, con declinazioni applicative che si esplicitano in esperienze tanto autonome, quanto tra loro riflessive, dati i molti elementi di analogia negli approcci, metodi e strumenti (CANTONE, CHIANESE 2013; TEMPESTA 2011; LAMONACA *et al.* 2011; SERLORENZI 2011; SERLORENZI *et al.* 2012; CECCHETTI *et al.* in questo volume).

Pertanto, tale contesto e le sue accezioni espressive possono fornire, quale potenziale esempio di *archaeological digital literacy*, alcuni spunti utili per schematizzare una prima articolazione del percorso individuato, declinato e inquadrato attraverso fasi e operazioni fondanti, quali:

a) conoscenza dello scenario:
- filiere, operazioni e flussi di lavoro di intervento pubblico nel settore dei patrimonio culturale;
- filiere, operazioni e flussi di lavoro di intervento privato nel settore del patrimonio culturale;
- interazioni tra pubblico e privato nel settore del patrimonio culturale;
- sistemi di accreditamento delle competenze in materia di patrimonio culturale;
- sistemi di accreditamento delle competenze in altri settori (medici, informatici, etc.);

- individuazione qualitativa e quantitativa di:
  – imprese operanti negli ambiti del patrimonio culturale,
  – ambiti operativi riorientabili verso attività sul patrimonio culturale;
b) analisi del dominio, delle competenze, dei rapporti domanda/offerta:
- mappatura delle competenze e dei bisogni di conoscenza espressi dai territori e dalle attività produttive;
- mappatura delle competenze, conoscenze e dell'offerta formativa istituzionale;
- analisi della corrispondenza tra domanda e offerta didattica, finalizzata a evidenziare disallineamenti rispetto alle esigenze espresse dai territori e dalle attività produttive;
- evidenziazione degli elementi di conoscenza soggetti a più rapida obsolescenza e possibili attività di riallineamento tra domanda e offerta didattica;
c) definizione e implementazione di un framework e di un'e-infrastructure dedicati:
- networking per la costruzione condivisa del sapere aperto tra istituzioni, imprese, enti locali, istituzioni, territorio;
- definizione di linee guida per l'aggiornamento e riallineamento costante delle competenze;
- network per il trasferimento dell'innovazione tecnologica.

3. Osservazioni conclusive

I temi della mappatura delle competenze e delle filiere sono oggetto di specifica, ampia e articolata riflessione in ambito scientifico e professionale come nel caso, ad esempio, delle competenze informatiche di base (ECDL) e di quelle avanzate (EUCIP), delle competenze mediche (ECDL Health), di quelle dei conservatori dei beni culturali e più in generale nell'ambito delle scienze sociali e umanistiche. Si determina, in tal senso, un quadro quanto mai articolato di metodologie, tecniche, esperienze, esigenze di standardizzazione che si intreccciano con le nuove percezioni del sapere, aperto, mutevole, in costante evoluzione, ora posto con sempre maggiore enfasi e concretezza al centro dell'attuale scenario della società e dell'economia della conoscenza. L'approccio multi-disciplinare delineato e proposto, pur nella sintesi del presente contributo, mira a favorire processi di armonizzazione tra i settori della ricerca, professionali e accademici/formativi, e le relative filiere e i modelli di bussiness sottesi, soprattutto rendendo la formazione parte integrante dello sviluppo, dell'innovazione, del trasferimento, della redistribuzione e dell'utilizzo consapevole degli approcci metodologici e delle tecnologie abilitanti.

In questa visione più aperta, le amministrazioni statali centrali, le istituzioni territoriali, i soggetti industriali, le aziende e il terzo settore si possono rendere partecipi – nel senso tanto attivo quanto riflessivo dell'accezione verbale – della definizione di nuovi percorsi e profili tanto curriculari, quanto professionali e possono concorrere attivamente nella loro formazione e costante evoluzione scientifica, tecnica, umanistica, favorendo una più piena integrazione tra gli ambienti della ricerca, dell'istruzione e formazione nella costruzione e nel mantenimento di filiere più resilienti ai rapidissimi mutamenti socio-culturali ed economici della società della conoscenza.

Autori
- Francesca Cantone: Università degli Studi di Napoli "Federico II".
- Andrea De Tommasi: Progetto SITAR - Soprintendenza Speciale per il Colosseo, il Museo Nazionale Romano e l'Area Archeologica di Roma.

Bibliografia

Banzato M. 2011, *Digital Literacy. Cultura ed educazione per la società della conoscenza*, Milano, Bruno Mondadori.

Cabasino E. 2005, *I mestieri del patrimonio. Professioni e mercato del lavoro nei beni culturali in Italia*, Milano, Franco Angeli.

Caffo R. 2015, *Progetti nazionali ed europei sul Digital Cultural Heritage*, in M. Serlorenzi, G. Leoni (eds.), *III Convegno SITAR. Il SITAR nella Rete della Ricerca Italiana. Verso la conoscenza archeologica condivisa (Roma 2013)*, «Archeologia e Calcolatori», Supplemento 7, Firenze, All'Insegna del Giglio, 33-40.

Calvani A., Fini A., Ranieri M. 2009, *Valutare la competenza digitale. Modelli teorici e strumenti applicativi*, «Rivista di Tecnologie Didattiche – TD», 48 (3), 39-46. (http://www.tdjournal.itd.cnr.it/files/pdfarticles/PDF48/6_Calvani_Fini_Ranieri_TD48.pdf; ultimo accesso 26.11.2013).

Cantone F. 2012a, *Low cost/high quality: un binomio possibile? Un modello di filiera per la formazione continua a supporto dell'innovazione*, in T. Roselli, A. Andronico, F. Berni, P. Di Bitonto, V. Rossano (eds.), *Didamatica 2012*, (ISBN: 978-88-905406-7-7).

Cantone F. (ed.) 2012b, *Open workflow, cultural heritage and university. The experience of the Master Course in Multimedia Environments for Cultural Heritages*, in F. Cantone (ed.) 2012c.

Cantone F. (ed.) 2012c, *ArcheoFOSS 2011. 6° Workshop Open Source, Free Software e Open Format nei processi di ricerca archeologica. L'Open Blended Workshop*, «Quaderni del Centro Studi Magna Grecia», 13, Napoli, Naus.

Cantone F. (ed.) 2012d, *Ambienti Multimediali per i Beni Culturali. Le ragioni di una scelta*, in F. Cantone (ed.), *Ambienti Multimediali per i Beni Culturali*, Napoli, Liguori.

Cantone F., Chianese A. 2013, *Archeologia e Informatica di base: sperimentazione di approcci non trasmissivi in Open Source*, in M. Serlorenzi (ed.), *ARCHEOFOSS. Free, Libre and Open Source Software e Open Format nei processi di ricerca archeologica. Atti del VII Workshop (Roma 2012)*, «Archeologia e Calcolatori», Supplemento 4, Firenze, All'Insegna del Giglio, 181-187.

Cantone F., Marrelli M., Motta E., *The smart city as an evolutionary network promoting cultural commons. The Or.C.He.S.T.R.A. project and Naples antique center case study*, «Archeologia e Calcolatori», 25, 2014, 207-222.

Cecchetti A., Lamonaca F., Varavallo A., Catena A. 2015, *SITAR e Moodle: una sperimentazione per sistematizzare la base di conoscenze e per costruire percorsi di in-formazione e open learning nella piattaforma WebSITAR*, in F. Stanco, G. Gallo (eds.) *Proceedings of Archeofoss. Free, Libre and Open Source Software e Open Format nei processi di ricerca archeologica VIII Edizione* (Catania 2013), Archaeopress.

Djindjian F. 2012, *L'approche par les processus en archéologie*, «Archeologia e Calcolatori», Supplemento 3, 279-297. (http://soi.cnr.it/archcalc/indice/Suppl_3/21-djindjian.pdf; ultimo accesso 24.11.2013).

EC 2009, *Commission of the European Communities - Progress towards the Lisbon objectives in Education and Training. Indicators and benchmarks*, Brussels, DG Education and Culture. (http://ec.europa.eu/education/lifelong-learning-policy/doc/report09/report_en.pdf; ultimo accesso 25.11.2013).

Etzkowitz H., Leydesdorff L. 2000, *The dynamics of innovation: from National Systems and "Mode 2" to a Triple Helix of university–industry–government relations*, «Research Policy», 29, 2, 109-123.

Eshet-Alkalai Y. 2004, *Digital Literacy. A conceptual framework for survival skills*, «Digital Era. Journal of Educational Multimedia and Hypermedia», 13 (1), 93-106, (http://www.openu.ac.il/Personal_sites/download/Digital-literacy2004-JEMH.pdf; ultimo accesso 27.11.2013).

EuroStat 2006, *Classification of learning activities - Manual*, Luxembourg, Office for Official Publications of the European Communities, (ISBN 92-79-01806-X).(http://www.istat.it/it/files/2012/02/Classification-of-learning-activities_Manual.pdf; ultimo accesso 27.11.2013).

Franklin M.E., Moe J.M. 2012, *A vision for Archaeological Literacy*, in R. Skeates, C. McDavid, J. Carman (eds.), *The Oxford Handbook of Public Archaeology*, Ney Work, Oxford University Press, part IV, chapter 29. (http://books.google.it/books?id=4JG6SvfqoFkC; ultimo accesso 24.11.2013).

Fresa A. 2013, *A Virtual Research Community for the Preservation of Digital Cultural Heritage. Networking session at ICT 2013 – Create, Connect, Grow (Vilnius 2013)*, (http://www.digitalmeetsculture.net/wp-content/uploads/2013/07/Virtual-Research-Community-for-the-Preservation-of-DCH-by-Antonella-Fresa-@ICT2013.pdf; ultimo accesso 24.11.2013).

Gilster P. 1997, *Digital Literacy*, New York, Wiley.

Guenzi D., Boraso R. 2013, *Architetture scalabili per memorizzazione, analisi, condivisione e pubblicazione di grosse moli di dati*, in M. Serlorenzi (ed.) 2013b, 139-146.

LAMONACA F., BOI V., STACCA M. 2011, *Il SITAR e la formazione universitaria: esperienze a confronto*, in M. SERLORENZI (ed.), *SITAR. Sistema Informativo Territoriale Archeologico di Roma. Atti del I Convegno (Roma 2010)*, Roma, Iuno Edizioni, 203-217.

MARTIN A. 2006, *Literacies for the digital age: preview of Part 1*, in A. MARTIN, D. MADIGAN 2006 (eds.), *Digital Literacy for Learning*, London, Facet Publishing, 3-25.

METRIS 2012, *METRIS. Country report. Social Sciences and Humanities in Italy*, European Commission - Directorate General for Research and Innovation. (http://www.metrisnet.eu/metris/fileUpload/countryReports/Italy_2012.pdf; ultimo accesso 24.11.2013).

MIDORO V. 2007, *Quale alfabetizzazione per la società della conoscenza?*, «TD – Tecnologie Didattiche», 41 (2), 47-54. (http://www.tdjournal.itd.cnr.it/files/pdfarticles/PDF41/8_Midoro_TD41.pdf; ultimo accesso 25.11.2013)

MOSCATI P. (ed.) 2007, *Virtual museums and archaeology. The contribution of the italian National Research Council*, «Archeologia e Calcolatori», Supplemento 1, Firenze, All'Insegna del Giglio. (http://soi.cnr.it/archcalc/images/VM.pdf; ultimo accesso 25.11.2013).

NICCOLUCCI F., RICHARDS J. D. 2013, *ARIADNE: Advanced Research Infrastructures for Archaeological Dataset Networking in Europe. A new project to foster and support archaeological data sharing*, «The European Archaeologist», 39 (sect. Reports), Praha, European Association of Archaeologists, 1-6. (http://e-a-a.org/tea/rep1_39.pdf; ultimo accesso 26.11.2013).

OLIMPO G. 2010, *Società della conoscenza, educazione, tecnologia*, «TD – Tecnologie Didattiche», 50, 4-16. (http://www.tdjournal.itd.cnr.it/files/pdfarticles/PDF50/1_Olimpo.pdf; ultimo accesso 25.11.2013).

PESCARIN S. 2013, *Evaluating Virtual Museums: Archeovirtual case study*, in AA.VV, *CAA2012. Proceedings of the 40th Conference of Computer Applications and Quantitative Methods in Archaeology (Southampton 2012)*, 76-85. (http://www.academia.edu/5143866/Evaluating_Virtual_Museums_Archeovirtual_case_study_CAA2012/; ultimo accesso 25.11.2013).

POZZO R. 2015, *La cultura al CNR, nel sistema Paese e in Horizon 2020*, in M. SERLORENZI, G. LEONI (eds.), *III Convegno SITAR. Il SITAR nella Rete della Ricerca Italiana. Verso la conoscenza archeologica condivisa (Roma 2013)*, «Archeologia e Calcolatori», Supplemento 7, Firenze, All'Insegna del Giglio, 45-51.

PNR 2011, *Programma Nazionale della Ricerca 2011-2013*, Ministero dell'Istruzione, dell'Università e della Ricerca. (http://www.miur.it/Documenti/ricerca/pnr_2011_2013/PNR_2011-2013_23_MAR_2011_web.pdf; ultimo accesso 25.11.2013).

PÉREZ TORNERO J. M. 2003, *Promoting Digital Literacy. Understanding Digital Literacy. Final report EAC/76/03*. (http://ec.europa.eu/education/archive/elearning/doc/studies/dig_lit_en.pdf; ultimo accesso 25.11.2013).

RUUSALEPP R., DOBREVA M. 2013, *Digital Cultural Heritage Roadmap for Preservation - Open Science Infrastructure for DCH in 2020 – Deliverable 3.1 – Study on a Roadmap for Preservation*, DCH-RP Project web site, MiBACT - ICCU. (http://www.dch-rp.eu/getFile.php?id=114; ultimo accesso 25.11.2013).

SERLORENZI M. (ed.) 2011, *SITAR. Sistema Informativo Territoriale Archeologico di Roma. Atti del I Convegno (Roma 2010)*, Roma, Iuno Edizioni. (http://beniculturali.academia.edu/ProgettoSITAR/Atti-I-Convegno-SITAR-2010/; ultimo accesso 26.11.2013).

SERLORENZI M., DE TOMMASI A., RUGGERI S. 2012, *La filosofia e i caratteri Open Approach del Progetto SITAR – Sistema Informativo Territoriale Archeologico di Roma. Percorsi di riflessione metodologica e di sviluppo tecnologico*, in F. CANTONE (ed.), *ArcheoFOSS 2011. 6° Workshop Open Source, Free Software e Open Format nei processi di ricerca archeologica. L'Open Blended Workshop*, «Quaderni del Centro Studi Magna Grecia», Napoli, Naus, 85-98.

SERLORENZI M. (ed.) 2013a, *SITAR. Sistema Informativo Territoriale Archeologico di Roma. Atti del II Convegno (Roma 2011)*, Roma, Iuno Edizioni.

SERLORENZI M. (ed.) 2013b, *ARCHEOFOSS. Free, Libre and Open Source Software e Open Format nei processi di ricerca archeologica. Atti del VII Workshop (Roma 2012)*, «Archeologia e Calcolatori», Supplemento 4, Firenze, All'Insegna del Giglio.

SØBY M. 2003, *Digital competence: from ICT skills to digital "bildung"*, Oslo, ITU.

TEMPESTA C. 2011, *Il SITAR e la formazione*, in M. SERLORENZI (ed.), *SITAR. Sistema Informativo Territoriale Archeologico di Roma. Atti del I Convegno (Roma 2010)*, Roma, Iuno Edizioni Edizioni, 199-202.

TORTORA G. 2012, *Media e tecnologie per la formazione. Partecipazione transmediale nei processi di formazione*, in F. CANTONE (ed), *Ambienti Multimediali per i Beni Culturali*, Napoli, Liguori, 57-78.

UNESCO 2005, *Towards knowledge societies. UNESCO World Report*, Paris, UNESCO. (http://unesdoc.unesco.org/images/0014/001418/141843e.pdf; ultimo accesso 24.11.2013).

Il work in progress della carta archeologica di Verona: primi passi metodologici, modello dati e documenti condivisi dal sistema informativo territoriale archeologico

Brunella Bruno, Patrizia Basso, Piergiovanna Grossi,
Alberto Belussi, Sara Migliorini

Between 2011 and 2013, a project for developing the archaeological information system of Verona (called SITAVR – Sistema Informativo Territoriale Archeologico di VeRona) was started by the University of Verona and the Superintendence of Archaeological Heritage of Veneto, sponsored by the Regional Agency and the bank "Banca Popolare di Verona". The first step was conducted in collaboration with the Archaeological Special Superintendence of Rome, which since 2007 was developing an Information System for the Italian capital (SITAR). Thanks to the support from the colleagues and the conventions between the public administrations involved, it was possible to use the data model and databases created for Rome as a basis. The second step was to study and adapt these artefacts to a smaller town like Verona, taking in consideration the different cataloguing necessities. During this phase, a new methodology (based on GeoUML model) and its tools were used in order to analyse the existing database and to create the corresponding conceptual schema; this lead to the automated creation of the physical schema and the documentation for the new database of Verona. At the same time, the definition of the conceptual schema has supported and encouraged the cooperation and interoperability between the SITAVR and SITAR projects. During the conceptual data modelling phase we faced some specific issues which, on the one side, are related to the representation of archaeological data and, on the other side, typically surface in the conceptual design of databases. In particular:
- the definition of specific elements in the schema for representing temporal intervals with different levels of accuracy;
- the specialization of attribute domains with a hierarchical approach, in order to preserve interoperability on the higher classification levels while including the peculiarity of Verona heritage and local cataloguing methods in the lower levels;
- the refinement of some basic concepts introduced in the Rome database, in order to adapt them to Verona, without redesigning them from scratch thus preserving interoperability.

The third step was developing prototypes for a user interface and a Web GIS for cataloguing, consulting and querying data. Data for a pilot area have been collected and analysed under the supervision of the Superintendence while at the same time the technical infrastructure was created. The data entry into the System closed this first pilot phase. Collected data and project documentation will be available to the general public, both for a better comprehension of the Information System content and eventually for reuse in other similar projects. The archaeological information system of Verona is currently under construction and a great amount of work, mostly concerning the survey and insertion of data, has still to be done. However, the idea of building a system that has to inter operate at regional, national and European level, based on the international standards and on the GeoUML methodology, could be the key for allowing spreading of this experience to other Italian Archaeological Agencies or to other contexts. Future work items could include:
- the definition of the mapping from Verona GeoUML schema to INSPIRE Data Specification for Protected Sites;
- the building of a standard interface for providing open access to the collected data;
- the study of advanced feature for data querying (considering the temporal dimension);
- the study of new methods for integrating and analysing archaeological data collected in different instances of the SITAVR system.

1. Premessa

I processi di tutela, di conoscenza, di *governance* del territorio e dello sviluppo urbano sono ormai accompagnati in tutte le principali città storiche europee da sistemi informativi territoriali dedicati all'archeologia. Era, questo, un passo necessario anche a Verona, città dal 2000 iscritta nella Lista del Patrimonio Mondiale UNESCO e depositaria di un patrimonio archeologico straordinario, sia per lo stato di conservazione delle strutture sia per il potenziale delle stratificazione del sottosuolo. In realtà, la città si era dotata nel tempo di carte di sintesi del potenziale archeologico: la più data, ma relativa a tutto il territorio urbano, è quella elaborata nel 1975 dal Franzoni (FRANZONI 1975), altre, più recenti, riguardano solo i dati pre e protostorici (ASPES *et al.* 2002) o solo alcuni settori del centro cittadino (cfr. ad es.: CAVALIERI MANASSE 1998). Il nostro lavoro è partito quindi da solidissime basi, per quanto si trattasse per lo più di lavori cartacei, non consultabili né aggiornabili facilmente, come invece il nostro progetto si propone di fare.

Nonostante gli sforzi operati dall'attivo Nucleo operativo della Soprintendenza per i beni archeologici del Veneto di rendere l'archivio locale ordinato e fruibile, la quantità di dati storico-archeologici, documentali e materiali della città, raccolti in questi ultimi trent'anni si è andata arricchendo a tal punto da rendere assolutamente necessaria una gestione informatizzata.

Così, a seguito di una sperimentazione condotta attraverso tesi di laurea (GROSSI *et al.* 2011), la Soprintendenza per i beni archeologici del Veneto, l'Università di Verona (Dipartimento TeSIS - Tempo, Spazio, Immagine e Società - e Dipartimento di Informatica) hanno dato avvio, dal 2011, ad un progetto di realizzazione di un sistema informativo territoriale per l'archiviazione informatizzata del ricco patrimonio archeologico urbano (BASSO P., BELUSSI A., BRUNO B., GROSSI P., MIGLIORINI S. cds.).

Per non proporre un sistema locale e isolato, si è fatta rete con la Soprintendenza Speciale per i beni archeologici di Roma, che già da tempo aveva avviato un progetto mirato alla informatizzazione dei dati archeologici della capitale e denominato SITAR (Sistema Informativo Territoriale Archeologico di Roma) (cfr. SERLORENZI 2011, SERLORENZI, JOVINE 2013). E' stato così avviato un felice rapporto di comunicazione e scambio con i colleghi romani, che ha portato alla stipula di convenzioni ufficiali tra gli enti coinvolti e si è concretamente svolto su un piano di supporto/collaborazione reciproca.

Il Progetto veronese, che in maniera simile a quello romano prende nome di SITAVR (Sistema Informativo Territoriale Archeologico di Verona), ha incontrato il supporto e il patrocinio dell'Amministrazione comunale ed è stato finora sostenuto economicamente dalla Regione del Veneto, dalla Banca Popolare di Verona e dal locale Ateneo.

2. il progetto

Principale obiettivo del progetto è dunque la realizzazione di una carta archeologica della città, fruibile e adattabile a molteplici usi (dalla tutela dei beni, alla ricerca scientifica, alla progettazione urbanistica, alla promozione turistica), che possa essere accessibile in rete per la parte dei dati di pubblico interesse e non soggetti a tutele legislative, in linea con gli indirizzi internazionali sugli *open data* (Figura 1). Organizzato secondo un sistema di gestione dei dati basato su Web GIS, lo strumento mira a raccogliere su più livelli sovrapponibili la cartografia attuale e storica della città (Figure 2, 3) su cui vengono posizionati puntualmente i dati archeologici e geomorfologici, descritti in schede di dettaglio, consultabili direttamente a partire dall'interfaccia cartografica, ma anche separatamente (Figura 4). Oltre ai dati, ai rilievi e alle fotografie delle strutture / reperti portati alla luce in città (Figura 5), nel sistema si raccolgono anche ricostruzioni tridimensionali e modelli virtuali dei principali monumenti antichi, al fine di una comunicazione più diretta con il pubblico dei "non addetti ai lavori".

Finalizzato per ora alla raccolta e sistematizzazione dei dati archeologici dalla preistoria fino all'alto Medioevo, il sistema potrà ampliarsi alla catalogazione di tutto il patrimonio culturale veronese, costituendo uno strumento funzionale alla complessiva gestione e valorizzazione dei beni culturali della città.

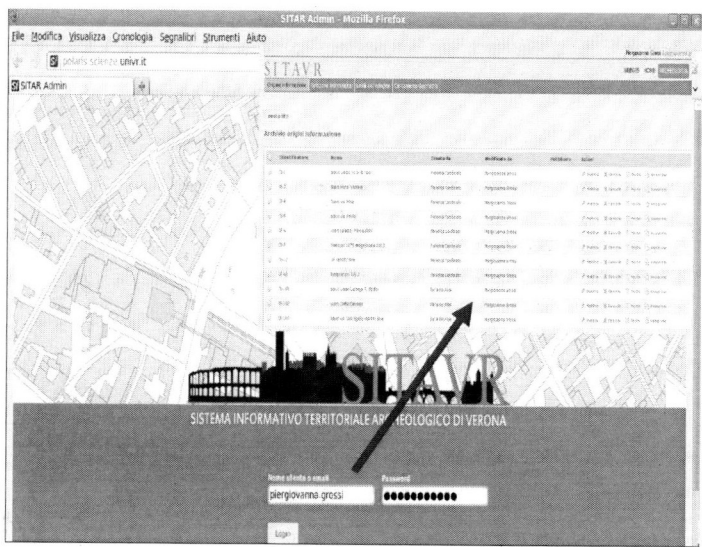

Figura 1 - Accesso al sistema di inserimento dati e consultazione schedografica e cartografica.

Figura 2 - Interfaccia di consultazione cartografica.

Figura 3 - Visualizzazione Cartografia Storica (Porta Borsari).

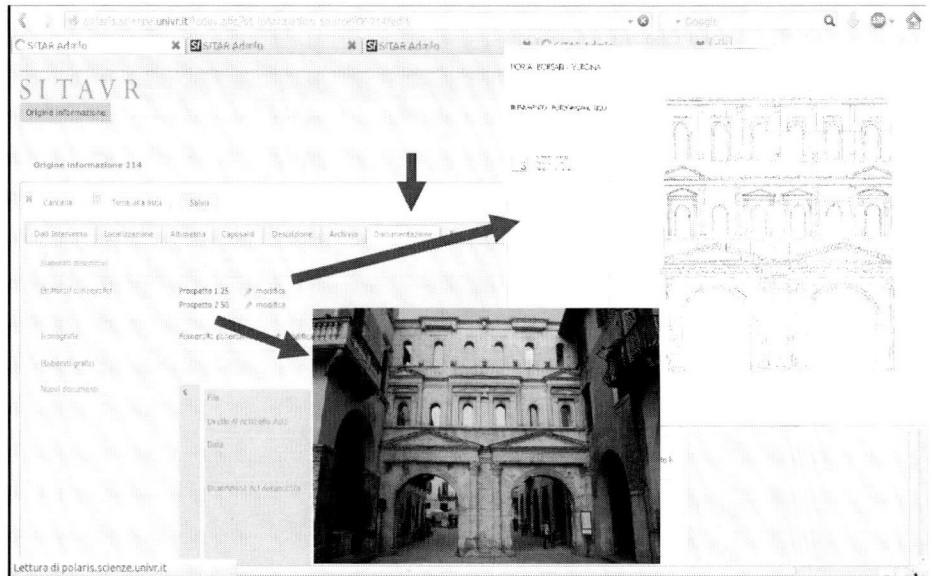

Figura 4 - Scheda di Origine Informativa/ documenti allegati (Porta Borsari).

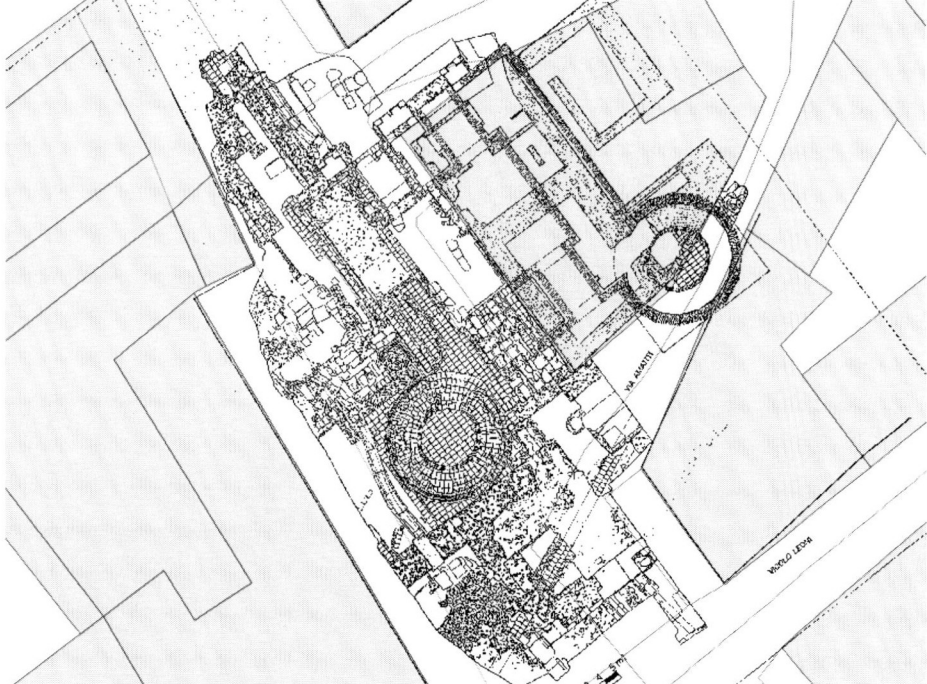

Figura 5 - Visualizzazione piante di scavo (Porta Leoni).

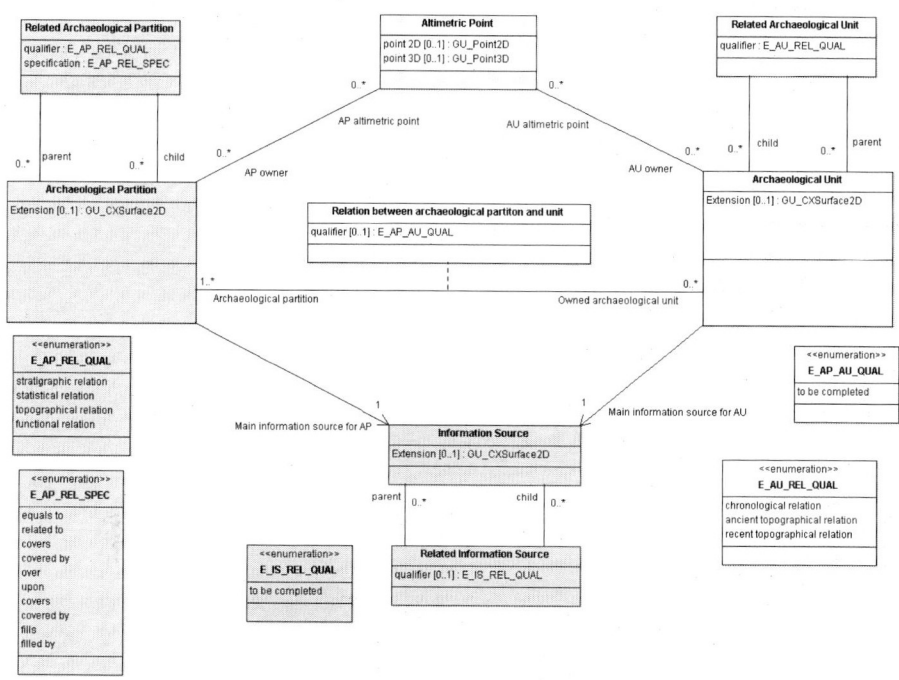

Figura 6 - Nucleo dello schema concettuale del progetto SITAVR.

2.1 Stato dell'arte del progetto

Il Progetto SITAVR procede attualmente su due filoni: da un lato si lavora alla progettazione e realizzazione hardware e software del sistema informativo (con il coordinamento del prof. Alberto Belussi del Dipartimento di Informatica dell'Ateneo veronese); dall'altro lato si è dato avvio alla raccolta, all'analisi e alla digitalizzazione dei dati archeologici editi e di quelli contenuti negli archivi della Soprintendenza, tramite anche ricognizioni sul territorio cittadino (con il coordinamento dei funzionari della Soprintendenza per i Beni Archeologici del Veneto - Nucleo operativo di Verona – dott.sse Brunella Bruno e Giuliana Cavalieri Manasse – alla quale in particolare va il nostro ringraziamento per il supporto offerto - e dei proff. Patrizia Basso e Fabio Saggioro del Dipartimento TeSIS).

Per quanto riguarda la fase di progettazione e realizzazione hardware e software del sistema informativo, fondamentale è stata la collaborazione dei responsabili della Soprintendenza Speciale per i beni archeologici di Roma impegnati nel progetto SITAR.

Per la definizione del modello dei dati della carta archeologica di Verona, ci si è così potuti basare sullo schema della base di dati relazionale (DBR) realizzata nel progetto SITAR di Roma, una struttura già esistente e consolidata, che non solo aveva superato le fasi di *testing*, ma era già in uso. Tuttavia l'applicazione dello schema del DBR al contesto di una città che, pur contraddistinta da un patrimonio archeologico di straordinaria ricchezza, presenta dimensioni ridotte rispetto a quelle di Roma, ha evidenziato fin da subito possibilità applicative diverse ed esigenze peculiari, quali la necessità di catalogare anche i beni mobili che potessero comunque avere una rilevanza topografica e i materiali di reimpiego, nonché la possibilità di registrare a volte in modo più puntuale informazioni di dettaglio (quote, datazioni ecc.) (Figura 6). Lo schema romano è stato così adattato alle esigenze veronesi e parzialmente aggiornato. Tale ristrutturazione è stata realizzata utilizzando uno strumento formale (il modello GeoUML) in grado di descrivere a livello concettuale il contenuto informativo di una base di dati territoriale (Figura 7).

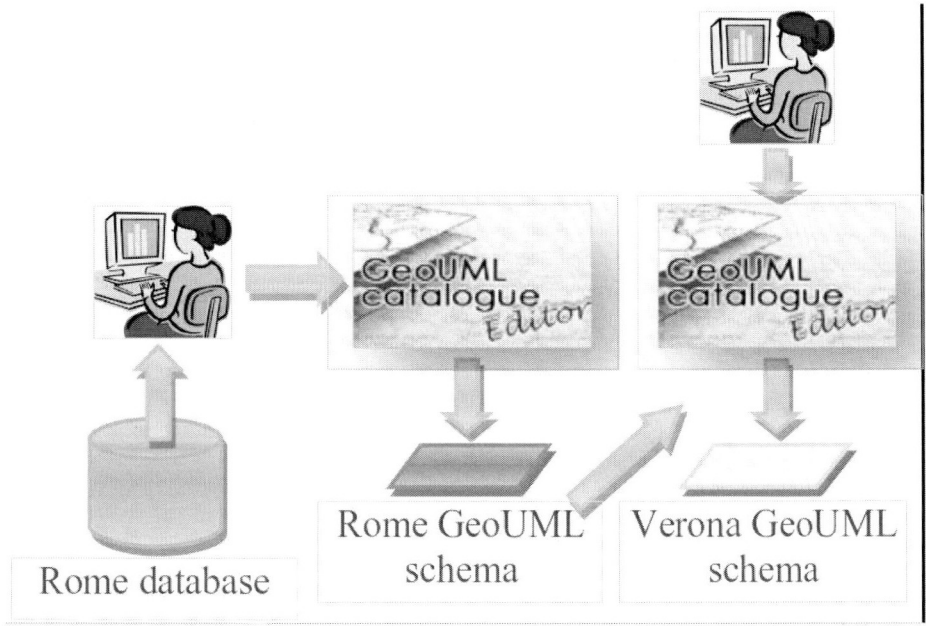

Figura 7 - Fasi di creazione dello schema concettuale.

2.2. GeoUML methodology

Il GeoUML è uno degli strumenti inclusi nell'approccio per la progettazione e validazione di basi di dati territoriali detto "GeoUML *Methodology*" (cfr. http://spatialdbgroup.polimi.it/). I principi fondamentali di tale metodologia sono i seguenti:
- applicare una netta distinzione tra il livello "concettuale" (livello della specifica) e il livello "fisico" dei dati (livello dell'implementazione);
- supportare molti "modelli implementativi" orientati a rappresentare uno stesso schema concettuale su diversi schemi fisici relativi alle principali tecnologie disponibili;
- supportare la definizione di molti vincoli di integrità (anche di natura spaziale) e altre proprietà strutturali a livello concettuale e di permettere il loro controllo sui dati a livello fisico.

La GeoUML *Methodology* è orientata alla realizzazione di Infrastrutture dei Dati Territoriali (IDT), perché semplifica la realizzazione di basi di dati che condividono contenuti comuni e supporta la realizzazione di *dataset* di trasferimento adatti allo scambio di tali contenuti. In particolare, il modello GeoUML e il GeoUML *Catalogue* sono stati utilizzati per realizzare lo standard nazionale "Catalogo dei Dati Territoriali – Specifiche di Contenuto per i DB Geotopografici" (Allegati 1 e 2 al Decreto - 10 novembre 2011 - sulle regole tecniche per la definizione delle specifiche di contenuto dei database geotopografici dei Ministeri per la Pubblica Amministrazione e l'innovazione e dell'Ambiente) all'interno del quale è definito il cosiddetto "*National Core*", cioè l'insieme dei dati geotopografici che dovranno essere condivisi a livello nazionale.

2.3 Lo schema concettuale

Nell'ambito del progetto veronese si è prodotto lo schema concettuale in GeoUML del DBR e si è poi intervenuti in modifica ed estensione per soddisfare le specifiche esigenze della realtà locale. L'applicazione di tale metodologia e dei relativi strumenti (GeoUML *Catalogue*) per la gestione delle specifiche nell'ambito del progetto veronese ha portato indubbi vantaggi:
- ha favorito la realizzazione di uno schema concettuale dei dati archeologici della città di Verona in linea con gli standard del *National Core* italiano;
- ha permesso di associare allo schema concettuale una dettagliata documentazione, gestita nel GeoUML *Catalogue* e integrata con la specifica formale; tale documentazione è facilmente esportabile come documento testuale;
- ha condotto alla realizzazione di uno schema concettuale facilmente traducibile in schemi fisici diversi, sfruttando i modelli implementativi definiti nella metodologia e gestiti nello strumento GeoUML *Catalogue*; ciò consente di produrre in automatico gli schemi fisici per i principali sistemi per la gestione di basi di dati geografiche (PostGIS, Oracle, ecc) attualmente in uso.

In sintesi, l'applicazione della GeoUML *Methodology* ha consentito in questo contesto di analizzare e descrivere le proprietà dei dati in modo più efficace ed indipendente dalla tecnologia, di arrivare ad un'ottima documentazione dello schema dei dati (sia a livello concettuale che a livello fisico) e di ottenere con facilità lo schema fisico da creare sul sistema scelto per l'implementazione.

Una volta consolidato lo schema dei dati, si è proceduto con l'implementazione dell'interfaccia di gestione che verrà utilizzata per l'inserimento e l'aggiornamento dei dati (partendo ancora una volta dal lavoro già approntato dai colleghi del SITAR e sviluppando la personalizzazione necessaria per il caso veronese) e dell'interfaccia di consultazione su base cartografica, realizzando un prototipo di Web GIS che consente di interrogare la mole di dati raccolti partendo dal territorio e navigando in modo semplice e intuitivo tra le diverse classi di oggetti e gli strati informativi di natura più cartografica che sono disponibili nel sistema. L'attuale prototipo di Web GIS verrà esteso e integrato con nuove funzionalità per supportare la ricerca e il confronto delle informazioni raccolte utilizzando diverse dimensioni di analisi; in particolare si vogliono integrare sia la dimensione spaziale che quella temporale.

Sul fronte della raccolta dati si è proceduto con l'analisi, lo studio e la raccolta dati di un settore campione, che è stato usato come test per l'applicazione del modello dati SITAR al caso veronese. In questa fase sono state testate le schede di raccolta dati strutturate in "Origine Informativa", che raccoglie i dati relativi all'indagine archeologica (scavo, fonte bibliografica, ricognizione, etc.), e "Partizione Archeologica", che raccoglie i dati relativi al deposito archeologico (strutture, stratificazioni e reperti) (per ulteriori approfondimenti sul modello concettuale si rimanda agli Atti del convegno SITAR 2010 - cfr. SERLORENZI 2011 - in particolare si vedano: DE TOMMASI *et al.* 2011, RUGGERI, CECCHETTI 2011). Successivamente si è proceduto con una fase di analisi e studio dei principali monumenti cittadini, mirata alla redazione, e contestualmente al *testing*, delle schede di "Unità Archeologica", che contengono l'interpretazione ragionata dei rinvenimenti e delle sopravvivenze archeologiche. Saranno prevalentemente queste schede a costituire l'interfaccia di apertura dei dati al pubblico, dato che conterranno rielaborazioni, ricostruzioni e dati fruibili non solo dagli addetti ai lavori.

3. Risultati raggiunti

Seppure il progetto sia ancora ben lungi dal consolidamento, che si potrà avere solo quando saranno terminate le fasi di recupero dei dati pregressi e di rifinitura della struttura software e hardware finalizzata all'apertura *on line* al pubblico, molti passi sono stati fatti in questo anno di lavoro:

- La realizzazione del modello dati attraverso la specifica dello schema concettuale con gli strumenti GeoUML: lo schema è stato condiviso con il SITAR di Roma ed è disponibile per progetti correlati (riuso);
- La realizzazione di un primo prototipo Web GIS per catalogazione e consultazione via web dei dati raccolti (fruizione);
- La conclusione della prima fase di raccolta dati su un settore campione (conoscenza).

Il lavoro, condiviso tra pubbliche amministrazioni, ha già portato a proficui scambi sia in ambito locale e italiano, tramite la sperimentazione di sviluppo integrato e condiviso di Sistemi Informativi Territoriali per il dato archeologico, sia internazionale, tramite la partecipazione di tale sperimentazione al progetto ARIADNE.

Il Progetto SITAVR, finalizzato a fornire uno strumento di gestione del patrimonio culturale della città, persegue dunque da un lato l'ottica dell'ottimizzazione delle risorse e della collaborazione partecipativa e virtuosa fra Pubbliche Amministrazioni, dall'altro l'ottica della internazionalizzazione della ricerca e della conoscenza condivisa non solo a livello locale, ma anche in ambito nazionale ed europeo.

4. Sviluppi futuri

Lo schema concettuale e la sua traduzione nello schema fisico per PostGIS è attualmente in fase di *testing*. Lo schema fisico è stato creato ed è attualmente gestito su un server dedicato; in seguito è stata realizzata un'applicazione web per l'inserimento dati sia per la parte alfanumerica (schede) sia per la parte geografica (geometrie vettoriali), utilizzando software Open Source (il *framework* Symphony per l'interfaccia di inserimento/consultazione dati alfanumerici; l'*application server* GeoServer e la libreria OpenLayers per l'interfaccia di consultazione dei dati geometrici e cartografici). Anche quest'ultima attività è stata supportata dal SITAR. Al termine della fase di *testing* i documenti prodotti (schema concettuale in GeoUML, schema fisico e documentazione descrittiva) verranno pubblicati e resi disponibili con licenza CC-by.

Un altro fronte di sviluppo coinvolge l'apertura del sistema informativo al pubblico e prevede un'analisi mirata a filtrare ciò che non è divulgabile per vincoli legislativi (come ad esempio documenti tutelati dal diritto d'autore o contenenti dati privati).

Altri ambiti di sviluppo saranno l'ingegnerizzazione del prototipo di Web GIS, estendendo le funzionalità di visualizzazione (3D) e interrogazione dei dati; l'allestimento di servizi web standard (*Web Feature Service & Web Map Service*) per consentire una fruizione estesa e diversificata ai dati; la condivisione dello schema concettuale a livello europeo e l'interazione con il gruppo di lavoro per la definizione di standard per supportare l'interoperabilità sui dati archeologici.

Software usati:
GeoUML Catalogue, PostgreSQL, PostGIS, Symphony, GeoServer, OpenLayers.

Autori
- Brunella Bruno: Soprintendenza per i beni archeologici del Veneto, Nucleo Operativo di Verona.
- Patrizia Basso: Dipartimento TeSIS (Università di Verona).
- Piergiovanna Grossi: Dipartimento TeSIS (Università di Verona).
- Alberto Belussi: Dipartimento di Informatica (Università di Verona).
- Sara Migliorini: Dipartimento di Informatica (Università di Verona).

Bibliografia

Aspes A., Borghesani G., Castagna A., Longo L., Nicolis F., Salzani L., Simeoni G., Zorzin R. 2002, *Carta archeologico-preistorica del Comune di Verona: elenco dei siti preistorici sulla base delle collezioni del Museo di Storia Naturale di Verona*, «Bollettino del Museo civico di storia naturale di Verona. Geologia, paleontologia, preistoria», 26, pp. 47-118.

Basso P., Belussi A., Bruno B., Grossi P., Migliorini S. cds., *Progetto SITAVR – Una carta archeologica per Verona*, in *Il SITAR nella Rete della Ricerca italiana. Verso una conoscenza archeologica condivisa, Atti del III Convegno di Studi sul Sistema Informativo Territoriale Archeologico di Roma, (Roma 2013)*, cds.

Cavalieri Manasse G. 1998, *La via Postumia a Verona, una strada urbana e suburbana*, in G. Sena Chiesa, E. A. Arslan (eds.), *Atti Convegno Internazionale di Studi, Optima via. Postumia. Storia e archeologia di una grande strada romana alle radici dell'Europa (Cremona 1996)*, Cremona, pp. 111-143.

De Tommasi A., Varavallo A, Loche M., Santamaria M. 2011, *Il SITAR: l'architettura informativa e la logica del sistema*, in Serlorenzi 2011, pp. 123-141.

Franzoni L. 1975, *Edizione archeologica della Carta d'Italia al 100.000. Foglio 49. Verona*, Firenze.

Grossi P., Gottardi T., Zentilini E., Zanetti C., Grazioli V. 2011, *Proposta per una carta archeologica di Verona: un prototipo con software libero realizzato tramite alcune tesi di laurea*, in G. De Felice, M. G. Sibilano (eds.), *Atti del V Workshop Open Source, Free Software e Open Format nei processi di ricerca archeologica (Foggia 2010)*, Bari, Edipuglia, pp. 47-54.

Ruggeri S., Cecchetti A. 2011, *SITAR: il web database e gli apparati schedografici dedicati all'Origine dell'Informazione, alla Partizione Archeologica e all'Unità Archeologica*, in Serlorenzi 2011, pp. 165-176.

Serlorenzi M. (ed.) 2011, *SITAR: Sistema Informativo Territoriale Archeologico di Roma, Atti del Convegno (Roma 2010)*, Roma, Iuno.

Serlorenzi M., Jovine I. (eds.) 2013, *SITAR: Sistema Informativo Territoriale Archeologico di Roma. Potenziale archeologico, pianificazione territoriale e rappresentazione pubblica dei dati, Atti del II Convegno (Roma 2011)*, Roma, Iuno.

SIUrBe 2.0: il Sistema Informativo del patrimonio archeologico urbano di Benevento tra open data e open source

Alfonso Santoriello, Amedeo Rossi, Paolo Rossi

The project SIUrBe (Information System of the Archaeological Heritage Urban Benevento) arises from a strong partnership between the Superintendence for Archaeological Heritage of Salerno, Avellino, Caserta and Benevento (Archaeological office of Benevento) and the Department of Cultural Heritage at the University of Salerno-Archaeological Laboratory "M. Napoli".
The project aims to develop a system that, through expanded protocols and procedures for the acquisition and management of the archaeological record, according to the latest guidelines of the scientific discussion about the demand of a National Archaeological Information System (SITAN), respond to two main purposes: contributing to the scientific study of ancient Benevento through the elaboration of an Archaeological Map of the city and giving to the local administrations an easy instrument for the urban planning and cultural heritage of Benevento. The system, originally planned as local, has been translated into a DB WEB, using open source software. Likewise for the database space have been developed experimental solutions that allow to go beyond the current logical WEB> GIS and land, rather, those type GIS> WEB through the semantics of the protocols and procedures OGC (Open Geospatial Consortium). The latter are aimed to develop and implement standards for the content, services and the exchange of geographic data that are "open and extensible".
The project WebGIS is distinguished from a 'simple' GIS project for the specific purposes of communication and information sharing with other users. The WebGIS is made to the web server and to use MapServer development environment aimed at the representation of geo spatial data. The application for viewing and creating spatial data are made with pmapper and PosgresSQL DB (object-relational database with a free license) and with a spatial extension PostGIS db that can manage in the same layout both alphanumeric data and elements vector (geometric figures).

1. Benevento e il sistema informativo del patrimonio archeologico urbano

Di recente l'archeologia ha dovuto generare nuovi metodi e nuove strategie di analisi per poter sostenere, senza essere considerata un ostacolo, un difficile confronto con le significative trasformazioni territoriali e urbanistiche prodotte dalla società contemporanea. Un contesto privilegiato per cogliere questi mutamenti è senza dubbio quello delle città a lunga eredità storica e urbanistica, dove le continuità e le discontinuità di lungo periodo rendono complesso ed articolato il rapporto tra il passato e il presente.
Da approcci emergenziali e disorganici, avulsi dal contesto in cui si andavano a realizzare, si è passati, grazie anche ai recenti strumenti legislativi, a interventi preventivi e pianificati che investono estesi settori delle città. Per fare ciò un aiuto significativo può venire dalle Scienze dell'Informazione che ha permesso di compiere importanti passi in avanti nel rappresentare e nel comunicare l'informazione archeologica. La raccolta dei dati archeologici, strutturata secondo livelli logici di informazione e gestita dai Sistemi Informativi territoriali, dal WEB e supportata da specifiche tecnologie, offre un immediato accesso pubblico e un diversificato utilizzo.
Sulla scorta di queste possibilità e al fine di evitare che l'archeologia possa "rappresentare un problema" e "un rischio da evitare" si è dato origine, nel 2011, al progetto di un sistema informativo archeologico integrato (SIUrBe - Sistema Informativo del patrimonio archeologico Urbano di

Benevento)[1]. Il sistema, attraverso rinnovati protocolli e procedure di acquisizione e gestione del *record* archeologico, è in linea con i più recenti orientamenti del dibattito scientifico sulla necessità di un Sistema Informativo Archeologico Nazionale (SITAN) (SERLORENZI 2011) e risponde a due finalità principali: da un lato contribuire allo studio scientifico di Benevento antica e alla realizzazione di una Carta Archeologica dinamica, tramite una dettagliata raccolta di tutti i dati vecchi e nuovi e un loro affidabile posizionamento nello spazio, dall'altro offrire agli enti amministrativi uno strumento agile di consultazione per la pianificazione urbana e la valorizzazione del patrimonio culturale di Benevento.

La posizione strategica, al crocevia di direttrici naturali, ha giocato un ruolo determinante nelle dinamiche insediative che hanno interessato, nel tempo, la città e il territorio della colonia latina. L'insediamento, infatti, sorge su un articolato sistema di terrazzi fluviali posti nel settore della confluenza del Fiume Sabato nel Calore. Su questo sistema di forma allungata emergono significative testimonianze antropiche, anche di carattere monumentale, che segnano alcuni momenti cruciali delle trasformazioni urbane. Da una prima fase *pre-urbana*, probabilmente costituita da villaggi sparsi, che si colloca in un ampio periodo tra l'età del Ferro e l'età arcaica e classica, sembra che dalla seconda metà del IV sec. a.C., e in modo significativo con la colonia del 268 a.C., si passi ad un modello urbano. Questa trasformazione si manifesta in una diversa distribuzione funzionale dei settori della città: in località Cellarulo, nella parte bassa, vi è un quartiere artigianale; mentre la parte più elevata è contraddistinta da edifici a carattere sacro e pubblico (TAGLIAMONTE 1996; GIAMPAOLA 2000). L'impianto urbano di epoca romana, dunque, può essere collocato in corrispondenza della maggior parte del centro storico attuale, circoscritto dalla successiva cinta muraria longobarda, e si estende su una superficie di 75 ettari che va da contrada Cellarulo, a W, alla Rocca dei Rettori a E. (GIAMPAOLA 2000). L'impianto della colonia di III secolo a.C. e le successive trasformazioni urbane di età imperiale sopravvivono in modo consistente negli allineamenti sia delle strade cittadine e sia degli edifici medioevali e moderni (TOMAY 2009).

La città è il risultato di uno straordinario *palinsesto* stratigrafico ampiamente conservato non solo nel suo sottosuolo ma in innumerevoli sopravvivenze architettoniche e urbanistiche che si intersecano quotidianamente con le complesse attività della città contemporanea (Figura 1). Al fine di non disperdere o, peggio, annullare la memoria di questo importante patrimonio culturale risulta fondamentale "costruire" un concreto percorso di conoscenza recuperando tutta la documentazione archeologica prodotta sulla città nella sua storia non solo recente. Siamo certi che solo su una solida e concreta base di conoscenza è possibile costruire una carta archeologica dinamica e aperta che definisca la possibilità di utilizzare i dati archeologici in termini potenziali. In questa prospettiva la tutela dei beni culturali e del patrimonio storico non può fondarsi più in termini di contrapposizione alle dinamiche della società moderna, ma al contrario deve creare soluzioni in grado di associare le sue prerogative con quelle della pianificazione urbana. Il potenziale archeologico è il frutto dell'integrazione dei dati archeologici con quelli geologici e geomorfologici e con innumerevoli informazioni desumibili da una vasta base documentaria (dati archeobotanici, paleoambientali, cartografici, catastali, toponomastici, architettonici ecc.). Questa prospettiva di analisi permette di collocare lo studio del tessuto urbano in un ambito di conoscenza più organico, dove, a seconda della quantità e della qualità delle informazioni a disposizione, è possibile costruire per gradi una mappa di potenzialità.

---

1 La nascita del progetto SIUrBE si deve alla volontà della Soprintendenza Archeologica di Salerno, Avellino, Benevento e Caserta rappresentata dalla dott.ssa A. Campanelli (Soprintendente) e dalla dott.ssa L. Tomay (funzionario di zona di Benevento). A loro vanno i nostri ringraziamenti per averci offerto la possibilità di intraprendere una ricerca affascinate e dagli esiti sempre imprevedibili.

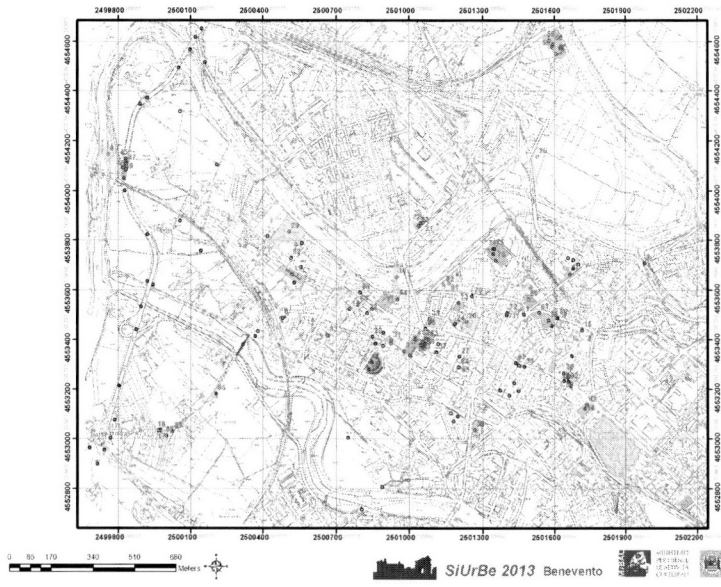

Figura 1 - Benevento. SIUrBe. Carta archeologica.

L'obiettivo finale è, dunque, il superamento della concezione di un'archeologia continuamente in *emergenza*; l'esperienza del SIUrBe è il tentativo di definire, con una strutturazione dell'informazione che possa garantire un *massimo comun divisore*, una mappa delle conoscenze fondata non (o non solo) sulla registrazione dei dati a seguito di interventi di urgenza ma soprattutto sulla costante raccolta di informazioni multivariate. In questa ottica, la reale interazione dei diversi saperi (archeologi, geomorfologi, informatici, esperti di risk-management e di ICT) può considerarsi come uno dei principali aspetti innovativi del SIUrBe. La *buona prassi* di raccolta delle informazioni consentirà non solo la descrizione e il posizionamento georiferito, tramite precisi passaggi logici, su supporti tematici bidimensionali pure utili a fornire un quadro organico e distribuito dei dati, ma soprattutto di costruire una banca dati multilivello spazio-temporale che consenta di proporre scenari predittivi atti a sviluppare mappe di fenomeni archeologici potenziali. La realizzazione di una carta del *Potenziale Archeologico* potrà divenire uno strumento fondamentale per gestire le attività di tutela e pianificazione limitando fortemente la imprevedibilità archeologica.

In sintesi, il Sistema Informativo Urbano Archeologico di Benevento si fonda, dunque, su una concezione spazio-temporale dell'intervento archeologico urbano quale elemento strutturale della vita della città. La dimensione spazio-temporale è definita Unità Topografica di intervento Urbano (UTU) e costituisce l'impalcatura logica del sistema di informazioni, rappresentando un contenitore e, al tempo stesso, una unità di 'paesaggio storico', dove si attua l'intervento archeologico.

A.S.

2. La creazione del modello dati e il sistema logico delle informazioni archeologiche

Per avere un quadro degli interventi archeologici avvenuti nel corso della storia della città si è provveduto, indipendentemente dalla loro qualità, al reperimento di un'ampia banca dati raccolta attraverso diversi *step* di lavoro: indagine di archivio, vettorializzazione dei rilievi archeologici, indagine bibliografica, consultazione delle relazioni di scavo archeologico, georeferenziazione attraverso GPS differenziale dei rinvenimenti archeologici

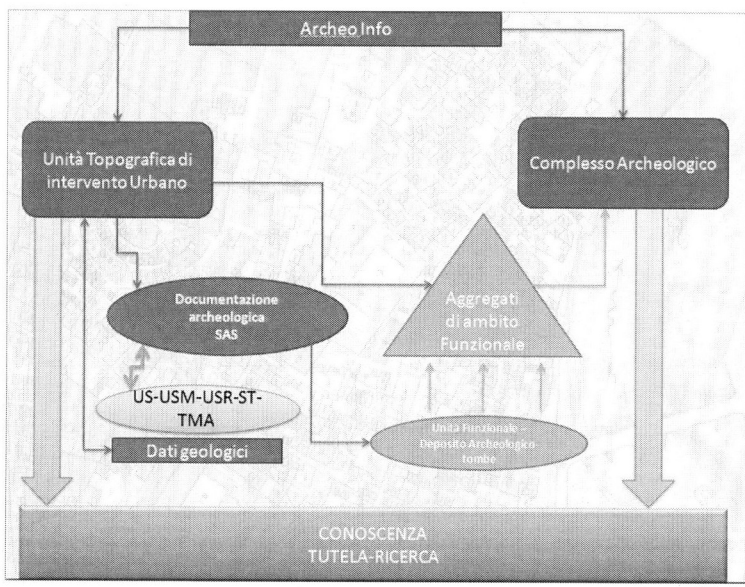

Figura 2 - SIUrBe. Il modello dati.

monumentali e ancora visibili. La raccolta documentaria nella sua complessità ha orientato la costruzione del modello dati da adottare nel Sistema Informativo. Il modello dati, infatti, risponde ad una strutturazione logica fondata sul contesto in cui avviene la raccolta delle informazioni. I modelli teorici, a nostro avviso, orientano la costruzione del modello logico ma non assumono valore assoluto nella sua elaborazione (Figura 2). Una prima tappa nella creazione del sistema in cui sono organizzati i dati è stata dedicata alla definizione di alcuni *standard* minimi che permettono di qualificare l'intervento archeologico; questo passaggio nasce dalla constatazione che, a volte, i dati archeologici sono il prodotto di metodiche e procedure non univoche, dove la soggettività nella raccolta dati, sia connessa alla tipologia d'intervento sia legata all'attività di un singolo archeologo o di una *équipe*, determina la 'produzione' del dato stesso.

Su queste premesse il sistema informativo dedica una parte significativa alla raccolta dei dati e alla costruzione dell'informazione secondo tre livelli logici di conoscenza disposti in un sistema aperto e implementabile.

Il primo livello informativo è costituito dall'Unità Topografica di intervento Urbano (UTU). La UTU comprende le attività e gli interventi a carattere archeologico che hanno interessato la storia urbana della città di Benevento. Essa costituisce uno 'spazio' di lavoro, un contesto entro il quale si è 'storicamente' determinata l'indagine archeologica, è il luogo dove confluiscono tutte le notizie anagrafiche e topografiche e in cui è possibile valutare la qualità dell'informazione acquisita. La scelta di creare un livello che comprendesse in modo "generale" la presenza delle informazioni archeologiche nasce non solo dall'esigenza di rendere condivisa l'informazione archeologica antecedente alla realizzazione del sistema informativo, ma anche di creare da questo livello di informazione un primo spazio in cui si andranno a calare, in modo sistematico, gli interventi a carattere archeologico che si compieranno nella città. L'attuazione di tale percorso logico ha come obbiettivo ambizioso la normalizzazione delle procedure di raccolta dati.

Le UTU presentano un loro prospetto anagrafico e amministrativo, rappresentato dalla localizzazione, dalla proprietà, dall'eventuale vincolo archeologico e dai dati di archivio, l'informazione è georiferita attraverso livelli di accuratezza sulla precisione di acquisizione. In questo livello vi è un prima definizione generale delle modalità di intervento e una prima presentazione dei dati archeologici rinvenuti, segnalando, in alternativa, anche l' "assenza" di informazioni archeologiche. Queste informazioni possono, ulteriormente, essere arricchite, già in questo livello, da supporti documentari: foto, foto aeree, mappe catastali, disegni. Oltre alla documentazione generale della UTU è possibile completare gli apparati grafici con i dati vettoriali dell'area dell'UTU e della base cartografica, collegati ad un *software GIS open source*. All'interno del livello UTU è possibile accedere a due livelli informativi inferiori: il livello Scheda Saggio Stratigrafico (SAS) e quello dedicato agli Aggregati di ambito Funzionale (AGF). In base alle procedure di raccolta dei dati il livello SAS è il secondo passaggio informativo da compilare. In questo contenitore andrà raccolta la documentazione archeologica emersa durante gli interventi archeologici secondo i modelli dell'ICCD, modificati e adattati al contesto beneventano, rappresentati nello specifico dalle singole schede ministeriali (Unità Stratigrafica, Unità Stratigrafica Muraria, Unità Stratigrafica di Rivestimento, Scheda Tomba e Tabella Materiale Archeologico). Per procedere all'immissione dei dati sarà necessario dapprima assegnare un codice e definirne la tipologia d'intervento (campo con vocabolario aperto: saggi, settori, analisi strutture ecc.), questo livello "obbliga" l'operatore, e dunque l'archeologo, a predisporre una base documentaria strutturata secondo il metodo della stratigrafia archeologica. A questo punto la base documentaria ordinata secondo le schede SAS costituisce il dato "grezzo" che in modo semiautomatico può essere aggregato in ambiti funzionali (AGF), tuttavia è lasciata la possibilità di un accesso diretto agli AGF anche in assenza di una documentazione archeologica di dettaglio (SAS). Ciò dalla possibilità di raccogliere tutte le informazioni archeologiche che provengono anche da notizie occasionali, da interventi di emergenza e che non contemplano, per brevità, una indagine archeologica stratigrafica e documentata secondo i modelli ICCD. Il livello AGF è un primo livello in cui il dato archeologico è interpretato e comprende essenzialmente tre ambiti funzionali in cui si possono associare: Unità Funzionale (UF), Deposito Archeologico (DA) e Tombe (T). La Unità Funzionale contempla tutte le evidenze archeologiche che hanno un grado di aggregazione superiore rispetto alle informazioni minime di rinvenimento (schede ICCD), rappresentano, ad esempio, ambienti, condutture, fornaci ecc. Il Deposito archeologico (DA) è un ambito di aggregazione che cerca di recuperare tutte quelle informazioni archeologiche che non sono immediatamente riconducibili, ad esempio, a strutture edificate, complessi architettonici o elementi funzionali chiaramente distinguibili, raccoglie, dunque, tutte le informazioni archeologiche che si possono dedurre dalla stratigrafia archeologica e che rappresentano a volte, in modo indiretto, occupazioni/frequentazioni di periodi e fasi della vita urbana non perfettamente identificabili. Inoltre l'aggregato può raccogliere tutte le informazioni provenienti da indagini geoarcheologiche, attraverso una apposita scheda, che permettono di conoscere la consistenza dei depositi archeologici anche non di carattere monumentale, quali ad esempio i paleosuoli, i crolli delle strutture, gli accumuli volontari, gli scarichi, i riporti ecc.

Quanto detto ha condotto ad un sistema logico gerarchico che non solo dal dato grezzo raggiungesse la formulazione dell'interpretazione, ma che lasciasse, comunque, uno spazio, sebbene in misura meno articolata, all'ultimo livello il Complesso Archeologico (CA) al quale si dovranno associare gli ambiti di aggregazione funzionale (AGF) e una o più UTU. Il livello Complesso Archeologico (CA) rappresenta il "luogo" dove saranno presenti i monumenti archeologici e le evidenze archeologiche "complesse": necropoli, templi, edifici pubblici, terme, impianti artigianali ecc.

Non nascondiamo che il livello CA è una tappa significativa nella ricostruzione urbanistica di una città antica, ma, allo stato attuale delle ricerche beneventane, corrisponde ad una semplice interpretazione non supportata sempre, dal dato archeologico documentario, anzi il più delle volte

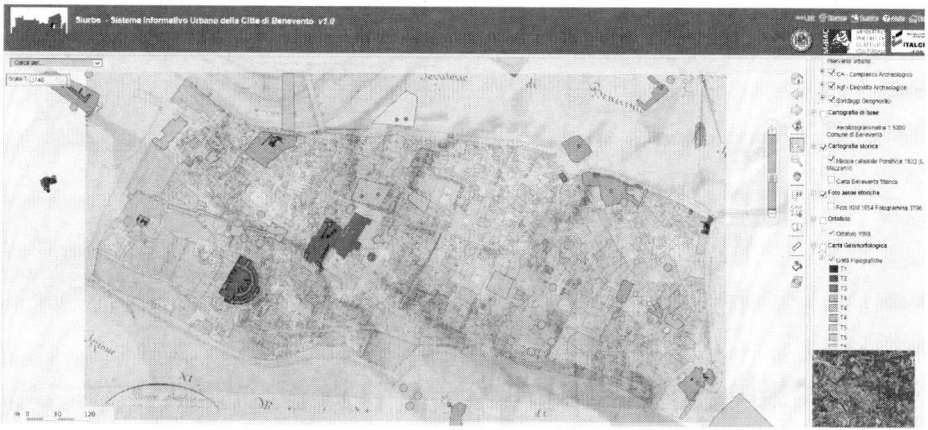

Figura 3 - SIUrBe. Schermata del WEB-GIS. La cartografia storica e le Unità Topografiche di intervento urbano (UTU).

il dato interpretabile non è supportato dalla documentazione archeologica a disposizione. Questo limite, come già ricordato, ci informa sulla impossibilità di operare in assenza di un nuovo modello di raccolta della documentazione archeologica che deve seguire standard nazionali e internazionali condivisi da tutti gli operatori, si pensi ad esempio al SIGEC WEB del MIBACT-ICCD.

Gli sviluppi futuri del *SiUrBe* saranno, infatti, dedicati ad ampliare il modello dei dati grezzi e di strutturare in modo più articolato il concetto "Complesso Archeologico" e a costruire, per la città della fase Romana, nuovi livelli interpretativi, legati alla strutturazione urbana, quali, ad esempio, l'isolato urbano e, per le fasi medievali e moderne, ai reimpieghi di strutture, monumenti e 'oggetti' delle fasi antiche.

A.R.

3. SIUrBe 2.0: lo sviluppo del web-gis

Il dibattito sempre più intenso circa l'opportunità di gestire, condividere e comunicare il dato nelle forme più agili e fruibili a vari livelli, ha provocato un'accelerazione sulla necessità di distribuire, attraverso *dati aperti* la conoscenza e diffonderla, in modo regolato, con adeguati strumenti logici e tecnologici attraverso la Rete. In tale direzione, il SIUrBe concepito inizialmente come locale, è stato tradotto anche come un DB WEB, tramite applicativi *open source* (Figura 3). Allo stesso modo anche per la banca dati spaziale sono state messe a punto soluzioni sperimentali che permettano di andare oltre le attuali logiche WEB > GIS e approdare, piuttosto, a quelle tipo GIS > WEB tramite la semantica e le procedure dei protocolli OGC (*Open Geospatial Consortium*). Questi ultimi hanno come obiettivo di sviluppare e implementare standard per il contenuto, i servizi e l'interscambio di dati geografici che siano "aperti ed estensibili". Le applicazioni GIS locali sono state realizzate tramite software open source *QuantumGis* per la creazione e visualizzazione delle mappe e del dato archeologico (Shapefile) e *Open Office Base* DB per la gestione, catalogazione e visualizzazione dei dati. Il progetto WebGIS si distingue da un semplice progetto GIS per le specifiche finalità di comunicazione e di condivisione delle informazioni con altri utenti. Il WebGIS è realizzato con il server web *Mapserver* ambiente di sviluppo e fruizione finalizzato alla rappresentazione di dati geo spaziali. Gli applicativi per la visualizzazione e creazione dei dati geo spaziali sono realizzati con *Pmapper* e DB *PosgresSQL* (database relazionale ad oggetti con licenza libera) con estensione spaziale PostGIS, un DB capace di gestire sia dati alfanumerici che elementi vettoriali (figure geometriche) nello stesso tracciato.

Attualmente la fruizione del DBWeb permette un'interattività parziale da parte dei vari livelli di utente. E' possibile, infatti, interrogare e visualizzare il dato archeologico precedentemente inserito. La sperimentazione in atto tende ad ampliare le possibilità di interfaccia con il DBweb. A tale proposito, è già disponibile in rete, anche se riservata agli sviluppatori, la possibilità, attraverso la versione WEB del DB e del GIS, per chi fa ricerca a Benevento e collabora con la Soprintendenza, la possibilità di far esistere un dato archeologico, sfruttando i protocolli, necessari e indispensabili, stabiliti con il SIUrBe, ovvero generando almeno il livello minimo di informazioni contenuti nell'UTU, anche a seguito di normali attività di vigilanza (e di conseguenza attività di scavo programmato, ecc), in maniera diretta e semplificata utilizzando dispositivi portatili di uso comune. I diversi livelli di utente potranno usufruire di un'interattività *backend* amministrativa, permettendo di inserire ed elaborare il dato georeferito attraverso l'utilizzo di dispositivi mobili quali: tablet, smartphone e notebook.

Questo segmento di ricerca, ancora in fase sperimentale, rende il SIUrBe un *cantiere aperto* alle competenze di quanti si occupano del trasferimento di conoscenze, nella consapevolezza che il " dominio di applicazione" è l'archeologia e che, pertanto, sono gli archeologi a doversi assumere la responsabilità di saper governare tale trasferimento essendo capaci di far interagire discipline e competenze diverse.

In sintesi, il SIUrBe costituisce una nuova base di conoscenza che fondata su scrupolose procedure e protocolli di registrazione dall'individuazione alla organizzazione, classificazione, e soprattutto, gestione dei dati, in accordo con quei requisiti minimi, previsti e richiesti dalla commissione ministeriale per il SITAN consente, da un lato, l'interoperabilità dei dati pur acquisiti con sistemi informativi locali e costituisce, dall'altro, un agile strumento per la tutela e la ricerca.

P.R.

4. Archeologia urbana e potenziale archeologico

Mai come in questo ultimo ventennio l'archeologia ha subito evoluzioni e cambiamenti strutturali tanto profondi. Per oltre due secoli è stato chiaro che il contributo essenziale della ricerca archeologica era prevalentemente finalizzato alla conoscenza della produzione artistica e monumentale del mondo antico. Oggi appare altrettanto evidente che gli orizzonti dell'archeologia si sono enormemente dilatati. A partire dalla fine degli anni Sessanta del secolo scorso il campo di applicazione delle metodologie archeologiche si è ampliato andando a costruire un nuovo approccio che interagisce con una vasta gamma di scienze umane e scienze esatte. In questa prospettiva, l'archeologia ha sviluppato sistemi integrati di conoscenze che in un'ottica "globale" aiutano a fornire risposte sia a quesiti storici sia ad affrontare problemi di tutela e di pianificazione territoriale e urbana.

L'Archeologia del XXI secolo cerca di costruire un rinnovato rapporto con il presente e la sua contemporaneità; questo rapporto si fonda sulla consapevolezza di rendere di dominio pubblico le informazioni archeologiche frutto di consolidati percorsi di ricerca. In questa ottica e con il sostegno dell'innovazione tecnologica e delle nuove frontiere della comunicazione digitale i concetti di *E-Government ed Openness* (*Open data*) possono costituire un decisivo punto d'incontro tra l' Archeologia, in quanto disciplina scientifica e istituzionale, e la società odierna (STORLAZZI, CAPRIGLIONE, ADINOLFI 2013). L'archeologo, infatti, ha bisogno di rapportarsi a differenti discipline specialistiche (ingegneria, geologia, informatica) per implementare, attraverso differenti sfaccettature, le informazioni desumibili dallo studio dei *realia* del mondo antico. Tutto ciò avviene non tramite un semplice trasferimento di metodi e strumenti di analisi da una disciplina all'altra, ma mediante un approccio transdisciplinare volto a creare una solida collaborazione tra gli specialisti. In queste interazioni l'archeologo si fa garante e gestore primario del processo di ricerca e comunicazione, veicolando le modalità in cui si attua il percorso scientifico e conoscitivo.

Per Martin Carver, il massimo della potenzialità archeologica prevede un buon stato di conservazione del deposito archeologico, un medio affollamento di attività e una prevalenza di strati primari (e cioè quelli formati sul sito e quindi che contengono reperti che si possono riferire ad esso) all'interno dei quali si ritrovano resti paleoambientali.
Per effettuare una corretta valutazione, Carver poneva tre priorità: mappare, zonizzare, testare. Nella sua lunga esperienza egli aveva compreso come documentare tutti i ritrovamenti (anche quelli occasionali) e la profondità dei depositi, significasse avere elementi per valutare il potenziale deposito per ogni periodo storico. In generale possiamo dire che la potenzialità di un deposito archeologico è determinato da due variabili: il valore che noi attribuiamo alle diverse componenti della stratificazione e la nostra capacità di estrapolarne informazioni (CARVER 1985, pp. 9-13). Ricostruire le dinamiche naturali e antropiche occorse nel tempo a Benevento risulta molto complesso a causa della continuità di vita insediativa, della variabilità geomorfologica dell'area su cui insiste la città e del carattere spesso traumatico delle vicende naturali, ad es. i numerosi e ripetuti terremoti. In questo contesto, la valutazione del potenziale archeologico non può che fondarsi su un approccio integrato tra geomorfologia, stratigrafia geologica e stratigrafia archeologica; l'intento è di definire i processi formativi del *record* archeologico al fine di costruire una griglia stratigrafica di riferimento nella quale collocare ogni singolo *evento* storico relativo alla lunga vita della città. L'insieme delle informazioni, comprese quelle di archivio e *working progress*, è gestito dal sistema informativo archeologico (SANTORIELLO, ROSSI 2012; SANTORIELLO, ROSSI 2013); il sistema, inoltre, garantisce la realizzazione di sezioni, con l'ausilio di DTM, sulle quali leggere in modo dinamico i dati morfo-stratigrafici e archeo-stratigrafici (AMATO V., CIARCIA S., SANTORIELLO A., ROSSI A. 2013). In tal modo è possibile valutare quali fattori abbiano contribuito alla loro definizione spaziale, relazionale e temporale. Alla definizione del potenziale archeologico contribuisce, in maniera sostanziale, l'integrazione dei dati desunti dagli archivi di Soprintendenza (Ufficio Scavi di Benevento) con quelli dei carotaggi allegati alle relazioni tecniche del Piano Urbanistico Comunale di Benevento. I dati geologici, derivati dalla reinterpretazione della Cartografia Geologica Ufficiale (ISPRA 2009) e della letteratura esistente (PESCATORE, IMPROTA, ROMEO, IANNACCONE 1996), e i dati stratigrafici, derivati dalla reinterpretazione di circa 260 sondaggi geomeccanici, sono stati oggetto di un'accurata caratterizzazione litologica e tessiturale dei depositi più recenti, con l'obiettivo di discriminare quelli potenzialmente contenenti materiali archeologici da quelli interpretabili come substrato geologico (Figura 4). La geomorfologia è stata derivata dallo studio della cartografia in scala 1:5.000 e dallo studio delle foto aeree (voli del 1943, del 1955 e del 1998).
I dati stratigrafici sono gestiti da due schede all'interno del DBase del SIUrBe: una contenente tutti i *records* di origine geologica e archeologica (GEOARCH) provenienti dai sondaggi e da notizie non sistematiche e la scheda Deposito Archeologico (AGF-DA) relativa agli strati archeologici non immediatamente correlabili a evidenze archeologiche interpretabili dal punto di vista funzionale. La correlazione, in fase di analisi, di queste informazioni mette in relazione spazio-temporale le informazioni archeologiche relative, ad esempio, ad un crollo di materiale edilizio con le strutture architettoniche più vicine e documentate attraverso le altre schede informative presenti nel SIUrBe, oppure permette di offrire, in termini predittivi, la presenza nelle immediate vicinanze dello strato di crollo di strutture architettoniche non altrimenti note. Uno degli obiettivi di questo progetto sarà, infatti, quello di avviare l'implementazione del modello digitale del terreno (DTM) costruito sugli attuali dati geografici. Questo strumento offrirà una distribuzione puntuale e precisa delle informazioni geografiche che saranno desunte dalla localizzazione stratigrafica dei dati e potrà restituire un contesto morfologico dettagliato del tessuto stratigrafico desunto dagli scavi archeologici e dai sondaggi.

A.S.

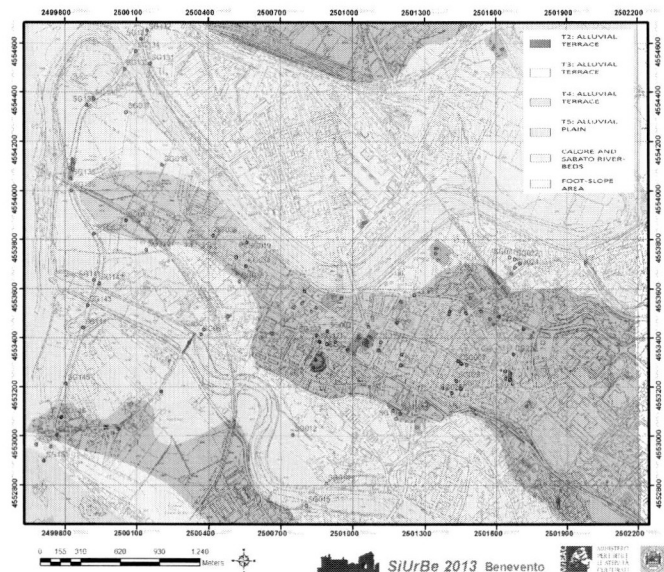

Figura 4 - Benevento. SIUrBe. La carta geomorfologica e i dati archeostratigrafici (elaborazione V. Amato, A. Rossi).

5. Considerazioni conclusive

Lo stretto rapporto tra archeologia e sviluppo urbano necessita sempre più di ampie sinergie tra Enti di tutela, Enti di ricerca, amministrazioni locali e cittadini.

Solo in questa cornice politico-istituzionale possiamo registrare la vera sfida di far interagire in modo dinamico i dati archeologici con i molteplici e diversificati livelli di informazione, atti a produrre sistemi di conoscenza utili a definire strategie sostenibili nella pianificazione, viceversa lo scollamento tra la realtà amministrativa e la ricerca archeologica produrrebbe un continuo conflitto istituzionale e culturale. Come abbiamo sottolineato la gestione aperta dei dati, la creazione di banche dati grezzi su cui intervenire "realmente" e non solo da semplici utenti può rendere *open* il dato archeologico e calarlo in modo organico nella costante dinamicità prodotta dalla contemporaneità.

Questo percorso necessita anche di intervenire nella definizione del potenziale archeologico attraverso ricerche archeologiche volte a circoscrivere e a dettagliare i livelli del potenziale, non lasciando tale prodotto esclusivamente alla occasionalità del dato archeologico acquisito (Figura5). Dal momento che le dinamiche di trasformazione del *record* archeologico nei contesti urbani sono mascherate dal tessuto insediativo, è dunque opportuno progettare campagne di prospezioni invasive (scavi stratigrafici, carotaggi) e non invasive (indagini geofisiche) per recuperare il maggior numero di informazioni archeo-stratigrafiche. Su queste basi, ancora in corso di implementazione, il nostro sistema permette di distinguere i depositi archeologici *in posto* (costruzione, occupazione) da quelli *sub in posto* e *fuori posto* (eventi naturali) valorizzando lo stretto legame relazionale tra stratigrafia dei depositi (crolli, scarichi, immondezzai) e monumenti architettonici, come abbiamo verificato nell'area campione tra Piazza Cardinal Pacca e Via San Filippo. In questa area, infatti, è possibile ipotizzare che il settore di Piazza C. Pacca costituiva, in antico, una superficie terrazzata posta circa 10 metri più in alto del settore di Via San Filippo-Via Manfredi di Svevia, il cui orlo di terrazzo è da porre lungo una direttrice NE-SW, individuata in corrispondenza dello scavo

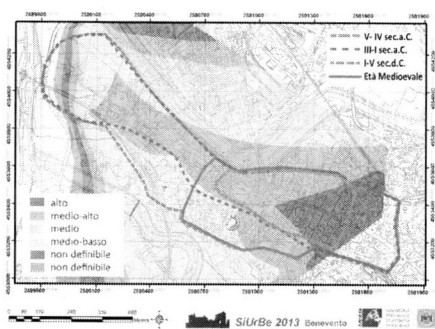

Figura 5 - Benevento. SIUrBe. La Carta del Potenziale archeologico.

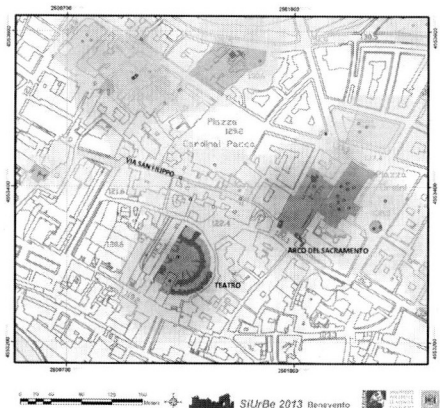

Figura 6 - Benevento. SIUrBe. Via San Filippo. La Carta del Potenziale localizzato.

archeologico di Via San Filippo 28. In questo ambito urbano il terrazzo fu ampliato sia per riporti antropici che per l'accumulo di materiali archeologici delle varie fasi di ristrutturazione edilizia del centro storico, cha alla luce dei dati cronologici potrebbero inquadrarsi tra il IV sec d.C. ed il VI-VII sec d..C. Sulla scorta di tali informazioni il potenziale archeologico localizzato in questo settore potrebbe risultare particolarmente elevato occupando un'areale abbastanza vasto e soprattutto un deposito archeologico che raggiunge la profondità di circa 9 m dal p.c. (Figura 6).

A.S.-A.R.

Autori
- Alfonso Santoriello: Archeologia dei Paesaggi, Metodologie della ricerca archeologica, Dipartimento di Scienze del Patrimonio Culturale (Università di Salerno).
- Amedeo Rossi: Dipartimento di Informatica (Università di Salerno).
- Paolo Rossi: libero professionista - web engineering.

Bibliografia

AMATO V., CIARCIA S., SANTORIELLO A., ROSSI A. 2013, *The SiUrBe project (Sistema informativo del patrimonio archeologico Urbano di Benevento:a geoarchaeological approach as a tool for the definition of the archaeological potential*, in *Opening the Past 2013. Archaeology of the Future* (Atti del Convegno di Pisa, 13-15 giugno 2013), *MapPapers* 1-III, 2013, pp. 65-68.

CARVER M. O. H. 1985, *Archeologia urbana in Europa*, in G. P. BROGIOLO (a cura di), *Archeologia urbana in Lombardia. Valutazione dei depositi archeologi e inventario dei vincoli*, Modena, pp. 9-17.

GIAMPAOLA D. 2000, *Benevento: dal centro indigeno alla colonia latina*, in LA REGINA A. (eds.), *Studi sull'Italia dei Sanniti*, Milano, pp. 36-46.

ISPRA 2009, *Carta Geologica d'Italia in scala 1:50.000 Foglio 432 Benevento*, ATI. PESCATORE T., IMPROTA L., ROMEO R. & IANNACCONE G. 1996, *Geologia della città di Benevento: caratteristiche litostratigrafiche di base per una microzonazione sismica*. Bollettino della Società Geologica Italiana., vol. 115, pp. 307-324.

SANTORIELLO A., ROSSI A. 2012, *Sistemi di informazione e sistemi di conoscenza. SIUrBe: il sistema informativo del patrimonio archeologico urbano di Benevento*, in CAMPANELLA L., PICCIOLI C.(eds.), *Diagnosis for the conservation and valorization of Cultural Heritage*, Atti del Terzo Convegno Internazionale, Napoli 13-14 Dicembre 2012, pp.192-200.

SANTORIELLO A., ROSSI A. 2013, *Il Sistema Informativo Archeologico Urbano di Benevento (SIURBE): una esperienza integrata tra flussi di conoscenza e gestione dei dati*, in *Opening the Past 2013. Archaeology of the Future* (Atti del Convegno di Pisa, 13-15 giugno 2013), *MapPapers* 1-III, 2013, pp. 48-51.

SERLORENZI M. 2011 (ed), Atti della Giornata di Studio sul SITAR-Roma, Palazzo Massimo alle Terme, 26 ottobre 2010, Roma.

STORLAZZI A., CAPRIGLIONE A., ADINOLFI R. 2013, *Il web 2.0 e i processi di openness nelle pubbliche amministrazioni italiane*, in *Azienda Pubblica*, 2, pp. 167-190.

TAGLIAMONTE G. 1996, *I Sanniti*: *Caudini, Irpini, Pentri, Carricini, Frentani*, Milano.

TOMAY L. 2009, *Benevento longobarda: dinamiche insediative e processi di trasformazione*, in D'HENRY G., LAMBERT C. (eds), Atti del convegno "Il popolo dei longobardi meridionali (570- 1076): testimonianze storiche e monumentali", 28 Giugno 2008, Salerno, pp. 119-151.

Modellazione e visualizzazione 3D interattiva del territorio romano e della città di Urbs Salvia con VTERRAIN

Alberto Antinori, Antonello Buccella, Sofia Cingolani,
Roberto Perna, Giovanni Villani

The paper illustrates some of the first results of a project focused on the 3d reconstruction of the territory of the middle valley of Fiastra's river and of the main monuments of the roman colony of Urbs Salvia that develops itself in this area starting from the middle of the II century b.C. One of the objectives of the project, at a preliminary stage yet, was to develop an experimental model of study and data collection finalized to widen the archaeological knowledge about this area and to elaborate new modes of communication concerning the promotion of archaeological sites and the valorisation of the archaeological park. Detailed DTM (realized with Regional Topographic Map) and OrthoPhotoMosaic (from aerophotogrammetric shots) permitted to obtain a digital and interactive navigable model in which the roman city with its main buildings has been inserted. The reconstruction of the suburban and urban territory is based on an already existent GIS that collects all the archaeological and topographic data (ancient road network, centuriation tracks, bridges, villae, domus, cemeteries, funeral monuments) obtained from the surveys in the area.

1. Introduzione

Tale contributo presenta l'esito di un più ampio progetto di carattere multidisciplinare volto alla ricostruzione virtuale del territorio e del paesaggio archeologico della media valle del fiume Fiastra e della colonia romana di *Urbs Salvia*, che in tale territorio si ubica, promosso dall'Associazione Museale della Provincia di Macerata in coordinamento con la Regione Marche. Per la realizzazione del Progetto ci si è avvalsi delle ricerche di carattere archeologico che l'Università di Macerata da più di 20 anni sta conducendo sia all'interno della città sia nel contesto territoriale più ampio delle medie valli del Chienti e del suo affluente Fiastra.
Tra gli obiettivi del progetto era quello di elaborare e fornire, proprio attraverso la realizzazione di un caso campione, un metodo e un modello sperimentali di raccolta dati e di studio efficace all'ampliamento delle conoscenze archeologiche su tale territorio. Contemporaneamente si volevano elaborare nuove modalità di comunicazione, connesse alla promozione dei siti archeologici, attraverso il miglioramento degli strumenti di fruizione didattica e turistica del sito in funzione della valorizzazione del Parco archeologico di *Urbs Salvia* (de Marinis *et al.* 2006).
Il metodo individuato prevede dunque in prima istanza la predisposizione di ricostruzioni tridimensionali virtuali, navigabili e interattive, non solo dei singoli monumenti, finalizzate anche alla creazione della "realtà aumentata" (soluzioni capaci di rendere percepibili contesti oggi difficilmente immaginabili), ma anche di ampie porzioni del paesaggio antico afferenti alla città romana.
Il tema della ricostruzione del paesaggio archeologico è molto complesso e ad oggi ancora i casi di applicazione sistematica del 3D *modeling*, in particolare del paesaggio peri ed extraurbano sono poco numerosi, soprattutto quando all'obiettivo della valorizzazione si pone come premessa l'analisi di dati archeologicamente confermati, anche, nello specifico, da una attenta indagine di carattere topografico condotta sul terreno.

R.P.

2. La documentazione digitale: tecnologie e metodologie utilizzate

L'obiettivo della ricostruzione di un'ampia porzione di territorio attorno alla città romana di *Urbs Salvia* è stato raggiunto mediante la creazione di un plastico digitale interattivo i cui strati informativi fondamentali sono un Modello Digitale del Terreno (d'ora in poi denominato DTM) e un'immagine georiferita, in questo caso un'Ortofotomosaico digitale a colori, che si sovrappone al DTM.

Dai livelli 3D di 9 sezioni della Carta Tecnica Regionale 1:10.000, includendo oltre alle isoipse e quote anche quelli non strettamente orografici (idrografia, morfologia, viabilità) utilizzati come *breaklines* per un maggior dettaglio, è stato realizzato un DTM con passo di 5m. Dalle scansioni eseguite con scanner aerofotogrammetrico professionale a 1.800 dpi di 27 fotogrammi in 3 strisciate di una ripresa aerofotogrammetrica su pellicola del 18-6-2007 di proprietà del Sistema Museale della Provincia di Macerata è stato ottenuto per ortocorrezione, usando il DTM suddetto, un Ortofotomosaico digitale con pixel di 30 cm.

Con questi dati è stato montato con il software open source VTP (Virtual Terrain Project http://vterrain.org/) un plastico digitale interattivo di un'area rettangolare di 9,6 X 10,9 km. (10.500 ha) che rappresenta la situazione attuale. Si è poi modificato il DTM per ottenerne una versione *romana* togliendo le modifiche antropiche successive (rilevati stradali, cave, laghi, canali, etc.) ed inserendo gli elementi noti dell'epoca, come un diverso tracciato del fiume Fiastra. Lo stesso approccio è stato applicato all'ortofotomosaico del 2007 con un lungo lavoro di fotoritocco, invece di generare tessiture sintetiche, per non rinunciare a un maggior fotorealismo. Sono stati prima inseriti gli elementi principali di copertura: boschi, pascoli e aree centuriate secondo la mappa realizzata sulla base delle conoscenze illustrate più avanti. Le numerose centurie sono state ottenute mosaicando elementi presenti nell'ortofoto originale per conservarne il cromatismo, la risoluzione e il contesto. Per le coltivazioni si è cercato di scegliere le specie botaniche e colture compatibili con quelle del tempo: vite, olivo, frumento e orzo. Sono state ritagliate e collezionate immagini di frutteti, oliveti, vigneti, orti, campi coltivati, prati, aie e strade d'accesso sterrate che sono state ricomposte realizzando numerose istanze degli scacchi quadrati delle centurie. Poi sono stati eliminati gli elementi moderni, anche fuori dell'area di studio, che interferivano con il paesaggio romano: città e nuclei abitati, viabilità principale e secondaria, fabbriche, capannoni, depuratori, serre, campi sportivi, pali, tralicci e cavi, e gran parte delle fattorie e abitazioni troppo densamente distribuite nella campagna odierna.

Il ritocco complessivo ha tenuto conto dei lineamenti naturali (reticolo idrografico, morfologia, boschi) e antropici (viabilità, mura, monumenti, divisioni delle centurie). Le scelte metodologiche e lo sviluppo geografico di alcuni elementi della topografia del territorio (viabilità minore, elementi divisori e assi delle centurie, etc.) sono stati esaminati e in alcuni casi modificati sulla base della compatibilità con il modello 3D. Ad esempio le perimetrazioni preliminari dei boschi e i tracciati di alcune strade sono stati modificati tenendo conto delle scarpate, dei guadi e delle pendenze dei versanti ben percepibili nella navigazione interattiva del plastico.

Parliamo ora degli elementi e modelli 3D che sono stati posizionati sul terreno vestito dall'ortofotomosaico per completare la ricostruzione del territorio.

I boschi decidui e ripariali (Figure 1-2) sono stati prima definiti come poligoni con attributo tipo e poi modellati posizionando automaticamente circa 1,2 milioni di istanze di alberi visualizzati con foto 3D incrociate tipo *billboard* (manifesti) di 15 essenze diverse ad altezza variabile presenti nella libreria del sw VTP. Questa è stata modificata ed estesa per meglio adattarla alla vegetazione locale dell'epoca: ora include, ad esempio, l'olivo in diverse età e dimensioni realizzato usando nostre foto. Il sw permette di generare automaticamente piante a partire anche da files puntuali o lineari, utili per modellare frutteti, oliveti e filari: come prova ne sono stati popolati solo alcuni.

Figura 1 – Vegetazione boschiva e ripariale nel plastico digitale navigabile con Enviro, modulo del sw VTP.

Figura 2 – Vegetazione boschiva: in primo piano bosco con 15 essenze diverse (A. Antinori).

Figura 3 – Ricostruzione 3D di ponte romano di A. Buccella.

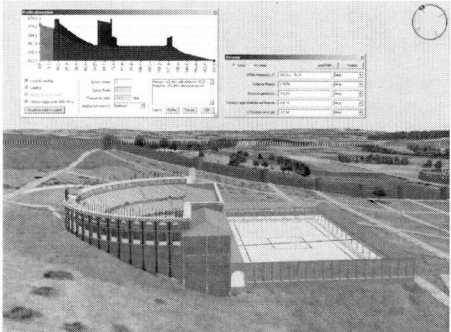
Figura 4 – Esempio di funzione profilo e sezione realizzato con il modulo Enviro (A. Antinori).

La rete viaria, composta da strade maggiori in basolato e secondarie glareate, è stata generata con le funzionalità disponibili in VTP a partire da files GIS lineari con attributi: il sw genera automaticamente un nastro ad altezza predefinita sopra il terreno composto da carreggiate e cordoli vestiti con tessiture fotografiche. Sono stati poi aggiunti gli elementi divisori delle centurie costituiti, oltre che dalle strade, da siepi e muretti disponibili nella libreria di strutture lineari di VTP che consente di specificarne altezza e larghezza. Come le strade, queste "strutture" possono essere generate a partire da ShapeFiles lineari, ma anche interattivamente in Enviro (il modulo di visualizzazione e navigazione di VTP) che permette inoltre di selezionarle per modificarne posizione, tipo, forma e dimensioni durante la visualizzazione.

Oltre ai principali monumenti descritti in seguito, sono stati modellati con approccio classico *manuale* 4 tipi di monumenti funerari, 2 ponti (un es. in Figura 3), edifici di campagna tipo villa rustica, *domus* e casa colonica; i modelli sono stati posizionati secondo la mappa archeologica, le case nelle aie delle centurie e in altre posizioni note o pertinenti.

Il modulo Enviro, parte integrante di VTP per visualizzare il plastico digitale (*terrain*) consente di realizzare dei voli virtuali ed è ottimizzato per la navigazione interattiva di vasti "terreni". Purtroppo, la necessità di semplificare i calcoli per una rappresentazione dinamica del terreno in tempo reale, comporta una limitata gestione delle luci che va a discapito della qualità del rendering. Per questo motivo è stato necessario ottimizzare i modelli 3D sotto vari aspetti: nella scelta e preparazione delle textures da utilizzare, nel bilanciamento delle loro componenti di luminosità e nella scelta dei formati file da utilizzare che influisce anche nelle prestazioni dell'applicazione.

Per vestire i materiali, ove è stato possibile, si è preferito utilizzare texture continue create con foto prese sul posto, come per il basolato delle strade, o per i mattoni dell'anfiteatro. Per altre tessiture si è attinto a foto compatibili realizzate altrove, disponibili o reperibili online.

Per i ponti, privi di documentazione, invece di tessiture continue sono state utilizzate foto complete di esempi esistenti e coevi, adattandole alle superfici e alle volumetrie di ricostruzione modellate coerentemente al DTM e alle strade. Infine, dopo aver provato i modelli nel terreno virtuale si è passati alla fase di ritocco fotografico adattando tono e contrasto per meglio integrare i modelli 3D nel terreno con le strade e la vegetazione circostante.

Per il rilievo dei ruderi dei monumenti allo stato attuale, stiamo sperimentando la metodologia SfM (*Structure From Motion*) che, a partire da riprese fotografiche da più punti di vista, grazie anche all'uso di un drone, permette di produrre modelli 3D caratterizzati da un elevato grado di dettaglio e fotorealismo. Oltre al contenuto metrico del rilievo, che nei primi tentativi ha già fornito dettagli utili alla modellazione ricostruttiva, potremo anche inserire la modellazione dei ruderi nel plastico della Val Fiastra dei nostri giorni.

I due plastici, presente e romano, possono essere navigati interattivamente, fornire scatti singoli e in sequenza lungo percorsi predisposti per generare filmati. Sui terreni è possibile visualizzare file gis lineari (es. percorsi pedonali, ciclabili, perimetri), puntuali (punti di interesse, punti di vista) ed etichette gestendo così informazioni utili anche per il turismo. Si possono estrarre informazioni metriche (quote, distanze, profili e sezioni, v. Figura 4) e analisi di visibilità fornendo un supporto alle indagini degli specialisti.

Il progetto si avvale di tecniche e procedure note e sperimentali e i suoi risultati potranno essere sviluppati e integrati da nuove funzionalità software e nuove informazioni ed elementi provenienti dagli scavi tuttora in corso. Indipendentemente dal SW utilizzato per la visualizzazione, possibile con VTP solo in locale, il risultato principale è una vasta e consistente base dati 3D aperta, che potrà essere arricchita, ad esempio, da modellazioni di altre epoche storiche di quel territorio che ospita borghi medioevali, l'Abbazia di S. Maria di Chiaravalle di Fiastra (monastero cistercense del XII secolo), il Castello della Rancia del XIV e la Rocca medioevale di Urbisaglia ricostruita nel XVI secolo.

Uno altro sviluppo auspicabile, sarebbe riuscire a pubblicare i plastici digitali in rete, consentendone una navigazione virtuale via web altrettanto efficace; per quel territorio si compirebbe, a nostro avviso, un'operazione di innegabile valore divulgativo, culturale e turistico-promozionale.

L'interazione multidisciplinare fra le figure distinte di archeologo, geoinformatico, grafico e modellatore 3D per la ricostruzione del territorio e dei modelli dei monumenti e manufatti romani, ha consentito, in questo progetto, di individuare, affrontare e risolvere problematiche difficilmente evidenziabili dallo studio di mappe topografiche o nel solo ambito della propria disciplina.

A.A., A.B. e G.V.

3. La città e i suoi monumenti

La colonia, fondata alla metà del II secolo a.C. ed oggetto di un'importante risistemazione urbanistica e monumentale a partire dall'età augustea, è nota per ciò che riguarda il suo assetto topografico, urbanistico e monumentale (Perna 2006, 2007) grazie agli scavi archeologici condotti dall'Università di Macerata a partire dal 1995 ed ancora in corso. Le strutture messe in luce, sebbene sia nota la topografia della città con l'ubicazione e la pianta dei principali monumenti pubblici in parte scavati e in parte ricostruiti nella loro estensione planimetrica (Perna 2006) sono conservate nella maggior parte dei casi solo a livello delle fondazioni (Fabrini 2000, 2001, 2013; Perna 2006, c.s.) e risultano pertanto ben leggibili per gli specialisti del settore quanto di difficile comprensione per il visitatore medio. Non si è, infatti, mai andati oltre la semplice identificazione funzionale né si è proceduto ad uno studio approfondito dei singoli tipi architettonici al fine di individuarne fasi costruttive ed evoluzione e di ottenere ipotesi ricostruttive per ciò che riguarda l'aspetto in alzato dei singoli monumenti né il senso della loro collocazione nel contesto topografico.

Si è dunque scelto di procedere, in via ancora del tutto preliminare e sperimentale, alla ricostruzione tridimensionale dei monumenti pubblici che caratterizzano l'aspetto del centro antico concentrandosi, in particolare, sulle fasi augustea e tiberiano-claudia, per le quali strutture e dati a disposizione hanno consentito di proporre ipotesi coerenti di ricomposizione virtuale. Gli edifici sono stati poi inseriti nel paesaggio ricostruito nel tentativo di riprodurre il notevole impatto scenografico che essi dovevano avere, nel complesso della città, al momento della riorganizzazione monumentale di età augustea.

Lo studio dei monumenti è avvenuto a partire dai dati esistenti (piante, sezioni, prospetti, fasi architettoniche) e dalle strutture conservate *in situ*. I dati sono stati integrati, soprattutto relativamente allo sviluppo e all'articolazione degli alzati sui quali pesa, ovviamente, una significativa incertezza interpretativa, attraverso l'analisi di alcune specifiche categorie di materiali restituite dalle indagini archeologiche (marmi, decorazioni architettoniche, colonne e capitelli, epigrafi, etc.) effettuate nei relativi edifici, sulla base di analisi mensio-cronologiche nonché sulla base dei confronti comparativo-tipologici offerti dalle fonti antiche e dalla letteratura di settore. Si è scelto, in questa fase del lavoro e al fine di rimanere quanto più possibile aderenti al dato reale, di limitare al massimo le ipotesi ricostruttive delle decorazioni architettoniche e di utilizzare, per il texturing delle superfici, colori neutri che non restituissero una visione ingannevole dei monumenti che, come noto, dovevano essere arricchiti da policromia. Per lo stesso motivo si è scelto di non modellare arredi mobili sebbene sia ancora in fase di studio, per ciascun caso specifico, il posizionamento della statuaria, dei frammenti di decorazione architettonica e delle epigrafi di provenienza certa.

Con la prosecuzione del lavoro e l'aumento del grado di complessità delle informazioni e dei dati, nell'ottica della divulgazione scientifica e turistica dei risultati, sarà necessario elaborare un sistema di lettura e informazione relativamente alle fasi architettoniche e al livello di affidabilità del ricostruito. Gli edifici analizzati e ricostruiti in 3D relativamente all'area urbana sono stati nello specifico: il circuito murario con le relative porte di accesso, l'area santuariale del Foro dominata dal complesso del Tempio-Criptoportico, i due edifici da spettacolo (teatro e anfiteatro) (Figura 5).

Si è dunque tentato in primo luogo di pervenire ad una ricostruzione ipotetica ma scientificamente coerente del circuito murario di età augustea interamente ricostruibile per tutta la sua lunghezza (pari a circa 2.700 m), nel suo sviluppo di forma pressoché quadrangolare intervallata da torri pentagonali poste a distanze regolari l'una dall'altra e caratterizzato da una cortina interamente in opera testacea (Perna 2006, 2012) (Figure 5-8). Particolare attenzione è stata posta nella realizzazione delle porte di accesso alla città e, in particolare, alla porte nord e est. Della prima struttura del tipo a mesopirgo concavo (Figura 9), quasi non più visibile perché in gran parte coperta dall'interro, si conserva parte del mesopirgo (Perna 2006, 30-32; 2012, 86-87). La seconda, c.d. Porta Gemina, era caratterizzata da un doppio ingresso sopra il quale è stato edificata nell'ottocento un'abitazione che ne ha garantito la conservazione (Perna 2006, 32-37; 2012, 89-90).

Per ciò che riguarda l'area forense si è scelto di concentrarsi sulla zona religiosa dominata dalla presenza del complesso del Tempio-Criptoportico (Figure 10-11). Edificato in età tiberiana nell'ambito del programma di riorganizzazione urbanistica e monumentale del centro cittadino il complesso santuariale si affaccia sul tracciato urbano della Salaria Gallica, che divideva la colonia attraversandola in senso Nord-Sud, prospettando con grande effetto scenografico su tutti gli altri edifici dell'area forense. Incentrato sul fulcro architettonico rappresentato dal Tempio dedicato alla *Salus Augusta*, tutto il complesso era probabilmente destinato al culto imperiale, decretato e promosso da Tiberio. Il complesso si sviluppa al di sopra di un portico a forma di U,

Figura 5 – Vista generale della città di Urbs Salvia dal plastico digitale.

Figura 6 – Lato settentrionale delle mura con mesopirgo della porta Nord (foto R. Perna).

Figura 7 – Torre ottagonale 3 vista da Nord (da Perna 2006, 20. fig. 18).

Figura 8 – Torre ottagonale 13 (foto R. Perna).

Figura 9 – Lato settentrionale della cortina muraria con porta Nord a mesopirgo concavo. Ricostruzione 3D. Si notino i due monumenti funerari a torre al lato della *Salaria Gallica*.

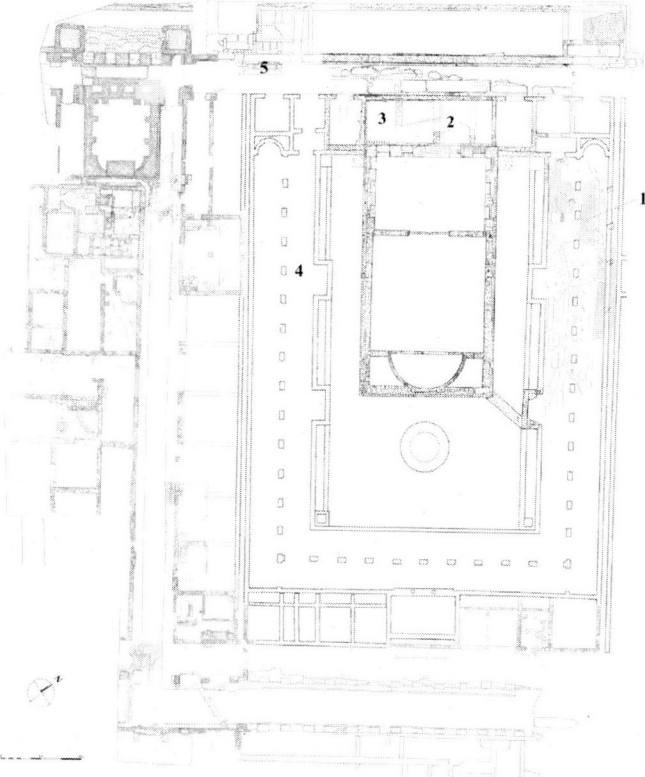

Figura 10 – Il complesso Tempio-Criptoportico. Planimetria generale (da Montali 2013).

Figura 11 – Il complesso Tempio-Criptoportico. Ricostruzione 3D, rendering e fotoinserimento di G. Villani.

coperto che, grazie a riporti artificiali di terreno, formava una piattaforma accessibile, secondo l'interpretazione che ad oggi sembra prediligersi (Montali 2013), attraverso scalinate poggiate su due avancorpi laterali dei quali restano *in situ* alcuni resti dei muri perimetrali in cementizio. Del tempio, caratterizzato da un alto podio parzialmente conservatosi e da un'imponente scalinata centrale, è nota la pianta rettangolare (circa 16 x 30 m) suddivisa al suo interno in un profondo pronao e in un'ampia cella quadrangolare absidata. Per ciò che riguarda la facciata essa presentava sei colonne di ordine corinzio in facciata e tre sui lati del pronao (Fabrini 2000). Il rendering del rivestimento esterno del Tempio, che doveva essere in origine arricchito dall'uso della policromia, richiama l'aspetto e il colore bianco-grigiastro dei conci di calcare, rinvenuti sul lato Nord, che dovevano costituirne il paramento. A racchiudere l'edificio di culto su tre lati una monumentale struttura composta di tre gallerie articolate su due piani. Lo sviluppo in alzato e l'articolazione interna di tale struttura, di cui oggi sono visibili solo i resti del piano parzialmente interrato sotto la piattaforma, sono ipotizzabili sulla base dei dati restituiti dalle indagini archeologiche effettuate all'interno delle gallerie (Delplace 2005, 274-275; Quiri 2003, 400-406; Becker 2005a, 269-273) e recentemente riesaminati alla luce dei materiali (Cingolani e Tubaldi 2013). Le indagini hanno portato in luce innanzitutto i resti del piano inferiore parzialmente interrato, da cui la denominazione di Criptoportico estesa all'intera struttura, di ciascuna galleria divisa al suo interno in due navate da una serie di pilastri sui quali si impostavano arcate a tutto sesto crollate a seguito di un terremoto che in età tardo antica ha determinato il definitivo abbandono del complesso, ed ancora visibili nella galleria sud. Le pareti delle gallerie erano interamente affrescate con motivi di III stile pompeiano conservatisi per una buona porzione nel braccio sud ed interamente ricostruibili (Delplace 2005, 274-275). I materiali rinvenuti all'interno dei crolli lasciano desumere l'esistenza di un solaio ligneo piano a copertura della galleria sul quale poggiavano le lastre pavimentali in calcare del portico superiore. Di quest'ultimo rimangono oggi solo poche tracce costituite da quanto conservato degli elementi di copertura del tetto, in coppi e tegole, delle decorazioni architettoniche e degli intonaci dipinti. Sappiamo tuttavia che il suo muro esterno, probabilmente continuo, doveva essere decorato da pitture analoghe a quelle del piano inferiore, mentre un portico con colonne in laterizio intonacate si affacciava verso il Tempio (Becker 2005a, 2005b). Il portico doveva essere coperto da un tetto a trabeazione lignea, decorato tutt'intorno da antefisse in terracotta con protomi umane, palmette, vittorie rinvenute nel corso delle indagini archeologiche (Delplace 1993).

Figura 12 – Il teatro (foto R. Perna).

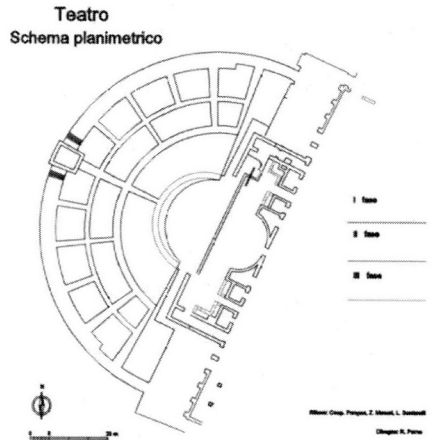

Figura 13 – Teatro. Planimetria generale (da Perna 2006, 87, fig. 104).

Figura 14 – Il Teatro nel plastico digitale. Modellazione 3D di G. Villani.

Gli scavi pontifici e, successivamente, le indagini e gli interventi di restauro e consolidamento che hanno interessato i due edifici da spettacolo alla metà del secolo scorso hanno portato in luce le strutture nella loro interezza ma, ovviamente, non hanno fornito dati sufficienti alla loro completa comprensione rendendone estremamente difficile l'interpretazione architettonica. I dati planimetrici esistenti (Perna 2006, 45-51, 85-94) hanno quindi consentito lo sviluppo dell'articolazione interna dei due edifici e dei loro alzati. Del tutto ipotetica è la ricostruzione dell'aspetto della *frons scenae* del teatro basata su quello che doveva essere il suo aspetto a seguito dei restauri traianei, e della sua *porticus post scaenam* come pure quella del prospetto esterno dell'anfiteatro (Figure 12-17).

S.C.

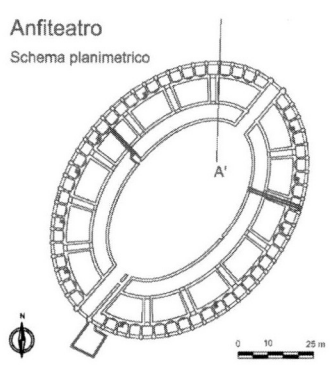

Figura 15 – Anfiteatro (foto R. Perna).

Figura 16 – Anfiteatro. Planimetria generale (da Perna 2006, 46, fig. 48).

Figura 17 – Anfiteatro. Ricostruzione 3D di G. Villani.

4. Il paesaggio archeologico

Estremamente problematico è stato il tentativo di ricostruire il paesaggio peri ed extraurbano. Per quanto infatti in fase di studio da molto tempo da parte dell'Università di Macerata (Perna 1997, 48; 1998, 46; 2005; Ceraudo 2010, 95-101; Perna e Capponi 2012, 46), a differenza della topografia urbana, per la stessa natura dell'oggetto e del metodo di ricerca, i dati di dettaglio sono noti solo limitatamente.

La realizzazione di frequenti indagini topografiche di superficie ha consentito però da tempo di individuare in maniera sostanzialmente affidabile una rilevante quantità di siti che sono stati documentati, schedati, georiferiti ed inseriti nel GIS realizzato dall'Università di Macerata e dall'Associazione Museale, un Sistema Informativo Territoriale finalizzato alla gestione e pubblicazione (in corso) della carta archeologica della provincia di Macerata stessa (CAM) (Perna 2002, 18; 2003, 294-298). Proprio da tale propedeutico lavoro di indagine e gestione, avviato da circa 10 anni è partita dunque la proposta realizzata per il presente progetto.

Figura 18 – Paesaggio centuriato, particolare.

Figura 19 – Modifica di un tratto dell'attuale corso del fiume Fiastra secondo il paleoalveo (A. Antinori).

Figura 20 - Villamagna. Ricostruzione e ambientazione 3D di G. Villani e A. Antinori.

Per quanto ancora non definiti con certezza i limiti della pertica di *Urbs Salvia* (Paci c.s.; Perna c.s.) l'area interessata dalla ricerca è certamente all'interno del territorio della colonia ed è stata scelta cercando di inserire i diversi elementi del paesaggio che compongono il catasto e dunque insieme alle terre assegnate, sono state considerate quelle pubbliche, nelle loro diverse accezioni amministrative e quelle non ancora assegnate (Figura 18).

Il primo passo è stato quello di riproporre l'antica morfologia del territorio, per ricostruire la quale ci si è avvalsi delle indagini di natura geologica già realizzate nell'ambito delle attività condotte dall'Università di Macerata. In particolare, l'analisi dei paleoalvei del Chienti e del Fiastra ha permesso di proporre un diverso andamento degli elementi idrografici ed al contempo, le variazioni morfologiche legate all'attività antropica di età medievale, moderna e soprattutto contemporanea sono state riconsiderate (Figura 19).

All'interno del territorio prescelto erano state individuate le più comuni tipologie insediative che formavano il catasto romano: in particolare tre ville, una delle quali, quella di Villa Magna (Sito n° 04305536 della CAM) anche indagata archeologicamente (Figura 20). A questa si aggiungono quella presso Colli Vasari (Sito n° 35300088 della CAM) per la quale rimane però aperto il problema dell'identificazione ed attualmente in fase di studio, e quella in località "il Vallato", all'estremità del terrazzo di III livello in prossimità del Chienti e della viabilità principale segnata dalla Salaria Gallica (Sito n° 35300064 della CAM). Si conoscevano numerose aree di affioramento fittile cui sono associabili insediamenti rurali di piccole dimensioni (fattorie o più semplici case coloniche), ma, non essendo stata nessuna scavata, per la ricostruzione delle singole strutture si è fatto riferimento, come in altri casi analoghi, ad un modello tipo definito sulla base della bibliografia di riferimento (Settis 1993; Farinetti 2012).

La città era circondata da un sistema di necropoli delle quali si conosce la localizzazione, ma non l'estensione precisa e le caratteristiche architettoniche delle singole tipologie monumentali. Il quadro dei monumenti funerari noti, diffusi e concentrati intorno alle stesse aree di necropoli e lungo la viabilità, è ricco ed in gran parte noto, ma alcuni di questi, allo stato di rudere, non consentono una proposta ricostruttiva assolutamente certa; in questo caso sono state definite tre tipologie di riferimento, attestate e note con certezza ad *Urbs Salvia*, attribuite sulla base delle caratteristiche del conglomerato cementizio dei resti visibili.

Per quanto riguarda le centuriazioni sappiamo che in età triumvirale il territorio della città fu certamente oggetto di assegnazioni viritane, di terre: *Lib. Col. 226, 6-7*: *Ager Urbis Saluiensis limitibus maritimis et montanis lege triumuirale, et loca hereditaria eius populus accepit*. Sulla scorta di tale dato sono state formulate numerose ipotesi, la prima delle quali individua due serie, una basata sul modulo dei 16 *actus*, e l'altra su quello dei 20 *actus* (Vettorazzi 1990a, 111-119; 1990b, 102-136), datate all'età augustea ed a quella triumvirale. La Delplace individua invece ad *Urbs Salvia* (Delplace 1993, 180-181), cinque serie, due delle quali basate sul modulo dei 20 actus, - di età triumvirale - e tre su quello di 16 – di età augustea. Successivamente Moscatelli ha proposto la presenza di un unico catasto basato sul modulo di 15 *actus* (Moscatelli 1996, 151-9; 1997, 233-238), ed ancora più di recente è stata ipotizzata la presenza di un'altra ampia area centuriata, a Nord-Est della città, basata sul modulo dei 20 *actus* (Campagnoli e Giorgi 2004, 36 - 42, Figura 5). Lo stesso numero delle proposte, basate generalmente su dati labili, e l'acquisizione, sostanzialmente recente, che la fondazione coloniale sia avvenuta nel II sec. a.C. sono però argomenti per rivedere le diverse ipotesi non solo dal punto di vista cronologico, dovendo associare alla fondazione, probabilmente graccana, anche un nuovo catasto, ma evidentemente anche più strettamente topografico (Paci c.s.; Perna c.s.). Il lavoro in corso, grazie anche alla realizzazione del presente Progetto, è stato quindi utile per elaborare una proposta aggiornata che, partendo dalle diverse ipotesi, integrate con i dati provenienti dalle nuove ricognizioni aeree e superficiali legate alla CAM e con una approfondita analisi del contesto morfologico antico, verificata proprio attraverso il modello digitale del terreno, è stata utilizzata per la ricostruzione 3D del territorio. L'ipotesi prevede quindi due maglie di 20 *actus*, parallele e separate a cavallo dello spartiacque fra la valle del Fiastra e del Chienti. In particolare nell'area più vicina alla città nella valle del Fiastra sembrerebbero essere documentati archeologicamente quattro lotti per ogni centuria, in ogni lotto infatti cadono tre o quattro aree di affioramento fittile associabili ad insediamenti rurali. Per ognuno dei quattro lotti è stata quindi proposta una diversificazione delle colture basata sulla triade mediterranea, sull'orticoltura e su attività agricole e di allevamento integrative. Le tre ville si collocano ai margini delle aree centuriate.

Per la ricostruzione della viabilità si è fatto riferimento allo specifico modulo di ricerca elaborato sempre nell'ambito della Carta archeologica delle provincia di Macerata, che aveva consentito di proporre, tenendo conto dei dati archeologici, morfologici e storici una proposta di dettaglio per il territorio in esame, che il confronto con il modello 3D, ha permesso di verificare.

L'insieme dei dati a nostra disposizione ha quindi consentito di ricostruire in maniera sufficientemente organica, e soprattutto basandosi su precisi dati scientifici, l'antico paesaggio che faceva riferimento alla colonia di *Urbs Salvia*, anche se, come già rilevato in premessa mancano gli elementi per descrivere sistematicamente nel dettaglio i singoli elementi - come ad esempio dimensioni e caratteristiche delle strade, caratteristiche dei limiti intercisivi, ecc...- che sono stati proposti, come già rilevato sulla base di confronti tipologici noti da bibliografia.

R.P.

Autori
- Alberto Antinori: GeoInformatiX, geoinformatix@gmail.com
- Antonello Buccella: GeoInformatiX, antonellobuccella@libero.it
- Sofia Cingolani: Università di Macerata, sofiacingolani@msn.com
- Roberto Perna: Università di Macerata, r.perna@unimc.it
- Giovanni Villani: GRender, info@g-render.com

Bibliografia

BECKER 2005a = BECKER F., *Il nuovo volto di* Urbs Salvia: *il Criptoportico, l'area templare, il Foro*, 3 in DE MARINIS *et al.* 2005, 269-273.

BECKER 2005b = BECKER F., *Ergebnisse der Bauforschung an der Kryptoportikus in* Urbs Salvia, in «Architectura. Zeitschrift fur Geschichte der Baukunst» 35, 15-31.

CAMPAGNOLI E GIORGI 2004 = CAMPAGNOLI P., GIORGI E., *Assetto territoriale e divisioni agrarie nel Piceno meridionale. I territori di* Cluana, Pausulae, Urbs Salvia *e* Asculum, in *Insediamenti e strutture rurali nell'Italia Romana*, Atti del IV Congresso di Topografia Antica, Roma, 7-8 marzo 2001), Parte III, («JAT» XIV), 35-56.

CERAUDO 2010 = CERAUDO G. (a cura di) *L'uso delle immagini aeree per la Carta Archeologica della provincia di Macerata* in *100 anni di Archeologia Aerea in Italia*, Atti del Convegno Internazionale di Archeologia aerea. Roma 2009, Foggia, Claudio Grenzi Editore, 95-101.

CINGOLANI E TUBALDI 2013. = CINGOLANI S., TUBALDI V., *Testimonianze ceramiche dalle stratigrafie del Criptoportico di Urbs Salvia. Per un'analisi preliminare delle fasi tarde*, in FABRINI G.M. (a cura di), Urbs Salvia I. *Scavi e ricerche nell'area dei portici e del Tempio della* Salus Augusta, Macerata, 2013.

DE MARINIS *et al.* 2005 = DE MARINIS G., PACI G., PERCOSSI E., SILVESTRINI M. (a cura di), *Archeologia nel Maceratese: nuove acquisizioni*, Carima Arte srl, Ancona.

DE MARINIS *et al.* 2006 = DE MARINIS G., FABRINI G.M., PACI G., PERNA R., SARGOLINI M., TEOLDI S. (a cura di), *Verso un Piano per il Parco Archeologico di* Urbs Salvia, Ancona.

DELPLACE 1993 = DELPALCE CH., *La romanisation du Picenum; l'exemple d'*Urbs Salvia, *Collection de l'École Française de Rome* 177, Roma.

DELPLACE 2005 = DELPLACE CH., *Il nuovo volto di* Urbs Salvia: *il Criptoportico, l'area templare, il Foro*, 4, in DE MARINIS *et al.* 2005, 274-275.

FABRINI 2000 = FABRINI, G.M., *L'area del Tempio-Criptoportico ad Urbs Salvia. Risultati preliminari delle campagne di scavo 1995-1999*, in *Picus* XX, 113-158.

FABRINI 2001 = FABRINI, G.M., *Nuovi contributi storico-archeologici all'area del Tempio-Criptoportico e del Foro di Urbs Salvia*, in Picus XXI, 9-35.

FABRINI 2013 = FABRINI, G.M. (a cura di), Urbs Salvia I. *Scavi e ricerche nell'area del tempio della Salus Augusta*, Macerata 2013.

FARINETTI 2012 = FARINETTI E., *I paesaggi in archeologia: analisi e interpretazione*, Roma, Carocci Editore, 2012.

MONTALI 2013 = MONTALI, G., *Considerazioni sulle strutture edilizie dell'area del Tempio-Criptoportico*, in FABRINI 2013, 119-187.

MOSCATELLI 1996 = MOSCATELLI U., *Trattamento informatico dei dati relativi alle trasformazioni di aree centuriate dell'Italia centrale: il caso di* Urbs Salvia, in «Archeologia e Calcolatori», 7, I, 1996, 149-159.

MOSCATELLI 1997 = MOSCATELLI U., *La valle del Fiastra tra antichità ed altomedioevo: indagine preliminare*, in GELICHI S. (a cura di), *I Congresso Nazionale di Archeologia Medievale* (Pisa, 29- 31 maggio 1997), Firenze, 233-238.

PACI C.S. = PACI G., *La nascita della colonia di Urbisaglia*, in s.e., *Scritti in onore di Gino Bandelli*, «Polymnia. Studi di Storia romana», in corso di stampa.

PERNA 1997 = PERNA R., *Carta delle emergenze archeologiche nel sistema informativo territoriale della riserva naturale Abbadia di Fiastra*, in *Nuove tecnologie per la conoscenza dei Beni culturali* (XII settimana per i Beni Culturali, Roma, 14 – 24 aprile 1997), 48.

PERNA 1998 = PERNA R., *La Carta delle emergenze archeologiche nel territorio della Riserva Naturale Abbadia di Fiastra*, in *Archeologia ed Ambiente, Convegno internazionale*, Abstracts, Ferrara, 46.

PERNA 2006 = Perna R., Urbs Salvia, Roma 2006.

PERNA 2002 = PERNA R., *La Carta archeologica*, in ORSETTI R. (a cura di), *La catalogazione del patrimonio culturale nelle Marche* (= Quaderni del catalogo, 1), Ancona, 18.

PERNA 2003 = R. PERNA, *Dalla Carta archeologica alla Carta del Rischio*, in ORSETTI R. (a cura di), *Le Marche Archeologiche,* Atti del convegno Abbazia di fiastra 2002, (= Quaderni del catalogo, 2), Ancona, 294-8.

PERNA 2005 = PERNA R., *Archeologia romana nella Riserva Naturale Abbadia di Fiastra*, Loreto.

PERNA 2007 = PERNA R., *Per l'urbanistica di* Urbs Salvia*: l'evoluzione del piano programmatico e l'organizzazione della città*, in *Il Piceno romano dal III secolo a.C. al III d.C.*, Atti del XLI Convegno di Studi Storici Maceratesi, Abbadia di Fiastra, Tolentino 26-27 novembre 2005 («StMacerat» XLI), 349-387.

PERNA 2012 = PERNA R., *Mura di città romane tra Repubblica ed età imperiale nelle* Regiones V e VI *adriatica*, in *Territorio, città e spazi pubblici dal mondo antico all'età contemporanea. Il paesaggio costruito: trasformazioni territoriali e rinnovo urbano*, Atti del XLVI Convegno di Studi Storici Maceratesi, Abbadia di Fiastra, Tolentino 20-21 novembre 2010 («StMacerat» XLVI), 73- 105.

PERNA c.s. = PERNA R., *Testimonianze del culto e città nel Piceno e nell'Umbria adriatica in età repubblicana*, in LIPPOLIS E. (a cura di), *Il ruolo del culto nello sviluppo delle comunità dell'Italia antica tra IV e I sec. a.C.: strutture, funzioni e interazioni culturali*, Atti del Convegno (Roma, 5 ottobre 2012), in corso di stampa.

PERNA E CAPPONI 2012 = PERNA R., CAPPONI C., *Città e campagna nella valle del Chienti in età repubblicana e imperiale. La carta archeologica della Provincia di Macerata*, in DE MARINIS G., FABRINI G.M., PACI G., PERNA R., SILVESTRINI M. (a cura di), *Atti del Convegno, I processi formativi ed evolutivi della città in area adriatica*, Macerata 12-13 novembre 2009, Oxford, BAR I. S. 2419, 149-159.

QUIRI 2003 = QUIRI P., *La nuova realtà del Criptoportico di* Urbs Salvia, in F. LENZI (a cura di), L'Archeologia dell'Adriatico dalla Preistoria al Medioevo, Atti del Convegno Internazionale, Ravenna, 7-8-9 giugno 2001, Bologna, 401-406.

SETTIS 1993 = SETTIS S. (a cura di), Misurare la terra: centuriazione e coloni nel mondo romano, Modena 1993.

VETTORAZZI 1990a = VETTORAZZI L., *Ricerche topografiche nel territorio a N di* Urbs Salvia, in CARTECHINI P. (a cura di), *La Valle del Fiastra tra antichità e medioevo*, Atti del XXIII Convegno di Studi Storici Maceratesi, (Abbadia di Fiastra, 14-15 novembre 1987), Macerata 1990, 107-119.

VETTORAZZI 1990b = VETTORAZZI L., *Territorio a nord di Urbs Salvia*, in *Marche* ns. I, 1990, Atti del Convegno "Problemi archeologici dell'area Esino-Sentinate" (Arcevia, ottobre 1990), 97-136.

Organizzare la conoscenza per tutelare il territorio. L'Accordo Quadro tra le Soprintendenze per i Beni Archeologici della Sardegna e il Dipartimento di Architettura, Design e Urbanistica dell'Università degli Studi di Sassari

Giovanni Azzena, Marco Edoardo Minoja,
Federico Nurra, Enrico Petruzzi

The project "Creating and Activating the Sardinian node for the National Information Network for the collective construction of the web GIS of the Italian archaeological heritage", coordinated by Giovanni Azzena, under development at the Department of Architecture, Design and Urbanism of the University of Sassari, aims to create a tool for basic data sharing for the identification of archaeological heritage estate, addressed to the institutions and professionals but also dedicated to general public for the fruition of Cultural Heritage.

Speculative goal of the project - nationwide shared - is the creation of a national standard for the treatment of archaeological data with geo-topographical significance, which is in turn empirically aimed at the creation of the National Archaeological Geographic Information System, thought as a website dedicated to the archaeological sites of Italian cities and territories.

The construction of the technological basis for the development of the National Archaeological Information System (SITAN), will allow the use of remote databases acquired and / or produced in the course of project activities to all agencies which have acceded to the agreement protocols.

The experimental implementation of the database and the systematization of "external" data flow is developed through the acquisition, standardization, testing and release of information from widely different sources, according to the rules of the national standard.

Is in this perspective that the archaeological Superintendence and the DADU, signed an Agreement, which defines in an organic and systematic way the basic lines of action for the realization of the above purposes and which is the reference text for the involvement of any institutional, economic and social actor.

The ratification of a common path of intent between the University of Sassari and Superintendence for Archaeological Heritage of Sardinia, structured for the sharing of methods and tools and for the treatment and the use of archaeological data, constitutes a very important step in the perspective of a truly functional route to the knowledge and the protection of the Italian archaeological heritage. The definition of the Agreement (which establishes duties, responsibilities and legitimate ownership of the studies) is an example of "good practices" of the principles of unification and homologation of active experiences in Italy, through the identification of minimum requirements, vocabularies and codes, to be extended to as many people as possible.

The dialogue entered in Sardinia intends to be an example and the starting point for the preparation of operational tools more functional for all institutions and the administrations concerned.

The goal of the implementation of the Archaeological Map of Italy, delayed for a long time, first and necessary base for any activity in the field of Archaeological Heritage, will be achieved only through breaking down all those fences that until now have defined properties of knowledge, areas of influence and baronies of competence, from time to time redefined in more or less tacit strategies whose only victim was, and continues to be, the Italian cultural heritage. The pursuit of the European directives concerning digital infrastructure, the adoption of Open Source and Open Format tools and the opening of the databases are the key points of the Agreement.

Il progetto «Creazione e attivazione del polo sardo della Rete Informatica nazionale per la costruzione collettiva del web GIS del patrimonio archeologico italiano», coordinato da Giovanni Azzena e in corso di sviluppo presso il Dipartimento di Architettura, Design e Urbanistica dell'Università degli studi di Sassari (Finanziato con fondi L.R. 7/07 della Regione Autonoma della Sardegna "Promozione della ricerca scientifica e dell'innovazione tecnologica in Sardegna" Bando "Invito a presentare proposte per progetti di ricerca fondamentale o di base orientata a settori prioritari" - annualità 2009) costituisce la logica integrazione, specificamente dedicata alla Sardegna, del Progetto Nazionale «Portale WebGIS delle attività di ricerca, tutela, gestione e fruizione del patrimonio archeologico italiano», che si prefigge la creazione di un network di lavoro con scopi di ricerca, tutela, pianificazione e progettazione infrastrutturale dedicato al patrimonio archeologico nazionale (GOTTARELLI 2011, 103-105) e punta a costituire un riferimento, permanente e costantemente aggiornato, per l'interscambio di informazioni sul patrimonio archeologico immobile, a diversi livelli di approfondimento e su scala nazionale ed internazionale.

Il progetto si propone di realizzare uno strumento di condivisione dei dati fondamentali di individuazione del patrimonio archeologico immobile, rivolto alle istituzioni e agli operatori professionali ma dedicato anche al grande pubblico ai fini della fruizione dei Beni Culturali.

Obiettivo speculativo - condiviso a livello nazionale - è la creazione di uno standard nazionale per il trattamento dei dati archeologici con valenza geo-topografica, che è a sua volta empiricamente finalizzato alla creazione del SIT Archeologico Nazionale (AZZENA *et al.* 2013, 1-5), pensato come un portale dedicato ai beni archeologici delle città e dei territori italiani (Appendice "Per un sistema informativo archeologico delle città italiane e dei loro territori" in CARANDINI 2008, 199-207).

Il "polo" sardo (facente parte della costituenda Rete informatica nazionale costituita dalle Università di Sassari, Padova, Bologna, Siena, Roma, Salerno e Lecce) sviluppa infatti, sulla base delle direttive della *Commissione Paritetica nazionale per lo sviluppo e la redazione di un progetto per la realizzazione del sistema informativo territoriale del patrimonio archeologico italiano* (SASSATELLI 2011, 99-101), ed in seno alla *Commissione* stessa, il sistema di standardizzazione e ne sperimenta concretamente le possibilità attuative.

In quest'ottica l'equipe di ricerca, nell'ambito dell'applicazione dello standard alla realtà regionale, è attiva nel censimento, interconnessione e divulgazione delle informazioni riguardanti i cosiddetti "produttori di dati archeologici" al fine di popolare sperimentalmente il SIT, immettendo ex novo o uniformando le informazioni ricevute dalle basi grafiche e alfanumeriche esistenti, che siano o meno espresse in formato elettronico. Attraverso l'edizione del portale WebGIS, si raggiungerà l'effettiva condivisione con i soggetti pubblici interessati (Soprintendenze, Università, Regioni, Province e Comuni) dei risultati di tutte le attività pregresse, presenti e future, finalizzate alla conoscenza storica dei paesaggi. La costruzione della base tecnologica per lo sviluppo del Sistema Informativo Archeologico Nazionale (SITAN), consentirà la fruizione in remoto delle banche dati acquisite e/o prodotte nel corso delle attività di progetto a tutti gli Enti che avranno aderito ai protocolli d'intesa. Il popolamento sperimentale della banca dati e la sistematizzazione del flusso di dati "esterni" si sviluppa attraverso l'acquisizione, standardizzazione, verifica ed immissione di informazioni provenienti da fonti ampiamente diversificate (bibliografia, archivio, censimenti e GIS regionali, provinciali, comunali, cantieri di archeologia preventiva, ricerche universitarie, ecc.) secondo i dettami e sulla base di una verifica dello standard nazionale.

La sviluppo di un'efficace sinergia tra enti di ricerca ed enti di tutela, l'identificazione ed il censimento dei "produttori di dati" nell'isola e la conseguente attivazione dei protocolli d'intesa per l'interscambio delle informazioni costituisce un passaggio di vitale importanza per l'efficacia dell'Infrastruttura dei Dati Territoriali in corso di strutturazione (GOTTARELLI 2011, 103-105).

Le Soprintendenze per i Beni Archeologici della Sardegna e il Dipartimento di Architettura, Design ed Urbanistica, condividono l'esigenza di approfondire e sviluppare, in modo costante e non episodico, i rapporti scientifico-culturali e operativi tra loro e con altre istituzioni, nella prospettiva di strutturare in forma stabile ed efficiente le forme e gli strumenti funzionali agli obiettivi citati.

E' in questa ottica che la Soprintendenza e il DADU, hanno sottoscritto un Accordo Quadro, che definisce in modo organico e sistematico le linee fondamentali di azione per la realizzazione dei succitati fini e che costituisce il testo di riferimento per il coinvolgimento di eventuali attori istituzionali, economici e sociali.

L'Accordo Quadro si articola e sviluppa a partire dall'Articolo 3 del D.Lgs. 42/04 - *Codice dei Beni Culturali e del Paesaggio* - che recita: "la tutela consiste nell'esercizio delle funzioni e nella disciplina delle attività dirette, sulla base di un'adeguata attività conoscitiva, ad individuare i beni costituenti il patrimonio culturale ed a garantire la protezione e la conservazione per fini di pubblica fruizione"; persegue l'Articolo 133 del D.Lgs. 42/04: Il Ministero e le regioni cooperano, altresì, per la definizione di indirizzi e criteri riguardanti l'attività di pianificazione territoriale, nonché la gestione dei conseguenti interventi, al fine di assicurare la conservazione, il recupero e la valorizzazione degli aspetti e caratteri del paesaggio indicati all'articolo 131, comma 1. Nel rispetto delle esigenze di tutela, i detti indirizzi e criteri considerano anche finalità di sviluppo territoriale sostenibile.

Fondamentali sono, quali riferimenti normativi, il D.Lgs. 32/10 - *Attuazione della direttiva 2007/2/CE, che istituisce un'infrastruttura per l'informazione territoriale nella Comunità europea (INSPIRE)*, ed il D. Lgs. 82/05 - *Codice dell'amministrazione digitale* - ed il D. Lgs. 42/05 - *Istituzione del sistema pubblico di connettività e della rete internazionale della Pubblica Amministrazione*, che, a norma dell'articolo 10 della legge 29 luglio 2003, n. 229, applica le normative in materia di obblighi da parte delle Pubbliche Amministrazioni in riferimento all'uso delle tecnologie digitali e alla gestione delle banche dati.

In base a queste direttive e sul solco tracciato dalle Commissioni Ministeriali (Carandini 2008, 199-207; Sassatelli 2011, 99-101), il progetto ha impostato su protocolli OGC XML, in particolare OGC KML (http://www.opengeospatial.org/standards/kml), la definizione tecnologica dei requisiti minimi del metadato di intercomunicazione, relativamente alla scelta degli standard tecnologici di sua rappresentazione, ai protocolli e alle grammatiche che ne formalizzano il contenuto, ai formati di archiviazione e a quelli di scambio e di comunicazione.

L'Accordo Quadro costituisce l'ambito di riferimento per la stipula di convenzioni per l'utilizzo di strutture extrauniversitarie per la didattica integrativa (art. 27 dpr 383/80); di convenzioni e contratti di consulenza; di progetti comunitari in partenariato; di convenzioni per lo svolgimento di attività formative (es. scuole estive, workshop, attività seminariali) e convegni su temi di interesse comune.

La ratifica di un comune percorso d'intenti tra Università di Sassari e Soprintendenze per i Beni Archeologici della Sardegna, strutturato per la condivisione di metodi e strumenti per il trattamento e l'utilizzo dei dati archeologici, costituisce un passaggio di enorme importanza nella prospettiva di un percorso realmente funzionale alla conoscenza ed alla tutela del patrimonio archeologico italiano. La definizione dell'Accordo (che stabilisce doveri, responsabilità e legittime proprietà degli studi) costituisce un esempio di "buone pratiche" dei principi di unificazione ed omologazione delle esperienze attive sul territorio nazionale, attraverso l'identificazione di requisiti minimi, vocabolari e codici, da estendersi al maggior numero di soggetti possibile. Il dialogo avviato in Sardegna intende porsi come esempio e piattaforma di base da cui partire per la predisposizione di strumenti operativi sempre più funzionali per tutti gli enti e le amministrazioni interessate.

L'obiettivo, a lungo rimandato, della realizzazione della Carta Archeologica d'Italia, base prima e necessaria per qualsivoglia attività nell'ambito dei Beni Archeologici, potrà essere raggiunto soltanto attraverso l'abbattimento di tutti quei recinti che fino ad oggi hanno delimitato proprietà del sapere, aree d'influenza e arroccamenti di competenza, di volta in volta ridefiniti in più o meno tacite strategie la cui sola vittima era, e continua ad essere, il patrimonio culturale italiano (Azzena 2004, 191-195. Per una storia della Carta Archeologica d'Italia cfr Castagnoli 1993, 5-81; Azzena 2001, 149-152).

Il perseguimento delle direttive europee in materia di infrastrutture digitali, l'adozione di strumenti Open Source e Open Format e l'apertura delle banche dati costituiscono i punti fondamentali dell'Accordo.

Ci piace pensare che tutti i soggetti coinvolti in quest'impresa, in questo lavoro, in ogni sperimentazione in atto, condividano la nostra stessa mira etica, senza la quale ogni sforzo in questo senso risulterebbe vano (Azzena 2011, 38).

Si presenta, di seguito il testo dell'Accordo Quadro, così come firmato in data 06/06/2013 dal direttore del Dipartimento, Prof. Arnaldo Cecchini e il Soprintendente Archeologo per la Sardegna, Dott. Marco Edoardo Minoja.

Accordo quadro tra la soprintendenza per i beni archeologici per le province di Sassari e Nuoro e il dipartimento di architettura, design ed urbanistica dell'Universita' degli studi di Sassari

L'anno 2013, il giorno 06 del mese di Giugno, in Sassari, negli uffici della Soprintendenza per i Beni Archeologici per le Province di Sassari e Nuoro,

TRA

La Soprintendenza per i Beni Archeologici per le Province di Sassari e Nuoro (di seguito Soprintendenza), [...]

E

L'Università di Sassari - Dipartimento di Architettura, Design ed Urbanistica (di seguito Dipartimento), [...]

PREMESSO CHE

- il Dipartimento, quale sede primaria di ricerca in possesso delle competenze scientifiche e delle capacità tecniche operative specifiche, ha interesse alla collaborazione con la Soprintendenza per i Beni Archeologici per le province di Sassari e Nuoro;
- il Dipartimento ha in atto il progetto «Creazione e attivazione del "polo" sardo della Rete Informatica nazionale per la costruzione collettiva del web GIS del patrimonio archeologico italiano», finanziato dalla Regione Autonoma della Sardegna con la Legge Regionale 7 agosto del 2007, n 7: "Promozione della ricerca scientifica e dell'innovazione tecnologica in Sardegna";
- il prof. Giovanni Azzena è responsabile scientifico del progetto di cui al punto precedente, in qualità di Professore di 2° fascia, docente del Dipartimento;
- il prof. Giovanni Azzena è componente del *Gruppo di lavoro paritetico e permanente per la realizzazione del SIT Nazionale per i Beni Archeologici*, che è stato istituito su nomina diretta

del Direttore Generale per le antichità, Luigi Malnati, in data 30 novembre 2011, presieduto dallo stesso Luigi Malnati e composto da M. R. Barbera, A. Campanelli, F. Gambari, G. Sassatelli, G. Azzena, S. Campana, P. Carafa, A. Gottarelli, L. Moro, A. Negri, M. Serlorenzi, M. G. Fichera, con il compito specifico di sperimentare le potenzialità del progetto generale del SITAN e la sua applicazione pratica;
- il prof. Giovanni Azzena è stato componente, in qualità di Soprintendente Archeologo *pro tempore* per le Province di Sassari e Nuoro e, *ad interim*, di Cagliari e Oristano, della *Commissione paritetica per la realizzazione del Sistema Informativo Archeologico delle città italiane e dei loro territori* Nominata con D.M. MiBAC del 18 ottobre 2007 e presieduta da A. Carandini;
- il prof. Giovanni Azzena è stato componente della *Commissione Paritetica per lo sviluppo e la redazione di un progetto per la realizzazione del sistema informativo territoriale del patrimonio archeologico italiano*, nominata dal Ministro per i Beni e le attività culturali con D.M. n.22 del 22 dicembre 2009, presieduta da G. Sassatelli, che ha condotto i suoi lavori nel corso del 2010 con 6 riunioni plenarie, avvalendosi, al suo interno, di un apposito Gruppo Tecnico di cui lo stesso Prof. Azzena faceva parte;
- il prof. Giovanni Azzena è stato membro del *Gruppo di lavoro interministeriale (MIBC/MIUR/MLP) per la creazione di strumenti metodologici per l'archeologia preventiva*;
- il progetto è inteso innanzitutto quale spazio intermedio di consultazione dei poli gestionali del patrimonio ed in secondo luogo come spazio di sperimentazione del tentativo di omogeneizzazione dei dati di taglio archeologico-territoriale esistenti (o in corso di produzione) con il fine ultimo di unificare, generalizzare e semplificare l'informazione archeologica "di base", a livello nazionale;
- il progetto costituisce la logica integrazione, specificamente dedicata alla Sardegna, del Progetto Nazionale: "Portale WEB GIS delle attività di ricerca, tutela, gestione e fruizione del patrimonio archeologico italiano", che si prefigge la creazione di un network di lavoro per scopi di ricerca, tutela, pianificazione e progettazione infrastrutturale dedicato al patrimonio archeologico nazionale e punta a costituire un riferimento, permanente e costantemente aggiornato, per l'interscambio di informazioni sul patrimonio archeologico immobile, a diversi livelli di approfondimento e su scala nazionale ed internazionale;
- il progetto si propone di realizzare uno strumento di condivisione dei dati fondamentali di individuazione del patrimonio archeologico immobile, rivolto alle istituzioni e agli operatori professionali ma dedicato anche al grande pubblico ai fini della fruizione dei Beni Culturali;
- obiettivo speculativo del progetto - condiviso a livello nazionale - è la creazione di uno standard nazionale per il trattamento dei dati archeologici con valenza geo-topografica, che questo è a sua volta empiricamente finalizzato alla creazione del SIT archeologico nazionale, pensato come un "portale" dedicato ai beni archeologici delle città e dei territori italiani; che il portale sarà costituito grazie alla concreta unificazione di diverse banche dati provenienti dalle ricerche (pregresse, in corso e a venire) condotte in scala urbana e territoriale territoriale;
- la costituenda Rete informatica nazionale è al momento costituita dalle Università di Sassari, Padova, Bologna, Siena, Roma, Salerno e Lecce e che essa dovrà operare per:
  - sviluppare sulla base delle direttive della Commissione paritetica nazionale, ed in seno alla Commissione stessa, il sistema di standardizzazione e sperimentarne concretamente le possibilità;
  - censire, interconnettere e divulgare le informazioni riguardanti i c.d. "produttori di dati archeologici";
  - verificare la consistenza, favorire l'afflusso e la sistematizzazione dei relativi dati, anche tramite l'attivazione di protocolli d'intesa, supportati centralmente da opportuna normativa;

- popolare sperimentalmente il SIT, immettendo ex novo o uniformando le informazioni ricevute dalle basi grafiche e alfanumeriche esistenti, che siano o meno espresse in formato elettronico;
- curare, attraverso l'edizione del portale WEB GIS, l'effettiva condivisione con i soggetti pubblici interessati (Soprintendenze, Università, Regioni, Province e Comuni) dei risultati di tutte le attività pregresse, presenti e future, finalizzate alla conoscenza storica dei paesaggi;
- promuovere e realizzare un'efficace sinergia tra enti di ricerca e enti di tutela.
- obiettivi specifici del progetto sono:
  - collaborare allo sviluppo dello standard nazionale anche con l'evidenziazione delle peculiarità storico - archeologiche del contesto;
  - l'identificazione ed il censimento dei "produttori di dati" nell'isola e la conseguente attivazione dei protocolli d'intesa per l'interscambio delle informazioni;
  - l'applicazione sperimentale dello standard alla realtà regionale;
  - la ricognizione bibliografica, d'archivio e - mirata - sul terreno per il completamento e la verifica del pregresso;
  - il popolamento sperimentale della banca - dati, come contributo alla validazione del sistema;
  - il collegamento alla Rete nazionale per la costruzione del WEB GIS del patrimonio archeologico italiano.
- obiettivi operativi del progetto sono:
  - configurazione dell'architettura HW/SW del Polo informatico e realizzazione pratica dello stesso;
  - realizzazione, messa in rete, amministrazione web server e attivazione della segreteria redazionale locale del portale (tecnologia Web Server GIS) del Sistema Informativo delle attività e delle sedi territoriali della ricerca, della tutela, della gestione e della fruizione del patrimonio archeologico sardo ("censimento dei censimenti"); in una logica di Networking il sistema costituirà la base informativa pubblica per definire la distribuzione, l'entità e la consistenza dei contatti e delle relazioni di quei soggetti che costituiscono i nodi operanti del sistema nazionale della ricerca, tutela e valorizzazione del patrimonio archeologico;
  - costruzione della base tecnologica per lo sviluppo del Sistema Informativo Archeologico Nazionale, consentendo la fruizione in remoto delle banche dati acquisite e/o prodotte nel corso delle attività di progetto a tutti gli Enti che avranno aderito ai protocolli d'intesa;
  - popolamento sperimentale della banca dati e sistematizzazione del flusso di dati "esterni": acquisizione, standardizzazione, verifica ed immissione di informazioni provenienti da fonti ampiamente diversificate (bibliografia, archivio, censimenti e GIS regionali, provinciali, comunali, cantieri di archeologia preventiva, ricerche universitarie, ecc.) secondo i dettami e sulla base di una verifica dello standard nazionale.
- la Soprintendenza e il Dipartimento condividono l'esigenza dell'approfondimento e dello sviluppo in modo costante e non episodico, di rapporti scientifico-culturali e operativi tra loro e con altre istituzioni, nella prospettiva di strutturare in forma stabile ed efficiente le forme e gli strumenti funzionali agli obiettivi citati;
- in questa prospettiva, la Soprintendenza e il Dipartimento, con la sottoscrizione del presente accordo quadro, intendono impegnarsi, insieme ad altri eventuali attori istituzionali, economici e sociali, per definire in modo organico e sistematico le linee fondamentali di azione per la realizzazione dei succitati fini.

CONSIDERATI

- l'Articolo 3 del D.Lgs. 42/04 - *Codice dei Beni Culturali e del Paesaggio* - che recita: "la tutela consiste nell'esercizio delle funzioni e nella disciplina delle attività dirette, sulla base di un'adeguata attività conoscitiva, ad individuare i beni costituenti il patrimonio culturale ed a garantire la protezione e la conservazione per fini di pubblica fruizione";
- l'Articolo 5 del D.Lgs. 42/04 che prevede che le Regioni, i Comuni, le Città Metropolitane e le province cooperino con il Ministero per i Beni e le Attività Culturali (MiBAC) nell'esercizio delle funzioni di tutela del patrimonio culturale;
- l'Articolo 17 del D.Lgs. 42/04 "Catalogazione":
  - 1. Il Ministro, con il concorso delle regioni e degli altri enti pubblici territoriali, assicura la catalogazione dei beni culturali e coordina le relative attività
  - 2. Le procedure e le modalità di catalogazione sono stabilite con decreto ministeriale. A tal fine il ministero, con il concorso delle regioni, individua e definisce metodologie comuni di raccolta, scambio, accesso ed elaborazione dei dati a livello nazionale e di integrazione in rete delle banche dati dello Stato, delle Regioni e degli altri enti pubblici territoriali
  - 3. Il Ministero e le regioni, anche con la collaborazione delle Università, concorrono alla definizione di programmi concernenti studi, ricerche ed iniziative scientifiche in tema di metodologie di catalogazione e inventariazione.
  - 4. Il Ministero, le regioni e gli altri enti pubblici territoriali, con le modalità di cui al decreto ministeriale previsto al comma 2, curano la catalogazione dei beni culturali loro appartenenti e, previe intese con gli enti proprietari, degli altri beni culturali
  - 5. I dati di cui al presente articolo affluiscono al catalogo nazionale dei beni culturali in ogni sua articolazione
- l'Articolo 118 del D.Lgs. 42/04 "Promozione di attività di studio e ricerca":
  - 1. Il Ministero, le regioni e gli altri enti pubblici territoriali, anche con il concorso delle università e di altri soggetti pubblici e privati, realizzano, promuovono e sostengono, anche congiuntamente, ricerche, studi ed altre attività conoscitive aventi ad oggetto il patrimonio culturale.
  - 2. A fine di garantire la raccolta e la diffusione sistematica dei risultati degli studi, delle ricerche e delle altre attività di cui al comma 1, ivi compresa la catalogazione, il Ministero e le regioni possono stipulare accordi per istituire, a livello regionale o interregionale, centri permanenti di studio e documentazione del patrimonio culturale, prevedendo il concorso delle università e di altri soggetti pubblici e privati.
- l'Articolo119 del D.Lgs. 42/04 "Diffusione della conoscenza del patrimonio culturale":
  - 1.Il Ministro può concludere accordi con i Ministeri della pubblica istruzione e dell'università e della ricerca, le regioni e gli altri enti pubblici territoriali interessati, per diffondere la conoscenza del patrimonio culturale e favorirne la fruizione.
- l'Articolo 133 del D.Lgs. 42/04 "Cooperazione tra amministrazioni pubbliche per la conservazione e la valorizzazione del paesaggio":
  - 2. Il Ministero e le regioni cooperano, altresì, per la definizione di indirizzi e criteri riguardanti l'attività di pianificazione territoriale, nonché la gestione dei conseguenti interventi, al fine di assicurare la conservazione, il recupero e la valorizzazione degli aspetti e caratteri del paesaggio indicati all'articolo 131, comma 1. Nel rispetto delle esigenze di tutela, i detti indirizzi e criteri considerano anche finalità di sviluppo territoriale sostenibile.
- il D.Lgs. 32/10 - *Attuazione della direttiva 2007/2/CE, che istituisce un'infrastruttura per l'informazione territoriale nella Comunità europea (INSPIRE)*, ed il D. Lgs. 82/05 - *Codice dell'amministrazione digitale* - ed il D. Lgs. 42/05 - *Istituzione del sistema pubblico di connettività*

e della rete internazionale della Pubblica Amministrazione, che, a norma dell'articolo 10 della legge 29 luglio 2003, n. 229, applica le normative in materia di obblighi da parte delle Pubbliche Amministrazioni in riferimento all'uso delle tecnologie digitali e alla gestione delle banche dati;
- l'art.66 del DPR 382/1980, che prevede la possibilità che le Università possano eseguire attività di ricerca e consulenza stabilite mediante contratti e convenzioni con enti pubblici e privati;
- l'art. 36 dello Statuto dell'Autonomia dell'Università degli Studi di Sassari, che prevede che il Dipartimento promuova e coordini le attività di ricerca nel rispetto dell'autonomia del singolo ricercatore e che svolga attività di ricerca e consulenza sulla base di contratti e convenzioni;
- la Legge Regionale del 25 novembre 2004 n. 8 della Regione Autonoma della Sardegna che introduce il nuovo testo dell'art. 11 della legge urbanistica regionale n. 45/1989 disponendo che i comuni approvino i propri Piani Urbanistici in adeguamento alle disposizioni e previsioni del Piano Paesaggistico Regionale (PPR);
- la relazione finale prodotta dalla *Commissione Paritetica per lo sviluppo e la redazione di un progetto per la realizzazione del sistema informativo territoriale del patrimonio archeologico italiano* presieduta da G. Sassatelli e composta da G. Azzena, S. Campana, P. Carafa, M. Castelli, S. De Caro (poi L. Malnati), A. Gottarelli , M. Guaitoli, M. Lolli Ghetti, M.L. Mancinelli, L. Moro, A. Negri, J. Papadopoulos, A. P. Recchia, A. Pontrandolfo, R. Poggiani Keller, M. Serlorenzi, P. Sommella, M. Tagliente;
- le conclusioni della suddetta Commissione, così riassumibili:
    - dare al sistema informativo territoriale del patrimonio archeologico italiano (SITAN) la configurazione di una Infrastruttura di Dati Territoriali (IDT);
    - adottare l'insieme di tecnologie, metodi, politiche ed accordi istituzionali tesi a facilitare la disponibilità, l'omogeneità e l'accesso a dati già acquisiti, in corso di acquisizione o da acquisire anche se raccolti con metodologie e finalità diverse;
    - individuare, nel panorama attuale della produzione/detenzione di dati archeologici geograficamente determinati, i principali produttori/detentori di informazioni sensibili, e di predisporre approcci e metodi del relativo coinvolgimento nel SITAN, sia nelle fasi della produzione ex novo, sia nel lavoro di trasformazione dei dati pregressi;
    - sistematizzare le informazioni e i dati enucleandone le differenti tipologie, anche per garantire che siano compresi nel SITAN sia quelli prodotti ex novo, sia quelli pregressi, prodotti o meno in formato numerico;
    - chiarire, senza possibilità di dubbio, che le indicazioni della Commissione non intervengono né in merito alle metodologie di ricerca utilizzate per la produzione dell'informazione, né possono essere ritenute esaustive in merito alla conoscenza scientifica del paesaggio "storico", ma intendono rappresentare una base conoscitiva geo-topografica tanto minimale quanto ampiamente condivisa;
    - impostare su protocolli OGC XML (formato file testo), in particolare OGC KML 2.2 la definizione tecnologica dei requisiti minimi del metadato di intercomunicazione, relativamente alla scelta degli standard tecnologici di sua rappresentazione, ai protocolli e alle grammatiche che ne formalizzano il contenuto, ai formati di archiviazione e a quelli di scambio e di comunicazione;
    - configurare l'architettura di base dell'IDT (Infrastruttura Dati Territoriali) a partire da un applicativo o metasistema che dovrà costituire il cuore operativo del sistema e che dovrà essere specificamente progettato in modo tale da fornire i Servizi di rete e di Catalogo oltre che i Servizi di Presentazione, dedicati alla visualizzazione/navigazione di dati geografici su piattaforma GeoWeb, attraverso la realizzazione del Portale Istituzionale;
    - strutturare l'architettura del processo di NetWorking in ricerca, progettazione e sviluppo delle tecnologie del Metasistema e del Portale coinvolgendo, nella fase di avvio gli

interlocutori universitari e non universitari interni alla Commissione per ragioni di opportunità pratica e di celerità nell'avvio del processo, e ampliando successivamente tale coinvolgimento a tutti coloro che vi vorranno aderire;
- proporre l'individuazione e l'istituzione di un luogo di coordinamento scientifico oltre che operativo che funga da punto di riferimento, sia per la fase di avvio che per la fase di gestione consolidata del SIT nazionale per i BBAA e individuando nel MiBAC (Direzione Generale per le Antichità e ICCD) il luogo istituzionale più consono a tale funzione;
- avviare un progetto di popolamento del sistema attraverso l'attivazione del Portale pubblico e attraverso l'estensione dell'IDT ai nodi territoriali istituzionali del Ministero, quali le Soprintendenze Archeologiche e le Direzioni Regionali per i Beni Culturali e Paesaggistici, oltre che alle Università e agli Enti territoriali prevedendo una attività complessiva organizzata sulla base di unità redazionali interne ai singoli nodi;
- sollecitare l'attuazione da parte dei diversi partner istituzionali (MiBAC e Università) di una politica, che tenda alla riorganizzazione e all'adeguamento delle proprie strutture alle dorsali portanti della rete trasmissione dati a livello nazionale, con particolare riferimento alla rete della ricerca scientifica GARR per facilitare la connessione e l'interoperabilità dei singoli nodi;
- adoperarsi per una strategia comunicativa attraverso la quale l'attuazione tecnologica individuata, in quanto non invasiva né impositiva, appaia attrattiva rispetto ai tradizionali produttori di dati nella convinzione che per la buona riuscita del progetto, al di là dei soli aspetti tecnologici ed applicativi e fin dalle prime fasi di implementazione sperimentale del metasistema e di organizzazione in networking delle attività, sia condizione necessaria l'organizzazione logistica di una rete di lavoro permanente e condivisa;
- prospettare una strategia operativa che tenga conto delle risorse disponibili, sia in termini economici sia nei termini di una corretta distribuzione delle risorse stesse che le diverse istituzioni, per funzione, competenza istituzionale e distribuzione geografica, possano mettere in campo nel breve, medio e lungo periodo.

RILEVATO CHE

per rendere operativa tale cooperazione occorre procedere alla sottoscrizione di un rapporto convenzionale con il Dipartimento e che, con Delibera [...] è stato approvato lo schema di convenzione oggetto di stipula in data odierna, che ha come riferimento il compimento delle attività di indagine, studio e ricerca di cui in premessa; ed inoltre che la presente convenzione è stata altresì approvata dal Consiglio di Dipartimento nella riunione del [...].
Tutto ciò premesso, le parti, come sopra rappresentate, previa conferma e ratifica della narrativa che precede e che costituisce parte integrante e sostanziale del presente atto, convengono e stipulano quanto segue:

Articolo 1 (Finalità della convenzione)
Il Dipartimento si impegna a:
- collaborare allo sviluppo di uno standard nazionale per il trattamento dei dati archeologici con valenza geo-topografica, empiricamente finalizzato alla creazione del SIT archeologico nazionale (SITAN), pensato come un "portale" dedicato ai beni archeologici delle città e dei territori italiani, in collaborazione con la costituenda Rete informatica nazionale, attualmente costituita dalle Università di Sassari, Padova, Bologna, Siena, Roma, Salerno e Lecce;
- realizzare il "portale", costituito grazie alla concreta unificazione di diverse banche dati provenienti dalle ricerche (pregresse, in corso e a venire) condotte in scala urbana e territoriale;

- procedere all'identificazione ed al censimento dei "produttori di dati" nell'isola attivando, conseguentemente, dei protocolli d'intesa per l'interscambio delle informazioni;
- applicare sperimentale lo standard alla realtà regionale;
- procedere alla ricognizione bibliografica, d'archivio;
- procedere alla ricognizione - mirata - sul terreno per il completamento e la verifica del pregresso;
- procedere al popolamento sperimentale della banca - dati, come contributo alla validazione del sistema;
- fungere da collegamento con la Rete nazionale per la costruzione del WEB GIS del patrimonio archeologico italiano.

Si precisa che le attività di cui al punto precedente, comprese nella presente convenzione, che rientrano integralmente nelle proprie competenze istituzionali in campo didattico e scientifico, avranno carattere di consulenza e saranno svolte da un gruppo di lavoro - costituito da Prof. Giovanni Azzena (Responsabile scientifico e referente del progetto), Dott.ssa Francesca Bua (Assegnista di Ricerca), Dott. Federico Nurra (Assegnista di Ricerca), Dott. Enrico Petruzzi (Assegnista di Ricerca) - che avrà competenze in materia di:
- configurazione dell'architettura HW/SW del Polo informatico e realizzazione pratica dello stesso;
- realizzazione, messa in rete, amministrazione web server e attivazione della segreteria redazionale locale del portale (tecnologia Web Server GIS) del Sistema Informativo delle attività e delle sedi territoriali della ricerca, della tutela, della gestione e della fruizione del patrimonio archeologico sardo ("censimento dei censimenti"); in una logica di Networking il sistema costituirà la base informativa pubblica per definire la distribuzione, l'entità e la consistenza dei contatti e delle relazioni di quei soggetti che costituiscono i nodi operanti del sistema nazionale della ricerca, tutela e valorizzazione del patrimonio archeologico;
- costruzione della base tecnologica per lo sviluppo del Sistema Informativo Archeologico Nazionale, consentendo la fruizione in remoto delle banche dati acquisite e/o prodotte nel corso delle attività di progetto a tutti gli Enti che avranno aderito ai protocolli d'intesa;
- popolamento sperimentale della banca dati e sistematizzazione del flusso di dati "esterni": acquisizione, standardizzazione, verifica ed immissione di informazioni provenienti da fonti ampiamente diversificate (bibliografia, archivio, censimenti e GIS regionali, provinciali, comunali, cantieri di archeologia preventiva, ricerche universitarie, ecc.) secondo i dettami e sulla base di una verifica dello standard nazionale.

La Soprintendenza si impegna a:
- garantire ai responsabili e referenti del progetto di ricerca di cui alle premesse, per tutta la durata dell'accordo, la logistica necessaria all'esecuzione dell'attività;
- assicurare ai responsabili e referenti del progetto di ricerca di cui alle premesse, l'accesso alle informazioni, ai dati ed a tutte le conoscenze utili per lo sviluppo del progetto; si assicura il pieno rispetto dei diritti di terzi, titolari di interventi eventualmente ancora non editi, poiché l'intera ricerca è incentrata sul dato delle presenze archeologiche connesso allo strumento informativo e quindi non interessato ad interpretazioni di carattere cronologico e storico;
- fornire un'assistenza adeguata nell'espletamento di tutte le procedure amministrative e tecniche richieste dalle autorità nazionali competenti (quali per esempio il Ministero per i Beni e le Attività Culturali).

Con riferimento ai soggetti di cui sopra il Dipartimento individua quale coordinatore, responsabile e referente delle attività di cui alla presente convenzione il prof. Giovanni Azzena [...].

Si individuano altresì quali componenti del Gruppo di lavoro del Progetto «Creazione e attivazione del "polo" sardo della Rete Informatica nazionale per la costruzione collettiva del web GIS del patrimonio archeologico italiano» la dott.ssa Francesca Bua, il dott. Federico Nurra e il dott. Enrico Petruzzi. Si segnala inoltre la possibilità che nel corso del Progetto si possano attivare ulteriori collaborazioni con professionisti e ricercatori che verranno tempestivamente segnalate.

Articolo 2 (Oggetto delle attività di studio e di ricerca)
L'attività che si prevede di svolgere riguarderà:
la realizzazione del progetto «Creazione e attivazione del "polo" sardo della Rete Informatica nazionale per la costruzione collettiva del web GIS del patrimonio archeologico italiano».

Il "polo" sardo ha la funzione di lavorare, in seno alla rete nazionale, in primo luogo quale spazio intermedio di consultazione dei poli gestionali del patrimonio; in secondo luogo come spazio di sperimentazione del tentativo di omogeneizzazione dei dati di taglio archeologico-territoriale esistenti o in corso di produzione, con il fine ultimo di unificare, generalizzare e semplificare l'informazione archeologica "di base", a livello nazionale. Doveroso precisare che non si tratta della proposta di creazione di un ennesimo SIT archeologico ma della realizzazione di uno strumento di condivisione dei dati fondamentali di individuazione del patrimonio archeologico immobile, rivolto alle istituzioni e agli operatori professionali ma dedicato anche al grande pubblico ai fini della fruizione dei Beni. Il progetto costituisce la logica (e doverosa) integrazione - specificamente dedicata alla Sardegna - del Progetto Nazionale: "Portale WEB GIS delle attività di ricerca, tutela, gestione e fruizione del patrimonio archeologico italiano" (finanziamento ARCUS 2010-2012), che si prefigge, appunto, la costituzione di un Network di lavoro per scopi di ricerca, tutela, pianificazione e progettazione infrastrutturale dedicato al patrimonio archeologico nazionale e punta a costituire un riferimento, permanente e continuamente aggiornato, per l'interscambio di informazioni sul patrimonio archeologico immobile, a diversi livelli di approfondimento e su scala nazionale ed internazionale.

Il Progetto Nazionale così come il presente accordo originano dai lavori (e conseguentemente rispecchiano strategie e scelte operative) della "Commissione Paritetica MIBAC/MIUR per la realizzazione del Sistema Informativo Archeologico delle città italiane e dei loro territori" e dei relativi indirizzi operativi, contenuti nella Relazione Finale (13 dicembre 2007). Questi sono stati a loro volta recepiti dalla "Commissione Paritetica MIBAC/MIUR per la realizzazione del Sistema Informativo Territoriale del Patrimonio Archeologico Italiano", istituita con D.M. 22 dicembre 2009, presieduta da G. Sassatelli, che ha condotto i suoi lavori nel corso del 2010. I lavori sono proseguiti con l'istituzione del *Gruppo di lavoro paritetico e permanente per la realizzazione del SIT Nazionale per i Beni Archeologici*, su nomina diretta del Direttore Generale per le antichità, Luigi Malnati, in data 30 novembre 2011, presieduto dallo stesso Luigi Malnati, con il compito specifico di sperimentare le potenzialità del progetto generale del SITAN e la sua applicazione pratica.

Importante sottolineare che il coordinatore del Progetto di Ricerca, prof. G. Azzena, così come i proff.ri A. Gottarelli (Università di Bologna), S. Campana (Università di Siena) e P. Carafa (Università di Roma 1), che sono inseriti nell'Unità Operativa del presente progetto, sono stati membri di entrambe le Commissioni e attualmente sono membri del *Gruppo di lavoro permanente*.

Articolo 3 (Altre attività eventuali)
Oltre alle attività indicate nella relazione programmatica di cui all'art. 2, eventualmente ad integrazione del presente accordo quadro ed attraverso la stipula di apposite convenzioni predisposte sulla base dell'eventuale disponibilità economica, potranno a seguito del seguente accordo essere avviate diverse forme di collaborazione tra la Soprintendenza e il Dipartimento in grado di favorire il trasferimento di conoscenze maturate da entrambi per la creazione di obiettivi ed esperienze di ricerca, attività di progettazione che rispondano alle esigenze di entrambe le parti.
In particolare le attività di ricerca possono essere costruite attivando:
- convenzioni per l'utilizzo di strutture extrauniversitarie per la didattica integrativa (art. 27 dpr 383/80);
- convenzioni e contratti di consulenza;
- progetti comunitari in partenariato;

- convenzioni per lo svolgimento di attività formative (es. scuole estive, workshop, attività seminariali);
- convegni su temi di interesse comune.

Per la realizzazione di particolari attività di ricerca l'Università può mettere a disposizione della Soprintendenza, gratuitamente, laureandi, dottorandi, assegnisti di ricerca, tirocinanti, ecc., attivando così un trasferimento di conoscenze reciproche. Si potrà così sviluppare una formazione continua tra i diversi soggetti.

Articolo 4 (Responsabilità)
Il Dipartimento regolerà direttamente i rapporti intercorrenti con i soggetti da essa designati quali esperti dei settori di studio ed interesse, assumendo piena responsabilità in ordine all'espletamento delle attività di propria competenza, secondo quanto stabilito nella presente convenzione.
La Soprintendenza prende atto che il Dipartimento, per lo svolgimento delle attività di cui alla presente convenzione, potrà avvalersi di collaborazioni che la stessa riterrà utili e necessarie alla migliore realizzazione delle attività di cui alla presente convenzione, nel rispetto della normativa vigente. La Soprintendenza è esonerata da ogni responsabilità derivante da eventuali rapporti di collaborazione instaurati dal Dipartimento, o per danni arrecati a terzi in conseguenza delle attività svolte nell'espletamento della attività previste nella presente convenzione. Rimane responsabile degli aspetti inerenti la sicurezza nei luoghi di lavoro qualora gli operatori del Dipartimento utilizzassero spazi messi a disposizione dalla Soprintendenza.

Articolo 5 (Durata delle attività)
Il presente accordo quadro decorre dalla data di stipula del presente atto ed il termine di scadenza entro cui dovranno essere compiute le attività previste viene fissato entro tre anni, salvo proroga dei termini da concordare tra le parti.

Articolo 6 (Spese)
In considerazione del fatto che trattasi di instaurazione di un rapporto di collaborazione scientifica e di studio, che al suo inizio riveste necessariamente carattere sperimentale, per il periodo di cui all'art. 5, viene eseguito a titolo gratuito. Si precisa che, in caso di partenariato scientifico fornito dal Dipartimento per la partecipazione a bandi di finanziamento regionali, nazionali o europei, nonché in caso di progetti già finanziati all'interno dei quali si possa prevedere un corrispettivo economico, sarà appositamente sottoscritta un'intesa con la quale stabilire il compenso spettante al Dipartimento per le attività scientifiche offerte.

Articolo 7 (Proprietà degli studi e ricerche)
Le parti, come rappresentate, convengono che la Soprintendenza e il Dipartimento rimarranno proprietari della metodologia, degli studi e delle ricerche che saranno prodotti a seguito delle attività riferite al presente accordo e si impegnano a metterli a disposizione a favore di soggetti terzi che ne facciano richiesta e che abbiano titolo all'utilizzo degli stessi, allo scopo di favorire la fruizione in remoto delle banche dati acquisite e/o prodotte nel corso delle attività di progetto a tutti gli Enti che avranno aderito ai protocolli d'intesa, assicurando altresì il pieno rispetto dei diritti di terzi, titolari di interventi eventualmente ancora non editi.
Viene inoltre stabilito che il Dipartimento ed il personale impegnato nelle attività di cui alla presente convenzione potranno utilizzare i predetti elaborati per relazioni, conferenze e atti in genere di carattere scientifico, avendo cura di citare la Soprintendenza quale ente partner delle attività sopra indicate.

Articolo 8 (Controversie)
Tutte le controversie che dovessero insorgere nella interpretazione ed esecuzione della presente convenzione, non risolte in via amministrativa, saranno deferite al giudice ordinario del Foro di Sassari.

Articolo 9 (Disposizioni finali)
Il presente Accordo Quadro diventa impegnativo per entrambe le parti immediatamente dopo la sua sottoscrizione. Il Dipartimento si farà carico delle spese di bollo e dell'imposta di registro, nonché degli adempimenti per la registrazione della presente convenzione.
Per quanto non espressamente disciplinato nella presente convenzione, si applicano le disposizioni del Codice Civile. Il presente atto, redatto in duplice originale, su n. [...] pagine, viene sottoscritto dalle parti a margine di ciascuna pagina ed in calce alla presente.

Autori
- Giovanni Azzena: Dipartimento di Architettura, Design e Urbanistica - DADU - dell'Università degli Studi di Sassari.
- Marco Edoardo Minoja: Ministero dei Beni e delle Attività Culturali e del Turismo - MiBACT.
- Federico Nurra: Dipartimento di Architettura, Design e Urbanistica - DADU - dell'Università degli Studi di Sassari.
- Enrico Petruzzi: Dipartimento di Architettura, Design e Urbanistica - DADU - dell'Università degli Studi di Sassari.

Bibliografia

Azzena G. 2001, *L'indagine topografica e la cartografia archeologica*, in AA.VV. *Il Mondo dell'Archeologia*, Roma, Treccani, 149 - 152.

Azzena G. 2004, *Tancas serradas a muros. Tracce di incomunicabilità nel linguaggio archeologico*, «Archeologia e Calcolatori», 15, 185-197.

Azzena G. 2011, *Una logica prospettiva*, in Serlorenzi M. (ed.), *SITAR Sistema Informativo Territoriale Archeologico di Roma. Atti del I Convegno. Roma-Palazzo Massimo (26 Ottobre 2010)*, Roma, Iuno, 29-39.

Azzena G. Campana S., Carafa P., Gottarelli A. 2013, *Il Sistema Informativo Territoriale Archeologico Nazionale - SITAN* in Serlorenzi M., Jovine I. (eds.), *Sitar sistema informativo territoriale archeologico di Roma. Atti del 2° Convegno (Roma, 9 novembre 2011)*, Roma, Iuno, 1-5.

Carandini A. 2008, *Archeologia Classica. Vedere il tempo antico con gli occhi del 2000*, Torino, Einaudi.

Castagnoli F. 1993, *Topografia Antica. Un metodo di studio - Vol. I 'Roma'*, Roma, Istituto Poligrafico e Zecca dello Stato.

Gottarelli A. 2011, *Il Progetto di Network della Ricerca archeologica*, in Serlorenzi M. (ed.), *SITAR Sistema Informativo Territoriale Archeologico di Roma. Atti del I Convegno. Roma-Palazzo Massimo (26 Ottobre 2010)*, Roma, Iuno, 103-105.

Sassatelli G. 2011, *La Seconda Commissione ministeriale per la formazione di un Sistema Informativo Territoriale Archeologico Nazionale*, in Serlorenzi M. (ed.), *SITAR Sistema Informativo Territoriale Archeologico di Roma. Atti del I Convegno. Roma-Palazzo Massimo (26 Ottobre 2010)*, Roma, Iuno, 99-102.

Serlorenzi M. (ed.) 2011, *SITAR Sistema Informativo Territoriale Archeologico di Roma. Atti del I Convegno. Roma-Palazzo Massimo (26 Ottobre 2010)*, Roma, Iuno.

Serlorenzi M., Jovine I. (eds.) 2013, *Sitar sistema informativo territoriale archeologico di Roma. Atti del 2° Convegno (Roma, 9 novembre 2011)*, Roma, Iuno.

Enhanced analysis and transcription of non-Hellenic inscriptions from Archaic Sicily through open source digital techniques

Filippo Stanco, Davide Tanasi, Beatrice Basile,
Federica Cordano, Gioconda Lamagna

The paper introduces a methodology for the enhanced analysis of Sicilian non-Hellenic inscriptions of Archaic period exploiting the 3D digital representation of each inscription and applying an ensemble of open source digital techniques for finalizing the transcription and emphasizing the technical features. Non-Hellenic inscriptions are texts engraved on durable materials in Greek alphabet used to express a non-Greek language spoken by the native people of Sicily, produced between the second half of the 6th century and the first half of the 5th century BC. An experimental exercise has been carried out on the most relevant of non-Hellenic texts, the inscription from the Mendolito of Adrano (Catania), an imposing limestone slab with 52 engraved letters found in 1962 encompassed in the main gate of Mendolito site. The artifact, currently in display at the Regional Archaeological Museum of Siracusa, has been acquired with a triangulation laser scanner and the 3D data has been processed with the open source software Meshlab and Blender. Reflectance Transformation Imaging (RTI) has been applied on the 3d model in order to capture the subject's surface shape and color and to enable the interactive relighting of the subject from any direction. In the environment of PTM (Polynomial texture mapping) and RTI viewer, in some portions of the inscription a multitude of traces never previously noticed and hardly identifiable with the naked eye has been showed for the first time. Such achievements brought to a substantial advance on the knowledge of native culture of Archaic Sicily pointing to the importance of extending the same approach on other cases study.

1. Introduction

In recent decades, the development of digital imaging research and the development of new IT solutions for the issues about study, conservation and promotion of Cultural Heritage has conditioned the latest methodological trends in the field of classical studies, including epigraphy. In this discipline, as clearly emphasized by J. Bodel [1], the IT revolution has brought a new approach to the study of signs of past civilizations with widespread use of digital tools in every step of the epigraphic research, from transcription to edition. The so called digital epigraphy has produced important results especially in dealing with problems of Greek epigraphy [2,3,4], and Egyptian hieroglyphics [5], becoming the most common and successful interpretative model. But for those writings outside the mainstream, no attempts of applying such new technologies have been tried out. An example is the non-Hellenic writings that developed in many countries of the Mediterranean basin after the beginning of the Greek colonial phenomenon, in the second half of I millennium BC. In particular, the case of native inscriptions in Greek alphabet of Late Archaic Sicily seems to be emblematic because of a stop in the development of further researches due to the absence of alternative approaches.

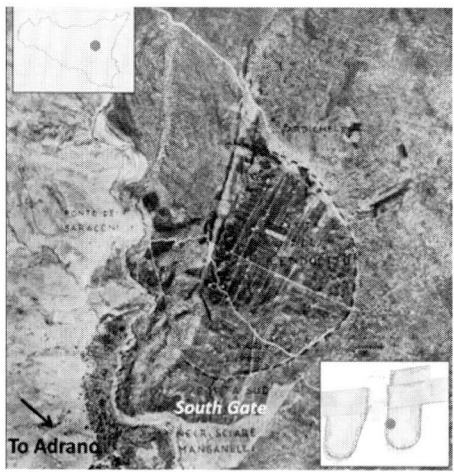

Figure 1 - Map of the settlement of Mendolito di Adrano (Catania) with indication of South Gate where the inscription was located.

Figure 2 - (a) Public inscription from the South Gate of Mendolito di Adrano (Catania); (b) Elaborated picture with emphasis on letters; (c) Mirrored version on the inscription with traditional transcription of the text.

2. Non-Hellenic epigraphy in Archaic Sicily and the case study of the inscription from Mendolito of Adrano (Catania)

Non-Hellenic inscriptions are texts engraved on durable materials in a bastardized version of the Greek alphabet used to express a non-Greek language spoken by the native people of Sicily. Also known as Sikel alphabet, it was mainly used between the second half of the 6th century and the first half of the 5th century BC [6]. Sikel epigraphy is probably the most prominent indicator of the pervasive cultural process of Hellenization of the native people of Sicily, that particularly affected fields of writing and language [7,8].

Due to the scarce availability of cases and to the issues in deciphering a long forgotten language, even after decades of study, the research on these archaeological artifacts is still in its infancy. The published corpus of transcribed inscriptions representing the starting point for every further new archaeological and philological exam, was based on autoptic analysis of texts. That exam was just aimed to recognize the letters without taking notice of eventual signs and traces indicating the skill and method of the engraver and his degree of familiarity with the Greek alphabet [9].

One of the native sites where the highest number of inscriptions were found is the anonymous Archaic settlement traditionally known as Mendolito of Adrano (Catania) (Figure 1). Explored in the 60s [10,11,12], it was a fortified settlement established by the Sikels in the 8th century BC, as the ultimate bulwark against the Greek expansion going westward, and later abandoned in the course of 5th century BC. The village was protected on the North, South and East by massive *emplecton* fortification walls made with lava blocks. The western side was naturally defended by steep lava cliffs. On the southern wall, a city gate, flanked by two colossal protruding bastions, was located and dated to the 6th century BC. On the inner wall of the eastern bastion, a large sandstone block bearing a Sikel inscription was inserted into the wall (Figure 2a). The inscription of the South Gate is not the only one found at Mendolito but it is the only example of a Sikel public inscription known so far, as well as being the one with the longest text [13].

The rectangular block of yellow sandstone, measuring 2 x 0.60 x 0.40 m, probably from the territory of Siracusa, was broken in two portions. The inscription in Sikel alphabet reads from left to right, and shows 52 recognizable letters arranged on two lines (Figure 2b). After its discovery in 1962-1963, it was later moved in 1977 to the Archaeological Museum of Siracusa for security reasons, where it is currently in display.

Due to its uniqueness as a public inscription, it was thoroughly studied and published by many scholars around 1964 and 1965, who dated it to 550 BC [14,15]. No further publications aiming to reappraise or to question the traditional edition of the inscription have been undertaken more recently. The first transcription of the text was carried out according to a popular method in the 60s, that is autoptic examination with artificial grazing light. The alphabet turned out to be influenced by the Chalcidian alphabet used by Greek colonists living in the nearby cities of Naxos, Zankle-Messana, Katane and Leontinoi. But it also presented a remarkable local characterization represented by new original signs and modifications of Greek letters, such as the arrow shaped alpha [15]. The peculiar features, unknown on other Sikel inscriptions, led to the identification of a Sikel alphabet of Mendolito type, the origins and function of which are still to be defined [16].

In the traditional edition of the text (Figure 2c), a series of Sikel words were recognized and tentatively translated. The first word of the first line from the right side is IAM AKARAM, translated as "this rock". While the first word of the second line from the same side is TEUTO, that can be a male name or, if read as an alternative version of TOUTO, the Sikel word for "community of warriors" [15]. That study of the text left several open problems. Many signs were not identifiable, some letters were doubtfully interpreted, and some accessory marks were transcribed and not discussed at all. Nothing was discussed about technological aspects relating to the methodology used by the scribe for engraving the block or about cognitive issues deriving from the level of knowledge of the Greek alphabet of the scribe.

The absence of alternative techniques of analysis that could improve the reading and consequently the transcription and the interpretation of the Sikel inscriptions brought the historical, archaeological and philological research about native communities of Archaic Sicily to a halt. Without the discovery of further inscriptions and new perspectives for approaching this theme, the culture and language of ancient Sikels seemed destined for oblivion.

3. Techniques of analysis: Reflectance Transformation Imaging (RTI) and Laser Scanning

In this frame, it has been developed a low budget multidisciplinary project aimed to attempt the digital enhancement of readability of the inscription from Mendolito of Adrano, in order to provide to scholars of archaeology and ancient philology the solution with the simplest interface. The project has been developed by the équipe of archaeologists and computers scientists of the *Archeomatica Project*, a research program of virtual archaeology and digital heritage promoted by the University of Catania and the Arcadia University [17,18,19,20].

In 2013, the director of the archaeological museum of Siracusa asked to the team of the Archeomatica Project to produce a 3d model of the inscription via laserscanning in order to store in their digital archive. The laser scanner used for that task was optical triangulation scanner Next Engine, very versatile especially when the objects to be scanned are placed in restricted spaces or cannot be removed, as its the case of the inscription from Mendolito. In fact it has been framed by a plasterboard wall, as to recall its original position, and set in the corner of a hall of the sector C of the museum.

Due to the rather large dimension of the letters and marks (between 3 x 3 and 6 x 6 cm) on the surface of the inscription from Mendolito of Adrano, the laserscanning resolution has been carried out with a resolution of 400 DPI and an error in macro setting of 0.005 (Figure 3), provided a reliable virtual copy of the object, without risks of substantial alterations. Furthermore, it was decided to do macro scans, acquiring sections of the surface of 5.1 x 3.8 at a time, to a total of 102 scans organized on four horizontal strips. During data processing the open source software

Figure 3 - A phase of the laser scanning of the inscription at the Archaeological Museum of Siracusa.

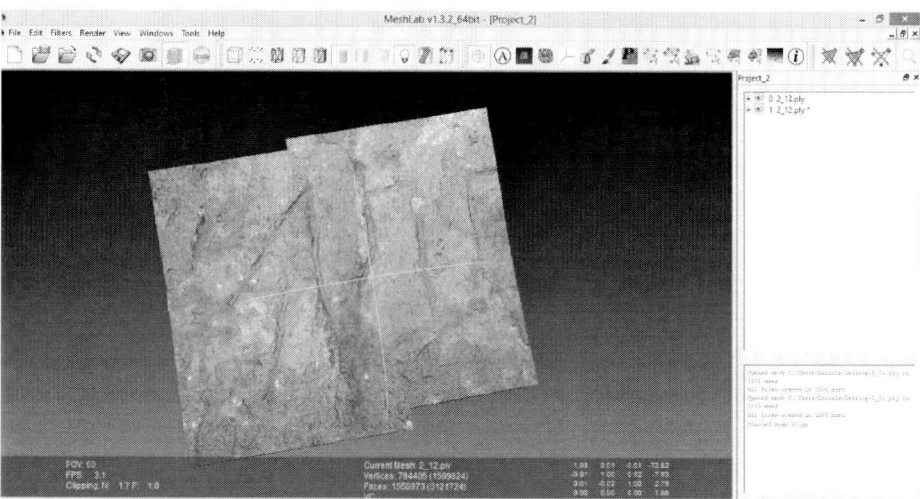

Figure 4 - Alignment phase in Meshlab environment.

Figure 5 - 3D model of the inscription at the end of data processing.

Meshlab was used for the alignment and for filling gaps and removing noises. The 3D model obtained after the alignment showed 66.886.286 vertexes and 131.835.928 faces (Figures 4,5). After the completion of this task, in 2014 we started back to think about methods to improve the readability of the text of the inscription in order to give a boost to the stagnant research about the Non-Hellenic inscriptions.

Since, a preliminary attempt to enhance the readability of the inscription with the application of classical edge detection filters like Sobel, Laplacian, and Prewitt [21] on high quality digital pictures did not give significant results a different approach was attempted. Vetting the literature, a method potentially bringing positive outcomes turned out to be the Reflectance Transformation Imaging (RTI) [22,23,24,25,26,27].

RTI is a photographic technique which builds a image from a set of images, capturing objects' superficial silhouette and storing information about the way it reacts when illuminated with a light source. Thanks to this, it is possible to visualize the object, changing interactively the position of the light source to reveal more details than on the original image. To create an RTI image, it is necessary to start from a series of digital photographs, all shot from the same position, but varying the position of the light source in each one. Starting from these pictures, specialized software (RTIBuilder) creates a mathematical model of the surface and produces the final RTI file. Each RTI is a two-dimensional image but, unlike them, it contains additional data. In fact, along with the color information (RGB), each pixel includes reflectance information obtained from the three-dimensional model of the subject. This information is the normal which represents the perpendicular direction to the surface at any given location about the way it reacts when illuminated with a light source.

Although there is in literature large range of applications for enhancing light and consequently readability of engraved 3D objects acquired with scanner [28,29,30,31], due to the low budget available for the projects, it has been decided to attempt an uncommon approach based on a virtual construction of the RTI [22, 32], array over the 3D model of the inscription in Blender environment. The feature of RTI that convinced us about the opportunity of relying on it for the current projects is represented by the specialized software necessary to view and explore RTI images (RTIViewer), which is characterized by a very user friendly and intuitive interactive interface that allows one to select the position of a virtual light. Being the final users of the technical solution under development scholars with very poor information technology skills, it seemed a further reason for focusing on this technique.

The RTIViewer combines the stored information about normal, giving back the same effect of lighting up a real object with real light, from different directions [25]. Moreover, with use of a very easy trackball tool, it is possible to regulate brightness and contrast and apply mathematical filters to accentuate details of the subjects surface.

Once the methodology has been chosen, we had to dealt with the impossibility to set up the RTI array due to the restricted space in the hall where the inscription is showcased and to its position in the corner.

Against this scenario, as alternative plan it has been decided to create a virtual RTI array in the environment of a 3D modeler.

Subsequently, it was created in Blender the RTI array. For this aim, a semi-icosphere structure was designed and a source of light placed at every vertex, for a total of 72, and a camera pointed perpendicularly to the support base in the highest point of the semi-icosphere (Figures. 6, 7). At a later stage, a small section of the inscription was placed inside this structure, placed next to a black sphere, which is necessary to detect the direction of the incident light. Subsequently, multiple renders of each portion of the evidence were acquired, in each of which the subject was illuminated with a single source of light active at a time. The 72 renders for each portion make up the input for the next RTI building phase (Figure 8). This process produces the final RTI file, that can be accurately analyzed using the viewer (Figure 9).

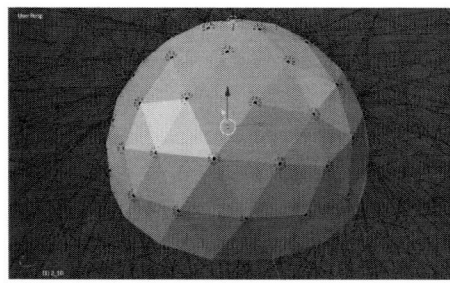

Figure 6 - Virtual semi-icosphere structure with 72 vertexs built in Blender environment.

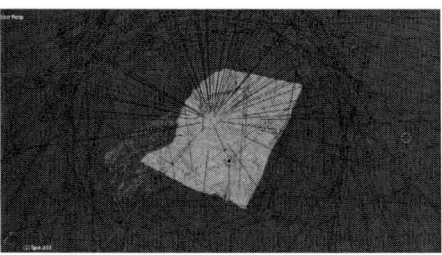

Figure 7 - Orientation of the 72 sources of light projected over the 3D model of the inscription.

Figure 8 - RTI building phase of the 72 renders.

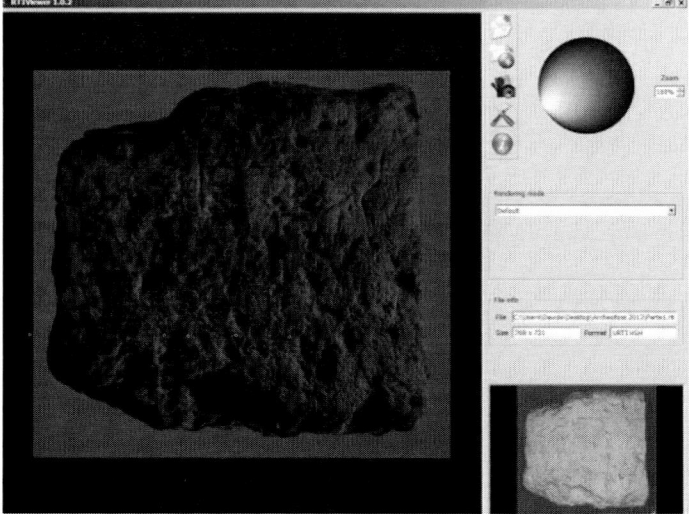

Figure 9 - RTI Viewer environment.

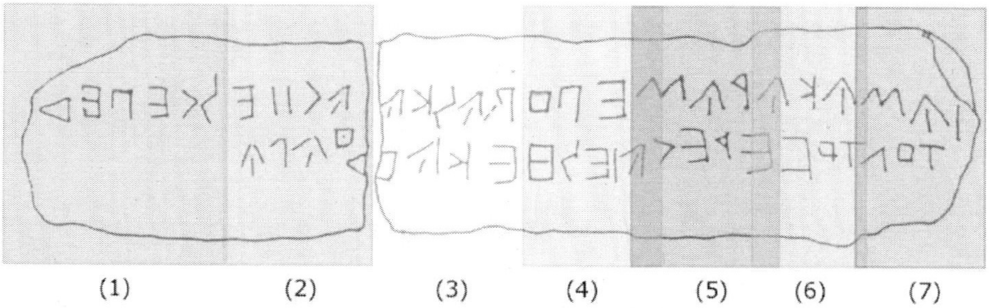

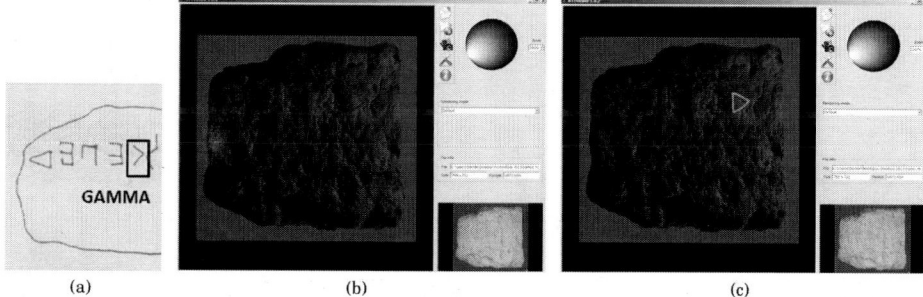

Figure 10 - Map of the seven portions of the inscription processed with RTI.

Figure 11 - (a-c) Portion 1, correction of a misread letter, a delta erroneously read as gamma.

4. Update of the transcription and new philological data

To simplify the analysis of the inscription of the RTI Viewer, the 3D model has been divided in 7 portions (Figure 10). Then, step by step, every sign on the portions has been thoroughly and meticulously studied. In particular in portions 1, 2, 4, 6 and 7 some novelties have emerged.

In the first portion, the second letter from the right side was identified in the traditional edition as a gamma (Figure 11a), while in the RTI viewer environment it is clear that it is a delta instead. It is important to remember that when dealing with an alphabet still to be fully deciphered that is used for a little known language, the precise identification even of a single letter could be crucial (Figures 11B,c).

In the second portion, one sign was not clearly recognized and marked with a star (Figure 12a) – the philological symbol used for uncertain signs. RTI clarifies that the sign is not a conventional letter of the Greek alphabet bastardized by the scribe but a new sign or letter of the Sikel alphabet to be studied in the published corpus of Sikel inscriptions (Figures 12b,c). It could be a ligature between two letters, an abbreviation or some kind of unit of measure.

In the fourth portion, in the blank space between the two lines of the text, a cruciform mark previously never reported can be seen clearly and is possibly to be interpreted as a sign engraved much later (Figure 13).

Furthermore, in the sixth portion, an accessory graffito below the first lines with signs of smaller dimensions, in RTI viewer can be read convincingly as the two letters omicron and delta, previously considered uncertain (Figure 14).

Finally, in the seventh portion, it has been possible to interpret the sequence of letters of another accessory graffito, right below the second line, from right to left omicron, iota, epsilon, alpha and another new sign of the Sikel alphabet that as mentioned before should be studied to search for eventual comparisons in the corpora (Figure 15).

In the study of ancient alphabet, the letters of which are subject to random changes due to skills of the scribe and the full repertoire of letters is still unknown, to identify a dash or to deny the presence of a dash determines a complete different interpretation of letter and consequently of a word and a meaning.

In this perspective, our exercise will certainly help the philologists in their task to interpret the Sikel writing.

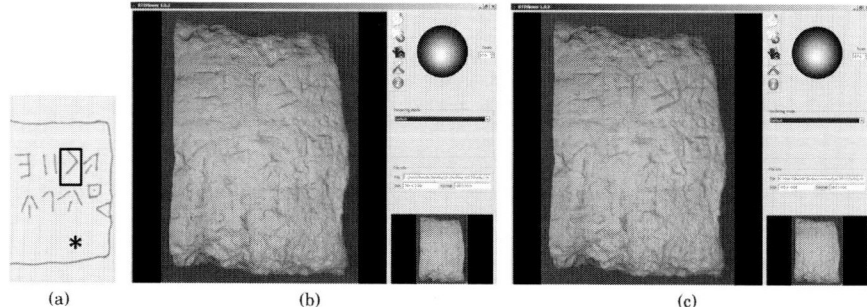

Figure 12 - (a-c) Portion 2, identification of new sign of the Sikel alphabet.

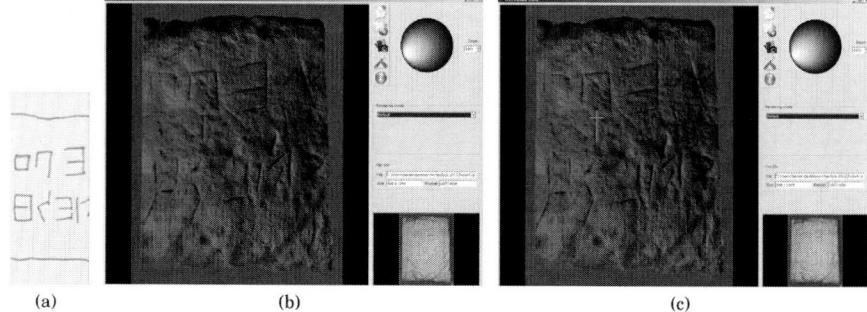

Figure 13 - (a-c) Portion 4, identification of a cruciform mark.

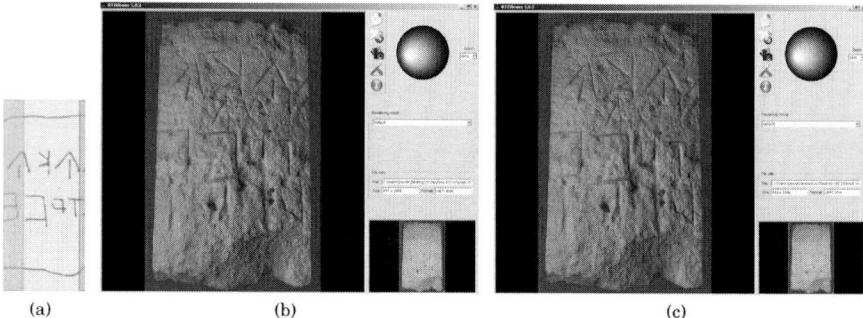

Figure 14 - (a-c) Portion 6, clarification of a previous uncertain accessory graffito as the two letters omicron and delta.

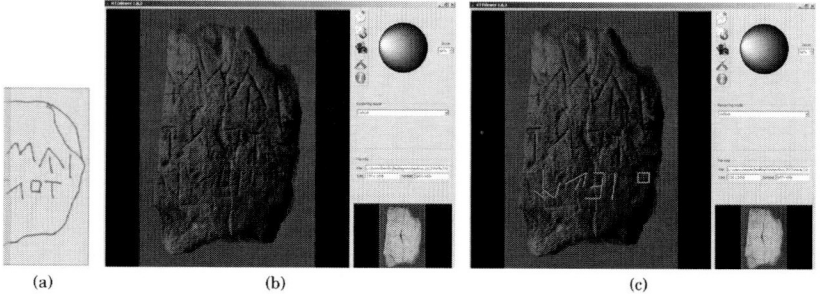

Figure 15 - (a-c) Portion 7, clarification of a previous uncertain accessory group of letters as alpha, epsilon, iota, omicron.

5. Final remarks and research agenda

This innovative approach to the study of non-Hellenic inscriptions of Archaic Sicily represents a significant advance in the recent history of archaeological and cultural studies of native people inhabiting the island even before the arrival of Greeks. Due to the absence of more recent discoveries and to the incapability of proposing new considerations on the basis of the traditional editions of the known inscriptions, the linguistic component has remained out of the main scientific debate about cultural interaction between Sikels and Greeks. The encouraging results achieved with the application of an ensemble of well-known digital imaging techniques applied to a field traditionally alien from the domain of digital epigraphy, represent a pivot for restarting research that has been halted for so long. The new available data offered to scholars in ancient philology could turn out to be rather relevant and this pioneristic approach can be taken as a model for similar studies on non-Hellenic epigraphy of further areas of ancient the Mediterranean. The other merit of this work has been to have questioned for the first time the official transcriptions and editions on which all the academic debate of the last years about the Sikel alphabet has been based, inferring new data for the discussion. The research on the Mendolito alphabet is far from being completed. In fact, the current work can be considered the first step of an ongoing research about Sikel inscriptions of Archaic Sicily.

Thus, the main intermediate goals in our agenda are: to elaborate the 3D model of the inscription previously obtained in order to compare the results with the RTI in order to assess the potential of the reflectance transformation imaging; to apply RTI technique for enhancing the analysis and transcription of other four inscriptions found at Mendolito of Adrano in order to better define the Mendolito alphabet and to attempt the identification of specialized scribe/scribes; to extend the research to all the contemporary Sikel inscriptions of the Aetnean area, that show an alphabet with the same Greek matrix (Chalcidian) of those from Mendolito in order to infer the presence/absence of travelling artisans. In a wider scenario, a final goal could be to extend the research over the other Sikel inscriptions known - less than 100 - and belonging to different linguistic districts of Sicily, in order t contribute significantly to the academic debate about the origin of this still mysterious non-Hellenic language.

The new available data offered to scholars in ancient philology could be rather relevant and this innovative approach can be taken as a model for similar studies on non-Hellenic epigraphy of further areas of ancient the Mediterranean. The present work, for the first time gives new data for the discussion about the transcriptions of the Sikel alphabet. The other merit of this research is to have demonstrated the feasibility of applying the RTI technique on images produced with a virtually constructed RTI array over a model from 3D scanner, especially when the artifact object of the experiment has dimensional scale and visual features enough large and recognizable, as for the case study of the inscription from Mendolito of Adrano.

Acknowledgements

Authors are grateful to Beatrice Basile and Gioconda Lamagna, namely former and current director of the Archaeological Museum of Siracusa for the authorization to study the inscription and to Susi Kimbell for the revision of the English text.

Authors

- Filippo Stanco: Dipartimento di Matematica e Informatica, Università di Catania.
- Davide Tanasi: Arcadia University, The College of Global Studies - AUMCAS.
- Beatrice Basile: Soprintendenza BB.CC.AA. di Siracusa
- Federica Cordano: Dipartimento di Scienze dell'Antichità, Università di Milano
- Gioconda Lamagna: Museo Archeologico Regionale Paolo Orsi di Siracusa.

References

[1] Bodel J., Latin Epigraphy and the IT Revolution, In Davies, J., Wilkes, J. (Eds.), Epigraphy and the historical sciences., London: British Academy, 2012.

[2] Panagopoulos M., Papaodysseus C., Rousopoulos P., Dafi D., Tracy S., Automatic Writer Identification of Ancient Greek Inscriptions., The IEEE Transactions onPattern Analysis and Machine Intelligence 31.8, 2009, 1404–1414.

[4] Sullivan S.M., Analytical methods for the extraction of content from high resolution data sets: epigraphical applications to the Drakon stele, New York: Proquest, 2013.

[5] MacDonald L.W., Visualising an Egyptian Artefact in 3D: Comparing RTI with Laser Scanning. Electronic Visualisation and the Arts, 2011, 155–162.

[6] Agostiniani L., L'elimo nel quadro linguistico della Sicilia anellenica, In Biondi, L., Corretti, A., De Vido, S., Gargini, M., Vaggioli, M.A. (Eds.), Giornate internazionali di studi sull'area elima, Pisa: Edizioni della Normale, 1992.

[7] Hodos T., Local Responses to Colonization in the Iron Age Mediterranean, London/New York: Routledge, 2006.

[8] Hodos T., Writing more than words in Iron Age Sicily, In Lomas, K., Whitehouse, R.D., Wilkins,J. (Eds.), Literacy and the State in the Ancient Mediterranean, London: Accordia Research Institute, University of London, 2007.

[9] Agostiniani L., Epigrafia e linguistica anelleniche di Sicilia: prospettive, problemi, acquisizioni., Kokalos 26-27.1, 1980-1981, 503–530.

[10] Orsi P., Pelagatti P. Adrano e la città sicula del Mendolito. 1808-1809., Archivio Storico per la Sicilia Orientale 13-14, 1967-1968, 137–166.

[11] Lamagna G., Note per un primo bilancio delle ricerche al Mendolito, In Lamagna, G. (Ed.), Tra Etna e Simeto. La ricerca archeologica ad Adrano e nel suo territorio, Catania: Regione Siciliana, 2009.

[12] Pelagatti P., Luigi Bernabò Brea. Il museo di Adrano e gli inizi degli scavi al Mendolito, in Lamagna, G. (Ed.) Tra Etna e Simeto. La ricerca archeologica ad Adrano e nel suo territorio, Catania: Regione Siciliana, 2009.

[13] Prosdocimi A., Agostiniani L., Lingue e dialetti della Sicilia antica, Kokalos 22-23, 1976-1977, 215–253.

[14] Agostiniani L., Alfabetizzazione della Sicilia pregreca, Aristonothos 4, 2012, 139–164.

[15] Cordano F., Iscrizioni monumentali dei Siculi, Aristonothos 4, 2012, 165–184.

[16] Agostiniani L., Le iscrizioni anelleniche del Museo di Adrano, In Lamagna, G. (Ed.), Tra Etna e Simeto. La

ricerca archeologica ad Adrano e nel suo territorio, Catania: Regione Siciliana, 2009.

[17] Stanco F., Tanasi D., Virtual Acropolis. Digital recreation of a Sicilian Archaic sanctuary., Virtual Archaeological Review 3, 2012, 126–130.

[18] Stanco F., Tanasi D., Gallo G., Buffa M., Basile B., Augmented perception of the past. The case of Hellenistic Syracuse., Journal of Multimedia 7.2, 2012, 211–216.

[19] Stanco F., Tanasi D. Beyond Virtual Replicas. 3D Modelling and Maltese Prehistoric Architecture., Journal of Electrical and Computer Engineering, 2013, 1–7.

[20] Stanco F., Tanasi D., Experiencing the Past. Computer Graphics in Archaeology, In Stanco S., Battiato S., Gallo G. (Eds.), Digital Imaging for Cultural Heritage: Analysis, Restoration and Reconstruction of Ancient Artifacts, Boca Raton, CRC Press-Taylor & Francis 2011.

[21] Gonzalez R.C., Woods R.E., Digital Image Processing, Upper Saddle River: Prentice-Hall 2007

[22] Malzbender T., Gelb D., Wolters H., Polynomial Texture Maps, In Pocock, L. (Ed.), Proceedings of the 28th Annual Conference on Computer Graphics and Interactive Techniques (SIGGRAPH '01), New York: ACM,, NY, USA, 519–528.

[23] Freeth T., Bitsakis Y., Moussas X., Seiradakis J.H., Tselikas A., Mangou H., Zafeiropoulou M., Hadland R., Bate D., Ramsey A., Allen M., Crawley A., Hockley P., Malzbender T., Gelb D., Ambrisco W., Edmunds M. G., Decoding the ancient Greek astronomical calculator known as the Antikythera Mechanism., Nature 444.7119, 2006, 587–591.

[24] Gautron P., Krivanek J., Pattanaik S., Bouatouch K., A Novel Hemispherical Basis for Accurate and Efficient Rendering, In Jensen, H.W., Keller, A. (Eds.), Proceedings of the 25th Eurographics Symposium on Rendering, New York: ACM, 2004.

[25] Mudge M,, Malzbender T., Schroer C,, Lum M., New reflection transformation imaging methods for rock art and multiple-viewpoint display, In Arnold (Ed.), D., Proceedings of the 7th International conference on Virtual Reality, Archaeology and Intelligent Cultural Heritage (VAST), Aire-la-Ville: Eurographics Association, 2006.

[26] Barbosa J.G., Sobral J.L., Proena A.J., Imaging Techniques to Simplify the PTM Generation of a Bas-Relief, In Arnold, D., Niccolucci, F., Chalmers, A. (Eds.), Proceedings of the 8th International conference on Virtual Reality, Archaeology and Intelligent Cultural Heritage (VAST), Aire-la-Ville: Eurographics Association, 2007.

[27] Mudge M., Schroer C., Earl G., Martinez K., Pagi H., Toler-Franklin C., Rusinkiewicz S., Palma G., Wachowiak M.,Ashey M., Mathews N., Noble T., Dellepiane M., Principles and practices of robust, photography-based digital imaging techniques for museums, In Artusi, A., Morwena, J., Lucet, G., Pitzalis, D., Ribès, A. (Eds.), Proceedings of the 11th International conference on Virtual Reality, Archaeology and Intelligent Cultural Heritage (VAST), Aire-la-Ville: Eurographics Association, 2010.

[28] Ritschel T., Smith K., Ihrke M., Grosch T., Myszkowski K., Seidel H.P., 3D Unsharp Masking for Scene Coherent Enhancement., ACM Transactions on Graphics 27,3, 2008, 1-8.

[29] Vergne R., Pacanowski R., Barla P., Granier X., Schlick C., Light Warping for Enhanced Surface Depiction., ACM Transactions on Graphics 28.3, 2009, 1-8.

[30] Vergne R., Pacanowski R., Barla P., Granier X., Schlick C., Radiance Scaling for Versatile Surface Enhancement, In. Haines, E., McGuire, M., Aliaga, D.G., Oliveira, M., Proceedings of the 2010 ACM SIGGRAPH Symposium on Interactive 3D Graphics and Games (I3D '10), New York: ACM, 2009.

[31] Rusinkiewicz S., Burns M., De Carlo D., Exaggerated Shading for Depicting Shape and Detail., ACM Transactions on Graphics 25.3, 2006, 1-8.

[32] Palma G., Corsini M., Cignoni P., Scopigno R., Mudge M., Dynamic Shading Enhancement for Reflectance Transformation Imaging., Journal on Computing and Cultural Heritage 3. 2, 2010, 1-20.

Rilievo e modellazione 3d di un sito archeologico tramite strumentazione UAV: confronto tra approccio closed- ed approccio open-source

Giulio Bigliardi, Paola Piani, Riccardo Salvini

The aim of the project was to realize a photogrammetric model of the excavation of the Poggio alla Regina Castle, useful for creating a detailed mapping of the georeferenced entities present on the ground. In addition, the generation of a stereoscopic model of the archaeological excavation allowed to generate a detailed point cloud from which it was possible to derive an accurate 3D model, useful to make measurements with an high level of accuracy.

The drone survey was planned in the laboratory; it consisted of two different flight plans at two different heights, 35 and 50 meters above the ground surface. Great attention was kept on the percentage of overlapping region between single frames and between adjacent strip. In order to obtain the best results it was decided to have a 70% of longitudinal overlap and 50% of transverse overlap (sidelap).

The first stage in the field was the positioning of a sufficient number of Ground Control Points (GCP) on the ground. The 3D coordinates of every GCP were then acquired via Differential Global Positioning System (DGPS) techniques, using the stop-and-go method with an observation time of 2 minutes at each point. After the topographic survey, an AscTec Falcon 8 vehicle, owned by the Geographike Ltd. Company and equipped with a Sony NEX-5N camera (focal length fixed to 24 mm), was used to perform 4 different flights.

The first flight was carried out as previously specified, taking images of the area at two different heights, 35 and 50 m. Moreover, a second flight was performed at a lower level, 20 m. The third flight was carried out in order to take a complete "panorama" of the area, while the fourth flight was dedicated to a video record. The entire survey was completed in one day, highlighting the short operational time needed.

The data were then post-processed following two different approaches. It was initially used a closed-source software (Agisoft PhotoScan), which led to the creation of the georeferenced point cloud, DEM, orthophoto, and 3D model of the area of interest. The software uses a powerful algorithm that allows to orient the acquired frames. The advantage of this approach is that the processing operations are fully automatic and can be entirely completed using a single software.

In the second approach the same outputs were realized using open-source software, such as Python Photogrammetry Toolbox for the orientation of the frames and the realization of the point cloud, Sfm_Georef for the georeferencing, and MeshLab for the creation of the 3D model. The final outputs obtained from the two different approaches were then compared in terms of quality and accuracy. This was done in a GIS environment (ESRI ArcGIS), where some points corresponding to the GCP placed on the ground were used to assess the models accuracy.

In conclusion the advantages and disadvantages of each approach were discussed, taking into account costs, time required for the elaborations, necessity of powerful computers and level of quality of the obtained products.

Figura 1 - Il sito archeologico di Poggio alla Regina.

1. Introduzione

La fotogrammetria è una delle scienze che ha beneficiato maggiormente della ricerca e dello sviluppo di soluzioni tecnologicamente innovative, in grado di migliorare non solo le condizioni di rilievo e ripresa, ma anche i risultati del successivo processo di analisi e di interpretazione.

Si è assistito ad un miglioramento tecnologico con la nascita di nuovi *software* (proprietari e non), che permettono un maggiore grado di automazione del processo, nonché di nuove strumentazioni utili a migliorare la qualità e le modalità del rilievo. In tal senso, il maggior contributo arriva dalle nuove piattaforme aeree non convenzionali da utilizzarsi nel rilievo fotogrammetrico vero e proprio. In particolare, la fotogrammetria con UAV (*Unmanned Aerial Vehicle,* o drone) (DIPARTIMENTO IUAV PER LA RICERCA 2011) consente di eseguire riprese aeree programmate come con un normale aeromobile, ma con notevoli vantaggi quali l'elevata velocità di esecuzione del rilievo, il grande dettaglio delle immagini ottenute, grazie alla quota di volo nettamente inferiore rispetto a quella di un aereo, ed il minore impegno logistico di esecuzione (PIANI 2013).

Questa tecnologia, applicata in particolare al rilievo di scavi archeologici, permette di superare due dei maggiori limiti legati ai metodi tradizionali di rilievo, quali i tempi di esecuzione molto lunghi e la rappresentazione piana della terza dimensione. Il rilievo da UAV garantisce, per sua caratteristica, la restituzione accurata di superfici e volumi utilizzabile per misurazioni di precisione e per la costruzione di modelli tridimensionali, permettendo di effettuare, grazie alla ripetibilità dei voli con identici parametri, indagini multitemporali in qualsiasi momento.

Nel seguente studio la tecnologia UAV è stata applicata ad un contesto archeologico con l'obiettivo di:
- realizzare una copertura fotografica aerea del sito, utile a creare una mappatura di dettaglio ed una contestualizzazione visiva delle strutture archeologiche attualmente visibili;
- generare modelli 3D dello scavo archeologico che permettessero di restituire fedelmente le strutture nelle loro componenti plano-altimetriche e di effettuare misurazioni metriche di precisione.

Il sito oggetto di questo studio è il castello di Poggio alla Regina, posto nel Comune di Pian di Scò (AR) che, per ubicazione e stato di conservazione dei ruderi, ha fatto ben emergere i vantaggi e le problematiche legate all'utilizzo di questo tipo di strumentazione (VANNINI 2002, CIMARRI 2003)[1].

---

[1] Il sito è oggetto dal 1993 di un progetto di ricerca condotto da un'équipe dell'Università degli Studi di Firenze, sotto la direzione scientifica del Prof. Guido Vannini.

Figura 2 - Octorotore AscTec Falcon 8.

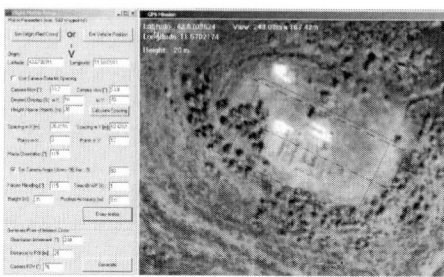

Figura 3 - Piano di volo con software proprietario AscTec.

Figura 4 - Fasi del rilievo GPS.

2. Acquisizione dei dati: rilievo aereo e rilievo GPS

Le riprese sono state realizzate utilizzando il modello di multirotore AscTec Falcon 8, che monta una fotocamera Sony NEX-5N ad ottica fissa 24 mm[2].

Sono stati impostati tre piani di volo per effettuare riprese a differenti quote: 20, 35 e 50 m. Tra i diversi parametri definiti sono risultati particolarmente importanti le percentuali di sovrapposizione tra fotogrammi, sia lungo la direzione di volo (overlap - stabilito al 70%), che ortogonalmente ad essa (sidelap – 50%). Infine, un quarto volo è stato dedicato a fotografie panoramiche e riprese video.

Per un più accurato orientamento esterno dei fotogrammi, si è provveduto al posizionamento su tutta l'area di interesse di un numero sufficiente di *marker* a terra (40)[3], che sono stati rilevati tramite GPS (*Global Positioning System*) in modalità differenziale RTK (*Real Time Kinematic*) con una permanenza di 2 minuti su ciascun punto per l'acquisizione. La strumentazione GPS impiegata è costituita da due ricevitori GPS Leica Geosystems™ Viva GS10.

La precisione delle coordinate misurate è risultata variabile tra 1 e 5 cm, in funzione della disposizione satellitare al momento del rilievo. I *marker* misurati durante il rilievo sono stati utilizzati come GCP (*Ground Control Points*) nelle successive operazioni di orientamento esterno dei fotogrammi[4].

Tutte le operazioni di acquisizione sono state condotte nell'arco di una giornata di campagna evidenziando la rapidità di esecuzione ed il ridottissimo impegno logistico di tale strumentazione.

---

2 http://www.astec.de

3 I marker sono stati realizzati con pannelli di 50x50 cm in polipropilene alveolare di colore giallo ai quali sono stati applicati dei fogli di pellicola nera adesiva in modo da formare una scacchiera che potesse essere ben visibile dall'alto e che non risultasse troppo riflettente al momento dello scatto fotografico.

4 Il rilievo GPS è stato realizzato dal Laboratorio Geomatica del Centro di Geotecnologie dell'Università di Siena.

Le immagini acquisite in campagna sono state elaborate con tecniche di *Image-based Modeling* che permettono di estrarre dati metrici tridimensionali da un set di immagini digitali. Per le elaborazioni si è deciso di procedere parallelamente con due approcci differenti: uno basato su *software* proprietario (*closed source*) e uno basato su *software* esclusivamente libero e *open source*, allo scopo di confrontarne limiti e potenzialità.

3. Approccio closed-source[5]

L'approccio *closed source* ha sfruttato esclusivamente la piattaforma *software* commerciale Agisoft PhotoScan Professional Edition (*AgiSoft LLC* 2012; De Reu et alii 2014)[6] che ha permesso la creazione di una nuvola di punti georeferenziata e scalata, un modello 3D texturizzato, un DEM (Digital Elevation Model) e una ortofoto dell'area di interesse.
Essendo le operazioni di processamento all'interno del programma molto automatizzate, l'operatore deve porre grande attenzione nell'impostare correttamente i parametri nelle differenti fasi di elaborazione. La scelta di questi parametri è legata alla potenza di calcolo del PC a disposizione e alla qualità dei dati che si intende produrre.
In questo caso, il PC utilizzato è un Notebook Intel® Core™ i5 CPU M430 a 2,27 GHz e 6GB di RAM, equipaggiato con il sistema operativo Windows 7 Home Premium e scheda grafica NVIDIA GeForce GT 320M da 1GB di RAM e risoluzione 1366 x 768 x 60 herz.

3.1. Elaborazioni e prodotti

Una volta scelte ed importate le immagini all'interno del programma, si è proceduto al loro allineamento con il comando "Align photos" (*Accuracy: High*).
Tramite questa operazione Photoscan è in grado di ricostruire il punto di presa della camera per ciascuna immagine e di creare da queste una nuvola di punti 3D a bassa densità (*sparse 3D point cloud*), che verrà infittita nelle successive operazioni. In questa fase si è potuto verificare come il rilievo a 20 m, rispetto a quelli a 35 m e 50 m, fosse evidentemente quello dotato di una maggiore precisione ed accuratezza della nuvola di punti e di conseguenza, per i successivi *step*, si è creduto opportuno concentrarsi maggiormente su questo.
Per georeferenziare la nuvola di punti sono stati individuati nelle immagini utilizzate i 40 GCP, completi di coordinate assolute riferite al livello del mare, derivanti dal rilievo GPS. Lo scarto quadratico medio (RMSE- *Root Mean Square Error*) tra le misure effettuate con il rilievo GPS e quelle ottenute tramite le elaborazioni del programma è risultato pari a 2,8 cm (0.685 pixel)[7]. Con i dati così ottenuti si è poi provveduto alla creazione del modello tridimensionale utilizzando i seguenti parametri:
- *Object type: Height field*, indicato per ricostruzioni di superfici planari e per rilievi effettuati da fotografie aeree dal momento che richiede un minor utilizzo della memoria del computer e allo stesso tempo garantisce l'elaborazione di un alto quantitativo di dati;
- *Geometry type: sharp*, per avere risultati più accurati nella ricostruzione, senza l'aggiunta di geometrie interpolate;
- *Target quality: medium*[8];
- *Face count: 1.000.000*, per evitare una modellazione troppo pesante e allo stesso tempo garantire una qualità adeguata (la nuvola di punti densa consta di 47106890 vertici).

---

5 Le elaborazioni closed source sono state realizzate dalla Geographike srl.

6 http://www.agisoft.ru

7 L'errore è riferito alle elaborazioni fatte sul rilievo fotografico a 20 m.

8 Sono stati elaborati calcoli a bassa, media, alta ed altissima qualità ma, a causa delle limitazioni degli hardware utilizzati, non è stato possibile ottenere risultati per quelle ad altissima qualità

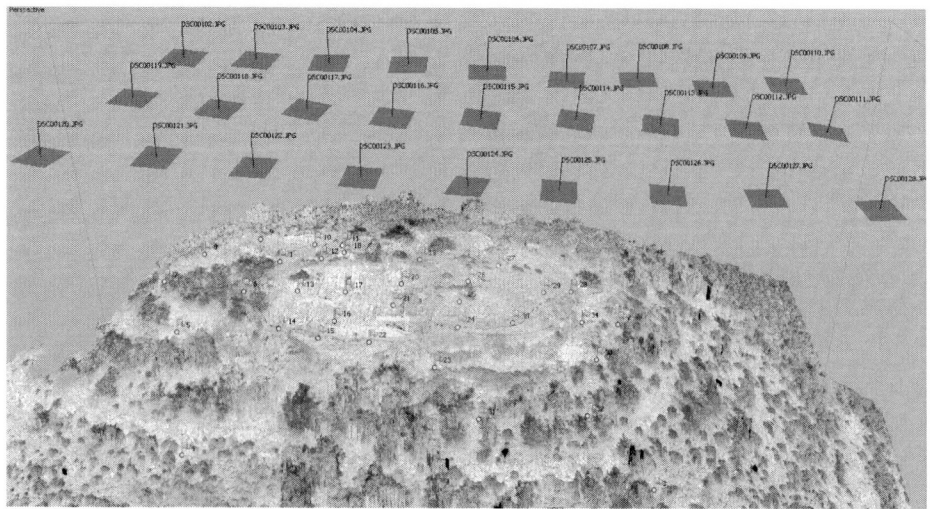

Figura 5 - Allineamento dei fotogrammi in Agisoft PhotoScan.

Figura 6 - Digital Elevation Model prodotto con Agisoft PhotoScan.

Figura 7 - Modello 3D texturizzato.

Successivamente, per rendere il modello tridimensionale più realistico si è provveduto ad apporvi una *texture*, derivante dalle stesse fotografie. Tra i vari parametri che possono essere scelti per la generazione della *texture* si è scelto:
- *Mapping Mode: Mosaic,* che offre una qualità migliore nella resa fotografica dal momento che non riporta i dettagli delle singole immagini sovrapposte ma usa solo le foto più appropriate, quelle cioè dove il pixel in questione è posizionato a minore distanza rispetto al centro dell'immagine;
- *Atlas width/height*: 4096, che è la dimensione in pixel della *texture* creata.

Una volta raggiunta la fase finale delle elaborazioni e creato il modello 3D è stato possibile esportare i vari prodotti ottenuti, quali la nuvola 3D di punti, il DEM, l'ortofoto georeferenziata e lo stesso modello tridimensionale nei formati più comuni (ply, obj, pdf 3d) in modo che potessero essere utilizzati anche con altri *software*.

4. Approccio open - source[9]

Nel campo dell'*Image-Based Modeling* sono oggi disponibili diverse soluzioni completamente libere e *Open-Source* già sperimentate con successo nel settore archeologico (Callieri et al. 2011; Ducke et al. 2011; Kersten, Lindstaedt 2012; Bigliardi et al. 2013; Dellepiane et al. 2013).

4.1. Elaborazioni e prodotti

L'elaborazione delle immagini per l'estrazione di una nuvola di punti 3D è stata realizzata con una sola applicazione: Python Photogrammetry Toolbox (PPT) (Moulon, Bezzi 2012). Si tratta di una suite che racchiude due applicazioni sviluppate dall'Università di Washington a Seattle (USA): Bundler e CMVS/PMVS2.

Il primo comando è "RunBundler," che serve per eseguire i processi di *Image Matching* e di *Structure-from-Motion reconstruction*. Il primo processo utilizza l'algoritmo di *feature detection* VLFEAT, che non è altro che la versione *Open-Source* del più noto algoritmo SIFT (*Scale Invariant Feature Transform*) (Lowe 2004). Lo scopo del processo è di riconoscere il maggior numero possibile di *features* corrispondenti tra due o più immagini. Il secondo processo, in cui è utilizzata l'applicazione Bundler vera e propria (Snavely et al. 2006a, 2006b), usa come input le *features* identificate nel passaggio precedente, oltre alla larghezza del sensore CCD e alla lunghezza focale della macchina fotografica, per triangolare tra loro le immagini ed elaborare la loro posizione relativa nello spazio, con l'obiettivo di ricostruire la geometria tridimensionale della scena rilevata. Il risultato finale di questo processo è una *sparse 3D point cloud*, cioè una nuvola di punti 3D a bassa densità.

Il secondo comando è "RunCMVS/PMVS": il risultato dei due processi precedenti viene utilizzato come input dall'applicazione PMVS2 – *Patch-based Multi-view Stereo* (Furukawa Y., Ponce J. 2007; Furukawa et al. 2010) per incrementare la densità di punti della *sparse 3D point cloud* e ottenere, attraverso un processo di *Multi-view Stereo reconstruction*, una *dense 3D point cloud*, cioè una nuvola di punti 3D ad alta densità.

Il PC utilizzato nell'elaborazione delle immagini è un Notebook Intel Core i3-M380 a 2,53 GHz e 4GB di RAM, equipaggiato con il sistema operativo ArcheOS 4.0, una distribuzione GNU/Linux basata su Debian Squeeze e sviluppata da Arc-Team appositamente per le esigenze del lavoro archeologico[10]. La potenza del PC utilizzato non ha permesso l'elaborazione contemporanea di tutte le 137 immagini disponibili, si è quindi deciso di elaborare singolarmente i differenti voli per poi unire insieme le tre nuvole di punti così ottenute utilizzando i GCP come punti di legame. Sempre per adeguarsi alla potenza del PC a disposizione, le immagini sono state scalate dalle dimensioni originali di 3056x4592 pixel: del 50% quelle del volo a 20 m, mentre solo del 75% quelle dei voli a 35 e 50 m, in quanto le immagini sono numericamente in quantità inferiore. L'applicazione di un fattore di scala è una funzione che può essere applicata direttamente all'interno di PPT contestualmente al lancio del primo comando "RunBundler" ed è una funzione molto utile per ottimizzare la risoluzione delle immagini in base al loro numero e alla potenza di calcolo del PC: maggiore è il numero delle immagini e la loro risoluzione, maggiore dovrà essere la potenza di calcolo del PC; quando le prestazioni del PC sono di medio-basso livello, come in questo caso, la soluzione migliore è abbassare la risoluzione delle immagini piuttosto che diminuirne il numero (Menconero 2013).

---

9 Le elaborazioni open source sono state realizzate dal Laboratorio di GeoTecnologie per l'Archeologia del Centro di Geotecnologie dell'Università di Siena.

10 Si veda il contributo di Bezzi A., Bezzi L., Francisci D., Furnari F. in questo stesso volume.

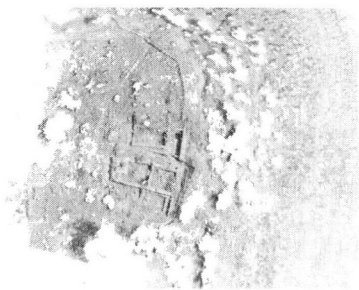

Figura 8 - Nuvola di punti prodotta con software open-source.

Figura 9 - Modello 3D prodotto con software open-source.

Al termine dell'elaborazione le tre nuvole di punti ottenute, una per ogni set di immagini, sono state aperte all'interno di CloudCompare[11], un *software* libero sviluppato da D. Girardeau-Montaut per l'elaborazione di nuvole di punti 3D e di *mesh*. Le nuvole sono state tra loro allineate utilizzando come base di riferimento la nuvola estratta dalle foto a 50 m, sulla quale sono state traslate le altre due nuvole di punti. Una volta allineate, le nuvole sono state fuse insieme e si è così ottenuta una nuvola di punti 3D composta da 3986493 vertici. La nuvola di punti risultata dalla fusione è stata quindi georeferenziata utilizzando i moduli "v.ply.rectify", "v.in.ply" and "v.out.ply" disponibili per GRASS GIS 7[12]. Questo sistema permette di associare coordinate relative e coordinate assolute dei GCP in modo automatico, semplicemente utilizzando come input un file di testo in cui sono riportate le coppie di coordinate. Il risultato del processo è l'esportazione della nuvola di punti 3D in coordinate assolute.

Nelle successive fasi del lavoro per il processamento della *mesh* e della *texture* si sono utilizzate le applicazioni CloudCompare e MeshLab. Il problema che si è presentato a questo punto è che, al momento del lavoro (Ottobre 2012), MeshLab non è in grado di gestire ed elaborare nuvole di punti in coordinate assolute. CloudCompare è in grado di farlo parzialmente, applicando uno *shift* alle coordinate dei punti in fase di importazione, riconducendole ad un sistema di coordinate relativo; si è quindi deciso di proseguire il lavoro utilizzando la nuvola di punti in coordinate relative e di georeferenziare successivamente l'ortofoto prodotta al termine dell'elaborazione.

La fase successiva, di elaborazione della *mesh* poligonale, è stata realizzata con CloudCompare utilizzando il plugin "qPoissonRecon" basato sull'algoritmo *Poisson Surface Reconstruction (Version 3)* (KAZHDAN *et al.* 2006). Per ottenere un maggiore grado di dettaglio si è deciso di elaborare a parte l'area interessata dalle strutture archeologiche utilizzando un valore *Octree Depth* = 9, mentre il resto della collina è stato elaborato con un valore *Octree Depth* = 8. Le due *mesh* sono poi state fuse e si è ottenuta un'unica *mesh* composta da 325318 facce.

La *texturizzazione* del modello è stata elaborata utilizzando MeshLab, un'applicazione sviluppata da ISTI – CNR di Pisa per l'elaborazione di dati tridimensionali (DELLEPIANE *et al.* 2013). In riferimento al caso specifico, MeshLab consente di utilizzare i risultati del processo di *Structure-from-Motion reconstruction* importando il file "bundle.out". In questo modo è stato possibile importare all'interno di MeshLab le immagini già perfettamente allineate rispetto alla nuvola di punti 3D e al modello tridimensionale ed utilizzare tali immagini per creare la *texture* del modello.

---

11 http://www.danielgm.net/cc/

12 http://arc-team-open-research.blogspot.it/2012/12/georeferncing-3d-pointclouds-with-open.html

L'unico parametro che è stato necessario impostare in questa fase è la risoluzione finale in pixel della *texture*. Dopo vari tentativi, si è scelto di utilizzare il file "bundle.out" risultato dall'elaborazione delle immagini a 50 m, in quanto si tratta del set con il numero minore di immagini e questo ha permesso di non abbassarne ulteriormente la risoluzione e di utilizzarle tutte contemporaneamente, garantendo così una buona copertura di tutto il modello. In questo modo, col PC a disposizione è stato possibile ottenere una *texture* di 4096 pixel di larghezza, che garantisce una risoluzione a terra di 6 cm[13]. Il modello 3D ottenuto è stato successivamente scalato alla dimensione reale utilizzando l'apposita funzione disponibile in MeshLab attraverso la conoscenza di o più misure di riferimento (in questo caso le distanze tra i marker a terra).Dal modello tridimensionale ottenuto è stata esportata la visione zenitale, corrispondente ad una ortofoto che conserva la risoluzione della *texture* del modello d'origine, quindi 6 cm a terra. La georeferenzizione dell'ortofoto è stata realizzata con il *software* Quantum GIS, utilizzando i 40 GCP (Casagrande 2012). Per il processo è stata utilizzata la trasformazione polinomiale con algoritmo di ricampionamento "cubico" e il risultato ha presentato un RMSE di 3,2 pixel che, in base alla risoluzione dell'immagine, corrisponde a 19,2 cm.

5. Conclusioni

La possibilità di avvalersi di un sistema UAV ha reso possibile, grazie alla facile trasportabilità della strumentazione, un rilievo di grande dettaglio altrimenti estremamente difficile da ottenere. L'esigua logistica ed i ridotti tempi di acquisizione dati hanno consentito di effettuare il rilievo in una sola giornata di campagna, permettendo di eseguire la maggior parte delle elaborazioni in laboratorio in fase di *post-processing*.

Durante le elaborazioni, i differenti *software* utilizzati hanno permesso di evidenziare pro e contro derivanti dall'utilizzo sia di programmi *closed-source* che di quelli *open-source* (Gonizzi et al. 2011; Kersten, Lindstaedt 2012).

Agisoft Photoscan ha rivelato una grande praticità di utilizzo dovuta all'uso di un unico *software* per tutte le elaborazioni con la possibilità di controllare l'RMSE in fase di inserimento e triangolazione dei GCP. Per contro ci sono i costi di acquisto del programma (da 500 a 3500 €, a seconda della versione desiderata) e la necessità di avere *hardware* molto potenti che siano in grado di sostenere elaborazioni ad alta ed altissima qualità che generano modelli 3D molto pesanti da gestire.

Al contrario, se la tecnologia *open-source* è da elogiare per l'assoluta mancanza di costi di acquisto, l'elevato numero di programmi e di passaggi manuali comporta una scarsa praticità di utilizzo oltre alla perdita progressiva di accuratezza del dato. In particolare, l'impossibilità di inserire GCP nella fase di elaborazione della nuvola di punti, impedisce di valutare la qualità dell'allineamento delle immagini e, di conseguenza, la presenza di eventuali deformazioni nel rilievo tridimensionale. Inoltre, se è vero che tutte la fasi possono essere tranquillamente svolte su un PC Notebook di livello medio-basso, l'intero processo richiede tempi di elaborazione piuttosto lunghi, soprattutto per quanto riguarda l'estrazione della nuvola di punti, e non consente di elaborare le immagini al massimo della loro potenzialità, limitando quindi la qualità dei prodotti finali (es. la densità della nuvola di punti, la risoluzione della *texture* e di conseguenza dell'ortofoto). Al momento del lavoro (Ottobre 2012), infine, sussistono grossi limiti nella gestione di dati 3D georeferenziati e, di conseguenza, nell'elaborazione di un modello georeferenziato.

Al di là dei vantaggi e svantaggi dei singoli approcci, risulta interessante il confronto tra alcuni dei prodotti elaborati, in particolare il confronto tra la nuvola di punti e l'ortofoto georeferenziata consente di trarre considerazioni sulla qualità delle elaborazioni.

---

13 Questa risoluzione sembra essere la massima raggiungibile con un Notebook di medio livello, si vedano i numerosi casi di studio in Bigliardi et al. 2013.

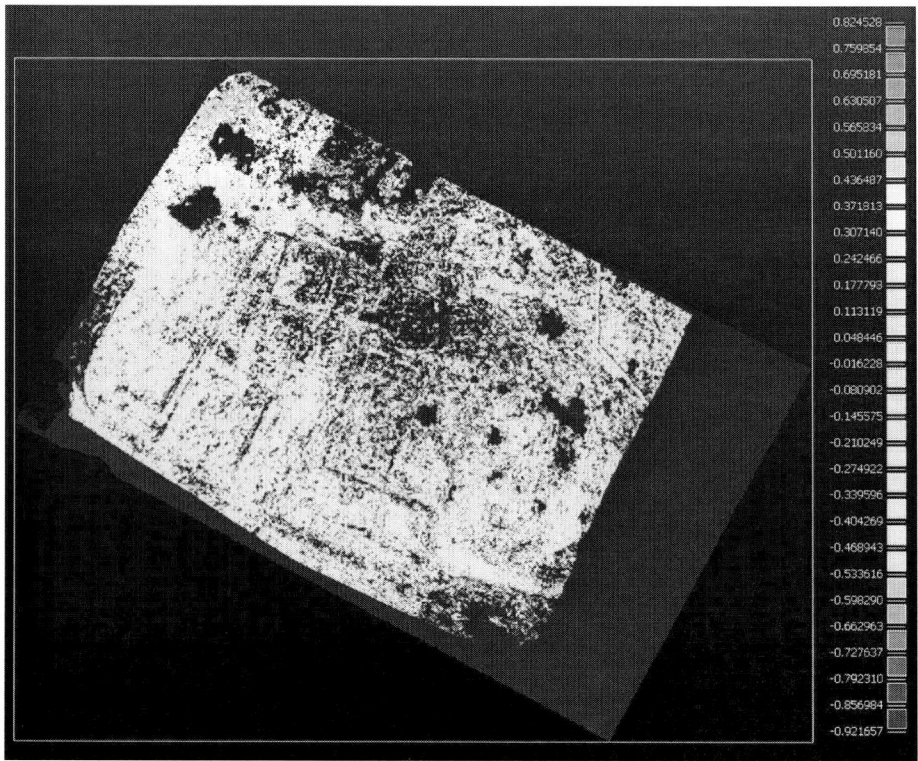

Figura 10 - Confronto tra nuvole di punti closed- e open-source in CloudCompare (unità di misura metri).

Per quanto riguarda la nuvola di punti, quella elaborata da Photoscan risulta superiore in termini di densità (47106890 punti contro 3986493) anche se, in tal senso, non sono da sottovalutare le differenze tra l'*hardware* a disposizione.

Conoscendo il margine di errore della nuvola elaborata con Photoscan (RMSE= 0,685 px, equivalente a 2,8 cm), è stato realizzato un confronto con quella elaborata con PPT per valutare la qualità di quest'ultima. Entrambe le nuvole sono state allineate in CloudCompare ed è stata misurata la distanza tra loro: il risultato è una distanza media pari a 10,3 cm e una deviazione standard di 19,689 cm.

Le ortofoto sono state invece confrontate in un *software* GIS: la differenza di accuratezza, già indicata dall'RMSE ottenuto in fase di georeferenziazione (2,8 cm contro 19,2 cm), è evidente nell'analisi visual dei GCP con uno scostamento molto variabile tra le due immagini.

In conclusione, nel caso oggetto di studio, l'elaborazione eseguita con Photoscan ha prodotto risultati di qualità superiore a quelli ottenuti con un approccio completamente *open-source*. In particolare, nella produzione di un modello 3D e di una ortofoto ad alta risoluzione e georeferenziati, le applicazioni *open-source* qui utilizzate hanno evidenziato alcuni limiti, che si auspica possano essere superati negli sviluppi futuri.

Autori
- Giulio Bigliardi: Centro di Geotecnologie, Università degli Studi di Siena.
- Paola Piani: Geographike.
- Riccardo Salvini: Centro di Geotecnologie, Università degli Studi di Siena.

Bibliografia

AgiSoft LLC 2012, *AgiSoft PhotoScan User Manual: Professional Edition, Version 0.9.0.* AgiSoft LLC.

Bigliardi G., Cappelli S., Bezzi A. (eds.) 2013, *Applicazioni Open Source per il rilievo 3D dei Beni Culturali. Atti della Giornata di Studio* (San Giovanni Valdarno, 19 luglio 2013), "Free and Open Source Software per i Beni Culturali", 1 p.

Callieri M., Dell'Unto N., Dellepiane M., Scopigno R., Soderberg B., Larsson L. 2011, *Documentation and Interpretation of an Archeological Excavation: an Experience with Dense Stereo Reconstruction Tools*, in Niccolucci F., Dellepiane M., Peña Serna S., Rushmeier H. E., Van Gool L. J. (eds.), *VAST11- The 12th International Symposium on Virtual Reality, Archaeology and Intelligent Cultural Heritage*, 33-40.

Casagrande L., Cavallini P., Frigeri A., Furieri A., Marchesini I., Neteler M. 2012, *GIS Open Source. GRASS GIS, Quantum GIS e SpatiaLite: elementi di software libero applicato al territorio*, Palermo, Flaccovio.

Cimarri V. 2003, *Reggello, il territorio e la sua storia. Luoghi e percorsi medievali*, Poggibonsi, 41-43.

Dellepiane M., Dell'Unto N., Callieri M., Lindgren S., Scopigno R. 2013, *Archeological excavation monitoring using dense stereo matching techniques*, "Journal of Cultural Heritage", 3 (14), 201-210.

De Reu J., De Smedt P., Herremans D., Van Meirvenne M., Laloo P., De Clercq W. 2014, *On introducing an image-based 3D reconstruction method in archaeological excavation practice*, "Journal of Archaeological Science" 41 , 251-262, http://www.elsevier.com/locate/jas.

Dipartimento IUAV per la Ricerca, Unità di Ricerca: Nuove tecnologie per la conoscenza del territorio e dell'ambiente, "City Sensing" e "Near Mapping", 2011, *Microdrone I-UAV piattaforma area leggera a bassa quota per il monitoraggio città ambiente e territorio, rilievi di parchi, infrastrutture, aree industriali, edifici, aree in dissesto idrogeologico, applicazioni tematiche di protezione civile*, 1 p.

Ducke B., Score D., Reeves J. 2011, *Multiview reconstruction of the archaeological site at Weymouth from image series*, "Computer & Graphics", 35, 375-382.

Furukawa Y., Ponce J. 2007, *Accurate, dense, and robust multi-view stereopsis*, in *Proceedings of IEEE Conference on Computer Vision and Pattern Recognition (CVPR)* (Minneapolis, USA, 17–22 June), 1–8.

Furukawa Y., Curless B., Seitz M., Szeliski R. 2010, *Clustering view for multi-view stereo*, in *Proceedings of IEEE Conference on Computer Vision and Pattern Recognition (CVPR)* (San Francisco, USA, 13–18 June), 1434–1441.

Gonizzi Barsanti S., Gherdevich D., Degrassi D. 2011, *Use Of Low Cost UAV Systems In Archaeological Research And Disclosure*, in *Proceedings of the "ISPRS Working Group V/2 Conference: Cultural heritage data acquisition and processing* (York, UK, 2011).

Kazhdan M., Bolitho M., Hoppe H. 2006, *Poisson Surface Reconstruction*, in *Proceedings of the fourth eurographics symposium on geometry processing*, 61-70

Kersten T. P., Lindstaedt M. 2012, I*mage-Based Low Cost Systems for Automatic 3D Recording and Modelling of Archaeological Finds and Objects*, in Ioannides M., Fritsch D., Leissner J., Davies R., Remondino F., Caffo R. (eds.), *Progress in Cultural Heritage Preservation. 4th International Conference EuroMed 2012* (Limassol, Cyprus, October 29 – November 3, 2012), "Lecture Notes in Computer Science", 7616, Heidelberg, Springer-Verlag, 1-10.

Lowe D. 2004, *Distinctive image features from scale-invariant keypoints*, "International Journal of Computer Vision", 60 (2), 91-110.

Menconero S. 2013, *Dalle fotografie alla mesh texturizzata: sperimentazioni*, in Bigliardi G., Cappelli S., Bezzi A. (eds.) 2013, *Applicazioni Open Source per il rilievo 3D dei Beni Culturali. Atti della Giornata di Studio* (San Giovanni Valdarno, 19 luglio 2013), "Free and Open Source Software per i Beni Culturali", 1 p.

Moulon P., Bezzi A. 2012, *Python Photogrammetry Toolbox: A free solution for Three-Dimensional Documentation*, in Cantone F. (ed.), *ARCHEOFOSS. Open Source, Free Software e Open Format nei processi di ricerca archeologica. Atti del VI Workshop* (Napoli, 9-10 Giugno), Pozzuoli, Naus, 153-170.

Piani P. 2013, *La strumentazione UAV nel rilievo e nella modellazione tridimensionale di un Sito Archeologico*, in "*Archeomatica Tecnologie per i Beni Culturali*", Anno IV, Numero I, 6 pp.

Snavely N., Seitz S. M., Szeliski R. 2006a, *Photo tourism: exploring image collections in 3D*, in *ACM transactions on graphics. Proceedings of SIGGRAPH*, 25 (3), 835-846.

Snavely N., Seitz S. M., Szeliski R. 2006b, *Modelling the world from internet photo collections*, "International Journal of Computer Vision", 80, 189-210.

Vannini G. 2002, Fortuna *e declino di una società feudale valdarnese. Il Poggio della Regina*, Firenze, 3-12.

MeshLab e Blender:
software open source in supporto allo studio e alla ricostruzione virtuale della policromia antica

Eliana Siotto, Marco Callieri, Matteo Dellepiane, Roberto Scopigno

In the last decade the ancient colour of Greek and Roman architecture and artworks has been the focus of multidisciplinary studies. Besides the international conferences and scientific publications, we are witnessing the development of experimental archaeology. This leads to hypothetical reconstructions of the original colours on both digital three-dimensional models, produced with 3D scanning systems, and physical replicas of objects. The virtual reconstructions of the original polychromy contend with numerous problems such as the limited knowledge of the methods and techniques of colour application on Greek and Roman artworks, and the technical limitations of the painting tools.

This paper proposes our experience with the reconstruction of the ancient polychromy of the Roman sarcophagus dedicated to *Ulpia Domnina* (Museo Nazionale Romano – Terme di Diocleziano in Rome, inv. no. 125891) through the use of open source digital technologies. Documenting a polychrome sarcophagus using the potential of three-dimensional technology means to extend the research beyond the cataloguing, and to have the opportunity to study technical details which are often not observable during direct visual inspection. Moreover, the state of colours and artwork degradation can be monitored along the time. In this paper, we explored the use of digital technologies mainly using open source digital systems, to understand if they can help the knowledge and hypothetical reconstruction of the ancient colour supported by the results of scientific and documentary studies. In particular, MeshLab (an open source mesh processing tool) was used to better understand the styles and techniques used to apply the colour on the *Ulpia Domnina*'s sarcophagus, and to create its virtual reconstruction; while Blender (an open source modelling and rendering tool) was used to render the different layers of paint and display their final effect.

The polychrome reconstruction of the left part of the sarcophagus was implemented using the paint tool of MeshLab, on the base of a set of sampled RGB (Red, Green, Blue) coordinates identified in the small polychrome traces that we have digitally sampled by means of calibrated digital macro-photography. We worked with per-vertex encoding, using MeshLab to apply the colour on the geometry. Therefore, in order to achieve high-quality results for the digital repainting phase, we needed to paint directly on the high-resolution 3D model.

We have seen that MeshLab offers a basic but flexible paint interface; colours can be defined as RGB or HSV (Hue, Saturation, Value) coordinates, and chosen colours can be stored in a personal palette. The only missing feature in the current release is the direct support of overlapping layers, which conversely characterize the polychrome technique identified on the *Ulpia Domnina*'s sarcophagus.

MeshLab supports interactive visualization; however, this real-time exploration, useful as it may be to visualize the small geometric details, cannot provide a photo-realistic visualization of the model. By design, MeshLab is a mesh processing system and not a full-feature rendering tool. Effects like soft shadows cast, sub-surface scattering (important for the marble surface) and a configurable lighting management are not available. For this reasons, we adopted Blender (or, rather, a combination of MeshLab and Blender) to achieve a more sophisticated visual

Figura 1 – Sarcofago di *Ulpia Domnina*, Museo Nazionale Romano alle Terme di Diocleziano in Roma (inv. 125891).

presentation of the colour reconstruction. Specifically the combination of the two open-source software has been tested on a selected area of the *Ulpia Domnina*'s sarcophagus that presents an interesting layering of colours: the Cupid on the left end of the front of the sarcophagus. Their combination (necessary to overcome some of their intrinsic limitations) proved to be able to produce realistic results.

1. Il caso di studio: il sarcofago di *Ulpia Domnina*

Il sarcofago scelto come caso di studio, come si legge nell'iscrizione integra in latino, fu dedicato da quattro liberti e dalle loro mogli alla matrona defunta *Ulpia Domnina* ed è esposto nel Chiostro di Michelangelo del Museo Nazionale Romano alle Terme di Diocleziano a Roma, inv. 125891 (Figura 1).

Esso è realizzato in marmo proconnesio (VAN KEUREN *et al.* 2010, 160) ed è datato in letteratura tra la fine del II e l'inizio del III secolo d.C. (FELLETTI MAJ 1953, 237-238; DAYAN *et al.* 1981, 86-88).

Il sarcofago fu occasionalmente rinvenuto nel 1953 a Roma in via Lidia n. 8 non *in situ*, ma «entro un tronconcino di muro moderno, che andò demolito» (FELLETTI MAJ 1953, 236). Dal punto di vista tipologico e iconografico, fa parte della produzione seriale di sarcofagi con Vittorie clipeofore ed Eroti funerari (DAYAN *et al.* 1981, 86-88; KOCH and SICHTERMANN 1982). La sua straordinarietà è data dalla peculiare conservazione della policromia originale e dalla tecnica di applicazione del colore (SIOTTO 2013, 213-215). In particolare, si osserva che si conservano prevalentemente tracce di colore rosso e azzurro, applicate a larghe pennellate e facendo attenzione ai dettagli del volto e delle piume brevi e remiganti delle Vittorie e degli Eroti. Le analisi in microscopia ottica petrografica hanno indicato che le tracce di azzurro sono costituite da granuli di blu egiziano commisto a granuli di nero d'ossa applicati direttamente sul marmo, mentre il rosso è un'ocra applicata al di sopra di una preparazione fine a base di gesso, pozzolana rossa e calce (SIOTTO 2013, 216-227; SIOTTO *et al.* 2015; SIOTTO *et al.* 2015A). Dall'unione delle informazioni archeologiche, storico-bibliografiche e delle analisi scientifiche (macro-fotografia, *imaging* multispettrale, spettroscopia Raman e, soprattutto, microscopia ottico petrografica) si è dedotto che questo sarcofago fu colorato in due momenti diversi dell'antichità. La colorazione originale (che vede il colore applicato direttamente sulla superficie del marmo) fu eseguita nel terzo quarto del II secolo (160-180 d.C.), quando il sarcofago fu realizzato, mentre la seconda (caratterizzata dal colore applicato al di sopra di uno strato di preparazione fine a base di gesso, pozzolana rossa e calce) risalirebbe alla metà del III secolo d.C., quando lo specchio epigrafico della *tabula* dedicatoria fu ribassato per realizzare la dedica a *Ulpia Domnina* (SIOTTO 2013, 228-229; SIOTTO *et al.* 2015A; SIOTTO in press). In questa seconda fase, anche l'interno del sarcofago fu rivestito da una malta sempre a base di gesso, pozzolana rossa e calce, ma più grossolana rispetto a quella usata sul rilievo del sarcofago come strato di preparazione alle diverse tonalità di rosso (SIOTTO 2013, 223-227; SIOTTO *et al.* 2015). Le evidenze sembrano indicare che anche al di sopra di questa malta fu applicato del rosso ocra ma per convalidare tale dato, che rappresenterebbe una novità nella storia dei sarcofagi romani in marmo, stiamo approfondendo le indagini (SIOTTO in press).

2. Metodologia e sperimentazione

La scelta del sarcofago proposto come oggetto di studio è il risultato di un'attenta valutazione che ha tenuto conto di diversi requisiti quali, ad esempio, l'abbondante presenza e, se pure lacunosa, buona conservazione dei colori più rappresentativi o il tipo di tecnica pittorica utilizzata o, ancora, le caratteristiche del rilievo che, essendo non molto alto, ha facilitato un'acquisizione completa e accurata della geometria. Non meno importante è stato il celere permesso a procedere con lo studio (SIOTTO 2013, 211-212).

L'acquisizione dei dati geometrici è stata eseguita con uno scanner laser a triangolazione (Konica Minolta Vivid 910), conseguentemente alla valutazione sia delle dimensioni e del materiale (marmo proconnesio) del sarcofago, sia della risoluzione finale del modello 3D necessaria a realizzare la ricostruzione policroma di metà del III secolo d.C., cioè dopo la ridipintura dovuta al riuso del sarcofago per la sepoltura di *Ulpia Domnina* (SIOTTO 2013, 230-235; SIOTTO *et al.* 2015; SIOTTO in press; per la *pipeline* 3D si veda CALLIERI *et al.* 2011). Successivamente, i dati acquisiti sono stati elaborati utilizzando MeshLab (CIGNONI *et al.* 2008), un sistema *open source* per il processamento dei dati sviluppato dal Visual Computing Lab ISTI-CNR di Pisa (http://meshlab.sourceforge.net/); e, al fine di ottenere un modello 3D ad alta risoluzione (19 milioni di triangoli) e fotorealistico, si è seguita la metodologia standard di scansione 3D (SIOTTO 2013, 236-241; SIOTTO *et al.* 2015; per la *pipeline* 3D del colore si veda CALLIERI *et al.* in press).

Per l'attività di riproposizione del colore antico sul modello 3D era necessario avere dei valori di riferimento dei colori, così si è misurata la riflettanza spettrale delle evidenze più indicative di colore rosso, azzurro e bianco-rosato della preparazione con uno spettrofotometro. Purtroppo i risultati ottenuti non sono stati del tutto soddisfacenti sia perché lo spot dello strumento a nostra disposizione era troppo grande rispetto alle piccole tracce di colore da misurare, sia perché la superficie del rilievo non permetteva una perfetta aderenza dello strumento alle microaree da misurare (SIOTTO 2013, 243-249; per l'analisi colorimetrica si veda BERNS 2000, 44-54; OLEARI 2008, 139-224). Si è così deciso di acquisire delle immagini calibrate ad alta risoluzione di queste evidenze policrome di riferimento e di calcolare le coordinate cromatiche in spazio RGB (SIOTTO 2013, 250-253; per lo spazio RGB si veda OLEARI 2008, 154-159).

2.1. Colorazione del modello con MeshLab

Determinate le coordinate RGB dei diversi colori, si è creata una palette di colori corrispondenti nel plug-in di *Paint* di MeshLab (Figura 2) e si è proceduto con l'attività di colorazione del modello 3D (SIOTTO 2013, 258-261; SIOTTO *et al.* 2015). Dalla valutazione delle coordinate di colore in spazio RGB è emerso che tutti i colori sono caratterizzati da due valori cromatici di base, eccetto la preparazione, il fondo e la linea di contorno delle figure che ne hanno solo uno. In particolare, i risultati di questa ricerca hanno rivelato che: il colore rosso utilizzato per i listelli del sarcofago ha gli stessi valori di quello utilizzato per le ali, le cornucopie, le rocce e per le lettere incise dell'iscrizione; i valori cromatici dell'azzurro sono gli stessi in tutte le aree campionate del sarcofago; il colore della pelle è lo stesso per le Vittorie e gli Eroti, anche se quello degli Eroti sembrerebbe leggermente più scuro di quello delle Vittorie. Entrambe le figure hanno i capelli castani e le labbra di colore rosso scuro tendente al marrone. Gli occhi hanno le pupille e le iridi di colore grigio scuro (nero-blu), mentre il contorno interno dell'occhio è delineato con una

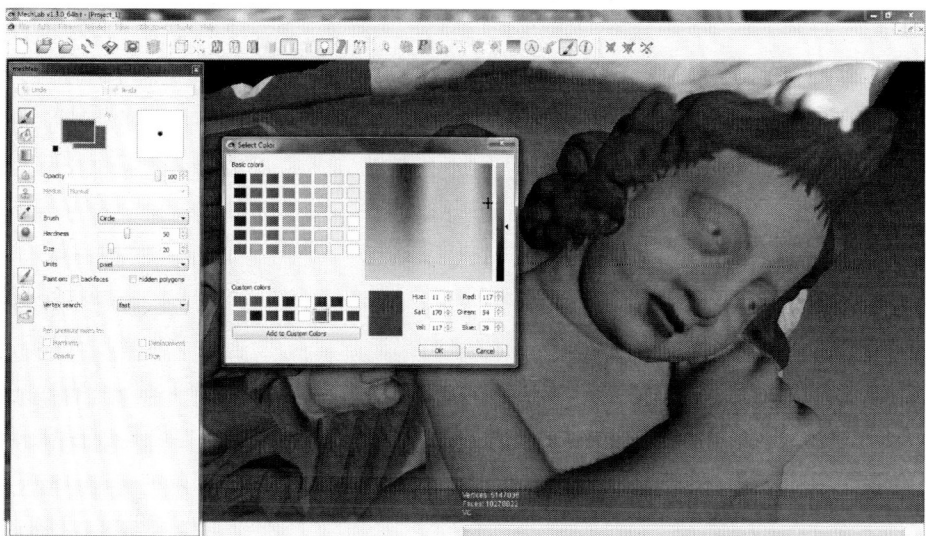

Figura 2 – Interfaccia dello strumento di Paint di MeshLab.

linea rossa applicata al di sopra di una linea nera (nero-rosso). Tracce di bianco sono visibili nell'angolo interno degli occhi. L'unico rosso con tonalità differente (nero-arancio anziché nero-rosso) è riconoscibile sul bastone della fiaccola destra; questo potrebbe essere un residuo della cromia originale del terzo quarto del II secolo d.C., visibile anche in altri dettagli del rilievo (quali, ad esempio, le ghiande e le zone nascoste del nastro della ghirlanda) dove non si conserva più la ridipintura secondaria, applicata al di sopra di una preparazione fine in gesso, pozzolana rossa e calce nella metà del III secolo d.C. (Siotto 2013, 253-257; Siotto *et al.* 2015).

Una delle decisioni più difficili è stata quella di determinare il colore del fondo del sarcofago. Le esigue tracce di colore rosso applicato al di sopra di una preparazione fine a base di gesso, pozzolana rossa e calce discernibili in diversi punti del rilievo appartengono chiaramente alla ridipintura di metà III secolo d.C. (Siotto 2013, 254; Siotto *et al.* 2015).

Dopo un primo tentativo di colorazione di un modello geometrico semplificato (3 milioni di triangoli), a causa dell'accuratezza del dettaglio richiesta per dipingere alcune parti del rilievo (es. particolari del volto, lettere incise, etc.) si è deciso di dipingere direttamente sul modello 3D ad alta risoluzione. Ciò ha richiesto un tempo di lavoro più lungo, perché più la risoluzione è alta maggiore sono le risorse hardware richieste per la sua visualizzazione e manipolazione. Questa scelta ha comportato la necessità di dividere il modello 3D del sarcofago in dieci parti di differenti dimensioni (dai 2 ai 4 milioni di triangoli) e di procedere con una colorazione separata dei diversi pezzi (Figura 3). Dopo che il colore di ogni porzione è stato trasferito sulla metà del sarcofago interessata dalla ricostruzione policroma, in alcuni casi, al fine di avere il risultato visibile in Figura 4, è stato necessario armonizzare il colore lungo i bordi dei pezzi uniti (Siotto 2013, 258-261).

Il *Paint* tool di MeshLab consente di definire i colori in coordinate sia RGB che HSV (Hue, Saturation and Value) e di gestire allo stesso tempo due caratteristiche del colore: il livello di ombra e la percentuale di opacità. Il *Paint* tool di MeshLab si è dimostrato uno strumento facilmente utilizzabile e molto flessibile; esso però a causa della sua natura (software per il processamento dati) non è sufficientemente adeguato per rappresentare una struttura a strati. Il rendering in MeshLab, ossia l'immagine finale a partire dalla geometria e dal colore del sarcofago, usa un

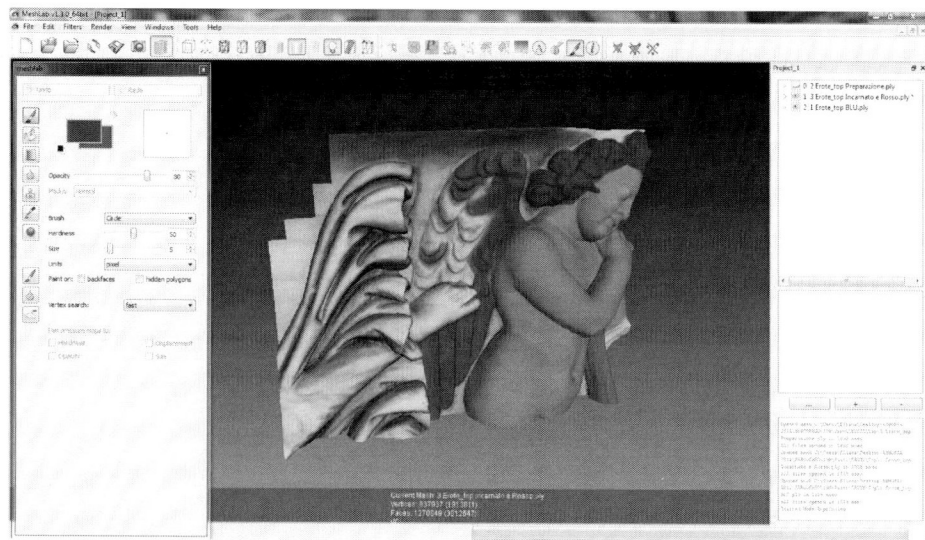

Figura 3 – Porzione del modello geometrico 3D ad alta risoluzione dipinta separatamente.

Figura 4 – Ricostruzione virtuale della pittura secondaria (ca. metà III secolo d.C.) del sarcofago di *Ulpia Domnina*.

Figura 5 – Rendering in MeshLab.

modello semplice di tipo Lambertiano, dove la luce viaggia da una sorgente luminosa al manufatto artistico che la riflette in tutte le direzioni (componente diffusa), come visibile in Figura 5. Questa "illuminazione diretta" presenta però alcune limitazioni quando si devono rappresentare materiali complessi. In MeshLab è possibile cambiare gli shader che riproducono il comportamento fisico del materiale che compone l'oggetto cui sono applicati, ma ciò è ancora limitato a un singolo shader per tutto il sarcofago, mentre in questa sperimentazione è stato necessario simulare il marmo e una serie di strati di colore. MeshLab, infatti, essendo un software per il processamento in press dati, non supporta una struttura basata su più livelli. Questo significa che non permette di documentare e visualizzare i vari strati di preparazione e colore che caratterizzano il nostro caso di studio. La ricostruzione policroma riproposta (Figura 4) mostra, infatti, l'aspetto finale del sarcofago e non quello della sua struttura stratificata (Siotto et al. 2015B).

Tuttavia, l'attività di sperimentazione sul modello 3D ad alta risoluzione con il plug-in di *Paint* di MeshLab si è rivelato un valido ausilio per la conoscenza e la comprensione di alcune problematiche del colore antico quale, ad esempio, le differenti tecniche di stesura e di applicazione del colore. Il risultato finale, ossia un'ipotesi ricostruttiva di come poteva apparire il sarcofago policromo dedicato a *Ulpia Domnina* alla metà del III secolo d.C. (Figura 4), è dunque il frutto dell'integrazione dei risultati delle analisi scientifiche, delle osservazioni visive e dei dati archeologici e storico-bibliografici (Siotto 2013, 264-266; Siotto et al. 2015).

2.2. Rendering fotorealistico usando Blender

Realizzato il modello policromo in MeshLab, al fine di avere un rendering più realistico si è ricorsi all'uso di un altro software open source, Blender (o, meglio, a una combinazione di MeshLab e Blender). Blender è nato per la modellazione, l'animazione e il rendering 3D (http://www.blender.org/). Dall'attività di test è emerso che pur non avendo una funzione semi-automatica atta a gestire "materiali multistrati", permette di farlo manualmente combinando i diversi nodi di shader, che riproducono il comportamento fisico del materiale dell'oggetto (marmo o colore) cui sono applicati. L'idea era di rappresentare i vari strati di preparazione e di colore con degli shader (uno shader per ogni pigmento e/o miscela di pigmenti che corrispondono ai diversi colori) e con una "maschera" per dettagliare dove un pigmento è presente (Siotto et al. 2015B). Questa sperimentazione è stata eseguita sulla figura dell'Erote funerario sull'estremità sinistra della fronte del sarcofago (Figura 1). I differenti strati di colore (1. blu egiziano e nero d'ossa, 2. preparazione, 3. rosso-ali, rosso-incarnato e rosso-capelli) sono stati realizzati sulla porzione scelta del modello 3D ad alta risoluzione in MeshLab come se fossero degli strati distinti e, quindi, sono stati salvati in file differenti. Sempre in MeshLab si è creato per ogni strato di colore (o preparazione) una "maschera", che descrive dove il colore è presente e dove no; questa è stata poi importata in Blender (Figura 6). Per lavorare in Blender in modo ottimale è stato necessario parametrizzare il modello 3D; si è dunque testato, su un'area di 500k di triangoli, sia lo strumento di parametrizzazione interno di Blender che quello di MeshLab, con risultati simili (Siotto et al. 2015). Partendo da queste mesh dipinte, si sono proiettate le informazioni di colore sulla texture e si sono attribuiti i differenti materiali ai rispettivi "oggetti". Quest'attribuzione del materiale agli "oggetti" è iniziata (nell'interfaccia grafo "nodo-materiale" di Blender) con l'assegnazione di uno shader base per simulare il marmo, al quale sono susseguiti una cascata di "nodi" con gli shader che simulano gli altri strati pittorici che caratterizzano la policromina del sarcofago dedicato a Ulpia Domnina. Il grafo "nodo - materiale" finale, visibile in Figura 7, è dunque una sequenza di nodi, ciascuno guidato dalla "maschera" (Siotto et al. 2015B).

Dall'uso congiunto di MeshLab e Blender si è così riusciti ad avere uno shader "corretto", che tiene conto della presenza di un certo pigmento o/e miscela di pigmenti (il valore della "maschera") e della stratificazione pittorica (l'ordine nella sequenza dei "nodi"), come visibile

Figura 6 – Creazione di maschere per la sovrapposizione di più strati di colore: colore originale (sx), preparazione della maschera (centro); maschera di colore blu (dx).

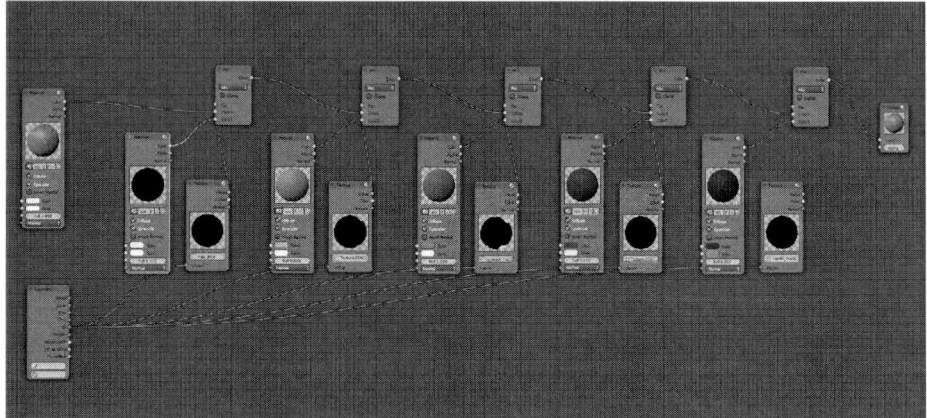

Figura 7 – Il grafo "nodo – materiale", che assegna uno shader a ogni colore o a ogni livello diverso nella porzione scelta del sarcofago per l'attività di test.

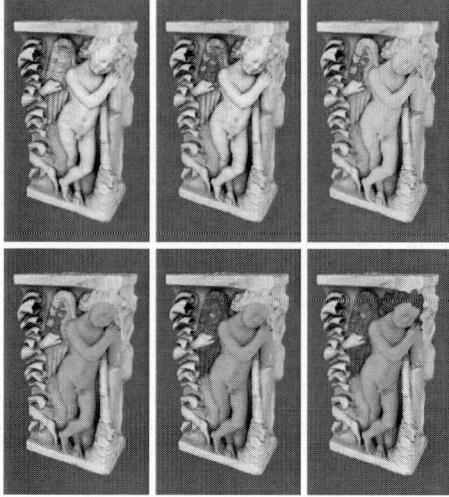

Figura 8 – Test per creare una sovrapposizione di più strati di colore.

Figura 9 – Rendering in Blender (versione policroma in corso d'opera rispetto a quella di Fig. 5).

in Figura 8. Si sono così ottenute una serie di immagini fotorealistiche in cui ogni materiale ha la sua ombreggiatura corretta (e non la semplice rappresentazione Lambertiana utilizzata nella maggior parte degli strumenti in tempo reale), e una configurazione di illuminazione che simula il posizionamento attuale del manufatto artistico (non conoscendo quello originario perché non rinvenuto *in situ*), come visibile nella Figura 9.

Anche per quanto riguarda Blender, quest'attività ha messo in luce che devono essere affrontati due punti importanti: la progettazione di shader fisicamente corretti per ogni colore e una migliore simulazione dell'interazione della luce tra i diversi strati pittorici.

Per quanto riguarda il primo punto, al momento gli shader per i diversi colori sono stati creati manualmente utilizzando il colore di base calcolato da immagini calibrate e grazie ad alcuni dati sulla natura dei pigmenti quali, ad esempio, la granulometria (e quindi la possibile brillantezza o densità del colore) emersi dai risultati delle analisi scientifiche. Al fine però di avere una migliore simulazione sarebbe opportuno misurare la BRDF (Bidirectional Reflectance Distribution Function) della colorazione (ricreabile quanto più fedelmente possibile utilizzando l'approccio dell'archeologia sperimentale) e rappresentarla con uno shader.

Per quanto riguarda invece la possibilità di avere una migliore simulazione dell'interazione della luce tra i diversi strati si è visto che, nella configurazione attuale, anche se è possibile ottenere strati semitrasparenti (ossia che mostrano parzialmente quello sottostante), ciò non è sufficiente a riprodurre i diversi modi in cui la luce interagisce con gli strati pittorici. Alcuni effetti della luce più complessi come, ad esempio, la dispersione sub-superficiale fra i diversi strati (*sub-surface scattering*) o l'effetto della diffrazione non si sono potuti simulare per mancanza di input di dati (Siotto *et al.* 2015B).

3. Conclusioni

In questo articolo abbiamo presentato alcuni dei risultati di un progetto multidisciplinare più ampio sulla ricostruzione virtuale della ridipintura antica di metà III secolo d.C. del sarcofago dedicato a *Ulpia Domnina*. L'obiettivo della sperimentazione era di individuare e definire una metodologia integrata dove gli strumenti open source di computer grafica non siano un fine ma un mezzo che, agendo da "legante" fra i risultati delle analisi scientifiche e le informazioni derivate da indagini archeologiche, storico-bibliografiche e archivistiche, permetta di ottenere una restituzione rigorosa e realistica dell'antica policromia. Al tal fine si è combinato l'uso di due software open source, MeshLab e Blender. Questa combinazione, resa necessaria per superare alcune limitazioni intrinseche ai due software, si è complessivamente dimostrata vincente poiché ha permesso di realizzare dei rendering approssimativamente vicini a quelli reali.

Ringraziamenti

Si ringraziano vivamente la Soprintendenza Speciale per i Beni Archeologici di Roma e la dr.ssa Rosanna Friggeri, direttrice del Museo Nazionale Romano alle Terme di Diocleziano in Roma per le autorizzazioni e la collaborazione. Quest'attività è stata parzialmente finanziata dal progetto Ar.Te.Sal.Va. (http://artesalva.isti.cnr.it/).

Autori

- Eliana Siotto: Scuola Normale Superiore di Pisa, Visual Computing Lab ISTI-CNR in Pisa (http://vcg.isti.cnr.it/).
- Marco Callieri: Visual Computing Lab ISTI-CNR in Pisa (http://vcg.isti.cnr.it/).
- Matteo Dellepiane: Visual Computing Lab ISTI-CNR in Pisa (http://vcg.isti.cnr.it/).
- Roberto Scopigno: Visual Computing Lab ISTI-CNR in Pisa (http://vcg.isti.cnr.it/).

Bibliografia

Berns R.S. 2000, *Principles of Color Technology*, Wiley.

Callieri M., Dellepiane M., Cignoni P., Scopigno R. 2011, *Processing sampled 3D data: reconstruction and visualization technologies*, in F. Stanco, S. Battiato, G. Gallo (eds.), *Digital Imaging for Cultural Heritage Preservation: Analysis, Restoration and Reconstruction of Ancient Artworks*, CRC Press, Taylor and Francis, 103-132.

Callieri M., Dellepiane M., Ranzuglia G., Cignoni P., Scopigno R., *MeshLab as a complete open tool for the integration of photos and color with high-resolution 3D geometry data*, in *Proceeding of Computer Aided Archeology CAA 2012*, Southampton, UK [in press].

Cignoni P., Callieri M., Corsini M., Dellepiane M., Ganovelli F., Ranzuglia G. 2008, *MeshLab: an Open-Source Mesh Processing Tool*, in *Proceedings of 6th Eurographics Italian Chapter Conference*, 129-136.

Dayan S.A., Musso L., Friggeri R. 1981, 4. *Sarcofago di Ulpia Domnina con Nikai Clipeofore* in A. Giuliano (ed.), *Museo Nazionale Romano I/2, Sculture esposte nel Chiostro*, 86-88.

Felletti Maj B.M. 1953, *Roma (Via Latina). Arco di acquedotto e sarcofago*, in «Notizie degli Scavi di Antichità» s. VIII, v. VII, 235-238.

Koch G., Sichtermann H. 1982, *Römische Sarkophage*, G.H. Beck, München.

Oleari C. 2008 (ed.), *Misurare il colore. Fisiologia della visione a colori, fotometria, colorimetria e norme internazionali*, Hoepli, Milano.

Siotto E. 2013, *Nuove tecnologie per lo studio della policromia sui sarcofagi romani: proposte per una standardizzazione metodologica*, tesi di dottorato, Università di Pisa, Pisa. [available online http://vcg.isti.cnr.it/~siotto/thesis/index].

Siotto E., Dellepiane M., Callieri M, Scopigno R., Gratziu C., Moscato A., Burgio L., Legnaioli S., Lorenzetti G., Palleschi V. 2015, *A multidisciplinary approach for the study and the virtual reconstruction of the ancient polychromy of Roman sarcofagi*, in «Journal of Cultural Heritage», 16, 307-314. [available online 19 July 2014 http://www.sciencedirect.com/science/article/pii/S1296207414000892].

Siotto E., Callieri M., Dellepiane M., Scopigno R. 2015A, *The Ulpia Domnina's sarcophagu: preliminary report about the use of digital 3D model for the study and reconstruction of the polychromy*, in P. Pensabene e E. Gasparini (eds.), *ASMOSIA X – Association for the Study of Marble and Other Stones In Antiquity*, L'Erma di Bretschneider, Rome, 911-922.

Siotto E., Callieri M., Dellepiane M., Scopigno R. 2015B, *Ancient polychromy: study and virtual reconstruction using open source tools*, «Journal of Computing and Cultural Heritage», 8, 3, 16:1-20 [available online http://dl.acm.org/citation.cfm?id=2739049].

Siotto E., *Roman sarcophagi use and re-use: application techniques of the colour and ancient re-painting*, in 5th International Round Table on Greek and Roman Sculptural and Architectural Polychromy, Athens November 7th-8th 2013, MELETEMATA, De Boccard Ed., Paris [in press].

Van Keuren F., Attanasio D., Herrmann J., Herz JR.N., Gromet L.P. 2010, *Multimethod Analyses of Roman Sarcophagi at the Museo Nazionale Romano*, in J. Helsner, J. Huskinson (eds.), *Life, Death and Representation: some new work on Roman sarcophagi*, Rome, 151-188.

La fruizione di dati archeometrici e prospezioni geofisiche in ambienti virtuali

Francesco Gabellone

The diffusion of informative systems for the viewing of scientific analysis, applied to the external surfaces and to both physical and materials properties of the buildings, has so far been applied only in projects of structural diagnosis. Currently there are only a few examples of particular interest of this technique in virtual environments projects. Moreover, there is not doubt that the use of three-dimensional view encourages a direct reading and analytical information, many 2D cross-section representations of significant structural abnormalities with three-dimensional development are often difficult to read, especially for non-specialists. This approach is very useful for a complete representation of the state of conservation in statues or objects which requires a continuous mapping in 360°, especially in the field of restoration and diagnosis. For this purpose, some image-based 3D modelling techniques will be presented, with special regard to those applications developed with open source or free software. There are low-cost, well known and common, but rarely applied to mapping the state of conservation of artefacts. In other case studies some techniques to produce three-dimensional models of monuments with high-resolution mesh and speditive texture-mapping techniques are discusses. Here both the visible colours with the false colours images obtained in the diagnostic phase were used. This category includes the infrared analysis, the geophysical results, the characteristics of the constituents materials, but also historical and artistic content of art-works. The diffusion of this information occurs in virtual scenarios, especially in augmented reality and mixed reality applications, enables to get a good "cognitive accessibility" of historical and artistic contexts.
The article focused on the features of different software for different purposes.
The first case study brings together some archaeometric results and assembles them to take an interactive visualization within explorable panoramas created with Hugin, a set of open tools, developed on the basis of Panotools Helmut Dersch, but recently make more robust and rich thanks to supply of a large community of users. The software allows to get the same functionality of commercial products, and among the most interesting functions is certainly worthy of interest that make transitions between a scene and another, getting fades between scenes.
This function allows to switch between views of a 3D model reconstructed by the forward modeling, and the representation of the various features of the terrain such as anomalies, cavities, differences in materials, all returned in three-dimensional form with the use of the Loft tool Blender.
The same tools, together with the representation based on LIDAR data, were used to establish the morphology of the Yrsum site, that make it possible to investigate through a simple game. The interactive application consists of both two-dimensional elements and the results of a typological virtual reconstruction. The element of greater novelty compared to the conventional video-game is the ability to start the game experience from data of absolute scientific rigor.
The player, in practice, have fun and learn, in a logic of edutainment game, settled concept of time, through which learn scientific methods of analysis of the territory, the architecture and the history of civilization, but most are productively used remote sensing data, panchromatic images, DTM, PTM and multispectral data. In most cases the main tools are open source, with some exceptions due to the implementation of new features in environments not open, but with a wide range of programming.

La fruizione di dati archeometrici e prospezioni geofisiche in ambienti virtuali

Figura 1 - Piattaforma real time 3D per la fruizione virtuale della chiesa rupestre di S. Antonio Abate a Nardò (Le). Esempio di lettura ad alta definizione degli affreschi.

1. Il contesto della ricerca

Il Laboratorio di Informatica Applicata dell'IBAM di Lecce segue da anni un approccio integrato al problema della comunicazione e trasferimento della conoscenza attraverso l'uso delle tecnologie informatiche. Questa attività è finalizzata alla creazione di un sistema innovativo di Realtà Virtuale immersiva di estremo realismo e grande appeal tecnologico, che permetta di visitare in remoto contesti monumentali inaccessibili o contesti di rilevanza storico-archeologica per i quali si renda necessaria una fruizione integrata dei contenuti. Queste tecnologie e metodologie sono state sviluppate nell'ambito di progetti di rilevanza internazionale (Museo Virtuale dell'Iraq, Virtual Cerrate, ByHerinet, Interadria, Virtual Abriola, Aitech, ecc) ed hanno evidenziato la facilità di apprendimento, lettura e veicolazione di dati archeometrici integrati all'interno di sscenari virtuali. In questi progetti il bene virtualizzato diventa il punto di partenza per la creazione di un mondo artificiale che arricchisce e decodifica il bene reale, ricreandolo in una forma 3D, ma soprattutto interpretandolo. La diffusione di sistemi informativi per la fruizione di dati provenienti da analisi scientifiche sull'involucro esterno e sulle caratteristiche materiche e fisiche degli edifici, è stata finora applicata in modo sporadico in progetti di diagnostica strutturale e non trova, allo stato attuale, precedenti di particolare interesse. È del resto indubbio che la fruizione tridimensionale favorisce una lettura diretta delle informazioni analitiche e che molte rappresentazioni in 2D di anomalie strutturali con notevole sviluppo tridimensionale, risultano spesso di difficile lettura, soprattutto per i non specialisti.

In queste piattaforme è possibile associare alla visita *real time* 3D praticamente qualsiasi media, in un unico ambiente di fruizione: l'utente è libero di esplorare il modello 3D da ogni punto di vista, ma può attivare in qualsiasi momento dei link che gli consentano di collegarsi ad una fonte di informazioni in teoria inesauribile. Inizia da qui un percorso conoscitivo integrato, che va al di là di una logica di esperienza virtuale semplicemente estetizzante, ma che al contrario si propone di risolvere il processo di visita negando la contemplazione esclusiva dell'oggetto in sé. Questo percorso è volto principalmente a decifrare i contenuti peculiari del bene oggetto di studio, partendo da quelli visibili per concludersi a quelli invisibili, quel corpus di informazioni che solo l'analisi scientifica consente di svelare (Figura 1).

Un sistema di visita organizzato in questo modo, aggrega le conoscenze storiche ed umanistiche con le discipline tecnico-scientifiche: l'oggetto, in quanto portatore di valori, viene analizzato nelle sue componenti mineralogico-petrografiche, chimiche, fisiche, ma anche nei suoi aspetti storici e formali, nei suoi rapporti con il contesto antico. Così lo spazio virtuale accelera e potenzia le capacità cognitive, diventa cioè capace di generare processi 'virtuosi' di apprendimento estremamente efficaci, basati su metafore del mondo reale, perciò facili da usare e comprendere.

2. Immagini dall'invisibile

Uno degli aspetti peculiari di questa ricerca è quindi legato alla lettura di dati archeometrici all'interno di ambienti virtuali. Molte informazioni di carattere scientifico, provenienti da osservazioni IR, GPR, *remote sensing*, microscopio, possono sicuramente definirsi fuori dalla sfera del visibile e necessitano di *tools* appropriati per una corretta interpretazione e visualizzazione. Questi dati sono generalmente disponibili all'interno di relazioni tecniche specialistiche ed in nessun caso sono oggetto di diffusione per l'utenza generica, quel target di utilizzatori definito "*general pubblic*". Da queste premesse nasce l'idea di associare questo campione di informazioni ad una piattaforma di fruizione virtuale che permetta di "vedere l'invisibile", di guardare oltre la superficie dell'oggetto, per svelare la presenza di cavità, di oggetti nascosti, di osservare il comportamento dei materiali al sollecitamento termico, di evidenziare fratture o distacchi, di enfatizzare alcuni fenomeni di degrado. Un'applicazione di questo tipo permette di trasferire in forma immediata informazioni tecnico-scientifiche verso un'utenza non sempre preparata alla lettura di dati archeometrici.

Un primo caso di studio condotto alcuni anni fa è stato realizzato grazie a *free tools* come Irrlicht Engine, un motore 3D in tempo reale ad alte prestazioni open source scritto in C++. Esistono molte soluzioni Open Source disponibili sulla rete, molte completamente *cross-platform*, che utilizzando D3D, OpenGL e propri *renderer*, con tutte le caratteristiche *state-of-the-art* che è possibile trovare in motori commerciali 3d. Tra i più interessanti citiamo Ogre 3D, OpenInventor e soprattutto OSG (OpenSceneGraph). Scritto interamente in standard C++ e OpenGL compatibile con tutte le piattaforme Windows, sistemi operativi OSX, GNU / Linux, IRIX, Solaris, HP-UX, AIX e FreeBSD, questo toolkit grafico ad alte prestazioni è utilizzato da sviluppatori di applicazioni in settori quali la simulazione visiva, giochi, realtà virtuale e visualizzazione. Oltre alle soluzioni totalmente "open", come quelle appena elencate, esistono soluzioni commerciali con licenze free educational che offrono una notevole programmabilità ed estendibilità con script personalizzabili. Nella nostra esperienza è stato testato ampiamente il motore non open 3DVia di Dassault Systèmes, vivamente consigliato a quegli utenti sprovvisti di una solida esperienza nella programmazione C++. La peculiarità di questo software risiede nella programmabilità dei comportamenti attraverso un'interfaccia a *building blocks*, dei blocchi logici interconnessi tra loro per formare delle sequenze svincolate dalla *timeline* (Figura 2). Malgrado la sua natura commerciale, questo strumento è disponibile anche in versione free educational, molto interessante anche per quelli utilizzatori che ricercano una piena configurabilità dei *behaviors*, con possibilità di sviluppo aperto indirizzato all'ambito della ricerca e agli utenti non esperti in programmazione. Naturalmente le alternative open in questo settore sono altrettanto performanti e soprattutto nel già citato *OpenSceneGraph* sono stati sperimentati comportamenti molto raffinati e complessi, con grandi performance real time on-line.

Al di là degli aspetti tecnologici, lo sviluppo di questa piattaforma ha permesso di collegare all'ambiente virtuale dei contenuti esterni, con informazioni sui pigmenti usati nelle pitture, sulla composizione delle malte e degli intonaci, sui restauri effettuati e sullo stato di conservazione delle superfici, aprendo di fatto un filone di ricerca che ha dato notevoli sviluppi successivi.

Alcuni casi di studio basati su queste attività, sono stato svolti nell'ambito di progetti quali ByHerinet (Virtual Cerrate), Itineretum, Virtual Abriola, Marta Racconta, dei quali si riportano qui alcune immagini (Figura 3). In molte applicazioni viene utilizzato un sistema di controllo dei movimenti basto su *gesture* (Figura 4), secondo modalità di interfaccia trasparente (*natural interface*), con uso di applicazioni open o con open SDK per il controllo di Kinect per Windows.

LA FRUIZIONE DI DATI ARCHEOMETRICI E PROSPEZIONI GEOFISICHE IN AMBIENTI VIRTUALI 223

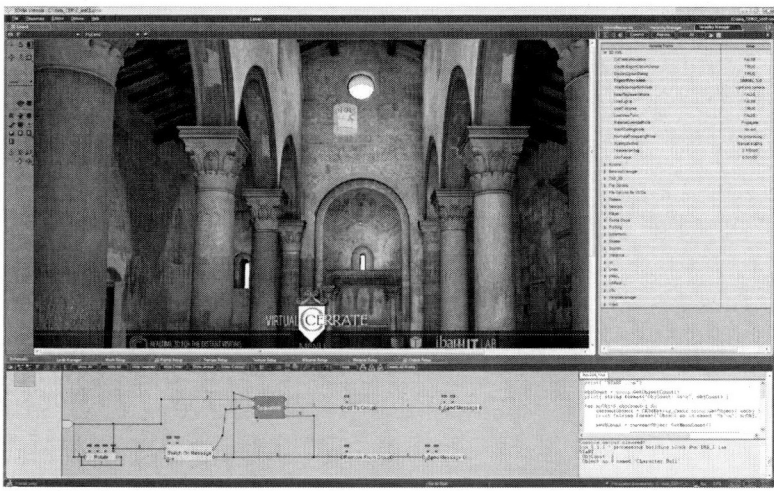

Figura 2 - Esempio di gestione dei comportamenti attraverso Building Blocks e finestra con riga di comando.

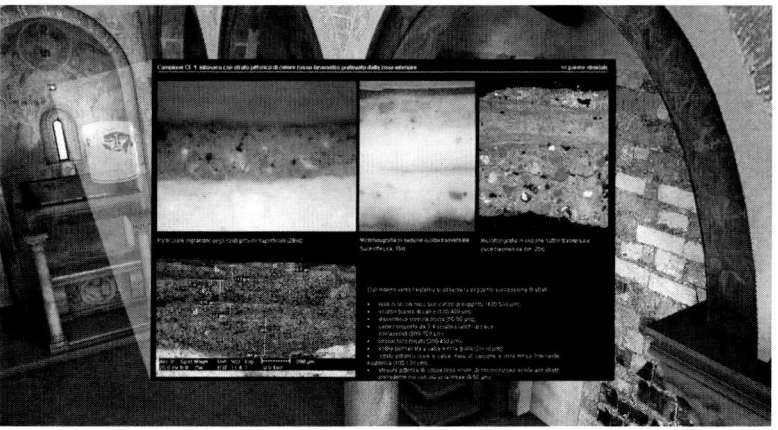

Figura 3 - Piattaforma real time 3D per la fruizione virtuale della chiesa di Santa Maria di Cerrate (Le). Esempio di fruizione di dati archeometrici integrati nella piattaforma.

Figura 4 - Piattaforma real time 3D per la fruizione delle pitture di Giovanni Todisco (Abriola, PZ). Navigazione con interfaccia trasparente gestita dal SW CameraMouse.

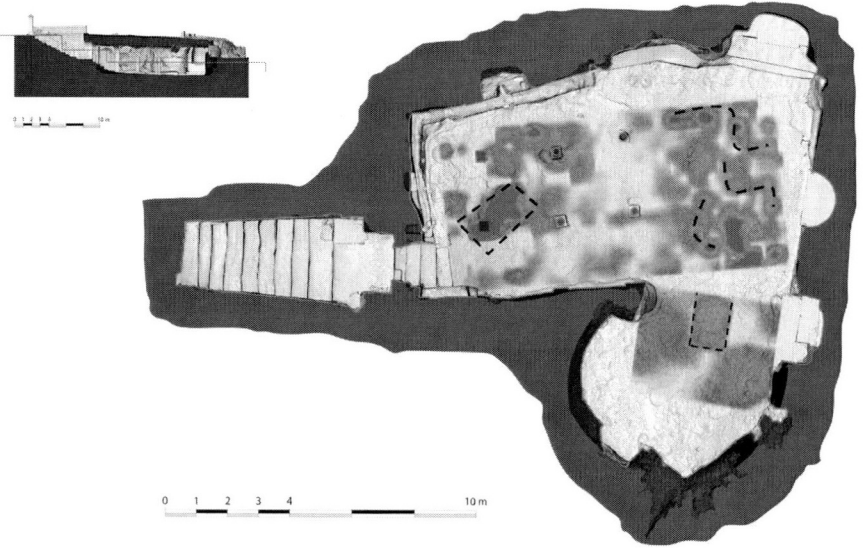

Figura 5 - Mappatura delle prospezioni GPR sul modello tridimensionale della Chiesa Rupestre dello Spirito Santo a Monopoli.

3. La fruizione di dati geofisici

Partendo dai casi di studio appena citati, questa esperienza ha visto sempre più allargarsi il coinvolgimento di discipline ben distanti dall'ambiente umanistico ed informatico, quelle tipicamente interessate dallo sviluppo di piattaforme per la fruizione dei Beni Culturali. Due casi di studio che vorrei menzionare, sono finalizzati alla mappatura su modelli tridimensionali di analisi GPR (Ground Penetrating Radar), utili al riconoscimento delle anomalie che non interessano più la "pelle" del monumento studiato, come nei casi precedenti, ma la massa di volume posta oltre la superficie.

Il primo lavoro condotto dall'IBAM CNR di Lecce in questa direzione ha interessato la cripta dello Spirito Santo a Monopoli, finalizzato ad analisi diagnostiche per il restauro. Il significato più alto che assume oggi la diagnostica per i Beni Culturali si avvicina sempre più al concetto di conoscenza globale di un monumento, essenziale sia per il restauro e la conservazione del bene ma anche per la sua valorizzazione e fruizione. Gli aspetti diagnostici considerati nella cripta dello Spirito Santo hanno coinvolto, come da sempre lo è stato nel settore dei Beni Culturali, competenze e professionalità multidisciplinari che vanno da quelle dell'ingegneria e dell'architettura a quelle delle scienze della terra, da quelle delle scienze fisiche e chimiche a quelle informatiche, ognuna delle quali ha fornito i tasselli utili alla ricostruzione del mosaico della conoscenza del monumento. Ma l'aspetto più interessante dal punto di vista della fruizione è sicuramente legato alla mappatura dei dati provenienti dalle prospezioni geofisiche (Figura 5). La loro corretta referenziazione nello spazio tridimensionale, acquisito mediante scansione laser, ha permesso di descrivere con precisione le caratteristiche del sottosuolo ed ha evidenziato anomalie che potrebbero riguardare la presenza di tombe o cavità utilizzate nelle fasi precedenti. Una evoluzione di questo studio è stata successivamente applicata all'ex Cappella dello Spirito Santo a Lecce, dove l'uso di tools open source ha permesso di realizzare dei prodotti per la visualizzazione interattiva dei dati GPR. In particolare, mediante l'utilizzo del software open GprMax2D/3D di A. Giannopoulos, dell'Università di Edinburgo (UK), è stato possibile effettuare un esercizio di *"forward modelling"*, che ha consentito la riproduzione di un modello bidimensionale compatibile con i dati raccolti. Il punto di partenza è rappresentato

Figura 6 - Finestra di navigazione del sistema di visita della Cappella dello Spirito Santo a Lecce, in evidenza le prospezioni sulle pareti e la restituzione 3D delle Loft generate in Blender al di sotto del pavimento.

dai dati sperimentali acquisiti con un sistema georadar prototipale riconfigurabile. Si è ritenuto opportuno utilizzare i dati del sistema prototipale poiché questi hanno restituito sezioni radar più nette di quelle registrate con il sistema impulsato. È stato così possibile distinguere ed individuare all'interno di un'anomalia complessa, tre differenti punti di diffrazione. Per ciascuno di essi è stata stimata la profondità in tempo e da questa è stato possibile risalire, attraverso diversi tentativi di prova, ad una configurazione geometrica verosimile, i cui effetti di diffrazione approssimano quelli sperimentali. La costruzione di un modello bidimensionale utilizzando GprMax2D prevede la scrittura di un file di testo, contenente un insieme di istruzioni necessarie per ottenere due ulteriori file (di estensione .geo e .out), prodotti dal programma, visualizzati poi in Matlab.

Nello scenario simulato si è tenuto conto dei parametri fisici e di tutte le informazioni ricavate dai dati sperimentali (la permettività elettrica (ε) del terreno, la profondità in tempo della sommità e dell'estremità della cavità). L'anomalia ottenuta si ritiene possa essere attribuita ad una tomba comune, la cui configurazione geometrica e le cui dimensioni esterne sono richiamabili dall'interno dell'applicazione per la visita. L'insieme dei risultati raccolti è stato assemblato per una visualizzazione interattiva all'interno di un panorama esplorabile realizzato con Hugin, un set di strumenti open, sviluppato sulla base di Panotools di Helmut Dersch (University of Applied Sciences Furtwangen), ma recentemente reso più robusto e ricco grazie all'apporto di una vasta comunità di utenti. Il software consente di ottenere le stesse funzionalità dei prodotti commerciali più blasonati e tra le funzioni più interessanti è sicuramente degna di interesse la possibilità di eseguire transizioni tra un panorama ed un altro, ottenendo delle dissolvenze tra le scene. Nel caso di studio descritto, questa funzione permette di passare dalla vista del modello 3D della cappella, alla sovrapposizione delle *features* del terreno, restituite in forma tridimensionale con l'uso del *tool Loft* di Blender.

Il processo di restituzione 3D delle cavità nel terreno è abbastanza semplice. L'analisi GPR produce, dopo un opportuno filtraggio dei dati, delle *slices* bidimensionali analoghe ai risultati di una tomografia: l'anomalia viene rappresentata con una regione omogenea, dalla quale

Figura 7 - Immagine di avvio del Serious Game YRSUM 3D.

è possibile estrarre delle curve. Dall'unione in successione (LoopTools) delle singole curve si ottiene il modello 3D con l'uso dello strumento Loft.

Questo processo di rappresentazione e presentazione di dati geofisici ha permesso di consegnare alla locale Soprintendenza uno strumento di facile lettura, che non richiede particolari capacità di utilizzo e che consente di esplorare le anomalie del terreno e delle pareti con una precisa referenziazione nello spazio tridimensionale (Figura 6).

4. Yrsum 3D: un'esperienza di serius game per la fruizione di dati telerilevanti

Questa attività è stata promossa da Innovation Factory S.C.Ar.L nell'ambito del programma di valorizzazione di tecnologie ad alto profilo tecnico-scientifico - Progetto Basilicata Innovazione - al fine di verificare l'esistenza di potenzialità per un utilizzo commerciale di dati telerilevati nei settori dell'*edutainment*. Su queste premesse nel 2010 è stato costituito un gruppo di ricerca coordinato dal "Laboratorio di Telerilevamento da aereo e da satellite per il Patrimonio naturale e culturale, il paesaggio e gli incendi" del CNR IMAA con l'obiettivo di allestire un prototipo dimostratore su cui verificare le prestazioni conseguibili dall'impiego delle tecniche di *Remote Sensing* utilizzate dal Laboratorio per l'Osservazione e lo Studio del Paesaggio Archeologico (Figura 7).

Il punto di partenza di tutte le attività è stato lo studio del modello 3D del sito di *Yrsum* (Irsina, Basilicata) estratto dal rilievo Lidar, che ha restituito in forma abbastanza chiara le giaciture dei crolli dell'abitato antico e quindi le caratteristiche fondamentali del disegno urbano, delineando la fisionomia di un insediamento che si articola su diversi nuclei di espansione. Questi dati di partenza sono stati arricchiti con le informazioni provenienti dalle interpretazioni dei dati multispettrali che, opportunamente filtrati per l'estrazione delle features, hanno permesso di riconoscere ed enfatizzare i confini degli spazi aperti, facilitando la lettura d'insieme. Un ulteriore apporto alla comprensione della morfologia della collina di *Yrsum* è dato dall'implementazione di una Texture Polinomiale (*Polinomial Texture Mapping*) che permette di illuminare il modello LIDAR in modo interattivo. Le Mappe di Texture Polinomiali (PTM), ottenute grazie ai tools open source di HP, sono una rappresentazione per immagini di funzioni utilizzate in luogo di immagini con i valori di colore. In un'immagine convenzionale ogni pixel contiene valori statici delle componenti di rosso, verde e blu. In una PTM ogni pixel contiene una semplice funzione che specifica i valori di pixel del rosso, verde e blu, espressi in funzione di due parametri indipendenti, denominati lu e lv. Tipicamente le PTM vengono utilizzate per visualizzare l'aspetto di un oggetto in varie direzione di illuminazione ed i parametri lu e lv specificano

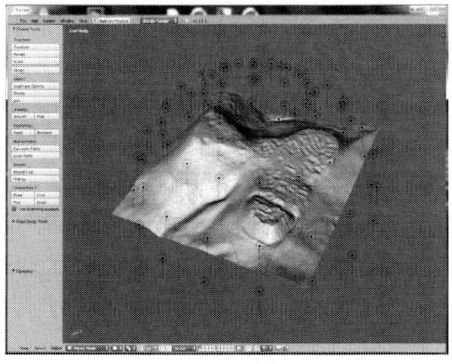
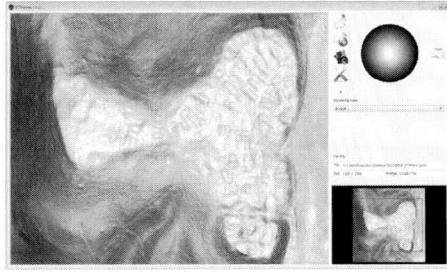

Figura 9 - Il viewer RTI-PTM free, disponibile dal sito http://culturalheritageimaging.org/

Figura 8 - Dome Light generata all'interno di Blender.

la direzione di una sorgente luminosa puntiforme. Tuttavia, sono possibili altre applicazioni, come il controllo della profondità di campo di una scena. Una PTM può essere utilizzata come *texture map* dipendente dalla luce, soprattutto per il rendering 3D, ma in genere le PTM sono solo note come immagini con valore di illuminazione modificabile. Per ottenere una PTM dal modello 3D di Yrsum il percorso da seguire è relativamente semplice. Si parte dalla costruzione di una "dome light" (Figura 8), una discretizzazione di luci puntuali disposte sui vertici di una semisfera, che in genere si usa per simulare un'illuminazione ambientale diffusa. Successivamente si dovranno calcolare singolarmente gli N rendering per ogni punto luce presente sulla dome light. Questo produrrà dei fotogrammi in sequenza che saranno nominati in ordine e richiamati dal PTM *fitter* con un semplice file di testo (estensione .lp) per produrre il file eseguibile .ptm, generalmente visualizzabile da viewer free (Figura 9).

5. Lo sviluppo del serious game

Sulla base di queste informazioni, emerse in forma indiretta attraverso l'uso di tecnologie integrate, è stata sviluppata un'applicazione interattiva che si articola sia su elementi bidimensionali che sui risultati di una ricostruzione virtuale tipologica. L'elemento di maggiore novità rispetto ai comuni video-game in commercio è dato dalla possibilità di avviare l'esperienza di gioco da dati di assoluto rigore scientifico. Il giocatore, in pratica, si diverte ed impara, in una logica di *edutainment game*, concetto ormai consolidato da tempo, attraverso il quale si apprendono metodologie scientifiche di analisi del territorio, di architettura e storia delle civiltà, ma soprattutto vengono produttivamente utilizzati dati telerilevati quali immagini Lidar, immagini pancromatiche, DTM, PTM e dati multispettrali. Il Serious Game è stato sviluppato in forma puramente prototipale, su piattaforma professionale orientata alla diffusione dei contenuti in formato stand-alone, web compatibile ed adatto ad una fruizione domestica su PC. L'applicativo ottenuto consente un livello di visualizzazione delle scene di altissimo livello qualitativo, grazie alla compatibilità certificata con le librerie grafiche OpenGL 2.0 e DirectX 9-10. Ogni oggetto 3D compreso nella scena può essere interrogato e misurato, confrontato e ricontestualizzato, montato e smontato. La schermata principale del gioco visualizza un'immagine scomposta della ricostruzione 3D ed un abaco dal quale l'utente sceglie gli elementi 3D per la ri-costruzione del contesto antico. Quando si muove un oggetto trascinandolo dall'abaco verso il modello 3D, un suono ed uno snap faranno capire che l'oggetto è collocato al posto giusto (*matching on*). Quindi il giocatore impara a riconoscere la relazione tra le parti di un edificio e le caratteristiche morfologiche del sito. Il dato Lidar in questa fase è stato utilizzato per individuare forma e dimensione dello spazio e degli oggetti. In basso a sinistra è presente un link che permette di

Figura 10 - Interfaccia di gioco del Serious Game YRSUM 3D.

accendere o spegnere le *features* di aiuto, in questo caso la pianta della città. Questa opzione dovrebbe essere accessibile solo rispondendo correttamente ad alcuni quesiti (quiz) in base ai quali il giocatore riceve in premio un suggerimento prezioso per la soluzione del puzzle (Figura 10). Il giocatore può ricevere ed incrociare informazioni utilizzando le elaborazioni disponibili effettuate sulle immagini multispettrali-telerilevate ad alta risoluzione (attraverso composizioni di colori nel visibile e nell'infrarosso, tecniche di filtraggio dell'immagine, uso di algoritmi di analisi spaziale e tecniche di statistica multivariata, uso di indici spettrali di vegetazione) che possono essere sfruttate come elementi interpretativi per il riconoscimento di altre *features* (vegetazione, strade, edifici. ecc.). Infine, attraverso l'esplorazione interattiva del modello Lidar e l'osservazione a luce radente data dalle PTM è possibile individuare ulteriori caratteristiche del terreno, per riconoscere i muri, le strade, i rilievi. L'insediamento antico viene ri-costruito attraverso un processo di utilizzo di dati scientifici normalmente impiegati negli ambiti della ricerca, ma qui il giocatore se ne serve in modo empirico, per raggiungere un risultato pratico che passa attraverso la loro comprensione ed il loro corretto utilizzo.

Poiché la finalità principale di questo lavoro è orientata alla verifica di un utilizzo a fini commerciali dei dati telerilevati e alla loro fruizione in ambiente ludico, la versione prototipale del game è stata sviluppata utilizzando il software commerciale Adobe Director, il quale consente una vasta programmabilità attraverso il linguaggio interno Lingo e il più diffuso JavaScript. Il supporto di quest'ultimo ha consentito nell'ultimo periodo il porting dell'intera piattaforma in ambiente open Wakanda, piattaforma open source per lo sviluppo rapido di applicazioni web di tipo business, che ha come peculiarità proprio l'uso di JavaScript come linguaggio di sviluppo.

Autore
Francesco Gabellone: IBAM - CNR

Bibliografia

Gabellone F. 2012, *Il Santuario di Jupiter Anxur a Terracina,studio ricostruttivo tipologico come ausilio per la visita in situ*, Arqueológica 2.0, IV Congreso Internacional de Arqueología e Informática Gráfica, Patrimonio e Innovación, Sevilla, 20-22 Junio 2012, Congress CD-Rom proceedings.

Gabellone F., 2011, *The reconstructive study in archaeology: case histories in the communication issues*, CASPUR-CIBER Publishing SCIRES-IT, SCIentific RESearch and Information Technology, Volume 1, Issue 1 (2011), ISSN 2239-4303

Gabellone F., Leucci G., Masini N., Persico R., Quarta G., Grasso F., *Nondestructive Prospecting and virtual reproduction of the chapel of the Holy Spirit in Lecce, Italy*, Near Surface Geophysics, february 2013.

Huizinga J., *Homo ludens*, Einaudi, 1946

Infante C., *Imparare giocando. L'interattività tra teatro e ipermedia*, Bollati Boringhieri, 2000

Nanni A., *Una nuova Paideia. Prospettive educative per il XXI secolo*, Emi, 2000

Dal Lago A., Rovatti P. A., *Per gioco. Piccolo manuale dell'esperienza ludica*, Raffaello Cortina, Milano, 1993

Analisi di uno studio open source: il Taung Project

Alessandro Bezzi, Luca Bezzi, Cicero Moraes, Nicola Carrara, Moreno Tiziani

With this article we would like to present the analysis regarding a case of study of "open research": the Taung Project. The primary target of this scientific work has been the craniofacial reconstruction of the famous "Taung Child", an hominid belonging to the species Australopitecus africanus, whose fossilized skull has been described in 1925 by Raimond Dart, in the journal "Nature". The whole project has been conducted using only Free/Libre and Open Source Software (and Hardware), sharing the knowledge related with each phase of the workflow and releasing with open licenses all the data produced during the study, from raw photoset to final 3D models. The aim of this contribution is to focus the attention on the benefits brought by an "open approach" to the research, describing the steps that led to the Taung Project, its progress and its many derivations.

In fact, by sharing tools, knowledge and data (the cornerstones of any Open Research) and following the path of previous studies, we have achieved new results and a significant improvement in the overall project, avoiding the risks which an opposite approach (Closed Researche) could involve: a drastic reduction of human control during the critical phase of the formation and evolution of cognitive processes, a significantly lower impact of the research itself and the lack of scientific validation.

On the other hand the Open Research approach has brought benefits in the short, medium and long term. Primarily there was an exponential increase of partners with whom the research team has been able to share the development of the study until the spontaneous creation of a real network of entities directly or indirectly interested in the work. As a result we experienced a continuous evolution of the used methodologies, strenghten by the broad collaboration of the scientific community (often across individual branches of knowledge) and a faster flow of ideas. Finally we noticed that the characteristics of this new way of "producing knowledge", summarized in greater communication inside and outside the scientific community and in a faster evolution of the disciplines, often translate into direct benefits for the community , especially in the current historical moment, in which we witness the gradual "democratization" of knowledge conveyed by the powerful media like the many systems of the "wiki" universe.

The Taung Project summarizes all this aspects: its primary stage took advantages from previous shared studies, carried on by Arc-Team and regarding the 3D digital documentation of archaeological finds; it was conducted thanks to a wide collaboration of different institutions and researchers, form different nations and continents; the research had the consequence of improving many of the methodologies used during the study, thanks to the feedbacks of the community; the know-how related with specific new technologies, developed directly for the project, was shared throught the net and has been modified and reused in other scientific works; the first results, published in the blog ATOR, were spreaded by Wikipedia and Wikimedia, increasing the impact of the whole work; many subprojects started from the original one and gave birth to different derivations, like open source exhibitions or scientific documentaries; finally the whole research remains open to new collaboration, for any further developments thanks to the open licenses used for all the produced materials.

1. Gli elementi di una ricerca aperta

All'interno della comunità scientifica è andato formandosi negli ultimi anni, più o meno coscientemente, il concetto di *open research* (BEZZI, ATOR, 06-04-2013), ovvero di una ricerca improntata ai valori veicolati dai vari movimenti che si rifanno al mondo del *Free Software* e dell'*Open Source*. Come è ovvio, un tale modo di fare ricerca è, o dovrebbe essere, caratterizzato dall'utilizzo di software aperto, dalla condivisione della conoscenza e dall'accessibilità ai dati. Questi tre elementi, che potrebbero apparire come non strettamente interconnessi ai fini di una ricerca intesa come aperta, sono invece fortemente legati tra loro, come gli anelli di una catena, e la rottura, o meglio la chiusura, di uno di essi comporta conseguenze che rischiano di inficiare i risultati stessi di un intero progetto.

Ad esempio l'utilizzo di strumenti chiusi in ambito scientifico, che spesso si esplica attraverso l'adozione di programmi informatici per cui non è garantito l'accesso al codice sorgente, porta ad una drastica riduzione del controllo umano durante la delicata fase di formazione ed evoluzione dei processi cognitivi. Questa pratica può spingersi fino ad una totale delega alla componente computazionale di importanti fasi di analisi che, pur non essendo un fatto di per sé negativo (ma anzi un *modus operandi* sicuramente valido nel vaglio di enormi moli di dati di natura quantitativa), può diventarlo nel momento in cui sia precluso l'accesso al codice sorgente del software in uso, al fine di verificare attraverso quali algoritmi e quali metodologie tali analisi sono svolte (soprattutto nel caso di analisi qualitative, dove il fattore umano è ancora preponderante). Ovviamente non sempre la mancata possibilità di verifica degli strumenti utilizzati porta ad inficiare i dati della ricerca, ma maggiore è la complessità del dispositivo utilizzato e maggiore è il rischio di perdita di controllo del processo cognitivo. Un esempio lampante è il caso rappresentato dalle CSA (*Cost Surface Analyses*) nel campo dei programmi GIS (*Geographic Information System*), un tipo di analisi in cui al computer vengono delegate una serie di operazioni in cui il risultato può essere viziato non solo dagli algoritmi usati, ma anche dalla possibilità o meno, da parte dell'operatore, di controllare ogni singola fase del processo analitico.

Nel caso, invece, del secondo anello della catena di una ideale ricerca aperta, ovvero la condivisione della conoscenza, non viene coinvolta direttamente, come è ovvio, la validità della ricerca stessa: per quanto la metodologia applicata nelle varie fasi di uno studio possa essere tenuta nascosta, essa, se corretta, porterà a risultati scientificamente validi. Il problema principale di una mancata condivisione del know-how relativo ai metodi utilizzati è invece connesso ad una corrispondente riduzione del potenziale scientifico del progetto. Infatti la divulgazione dei procedimenti adottati, oltre a garantire un maggior grado di controllo sui risultati ottenuti, comporta l'adozione e lo sviluppo delle stesse metodologie (qualora ritenute valide) da parte di altri gruppi di ricerca, sia operanti nello stesso campo del progetto in questione (con un proficuo scambio di idee), sia appartenenti a distinti settori scientifici, ove i metodi utilizzati possono rappresentare una valida soluzione.

Infine il terzo elemento dell'*open research*, ovvero la libera accessibilità ai dati, influisce soprattutto sulla validabilità delle teorie proposte. È chiaro infatti che se non si garantisce la possibilità di controllo dei risultati ottenuti nel corso di un progetto tramite la disponibilità dei dati utilizzati durante la fase di analisi, si impedisce di fatto ogni possibile verifica della validità del progetto in sé, una pratica purtroppo non così inusuale nel campo delle materie umanistiche e, nella fattispecie, della disciplina archeologica. Portato all'estremo questo atteggiamento ha negli anni rafforzato quella sorta di "principio di autorità" e quella tendenza dogmatica che altri campi del sapere umano, soprattutto quelli più prettamente scientifici, hanno in gran parte superato o almeno fortemente ridimensionato nel corso dei secoli.

2. I benefici di una ricerca aperta

I benefici derivanti da un approccio aperto alla ricerca sono di vario genere e per la maggior parte ricollegabili direttamente ai singoli progetti. Più in generale però si possono distinguere tali vantaggi su base temporale, a seconda che si guardi a prospettive di breve, medio o lungo termine. L'effetto più immediato legato alla libera circolazione di dati e idee tipica dell'*open research* è, di norma, l'esponenziale aumento di partner cui il gruppo di ricerca può appoggiarsi nello sviluppo di un determinato studio, fino alla creazione, spesso spontanea, di un vero e proprio network di enti interessati alla condivisione degli strumenti, delle metodologie o dei dati utilizzati (o anche solamente a parte di essi). A medio termine si hanno, invece, i vantaggi più strettamente connessi all'evoluzione della disciplina stessa. Se infatti, come si è anticipato nel paragrafo precedente, l'*open research* spesso comporta un controllo più stringente sui processi cognitivi, un maggior potenziale scientifico ed un più alto livello di validabilità dei risultati ottenuti, appare chiaro come questo modo di fare ricerca inneschi un meccanismo virtuoso che va ad incidere sull'evoluzione stessa della disciplina riconducibile allo studio in oggetto, migliorandola ed accelerandola. Questo fenomeno è dovuto soprattutto alla maggiore attendibilità delle teorie formulate ed ad un continuo evolversi delle metodologie utilizzate, favorito come si è visto da una più ampia collaborazione della comunità scientifica (spesso trasversale rispetto ai singoli saperi settoriali) e da una più veloce circolazione delle idee.

Quanto sinora esposto si traduce, nel lungo periodo, in benefici più generali che vanno a vantaggio dell'intera comunità, destinatario ultimo del sapere scientifico. Senza voler sovrastimare gli effetti della ricerca condotta con metodi aperti, si può comunque sostenere che le caratteristiche sin qui attribuite a questo nuovo modo di "produrre conoscenza", riassumibili in una maggiore comunicazione all'interno (e verso l'esterno) della comunità scientifica ed in una più veloce evoluzione delle singole discipline, si traducano spesso in vantaggi diretti per la comunità, specie in un momento storico come quello attuale in cui si assiste alla progressiva "democratizzazione" del sapere, veicolata da media potenti quali i diversi sistemi ricollegabili all'universo "wiki", che declinano in varie forme lo spirito originario del sapere enciclopedico concretizzatosi a metà del XVIII secolo nell'*Encyclopédie* edita da d'Alembert e Diderot.

3. Un caso di studio: il Taung Project

Al fine di esemplificare con un esempio pratico quanto sinora esposto, nei prossimi paragrafi si intende presentare un concreto caso di studio di ricerca aperta, ovvero il "Taung Project", nato da una collaborazione tra il Museo di Antropologia dell'Università di Padova, l'associazione Antrocom onlus e Arc-Team, ditta specializzata in servizi per l'archeologia e per i beni culturali.

3.1. Descrizione del progetto

Lo scopo primario che il team di ricerca del Taung Project si era posto consisteva essenzialmente nella ricostruzione craniofacciale del famoso fossile noto con il nome di "Bambino di Taung" e descritto nella rivista *Nature* da Raymond Dart nel 1925 (DART 1925, 195-199). Si trattava dunque del tentativo di dare un volto al cranio perfettamente conservato rinvenuto da un minatore della *Northern Lime Company*, nei pressi dell'abitato di Taung, in Sudafrica, e appartenente alla specie dell'*Australopithecus africanus*. La difficoltà del progetto risiedeva pertanto nel cimentarsi nella ricostruzione facciale di una specie di ominide, senza poter far affidamento sulle tecniche ancora pionieristiche, ma almeno parzialmente standardizzate, legate al mondo delle ricostruzioni forensi. In particolare pesava l'assenza degli indicatori di profondità dei tessuti molli, che circa un secolo di osservazioni dirette hanno invece permesso di stimare per l'uomo anatomicamente moderno. Nonostante questa e altre difficoltà, il Taung Project ha

Analisi di uno studio open source

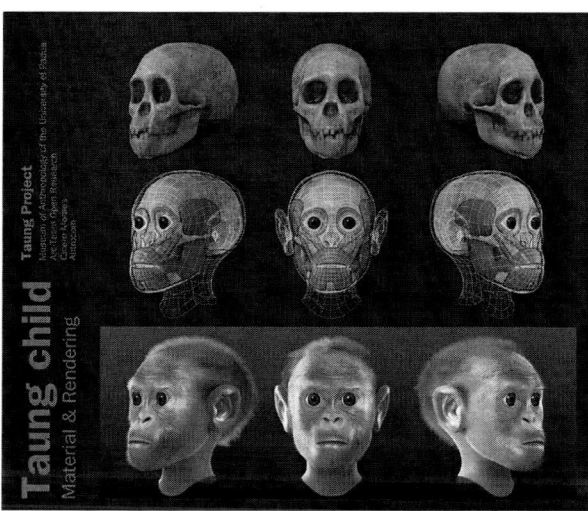

Figura 1 – Tavola riassuntiva delle fasi principali del Taung Project.

preso avvio e si è articolato in tre fasi principali: la documentazione digitale dei resti del cranio fossile, l'integrazione virtuale delle parti mancanti ed infine la ricostruzione facciale (Figura 1). Per quanto riguarda la prima fase, il rilievo tridimensionale del fossile è stato effettuato tramite tecniche di SfM (*Structure from Motion*) e IBM (*Image-Based Modeling*) basate sul software a codice aperto PPT (*Python Photogrammetry Toolbox*; BEZZI *et al.* 2012, 153-170), contenuto nel sistema operativo archeologico ArcheOS 4 (*Archeological Operating System*; BEZZI *et al.* 2013, 164-172). L'intera operazione di acquisizione dei dati è stata eseguita all'interno del Museo di Antropologia dell'Università di Padova, che ha messo a disposizione dei tecnici di Antrocom e di Arc-Team un calco del fossile oggetto di studio (BEZZI, ATOR, 17-11-2012). La fase di *post-processing* è stata effettuata, invece, in un secondo momento, nei laboratori di Arc-Team, utilizzando il software libero MeshLab, anch'esso parte integrante del sistema ArcheOS. Una volta ottenuta una replica digitale in tre dimensioni del cranio del Bambino di Taung, si è dunque passati alla sua ricostruzione virtuale, integrando le parti mancanti attraverso lo specchiamento delle superfici preservatesi e, nei casi in cui questo non è stato possibile, completando il modello mediante l'utilizzo di una TAC di un giovane esemplare di scimpanzé (*Pan troglodytes*), messa a disposizione dal *Digital Morphology Museum* del *Primate Research Institute* dell'Università di Kyoto (http://www2.pri.kyoto-u.ac.jp/dmm/WebGallery/index.html) e opportunamente modificata per adattarsi al cranio dell'ominide. Queste operazioni, come quelle della fase successiva, sono state condotte mediante l'utilizzo della *suite* di modellazione 3D Blender, del software per l'elaborazione di scansioni CT InVesalius e della utility IMG2DCM (MORAES, ATOR, 01-11-2012), tutti contraddistinti da licenze libere, e sono state svolte dall'artista brasiliano di grafica tridimensionale Cicero Moraes. L'ultimo passaggio, ovvero la ricostruzione facciale vera e propria, si è invece basata su uno studio preliminare sull'anatomia facciale dei primati, che si è avvalso soprattutto dei software GIMP e Inkscape (MORAES, ATOR, 02-11-2012), e sulla modellazione della muscolatura, degli occhi, della pelle e del pelo, operata direttamente in Blender (MORAES, ATOR, 04-11-2012).

Come è facile intuire, ai fini della buona riuscita del progetto, sono state utilizzate applicazioni e metodologie aperte di vario genere, alcune delle quali elaborate specificatamente durante lo studio in oggetto, altre sperimentate e sviluppate in anni precedenti. Questo fatto ci spinge ad inquadrare il Taung Project in una prospettiva più ampia, con lo scopo di illustrarne le premesse, senza trascurarne le implicazioni per la ricerca e le derivazioni originatesi in seguito alla conclusione del lavoro. Per questo motivo nei paragrafi seguenti si tenterà una descrizione delle tappe che hanno segnato l'avvicinamento al Taung Project (nei termini di una progressiva maturazione delle tecnologie a disposizione), lo sviluppo del processo di ricostruzione craniofacciale e le successive evoluzioni delle tecniche che hanno portato alla nascita di ulteriori esperimenti e nuove iniziative scientifiche. Si tenterà dunque un riassunto del progresso evolutivo del progetto, ripercorrendone le fasi principali sulla falsa riga di un ipotetico albero filogenetico tripartito nei rami principali di accessibilità ai dati (grezzi o elaborati), di condivisione degli strumenti (mediante il loro utilizzo o sviluppo) e di divulgazione della conoscenza (tramite disseminazione scientifica diretta o attività di didattica).

3.2. Alle radici del progetto

Per comprendere appieno le premesse che hanno reso possibile l'attuazione del Taung Project, bisogna partire dal 2009, anno in cui i tecnici di Arc-Team, invitati a partecipare all'*excellent cluster* TOPOI di Berlino (http://www.topoi.org/), hanno avuto la possibilità di sperimentare ed elaborare delle tecniche di SfM e IBM per il rilievo tridimensionale, basato sui software a codice aperto Bundler e PMVS2 (BEZZI *et al.* 2010, 103-111). Nonostante i risultati raggiunti, più che soddisfacenti in ambito archeologico, la metodologia sviluppata e divulgata tramite il workshop ArcheoFOSS 2010, risultava ancora troppo ostica per la maggior parte degli utenti, essendo legata ad una lunga serie di istruzioni da impartire ai programmi tramite il terminale. Per questo motivo, in seguito alla sperimentazione di PPT (Python Photogrammetry Toolbox), una serie di script in Python creati dal ricercatore francese Pierre Moulon, è stato deciso, in seno al progetto ArcheOS, di sviluppare un'interfaccia grafica per questo nuovo strumento, in grado di concatenare in due soli comandi l'intera filiera di processamento dei dati prodotta dall'uso combinato di Bundler e PMVS2 (BEZZI *et al.* 2012, 153-170). Una volta conclusa la fase di sviluppo, in stretta collaborazione con l'autore degli script, il nuovo pacchetto è stato integrato nell'ultima release di ArcheOS, presentata durante l'ArcheoFOSS 2012 (BEZZI *et al.* 2013, 164-172). A questo punto la suite di rilievo archeologico tridimensionale era pronta per ulteriori test, al fine di vagliarne le effettive potenzialità nel rilievo di piccoli oggetti, quali possono essere i reperti archeologici (BEZZI *et al.* 2011, 141-152). Tra questi ne è stato effettuato uno finalizzato semplicemente alla verifica della possibilità di effettuare un rilievo completo da camera fissa, ruotando l'oggetto da riprodurre su un piano girevole (BEZZI *et al.* ATOR, 28-07-2011). Il risultato dell'esperimento in questione, divulgato sul blog ATOR (*Arc-Team Open Research*), è stato positivo, ma maggiore interesse hanno suscitato i dati prodotti, ovvero la replica digitale di un cranio proveniente dagli scavi della fase altomedioevale della chiesa di S. Apollinare di Trento. Questo modello tridimensionale, una volta condiviso in rete, è stato utilizzato per alcuni esperimenti di ricostruzione craniofacciale, condotti dall'artista di grafica 3D Cicero Moraes e orientati a tradurre in digitale le tecniche forensi, di norma effettuate dal vivo mediante l'applicazione di vari livelli di materiale plastico su una copia del cranio da identificare, con l'intento di ricreare la muscolatura e l'epidermide (MORAES, ATOR, 31-05-2012). La ricostruzione facciale dell'individuo, che è stato ribattezzato "Alberto da Trento" (Figura 2), ha ottenuto un discreto successo e ha dato il via ad una serie di sperimentazioni atte a definire una metodologia forense basata inizialmente sulla famosa *suite* di modellazione Blender ed in seguito perfezionata tramite la sperimentazione di InVesalius, un software libero per la gestione dei dati provenienti da scansioni TC (MORAES, ATOR, 02-09-2012). A questo punto, nel 2012, i tempi erano ormai maturi per tentare una ricostruzione facciale di un ominide, ed il comune interesse in questo senso del Museo di Antropologia dell'Università di Padova, dell'associazione Antrocom onlus e di Arc-Team ha permesso di trovare le competenze e le energie necessarie per avviare il Taung Project (TIZIANI, ATOR, 24-10-2012; TIZIANI, ANTROCOM, 24-10-2012).

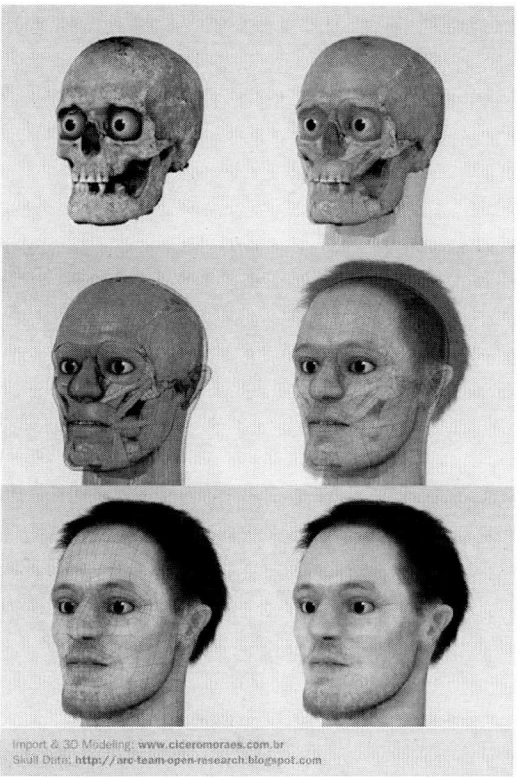

Figura 2 – Ricostruzione craniofacciale di Alberto da Trento.

3.3. Primi risultati e loro divulgazione

Le varie fasi del Taung Project sono state già brevemente descritte nei paragrafi precedenti. Qui interessa soprattutto affrontare l'argomento della condivisione dei risultati ottenuti e della loro divulgazione. I primi dati ad essere stati pubblicati, al fine di rendere l'intero studio replicabile da chiunque fosse interessato, sono stati quelli grezzi, ovvero la serie di foto da cui si è ricavata la copia digitale del cranio fossile e la stessa nuvola di punti 3D, utile per un controllo del processo in corso d'opera (BEZZI, ATOR, 17-11-2012). In seguito è stato rilasciato il modello ricostruttivo finale, assieme ad alcuni videotutorial che hanno avuto lo scopo principale di mostrare i vari procedimenti utilizzati, a fini divulgativi e didattici (MORAES, ATOR, 04-11-2012). Infine, grazie alla collaborazione con Leonardo Zampi della ditta Kentstrapper, è stato preparato un file per la stampa stereolitografica del cranio fossile, correggendo le parti non fisicamente riproducibili in 3D del modello originale ottenuto con la *Structure from Motion* (ZAMPI, ATOR, 09-06-2013) e aprendo in questo modo la strada alle sperimentazioni con strumenti di *Open Hardware* quali le macchine di prototipazione rapida della famiglia RepRap (Figura 3).

Dal punto di vista della comunicazione scientifica, la maggior parte delle pubblicazioni riguardanti il Taung Project sono state effettuate tramite i blog ATOR (*Arc-Team Open Research*) e Professione Antropologo, ma alcuni dei post più popolari sono stati ripresi dal celebre sito BlenderNation, legato alla comunità di modellatori 3D legati a Blender. Le immagini relative al modello finale sono state infine messe a disposizione del progetto Wikimedia ed utilizzate per la voce corrispondente di Wikipedia, ampliando esponenzialmente la portata comunicativa dell'intero progetto.

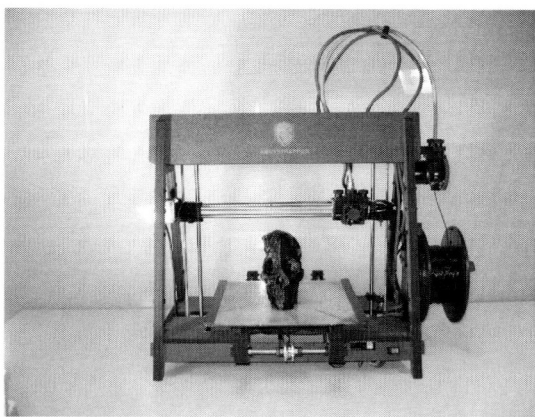

Figura 3 – Stampa in 3D del cranio del Bambino di Taung.

3.4. Figli di Taung: le derivazioni del progetto

Uno degli aspetti più interessanti del Taung project è legato a quello che abbiamo definito in precedenza come l'ampliamento del potenziale di scientifico connesso alla condivisione della conoscenza, tipico di una ricerca aperta. Dal progetto originale sono infatti derivati nuovi stimoli e nuove iniziative scientifiche. Innanzitutto sono stati migliorati, soprattutto da parte di altri enti, i metodi di rilievo basato su SfM e IBM, ottimizzandolo per i reperti ossei (MIAMOTO, ATOR, 18-04-2013). In secondo luogo sono state affinate ulteriormente le tecniche di ricostruzione craniofacciale forense, soprattutto quelle applicate agli ominidi. Da questi sforzi ulteriori sono nati sette nuovi modelli che tentano di ridare un volto ai generi e alle specie protagoniste delle tappe dell'evoluzione umana (*Australopithecus afarensis, Homo habilis, Homo erectus, Homo heidelbergensis, Homo neanderthalensis, Homo sapiens, Homo floresiensis*). Il risultato principale scaturito dalle nuove ricostruzioni è stato l'organizzazione della mostra "*Faces da Evolução*", tenutasi tra il 18 maggio ed il 31 luglio 2013 nella città brasiliana di Curitiba, presso il *Museo Egipcio* ed in collaborazone con il *Museo de Arqueologia* di Ponta Grosa (Figura 4). Si è trattato di un primo esperimento di "esposizione aperta" in quanto il materiale prodotto per l'evento è stato messo a disposizione tramite licenze libere e verrà in buona parte riutilizzato per una nuova "*mostra open source*" dal titolo "Facce. I molti volti della storia umana", che si terrà a Padova dal 14 febbraio al 14 giugno 2015.

Come si vede, la maggior parte dei lavori sin qui descritti sono da considerarsi derivazioni più o meno dirette del Taung Project, ma vi è un'ulteriore implicazione, non secondaria, da considerare: praticamente nella totalità dei casi esposti, il legame con un progetto originale di *open research* ha innescato un meccanismo virtuoso non dissimile da quello che caratterizza, con lievi differenze, il *Free Software* e l'*Open Source*, per cui il materiale, gli strumenti e la conoscenza prodotti in seguito rimangono accessibili e vengono rilasciati e distribuiti con licenze aperte (ed è proprio questo, forse, il più grande risultato raggiunto con il Taung Project).

3.5. I benefici del progetto

Come già anticipato, nell'ambito dell'*open research* si possono riconoscere alcuni benefici a breve, medio e lungo termine. Per quanto riguarda i primi, considerando l'intera evoluzione del Taung Project, si può stimare un aumento esponenziale di partner più o meno direttamente coinvolti nella ricerca, che, partendo dai due iniziali enti interessati al rilievo archeologico in 3D nel 2009 (l'*excellent cluster* TOPOI e Arc-Team), arriva a contare oltre una trentina di realtà nel 2013

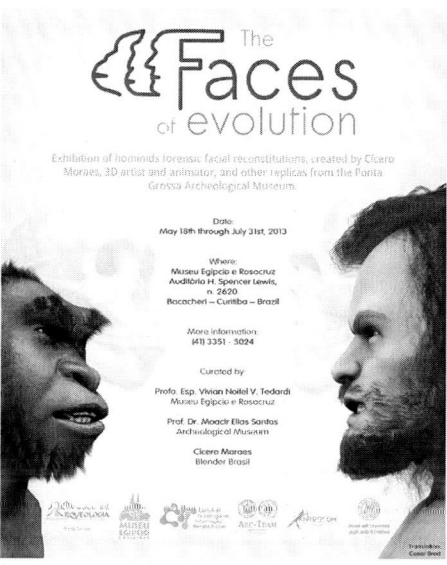

Figura 4 – Locandina della mostra "Faces da Evolução".

(8 università, 7 comunità FLOS, 6 istituti di ricerca, 4 ditte private, 3 comunità scientificihe e 3 musei), sparse in 3 continenti ed in 10 paesi (Armenia, Austria, Brasile, Repubblica Ceca, Inghilterra, Francia, Georgia, Germania, Italia e Svezia). Sul medio periodo i vantaggi principali hanno invece avuto una ricaduta che ha influito soprattutto sulle diverse discipline legate al Taung Project. Solo per fare alcuni esempi, la traduzione in tecniche digitali delle metodologie di ricostruzione facciale forense, ha suscitato il vivo interesse della comunità di modellatori 3D legata al software Blender (esplicata da un *tweet* del suo creatore, Ton Roosendaal) ed ha innescato nuove discussioni e nuovi progetti con l'intento di riutilizzare e migliorare i procedimenti proposti; alcune soluzioni adottate nelle ricostruzioni successive a quella del Bambino di Taung, come ad esempio il fatto di utilizzare una TAC di uno Scimpanzé (*Pan troglodytes*), adattandone il cranio a quello di un'ominide in modo da deformare in maniera coerente anche la muscolatura e l'epidermide (MORAES, ATOR, 12-01-2013), hanno riscosso notevole successo tra gli artisti esperti nel ricostruire il volto dei nostri antenati (Figura 5), alcuni dei quali hanno, come Elisabeth Daynes, voluto esprimere direttamente il proprio apprezzamento (TIZIANI, Professione Antropologo, 11-11-2012); in alcuni casi le riproduzioni facciali proposte si sono aggiunte ad altri modelli preesistenti, offrendo nuovi spunti di ricerca, come ha sottolineato il Prof. Peter Brown, docente di Paleoantropologia all'Università del New England, a riguardo dell'*Homo floresiensis*, il cui rappresentante LB1 può contare ormai su sei o sette ipotesi ricostruttive (MORAES, ATOR, 12-03-2013). Infine, sul lungo periodo, si sono registrati alcuni benefici di respiro più ampio, che hanno interessato l'intera comunità. Infatti, come già anticipato, in seguito alla prima ricostruzione tentata dal team di ricerca, sono stati fatti ulteriori esperimenti con altri generi e altre specie di ominini. Questi nuovi lavori sono andati a costituire un "*corpus*" di modelli rilasciati con licenze libere, a cui hanno attinto sia eventi di ambito locale, come la mostra sull'evoluzione umana svoltasi a Curitiba, sia progetti di più ampio respiro, come Wikipedia, che ha integrato le immagini delle ricostruzioni proposte nelle relative pagine dedicate ai singoli ominidi. Ovviamente l'inserimento dei modelli nel progetto Wikimedia e la loro conseguente pubblicazione in Wikipedia ha innescato un processo di disseminazione, ben noto nella letteratura dedicata agli *open data*, che ha evitato il fenomeno del "*wasted food*" e ne ha ampliato gli orizzonti divulgativi, per cui, ad esempio, alcuni articoli dedicati ai nostri progenitori, apparsi

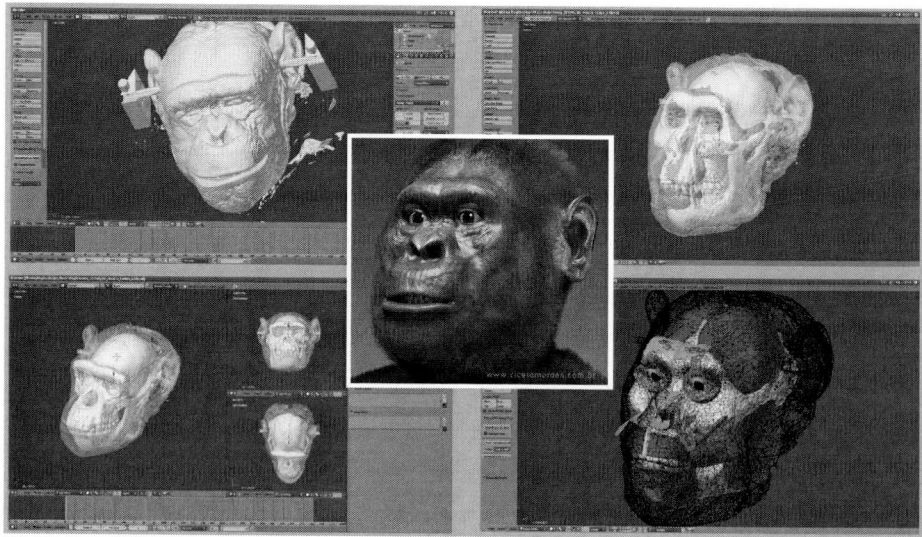

Figura 5 – Ricostruzione di Australopithecus afarensis.

su testate quali l'Huffington Post Science (http://www.huffingtonpost.com/2013/03/21/turkana-boy-bone-disorder-debate- skeleton_n_2926016.html) o Pikaia (http://www.pikaia.eu/EasyNe2/Notizie/La_mano_di_Lucy.aspx), hanno riutilizzato le immagini derivanti, in ultima analisi, dal Taung Project.

4. Conclusioni

Quanto sinora esposto a proposito del Taung Project è, nelle intenzioni di chi scrive, da considerarsi come un esempio pratico delle implicazioni positive che un approccio aperto alla ricerca comporta. Se infatti è innegabile che un qualsiasi progetto di studio non può prescindere da un seppur minimo controllo dei processi cognitivi, come dalla validabilità delle teorie proposte, e porta in nuce un certo potenziale scientifico, è altrettanto vero che queste peculiarità vengono esaltate soprattutto garantendo un elevato grado di accessibilità agli strumenti utilizzati, alle conoscenze di cui ci si è avvalsi e ai dati oggetto di indagine. I risultati raggiunti con il Taung Project, che può essere considerato come un progetto pilota di *open research*, sembrano confermare questa tesi, ad ulteriore riprova di come un nuovo modo di "creare conoscenza" sia possibile anche in quei settori del sapere umanistico, come quello archeologico e antropologico, in cui non si sono ancora del tutto superate certe derive "dogmatiche" legate ad un procedere non sempre scevro dall'influenza di una sorta di principio di autorità, per cui è ancora possibile blindare con un "ipse dixit" le teorie proposte, offuscando i processi cognitivi da cui sono state generate e negando un completo e libero accesso alle informazioni. Tali atteggiamenti sembrano inserirsi in netta controtendenza rispetto ai processi di democratizzazione del sapere innescati dalla "rivoluzione wiki" e al progressivo aumento del grado di trasparenza nel fare ricerca, già affermatosi in altri settori.

Autori

- Alessandro Bezzi: Arc-Team.
- Luca Bezzi: Arc-Team.
- Cicero Moraes: Arc-Team.
- Nicola Carrara: Museo di Antropologia dell'Università di Padova.
- Moreno Tiziani: Antrocom Onlus.

Bibliografia
(in ordine cronologico di edizione)

DART R.A. 1925: *Australopithecus africanus: The Man-Ape of South Africa* in «Nature», Vol.115, No.2884, 195-199

BEZZI A., BEZZI L., DUCKE B. 2010, *Computer Vision e Structure From Motion, nuove metodologie per la documentazione archeologica tridimensionale: un approccio aperto* in *ARCHEOFOSS. Open Source, Free Software e Open Format nei processi di ricerca archeologica. Atti del V Workshop (Foggia, 6-7 maggio 2010)*, a cura di G. De Felice Maria e G. Sibilano, Foggia, ed. Edilpuglia, 103-111

BEZZI L., DELL'UNTO N. 2011, *Rilievo tridimensionale di reperti archeologici: tecniche a confronto* in *ARCHEOFOSS. Open Source, Free Software e Open Format nei processi di ricerca archeologica. Atti del VI Workshop (Napoli, 9-10 giugno 2011)*, a cura di F. Cantone, Napoli, ed. Naus, 141-152

BEZZI A. MOULON P. 2012, *Python Photogrammetry Toolbox: A free solution for Three-Dimensional Documentation* in *ARCHEOFOSS. Open Source, Free Software e Open Format nei processi di ricerca archeologica. Atti del VI Workshop (Napoli, 9-10 giugno 2011)*, a cura di F. Cantone,Napoli, ed. Naus, 153-170

BEZZI A., BEZZI L., FRANCISCI D., FURNARI F. 2013, *ArcheOS 4.0 "Caesar": novità e aspetti della distribuzione GNU/Linux dedicata all'archeologia* in «Archeologia e Calcolatori», Supplemento 4, 2013, Roma, ed. All'Insegna del Giglio, 164-172

Sitografia
(in ordine cronologico di edizione)

BEZZI L., NAPONIELLO G. 2011, *Python Photogrammetry Toolboxand a turntable for 3D objects* in *ATOR (Arc-Team Open Research)*, 28-07-2011

MORAES C. 2012, *Forensic facial reconstruction with free software* in *ATOR (Arc-Team Open Research)*, 31-05-2012

MORAES C. 2012, *Converting a Video of Computed Tomography into a 3d Mesh* in *ATOR (Arc-Team Open Research)*, 02-09-2012

TIZIANI M. 2012, *Arc-Team and Antrocom NPO start "Taung" project* in *ATOR (Arc-Team Open Research)*, 24-10-2012

TIZIANI M. 2012, *Antrocom NPO e Arc-Team iniziano il progetto Taung* in *ANTROCOM*, 24-10-2012

MORAES C. 2012, *Taung Project: Recovering the missing parts of the skull* in *ATOR (Arc-Team Open Research)*, 01-11-2012

MORAES C. 2012, *Taung Project: Facial forensic reconstruction 2D – studying for 3D modeling* in *ATOR (Arc-Team Open Research)*, 2-11-2012

MORAES C. 2012, *Taung Project: 3D Forensic Facial Reconstruction* in *ATOR (Arc-Team Open Research)*, 04-11-2012

TIZIANI M. 2012, *Il progetto Taung: primi risultati e i prossimi sviluppi* in *Professione Antropologo*, 11-11-2012

BEZZI L. 2012, *Taung Project: 3D with SfM & IBM* in *ATOR (Arc-Team Open Research)*, 17-11-2012

MORAES C. 2013, *Australopithecus afarensis - forensic facial reconstruction* in *ATOR (Arc-Team Open Research)*, 12-01-2013

MORAES C. 2013, *Homo floresiensis - 3D forensic facial reconstruction of the "hobbit"* in *ATOR (Arc- Team Open Research)*, 12-03-2013

BEZZI L. 2012, *The Taung Project from a Free and Open Source point of view* in *ATOR (Arc-Team Open Research)*, 06-04-2013

MIAMOTO P., MORAES C. 2013, *Scanning skulls to forensics with PPT GUI and Meshlab, the evolution of methodology* in *ATOR (Arc-Team Open Research)*, 18-04-2013

ZAMPI L. 2013, *3D Printing the past: some issues* in *ATOR (Arc-Team Open Research)*, 09-06-2013

L'Ambiente Tutela della piattaforma WebSITAR: un'applicazione Open Source & Open Approach a supporto della tutela archeologica

Mirella Serlorenzi, Angela Colasanti, Donatella Garritano, Domenico Ainis, Santino Zacchia, Antonella Rotondi, Andrea De Tommasi, Raniero Grassucci, Andrea Vismara, Andrea Varavallo

In the last decades, the italian Ministry for Cultural Heritage and Tourism has launched some digital projects in order to manage the safeguard of cultural, historical and archaeological sites and monuments, and to deal with related both scientific and administrative data and knowledge. In particular, these projects aimed at becoming better integrated among themselves and also with the other public information system developed by national agencies and local government bodies. Indeed, especially within those initiatives dedicated to territorial and urban planning, the management and safeguard of material cultural heritage assume a special role with regard to new, continuous urban and, more generally, territorial transformations. Therefore, data and knowledge related to safeguard of sites, monuments and other cultural features must be easily available and accessible via web for a wide community of users, both public and private.

In last years, this kind of implementation has taken advantage above all of new paradigms of webGIS platforms and its basic functions of metadata query, cartographic representation, maps navigation, metadata and files download, and also of web editing tools. In this scenario, the Special Superintendence for the Colosseum, the National Museum and the Archaeological Heritage of Rome, due to its specific institutional scope of preservation, study and exploitation of archaeological sites, monuments and remains scattered in the metropolitan territory, has developed since 2008 an its own open source and web solution, namely the "Ambiente Tutela" of WebSITAR platform. This webGIS is dedicated, indeed, to specifically manage geospatial, administrative and scientific data related to law-constraint decrees, the legal deeds that are issued by Ministry for Cultural Heritage on behalf of protection of monuments and sites of the context of Rome, as well as of all the others towns and regions of Italy.

The development of this web solution is included within the implementation of the SITAR Project, the institutional initiative carried out by the Special Superintendence since 2007 and already illustrated in many other places and conferences. Therefore, the web application is fully integrated in the SITAR Archaeological Information System, the web platform that is being developed in order to implement and maintain the first digital archaeological cadastre dedicated to the territory and diacronic landscapes of Rome. In this sense, the "Ambiente Tutela" represents a new step towards rationalising and digitalization of Superintendence scientific and administrative archives, and especially towards the implementation of some new public informational services for many different users and stakeholders of cultural sector.

This paper briefly illustrates this dedicated project, from the first data digitalization process to the development of the webGIS functions and data publication. After an explanation of the data model, primary technical elements and web user interface items, the contribution offers a sketch of the next development perspectives that have been planned to enrich functionalities and, more generally, the usability of the operative environment. The paper ends with some open issues on data publication, with regard to some underpinning questions about data multi-representation, their real opportunities of use and re-use, access policies expected to be activated in next times, safeguard of the same data, systems interoperability and, above all, participatory processes in data banks maintenance and updating, and, therefore, in the evolution of the same cultural heritage safeguard framework.

1. Premessa

Fino al Decreto Legislativo n°42/2004 (Codice dei Beni Culturali), i provvedimenti di tutela dei Beni archeologici venivano chiamati "vincoli", secondo una prassi e una dicitura risalenti indietro alle leggi nn°1089 e 1497 del 1939. Nel tempo e poi alla luce dell'aggiornamento normativo più recente, il termine "vincolo" è apparso di significato piuttosto restrittivo e inadeguato ad affermare lo stato di fatto e quindi di diritto (pubblico, piuttosto che privato) del bene culturale da tutelare. Nel nuovo Codice dei Beni Culturali, dunque, il termine "vincolo" è stato sostituito con quello di "dichiarazione di interesse culturale", che meglio rappresenta lo status di un bene mobile e/o immobile "intorno" al quale vengono attivate alcune limitazioni di utilizzo analoghe a quelle dei beni precedentemente dichiarati "vincolati" (ROTONDI 2015). Negli ultimi anni, anche a seguito degli aggiornamenti normativi nazionali e dell'introduzione dei Piani Territoriali Paesistici regionali (PTP), il Ministero dei Beni e delle Attività Culturali e del Turismo (MiBACT) ha promosso e attivato alcuni sistemi informativi pubblici dedicati ai dispositivi della tutela archeologica, monumentale e paesaggistica (COLASANTI et al. 2011; ROTONDI 2015). Per le aree di Roma e di Fiumicino, attualmente ricadenti sotto le competenze istituzionali della Soprintendenza Speciale per il Colosseo, il Museo Nazionale Romano e l'Area Archeologica di Roma (SSCol), i progetti di riferimento sono rappresentati dalle seguenti esperienze:
- il Progetto "Carta del Rischio" (http://www.cartadelrischio.it/) promosso dall'Istituto Superiore per la Conservazione e il Restauro (ISCR, già ICR) per la conoscenza del rischio di danno dei beni culturali immobili (BARTOLOMUCCI, CACACE 2009);
- il sistema informativo "Beni Tutelati" (http://www.benitutelati.it/) realizzato dalla Direzione Generale per il Paesaggio, le Belle Arti, l'Architettura e l'Arte Contemporanea, per i procedimenti di verifica dell'interesse culturale e di alienazione dei beni mobili e immobili, la valutazione del rischio sismico nel costruito storico e per le autorizzazioni ai prestiti per le esposizioni;
- il Progetto "Vincoli in Rete" (http://vincoliinrete.beniculturali.it/) avviato nel 2012 dall'ISCR a supporto delle procedure di aggiornamento dei dispositivi di tutela già emessi, verifica delle banche dati esistenti presso il MiBACT e per l'accesso pubblico alle informazioni della tutela mediante un sistema webGIS e un motore di ricerca standard; i dati referenziati nel portale del progetto sono quelli conservati presso le Soprintendenze, le Direzioni Regionali e, a livello centrale del MiBACT, nei sistemi informativi "Carta del Rischio", "Beni Tutelati", SITAP e nel SIGECweb dell'Istituto Centrale per il Catalogo e la Documentazione (ICCD);
- il prototipo di SIT per la tutela archeologica realizzato tra il 2005 e il 2007 dalla già Soprintendenza per i Beni Archeologici di Ostia e Fiumicino (oggi integrata nella SSCol), per l'informatizzazione di atti giuridici e dati amministrativi correlati, e la georeferenziazione degli areali di tutela su base catastale, anche nell'ottica dell'interrelazione con il PTP della Regione Lazio (COLASANTI et al. 2011, 219-220);
- le esperienze promosse dalla Soprintendenza per i Beni Archeologici del Lazio, con analoghe finalità di sistematizzazione dei dati di tutela relativi ad una parte del proprio territorio di competenza, coincidente con i Comuni del Lazio centro-meridionale (CALANDRA 2015).

Anche i seguenti SIT degli enti locali forniscono ulteriori riferimenti di interesse rispetto al contesto progettuale illustrato nel presente contributo:
- il PTP della Regione Lazio, adottato dalla Giunta Regionale fin dal 2007 e tuttora in corso di attuazione quale «strumento di pianificazione attraverso cui, nel Lazio, la Pubblica

Amministrazione disciplina le modalità di governo del paesaggio» e di supporto «alla conservazione, valorizzazione, al ripristino o alla creazione di paesaggi», con riferimenti normativi sia alla Convenzione Europea del Paesaggio (recepita dalla Legge 14/2006), che al Codice dei Beni Culturali e del Paesaggio (D.Lgs. 42/2004 e s.m.i.), in particolare all'art. 131 sulla salvaguardia dei valori espressi dai paesaggi «quali manifestazioni identitarie percepibili» (IACOVONE, DE VITO 2011);
- il Progetto "M-Pic", attuato dalla Conservatoria del Patrimonio immobiliare di Roma Capitale per la realizzazione di un SIT dedicato al patrimonio edilizio comunale e alla sistematizzazione, gestione digitale e multi-rappresentazione degli atti giuridici e degli allegati documentali correlati (MATTERA 2011; GRASSUCCI 2011).

Sul piano concettuale e procedurale, tali progetti e i relativi media informatici rappresentano le esperienze istituzionali più affini al percorso di digitalizzazione avviato dalla SSCol nel 2008 e sviluppato nel più ampio quadro del proprio Progetto SITAR (COLASANTI *et al.* 2011; SERLORENZI 2011; SERLORENZI *et al.* 2011, 2012a, 2012b; SERLORENZI, JOVINE 2013; SERLORENZI, LEONI 2015).

2. L'informatizzazione dei dati della tutela

Fin dall'inizio, il progetto è stato orientato soprattutto nella direzione del miglioramento delle procedure consolidate in molti anni di attività dell'Ufficio Vincoli e della realizzazione di strumenti software web/open source a supporto delle specifiche attività gestionali. Il primo obiettivo è stato l'informatizzazione dell'archivio dell'Ufficio Vincoli, secondo un percorso di revisione e progressiva validazione degli strumenti giuridici vigenti, che tuttora prosegue nel costante rispetto delle normative sui dati sensibili, dati delle pubbliche amministrazioni e dati pubblici (COLASANTI *et al.* 2011, 221-226; CIURCINA, GROSSI 2013a, 2013b), con un'attenzione rivolta anche agli aspetti della conservazione a lungo termine del patrimonio documentale relativo ai beni culturali (CAD 2013; RUUSALEPP, DOBREVA 2013; CAFFO 2015). I compiti di analisi e codifica dei flussi di lavoro specifici, di implementazione dei nuovi strumenti gestionali web e, in parallelo, di digitalizzazione dei dati d'archivio sono stati affidati ad un gruppo di lavoro trasversale all'Ufficio Vincoli, al Servizio SITAR e al CED, mentre per la validazione delle informazioni sistematizzate si è ricorso alla diretta collaborazione con i funzionari della SSCol competenti per le differenti aree territoriali.

Il risultato della prima fase operativa è coinciso con la pubblicazione nel 2010 della prima versione della Carta della Tutela Archeologica che tuttora è disponibile nel WebGIS SITAR (http://webais.archeositarproject.it/webgis/) sia come livello cartografico di base – i soli areali di estensione dei dispositivi e i relativi identificativi SSCol – per tutti gli utenti dotati di credenziali personali o pubbliche sia come dataset completo di tutte le informazioni di dettaglio, messo a disposizione delle utenze della SSCol, provviste di diretta competenza in materia, attraverso, appunto, l'Ambiente Tutela (http://webais.archeositarproject.it/tutela/). Come per gli altri dataset di natura scientifica e amministrativa implementati nel SITAR, anche per la Carta della Tutela Archeologica sono in corso di definizione gli aspetti giuridici di accesso ai dati amministrativi, sensibili e non, e a quelli scientifici, sempre in diretta osservanza delle normative vigenti.

A partire da tale strumento di base, si è iniziato a sviluppare l'ambiente operativo dedicato all'Ufficio Vincoli e alle attività gestionali della tutela archeologica, monumentale e paesaggistica, che sta assumendo i connotati dell'applicazione web "Ambiente Tutela", accessibile dal portale del Progetto SITAR (http://archeositarproject.it/).

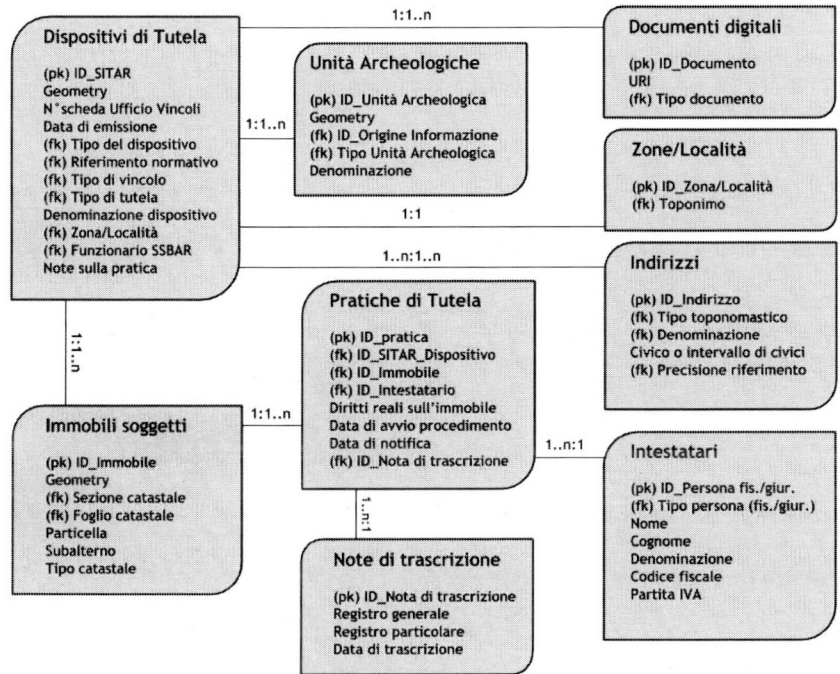

Figura 1 – Il diagramma E/R del modello dati dell'Ambiente Tutela (fonte: Soprintendenza Speciale per il Colosseo, il Museo Nazionale Romano e l'Area Archeologica di Roma, Servizio SITAR).

3. L'applicazione Ambiente Tutela

3.1 Il modello dati

Il modello dati dell'Ambiente Tutela è pienamente integrato all'interno della logica relazionale del geo-database SITAR e si avvale di alcune classi di entità già implementate per la sezione dedicata ai dati archeologici. In tal modo, i dispositivi di tutela e le pratiche amministrative possono contare sia sulle classi di servizio delle persone fisiche/giuridiche, degli indirizzi, che su quelle primarie dei monumenti/complessi archeologici (Unità Archeologiche), e dei documenti digitali, oltre a poter referenziare gli stessi lessici, ad esempio, di ripartizioni amministrative locali, località/zone toponomastiche e funzionari SSCol utilizzati dalla classe delle Origini dell'Informazione archeologica (De Tommasi *et al.* 2011, 134-135). Il modello dati della tutela è articolato, dunque, sulle sei classi seguenti (Figura 1):
- dispositivi di tutela archeologica, monumentale e paesaggistica;
- immobili soggetti alle disposizioni di tutela;
- pratiche amministrative di tutela, correlate a ciascun dispositivo nell'iter di emissione, notifica e trascrizione;
- persone fisiche e giuridiche intestatarie degli immobili;
- note di trascrizione dei dispositivi presso la Conservatoria dei Registri Immobiliari pubblici;
- documenti digitali correlati ai dispositivi di tutela.

Nel modello dati si osservano le seguenti relazioni e cardinalità tra le classi implementate:
- un dispositivo interessa almeno un immobile (terreno, fabbricato, area urbana o strada/area pubblica); per "immobile" si è assunta l'accezione di entità catastale e geometrica "vista" nella

sua consistenza reale alla data di emissione del dispositivo, poiché solo in base a tale visione diacronica si può stabilire correttamente il rapporto spaziale di un immobile con la presenza di resti archeologici tutelati; peraltro, nei numerosi casi in cui è interessata solo una frazione specifica di un immobile, secondo quanto delineato nella cartografia dell'atto giuridico, si ricorre alla mappatura della specifica rata di particella catastale. In tal senso, la tabella degli immobili è stata spazializzata con un apposito campo di tipo *geometry* di PostgreSQL/PostGIS;
- un immobile o sua parte, in base all'accezione esplicitata al punto precedente, è referenziato ad un solo dispositivo; dal momento che nel tempo gli stessi identificativi catastali possono ricorrere in più di un atto (specie nei casi di integrazioni, rettifiche o annullamenti di dispositivi già emessi), nell'Ambiente Tutela essi vengono considerati quali semplici attributi di correlazione diacronica tra il geo-database SITAR, la mappa catastale e la banca dati censuaria dell'Agenzia delle Entrate, già Agenzia del Territorio;
- un immobile è correlato ad almeno una pratica di tutela, l'entità che correla in modo univoco e permanente un atto giuridico con una specifica proprietà immobiliare, ciascun suo intestatario – e relativi diritti reali – e il relativo procedimento di notifica e trascrizione;
- una persona fisica o giuridica è correlata ad almeno una pratica di tutela (in ogni caso, ad una pratica per ogni immobile soggetto a ciascuno dispositivo);
- una nota di trascrizione di un dispositivo è correlata ad almeno una pratica amministrativa; negli atti amministrativi l'associazione logica tra le pratiche di tutela e le note di trascrizione è variabile, passando dalle formalità redatte anni addietro per ogni singolo intestatario, semmai per più immobili, alle attuali trascrizioni basate sulle "unità negoziali" che ricomprendono più immobili e più intestatari;
- un documento digitale è correlato con un solo dispositivo di tutela (nel caso della copia digitale del dispositivo, della mappa e della relazione scientifica allegate) o con una o più pratiche di tutela e, quindi indirettamente, con uno o più immobili e intestatari (nel caso delle note di trascrizione).

3.2 Il modello procedurale e le funzioni sofware di supporto agli utenti

Per poter dotare l'Ambiente Tutela di strumenti utili ed ergonomici, il lavoro di implementazione del modulo software ha tenuto conto soprattutto dell'effettiva accessibilità e usabilità delle funzioni di web editing dei dati descrittivi e geo-spaziali, in modo da rappresentare l'alternativa concreta alle specifiche risorse e competenze richieste dai software CAD/GIS di tipo desktop. Da una prima analisi del work-flow è disceso un paradigma procedurale articolato nei seguenti passaggi operativi essenziali:
- revisione e validazione degli atti giuridici vigenti;
- aggiornamento dei dati già informatizzati;
- nuove proposte di tutela archeologica, formulate dai funzionari SSCol mediante il tracciamento di areali specifici a partire dalle basi cartografiche disponibili nel SITAR (Catasto, Carta Tecnica Regionale del Lazio e PTPR, Carta delle Partizioni e delle Unità Archeologiche, ortofoto, etc.);
- verifica di dati catastali, censuari e anagrafici per gli immobili interessati dagli atti giuridici vigenti e dalle nuove proposte;
- gestione e rappresentazione dinamica di dati amministrativi e cartografici;
- output delle informazioni su differenti formati materiali e digitali.

Per supportare tali procedure nell'Ambiente Tutela sono state sviluppate le seguenti funzionalità, ricorrendo allo sviluppo di codice informatico basato sulle principali componenti sofware open source, quali PostgreSQL/PostGIS, Map Guide OS, Sencha e Open Layers, come per la sezione dedicata ai dati archeologici del WebGIS SITAR (Serlorenzi *et al.* 2013a):

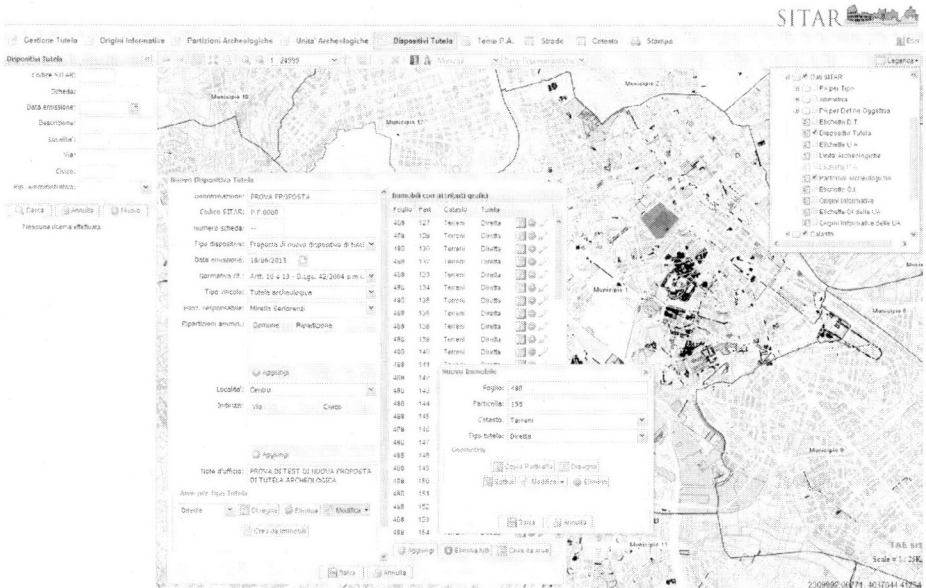

Figura 2 – La funzione di disegno web di un areale di tutela archeologica e l'estrazione dei dati catastali degli immobili interessati (fonte: Soprintendenza Speciale per il Colosseo, il Museo Nazionale Romano e l'Area Archeologica di Roma, Servizio SITAR.

- pubblicazione dei dati della tutela importati nel geo-database dalle applicazioni stand-alone sviluppate per la prima fase di data-entry massivo, e rappresentati secondo il paradigma dell'interfaccia utente già implementata nel WebGIS SITAR per le classi di entità archeologiche;
- form e tool dedicati di editing delle informazioni descrittive e geo-spaziali;
- procedura per le nuove proposte di tutela (Figura 2); mediante tale funzione l'utente autorizzato – ad esempio, lo stesso funzionario proponente o un addetto dell'Ufficio Vincoli – può liberamente tracciare uno o più areali di proposta nell'ambiente cartografico del webGIS; in tempo reale, tali istanze vengono messe a disposizione degli altri utenti dotati di competenze dirette per la verifica dei dati catastali, censuari, anagrafici e giuridici (che avviene, in ogni caso, all'interno dell'ambiente web SISTER dell'Agenzia delle Entrate) e per l'istruzione delle pratiche finalizzate all'emissione ufficiale dell'atto giuridico da parte della Direzione Regionale del MiBACT; all'atto del primo tracciamento l'utente fornisce solo alcuni dati identificativi di base quali: il tipo di tutela, diretta o indiretta; il funzionario proponente; la denominazione convenzionale del dispositivo; il tipo di dispositivo, proposta ovvero atto vigente con proprio riferimento normativo; la località o le zone toponomastiche; gli indirizzi di riferimento, sulla base di lessici topografici in corso di allineamento con quelli in uso nei sistemi informativi dell'ISTAT, di Roma Capitale e del Comune di Fiumicino;
- selezione automatica degli immobili contenuti o intersecati dall'areale di proposta o di tutela già vigente e prima estrazione dei rispettivi dati identificativi;
- puntamento e zoom in mappa di ciascun immobile;
- deselezione dall'elenco degli immobili non necessari;
- disegno delle singole frazioni di particella;
- aggiornamento automatico dell'areale di tutela e dell'elenco degli immobili; una volta affinata e salvata la selezione di tutti gli immobili interessati dalla proposta, il poligono inizialmente

tracciato 'a mano libera' viene sostituito dall'insieme geometrico di particelle e rate selezionate (multi-poligono);
- report dell'anagrafica del dispositivo, dell'elenco immobili e pratiche di tutela, con esportazione in formato pdf o csv;
- scadenzario delle pratiche con ordinamento personalizzabile per date di proposta/emissione del dispositivo, avvio del procedimento amministrativo (ai sensi della L. 241/90), notifica, trascrizione, o per dati catastali o anagrafici; a supporto di tale attività, è in corso di pubblicazione nell'Ambiente Tutela anche una sezione di normativa e prassi procedurale, dedicata alle prassi e ai parametri temporali e giuridici per la proposizione, emissione, notifica e trascrizione dei nuovi dispositivi di tutela archeologica;
- confronto automatico tra l'elenco immobili citati in un atto giuridico e la base catastale più aggiornata disponibile nel SITAR.

Nello specifico dell'interfaccia di pubblicazione web dei dati, anche per i dispositivi di tutela sono state implementate le c.d. *collections*, i micro-sistemi avanzati di rappresentazione dinamica dedicati a ciascun tipo di utenza e funzione, di aggregazione di informazioni anagrafiche, liste di dati alfanumerici, statistiche strutturate, diagrammi diversificati, e di integrazione di web mapping services pubblici. Un esempio particolare è rappresentato dall'integrazione dei web services di Google Maps, Google Street View, Microsoft Bing maps e delle relative viste pictometriche di Virtual Earth, per una migliore multi-rappresentazione del patrimonio archeologico e del territorio in cui è inserito. Altro esempio, nelle more di una futura piena interoperabilità con i web services dell'Agenzia delle Entrate, sarà rappresentato da una specifica *collection*, in corso di sviluppo, che supporterà la gestione degli aggiornamenti cartografici catastali, allo stato attuale operabili nel SITAR solo all'interno delle tabelle spazializzate del geo-database. Tale procedura permetterà all'operatore autorizzato di utilizzare gli estratti mappali richiesti telematicamente alla stessa Agenzia per aggiornare le zone caratterizzate da recenti variazioni catastali, utilizzando semplicemente gli strumenti di editing web dell'Ambiente Tutela.

4. La pubblicazione dei dati nell'Ambiente Tutela

Attraverso il WebGIS SITAR e l'applicazione dedicata denominata Ambiente Tutela, la pubblicazione e consultazione dei dati della tutela è supportata sia nell'ambito intranet SSCol che su Internet, secondo diverse modalità di accesso profilato rispetto al ruolo e ai permessi specificamente attribuiti a ciascun utente. In tale prospettiva, assume grande rilievo la riflessione in corso sulla gestione dei differenti tipi di contenuti informativi esposti, quali dati personali e sensibili, dati delle pubbliche amministrazioni, dati di pubblico dominio, dati cartografici e territoriali, accesso ai documenti d'archivio, open data, dati "open by default", etc. (COLASANTI *et al.* 2011, 221-226; CAD 2013; CIURCINA, GROSSI 2013a, 2013b; SERLORENZI *et al.* 2013b; ODC 2013). A tali aspetti si aggiungono, inoltre, argomenti aperti di rappresentazione e disseminazione dei dati stessi, ad esempio nell'ambito della graficizzazione convenzionale dei dispositivi di tutela archeologica diretta/indiretta, monumentale e paesaggistica nelle cartografie web.

Per il primo ambito di riflessione è in corso la caratterizzazione delle utenze esterne interessate all'accesso specialistico alle informazioni, al fine di mappare più compiutamente modalità di esposizione della banca dati, funzioni e servizi necessari, e nuove interazioni istituzionali con enti locali e categorie professionali coinvolte. In parallelo, per i dettagli rappresentativi dei dati, le riflessioni si vanno concentrando particolarmente su nuovi approcci cartografici alla materia della tutela. Ad esempio, una prima proposta tuttora in corso di approfondimento, verte sulla campitura cromatica omogenea degli areali di tutela archeologica, sfumandone ogni distinzione grafica, dunque, tra disposizioni dirette (ex L. 1089/39 artt. 1, 3, ora a norma del

D.Lgs. 42/2004, art. 10) e indirette (ex L. 1089/39, art. 21, ora a norma del D.Lgs. 42/2004, art. 45), in quanto ai fini della salvaguardia del patrimonio archeologico non si ravvisa differenza, di fatto, tra le due specifiche applicazioni e, anzi, in termini giuridici la tutela indiretta appare maggiormente vincolante e prescrittiva di quella diretta, come noto basata sulle evidenze archeologiche, monumentali o paesaggistiche e sul loro spazio di estensione accertata.

Il progetto di digitalizzazione dell'Ufficio Vincoli e lo sviluppo dell'Ambiente Tutela proseguono, dunque, in tale prospettiva, nella certezza che la salvaguardia del patrimonio archeologico si possa esercitare più compiutamente soprattutto mediante attività propedeutiche di conoscenza condivisa, meglio se tecnologicamente avanzate, non esclusive e, al contrario, aperte alle molte istanze istituzionali, socio-culturali ed economiche, nelle specifiche competenze di ciascun soggetto coinvolto, con le finalità della conservazione di ciò che ci è stato consegnato dal passato e della sua consapevole trasmissione alla fruizione pubblica attuale e futura.

Autori
- Mirella Serlorenzi: Responsabile scientifico del Progetto SITAR, MiBACT - Soprintendenza Speciale per il Colosseo, il Museo Nazionale Romano e l'Area Archeologica di Roma.
- Angela Colasanti: Responsabile Ufficio Vincoli, MiBACT - Soprintendenza Speciale per il Colosseo, il Museo Nazionale Romano e l'Area Archeologica di Roma.
- Donatella Garritano: Ufficio Vincoli, MiBACT - Soprintendenza Speciale per il Colosseo, il Museo Nazionale Romano e l'Area Archeologica di Roma.
- Domenico Ainis: Ufficio Vincoli, MiBACT - Soprintendenza Speciale per il Colosseo, il Museo Nazionale Romano e l'Area Archeologica di Roma.
- Santino Zacchia: Ufficio Vincoli, MiBACT - Soprintendenza Speciale per il Colosseo, il Museo Nazionale Romano e l'Area Archeologica di Roma.
- Antonella Rotondi: MiBACT - Soprintendenza Speciale per il Colosseo, il Museo Nazionale Romano e l'Area Archeologica di Roma.
- Andrea De Tommasi: Gruppo di progettazione e sviluppo del SITAR.
- Raniero Grassucci: Gruppo di progettazione e sviluppo del SITAR.
- Andrea Vismara: Gruppo di progettazione e sviluppo del SITAR.
- Andrea Varavallo: Gruppo di progettazione e sviluppo del SITAR.

Bibliografia

Bartolomucci C., Cacace C. 2009, *La Carta del rischio del patrimonio culturale: normalizzazione delle tipologie degli edifici nella banca dati del SIT*, «Bollettino ICR», 16-17, Firenze, Nardini Editore, 69-77.
(http://iscr.beniculturali.it/documenti/allegati/Abstract_italiano_16-17.pdf; ultimo accesso 30.11.2013)

Cad 2013, *Codice dell'Amministrazione Digitale (D. Lsg. 7 marzo 2005, n. 82, convertito con modificazioni dalla L. 9 agosto 2013, n. 98)*.
(http://www.digitpa.gov.it/amministrazione-digitale/CAD-testo-vigente/; ultimo accesso 29.11.2013)

Caffo R. 2015, *Progetti nazionali ed europei sul Digital Cultural Heritage*, in Serlorenzi, Leoni (eds.), «Archeologia e Calcolatori», Supplemento [in corso di attribuzione], Firenze, All'Insegna del Giglio.

Calandra E. 2015, *Verso la creazione di un "Sistema Lazio": la collaborazione istituzionale con la Soprintendenza per i Beni Archeologici del Lazio*, in M. Serlorenzi, G. Leoni (eds.), «Archeologia e Calcolatori», Supplemento 7, Firenze, All'Insegna del Giglio.

Ciurcina M., Grossi P. 2013a, *Open data: alcune considerazioni sulla pubblica amministrazione e sui beni culturali e paesaggistici in Italia*, in M. Serlorenzi, I. Jovine (eds.) 2013, 47-68.

Ciurcina M., Grossi P. 2013b, *Beni culturali: brevi note sui dati e sul loro uso pubblico alla luce delle recenti modifiche legislative*, in M. Serlorenzi (ed.), *ARCHEOFOSS. Free, Libre and Open Source Software e Open Format nei processi di ricerca archeologica. Atti del VII Workshop (Roma 2012)*, «Archeologia e Calcolatori», Supplemento 4, Firenze, All'Insegna del Giglio, 112-119.

Colasanti A., Garritano D., Pardi R., Ainis D., Zacchia S. 2011, *Il SITAR come strumento di tutela. Il Progetto di informatizzazione dei dispositivi della tutela archeologica del territorio di Roma e di Fiumicino SITAR*, in M. Serlorenzi (ed.) 2011, 219-226.
(http://www.academia.edu/5076952/D_Ainis_A_Colasanti_D_Garritano_R_Pardi_S_Zacchia_Il_SITAR_come_strumento_di_tutela_/; ultimo accesso 27.11.2013)

De Tommasi A., Varavallo A., Loche M., Santamaria M. 2011, *Il SITAR: l'architettura informativa e la logica del sistema*, in M. Serlorenzi (ed.) 2011, 123-141.
(http://www.academia.edu/5076596/A._De_Tommasi_A.Varavallo_M.Loche_M.Santamaria_Il_SITAR_larchitettura_informativa_e_la_logica_del_sistema_/; ultimo accesso 29.11.2013)

Grassucci R. 2011, *SITAR – MPic: un primo tentativo di interoperabilità tra sistemi*, in M. Serlorenzi (ed.) 2011, 143-153. (http://www.academia.edu/5076965/Raniero_Grassucci_SITAR_-MPic_un_primo_tentativo_di_interoperabilita_tra_sistemi_/; ultimo accesso 29.11.2013)

Iacovone D., De Vito G. 2011, *L'importanza della cooperazione istituzionale per la realizzazione del Piano Paesistico Regionale Lazio*, in M. Serlorenzi (ed.) 2011, 63-66.
(https://www.academia.edu/5076956/Daniele_Iacovone_Giuliana_De_Vito_Limportanza_della_cooperazione_istituzionale_per_la_realizzazione_del_Piano_Paesistico_Regionale_Lazio_/; ultimo accesso 27.11.2013)

Mattera P. 2011, *Il sistema informativo territoriale della Conservatoria immobiliare del Comune di Roma Interscambio dati e interazione tra sistemi*, in M. Serlorenzi (ed.) 2011, 77-93.
(http://www.academia.edu/5076962/Pierluigi_Mattera_Il_sistema_informativo_territoriale_della_Conservatoria_immobiliare_del_Comune_di_Roma_Interscambio_dati_e_interazione_tra_sistemi_/; ultimo accesso 29.11.2013)

Odc 2013, *G8 Open Data Charter (18.06.2013)*, documento on line, United Kingdom Government.
(https://www.gov.uk/government/uploads/system/uploads/attachment_data/file/207772/Open_Data_Charter.pdf; ultimo accesso 30.11.2013)

Rotondi A. 2015, *La sistematizzazione dei dati dell'XI Municipio, prospettive di ricerca e sviluppo*, in M. Serlorenzi, G. Leoni (eds.), «Archeologia e Calcolatori», Supplemento 7, Firenze, All'Insegna del Giglio.

Ruusalepp R., Dobreva M. 2013, *Digital Cultural Heritage Roadmap for Preservation – Open Science Infrastructure for DCH in 2020 – Deliverable 3.1 – Study on a Roadmap for Preservation*, DCH-RP Project web site, MiBACT - ICCU.
(http://www.dch-rp.eu/getFile.php?id=114; ultimo accesso 25.11.2013)

Serlorenzi M. (ed.) 2011, *SITAR. Sistema Informativo Territoriale Archeologico di Roma. Atti del I Convegno (Roma 2010)*, Roma, Iuno Edizioni.

Serlorenzi M., De Tommasi A., Fronza V., Varavallo A., Loche M., Santamaria M. 2011, *Un modello dati per la conoscenza delle architetture di interesse archeologico e la sua implementazione in SITAR*, in R. Cecchi (ed.), *Roma Archæologia. Interventi per la tutela e la fruizione del patrimonio archeologico. Terzo rapporto*, II, Roma, Electa, 514-531.

Serlorenzi M., De Tommasi A., Ruggeri S. 2012a, *La filosofia e i caratteri Open Approach del Progetto SITAR – Sistema Informativo Territoriale Archeologico di Roma. Percorsi di riflessione metodologica e di sviluppo tecnologico*, in F. Cantone (ed.), *ARCHEOFOSS. Open Source, Free Software e Open Format nei processi di ricerca archeologica. Atti del VI Workshop (Napoli 2011)*, Napoli, Naus Editoria, 85-98.

Serlorenzi M., Lamonaca F., Picciola C., Cordone C. 2012b, *Il Sistema Informativo Territoriale Archeologico di Roma: SITAR*, «Archeologia e Calcolatori», Firenze, All'insegna del Giglio, 23, 55-75 (http://soi.cnr.it/archcalc/indice/PDF23/02_Serlorenzi_et_al.pdf; ultimo accesso 27.11.2013)

Serlorenzi M., Jovine I. (eds.) 2013, *SITAR. Sistema Informativo Territoriale Archeologico di Roma. Atti del II Convegno (Roma 2011)*, Roma, Iuno Edizioni.

Serlorenzi M., De Tommasi A., Grassucci R., Vismara A. 2013a, *Il WebGIS del SITAR: riflessioni, approcci e percorsi metodologici per la pubblicazione e la multi-rappresentazione dei dati territoriali archeologici*, in M. Serlorenzi (ed.), *ARCHEOFOSS. Free, Libre and Open Source Software e Open Format nei processi di ricerca archeologica. Atti del VII Workshop (Roma 2012)*, «Archeologia e Calcolatori», Supplemento 4, Firenze, All'Insegna del Giglio, 112-119.

Serlorenzi M., Jovine I., Boi V., Stacca M. 2013b, *Archeologia e open data. Stato dell'arte e proposte sulla pubblicazione dei dati archeologici*, in M. Serlorenzi (ed.), *ARCHEOFOSS. Free, Libre and Open Source Software e Open Format nei processi di ricerca archeologica. Atti del VII Workshop (Roma 2012)*, «Archeologia e Calcolatori», Supplemento 4, Firenze, All'Insegna del Giglio, 60-78.

Serlorenzi M., Leoni G. (eds.) 2015, *Il Sistema Informativo Territoriale Archeologico di Roma nella Rete della Ricerca italiana. Verso la conoscenza archeologica condivisa (Roma 2013)*, «Archeologia e Calcolatori», Supplemento 7, Firenze, All'Insegna del Giglio.

Sitografia

http://archeositarproject.it/

http://webais.archeositarproject.it/tutela/

http://archeoroma.beniculturali.it/

SITAR e MOODLE:
una sperimentazione di KNOWLEDGE BASE dedicata ai percorsi di in-formazione e self-training della piattaforma WEBSITAR

Andrea Catena, Arjuna Cecchetti, Federica Lamonaca, Andrea Varavallo

SITAR is a project launched in 2007 by the Superintendence for the Archaeological Heritage of Rome for recording, managing, archiving and using the complex archaeological dataset usually stored in the physical archives by the develop of the first Geographic Archaeological Information System of Rome. For this reason the SITAR project produces and enforces each year new innovative knowledge, and needs to share and transmit it to the users and collaborators involved in the safeguard, analysis and exploitation of the cultural heritage of Rome. Through an empirical method and experimentations with traditional wiki environments and social networks, today the project's approach about this need is oriented toward a knowledge base structured with the CMS Moodle, named SITAR KB. The experimental KB platform is organized with open contents for all users of the web applications, and with self-training paths dedicated to each specific group of collaborators, like the internal employees, external professionals and students. The resources offered to the user community are structured in: a completly open access section (Open Contents); a section for users with basic registration (Thematic Areas); and a third area dedicated to the trainees and collaborators (Information Paths), with different level of logging and permissions.

Open Contents is the area dedicated to the introductory documents regarding the history of the SITAR project, its principal aspects and also presents a short bibliography of the project with scientific publications, papers, posters and talks.

Thematic Areas represent a first exploration of the specific aspects of the project, and is organized around different themes which offer a plurality of informations and documents regarding the conceptual and technological model of the system, the practical applications, case studies, administrative aspects (activation of institutional collaborations, internships, training, etc.), guide lines and norms related to the project.

The third section Information Paths is dedicated to the self-training approach, and to the specific needs of each profile of users, and is organised in learning itineraries.

The presented experimentation follows the main trends about the Open Knowledge, Open Access and the Open Data policies applied to the archaeological domain; the project move from these topics in order to define its own Knowledge Lifecycle Innovation (KLI) to share the project's knowledge to construct new technical and archaeological contents with system designers and administrators, specialised users and other stakeholders.

Moreover an interesting perspective is looking to the future of the interactions and integrations between some collaborative tools (knowledge base, KEB, CMS, wiki, etc) professionally developed and the social media which represent wide and innovative territories for the creation of new knowledge and for the re-combination of the cultural contents. Experimenting in this direction could mean achieve a common environment useful for the different working groups and diverse user communities, having as target the dissemination of innovative knowledge and especially the "socialization" of the contents. In the case of SITAR project, for instance, this interchange could lead toward collective contributions for the formalization and identification of ontologies, standards and management process of the Digital Cultural Heritage.

1. Premessa

Il Sistema Informativo Territoriale Archeologico di Roma (SITAR) è la piattaforma webSIT della Soprintendenza Speciale per i Beni Archeologici di Roma (SSBAR) che conta, ad oggi, sei anni di attività di ideazione, progettazione e implementazione, volte alla strutturazione e gestione digitale della conoscenza archeologica del territorio metropolitano di Roma e Fiumicino. Come già esplicitato in altre sedi di discussione comune e nelle ultime due edizioni di ArcheoFOSS (Serlorenzi 2011, Serlorenzi *et al.* 2012; Serlorenzi *et al.* 2013), il SITAR risponde quotidianamente e contemporaneamente ad esigenze diverse che derivano, da una parte, dai processi di sistematizzazione dei dati d'archivio della SSBAR e dalla elaborazione di grandi quantità di documenti materiali e digitali, e, dall'altra, dai compiti istituzionali dell'Istituto e da una pluralità di differenti profili professionali (personale scientifico, tecnico e amministrativo interno, professionisti, consulenti ed esperti del settore dei beni culturali, funzionari degli enti pubblici locali, altre utenze professionali) e curriculari (studiosi, docenti e ricercatori, studenti e stagéurs), nonché cittadini e altri stakeholder che a vari livelli possono interagire con il SITAR. Nell'ambito delle diverse fasi di utilizzo degli strumenti operativi e di applicazione delle procedure del SITAR, know how e competenze specifiche si mostrano quali nuclei centrali e valore da conservare, condividere e accrescere con tutti gli utenti del sistema, anzitutto mediante un graduale trasferimento e assimilazione delle conoscenze scientifiche e tecnologiche che ne hanno orientato l'ideazione concettuale e la progettazione, e che sono alla base delle attività quotidiane di implementazione e consultazione del repository SITAR. In quest'ottica, ci si è posti fin dall'inizio alcuni quesiti in merito a "cosa", "come", "dove" rappresentare tale base dinamica di conoscenze e competenze, analizzando in corso d'opera le modalità più opportune di condivisione e allineamento tra tutti gli utenti del SITAR. Sono state prese in considerazione e sperimentate diverse piattaforme impostate sui paradigmi metodologici di tipo collaborativo e tecnologici di tipo wiki e open source, al fine di strutturare una vera e propria knowledge base che rispondesse a queste differenti esigenze di supporto informativo, self-training e disseminazione degli elementi fondativi dell'attuazione del Progetto SITAR, e della realizzazione, gestione, implementazione e fruizione della sua piattaforma applicativa web.

Senza voler approfondire tutte le valutazioni maturate nel corso delle sperimentazioni avviate e in parte ancora in fase di completamento, in questa sede si intende focalizzare l'attenzione sulla ricerca applicata nel contesto del Progetto SITAR e delle esigenze descritte in premessa, utilizzando il noto framework open source Moodle (https://moodle.org/about/), selezionato in tal senso sulla base dei caratteri di flessibilità, usabilità, storia del progetto di sviluppo e ampiezza della community globale di riferimento.

F.L.

2. Il SITAR e Moodle

Grazie ad un approccio concettuale e tecnologico studiato per il pieno supporto delle attività di e-learning/open learning, in ambito sia educativo e accademico, che professionale, e l'ampia compatibilità con i formati più diffusi di organizzazione e rappresentazione dei contenuti informativi, Moodle si presenta come un sistema molto avanzato e in grado di poter rispondere anche alle necessità evidenziate nel caso del Progetto SITAR, offrendosi come strumento tecnologico più opportuno per la costruzione e il mantenimento della knowledge base dedicata. In tale ambito applicativo, Moodle mette a disposizione di utenti e amministratori una pluralità di strumenti nativi per la gestione degli oggetti logici e informativi della piattaforma, quali contenuti liberi, tra loro variamente correlabili, e pacchetti di conoscenza diversamente strutturati, oltre ad offrire un ricco set di tool multi-rappresentativi quali blog, chat, wiki, glossari, test di valutazione, etc (http://docs.moodle.org/26/en/Resources/). La natura modulare della piattaforma software – in unione con la scelta di utilizzo di strumenti a codice aperto – consente, peraltro, l'eventuale sviluppo e aggiunta di ulteriori funzionalità e di contenuti personalizzati. Dal punto di vista tecnico, al pari di altri noti prodotti di tipo CMS, Moodle può essere installato su qualsiasi server Windows, Unix, Linux o BSD che disponga di un web server, solitamente Apache, dell'interprete del linguaggio PHP e di un RDBMS, tipicamente MySql. In merito alla scelta del RDBMS, Moodle è in grado di supportare anche soluzioni alternative a MySql, quali PostgreSql, Oracle e Microsoft Sql Server, questi ultimi implementati a partire dalla versione 1.7. Per quanto attiene alla fruizione dei contenuti e della loro strutturazione e rappresentazione, Moodle si presenta all'utente come una tipica applicazione web pienamente compatibile con i più diffusi browser. Le policies di accesso al sistema possono essere stabilite sia mediante le consuete procedure di registrazione nel database locale del CMS, che mediante sistemi di gestione centralizzata degli accessi. Una soluzione possibile è rappresentata, ad esempio, dalla integrazione tra Moodle e la gestione delle utenze di dominio supportata da Microsoft Active Directory, per la quale è disponibile uno specifico modulo LDAP già nativo nel codice sorgente di Moodle. In entrambi i casi, è possibile gestire l'appartenenza degli utenti a gruppi ben caratterizzati e impostare in maniera capillare i permessi di accesso a percorsi, moduli e risorse.

Per l'installazione e la configurazione di Moodle nell'ambito del progetto SITAR, si è scelto di utilizzare un server fisico equipaggiato con sistema operativo Linux Ubuntu Server, a partire dal quale si è proceduto alla realizzazione di un sistema di produzione AMP con l'installazione e la configurazione del web-server Apache2 – e relativa creazione del virtualhost http://sitarmoodle.archeoroma.beniculturali.it/, del RDBMS MySql e dell'interprete PHP. Allo stato attuale, gli accessi al sistema sono gestiti mediante database locale ed è in fase di studio e progettazione la realizzazione di un sistema di "single sign-on" che consentirà la piena integrazione del CMS all'interno dell'ecosistema degli applicativi SITAR, garantendo la possibilità di accedere ad ogni applicazione con una singola utenza ed ereditare appartenenze a gruppi e policies di fruizione dei contenuti.

A.V. - A.Ca.

3. SITAR KNOWLEDGE BASE: filosofia e struttura della piattaforma

La modellazione sperimentale della SITAR Knowledge Base basata sulle possibilità offerte dal CMS Moodle, permette di ideare continuamente nuove forme di condivisione e arricchimento della base di conoscenze consolidate nel corso dell'esperienza progettuale stessa, tenendo conto in particolare delle fondamentali interazioni tra il gruppo di lavoro SITAR e gli altri utenti. In pratica, quello che si intende costruire è un ambiente di collaborazione che supporti il processo di *knowledge life-cycle innovation* del SITAR (Figura 1), laddove «la diffusione dell'innovazione trasforma la conoscenza tacita, cioè le abilità operative che pochi soggetti interessati possiedono, in conoscenza esplicita, ovvero la conoscenza formalizzata attraverso modelli, linee guida, processi e così via [...] attraverso l'apprendimento sia a livello individuale che di gruppo» (Ardimento *et al.* 2012).

Per tali ragioni è stata disegnata una piattaforma che non offre *tout court* pacchetti di conoscenza, ma che rappresenta anzitutto un luogo di apprendimento e di scambio, caratterizzato da contenuti aperti con documenti di pubblico dominio relativi all'illustrazione del progetto e ad una panoramica sul SITAR; aree tematiche dedicate a ciascun ambito di pertinenza del progetto; percorsi specifici in grado di accompagnare gli utenti in una conoscenza graduale, diversificata e personalizzata. Il primo passo è stato quello di ri-definire la denominazione degli oggetti logici offerti da Moodle, conformandosi alle necessità d'uso e allo svolgimento soprattutto nel caso dei percorsi informativi che si è scelto di modellare sul paradigma logico dei "corsi" tipici di Moodle. In tal senso, tali itinerari sono stati modulati per argomenti e corredati di risorse

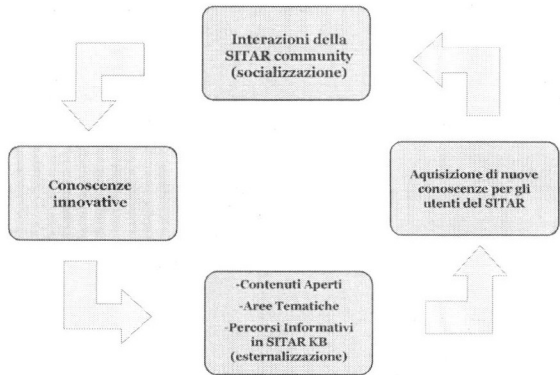

Figura 1 - Schema del knowledge lifecicle innovation declinato nell'ambito del Progetto SITAR.

documentali, sia concettuali che tecniche. In tal modo, ogni percorso e ogni argomento possono essere costantemente aggiornati in modo da seguire ogni fase di ulteriore sviluppo del SITAR, in termini sia di contenuti offerti, sia di ideazione di nuovi percorsi d'informazione.
In relazione a ciò, si è cercato di concretizzare la SITAR Knowledge Base tentando di rispondere anzitutto alle seguenti priorità operative:
- supportare le esigenze specifiche del personale interno della SSBAR e le attività quotidiane del Gruppo di lavoro SITAR, permettendo una archiviazione organica e una reperibilità costante della documentazione tecnica e didattica prodotta e aggiornata;
- accompagnare ciascun gruppo di utenti nel percorso di apprendimento delle competenze indispensabili per la piena fruizione dei contenuti scientifici del SITAR;
- agevolare l'interscambio di know how con altre équipe di ricerca, specie nelle occasioni di sviluppo tecnologico condiviso e nei processi necessari di disseminazione del progetto stesso.

3.1 L'organizzazione delle risorse

Fin dalle prime fasi di ideazione e implementazione della SITAR Knowledge Base si è tenuto conto di un opportuno allineamento e di un'integrazione ottimale con le policies di accesso già implementate nelle applicazioni webGIS e webDB del SITAR, a supporto dell'interazione di utenti e di gruppi di utenze con la base di dati scientifici della SSBAR, basata sul duplice approccio logico e procedurale di tipo RBAC/RAC (Leoni 2011). L'approccio attuale si basa su una chiara distinzione delle risorse informative in una sezione introduttiva pubblica – che non richiede, dunque, alcuna credenziale di accesso – e una di approfondimento specialistico basato su una profilazione avanzata delle utenze del SITAR. Nel dettaglio, i contenuti informativi sono organizzati e presentati nei seguenti ambiti (Figura 2):
- *Contenuti Aperti*, è uno spazio dedicato ai documenti introduttivi alla storia del Progetto SITAR e ai contributi scientifici del Gruppo di lavoro (paper, presentazioni, poster, etc.);
- *Aree Tematiche*, un ambiente indicizzato per temi che accolgono la pluralità di informazioni e documenti riguardanti i modelli concettuali e tecnologici del sistema informativo, le applicazioni pratiche, i casi studio, gli aspetti amministrativi (attivazione di collaborazioni istituzionali, di tirocini e stage, etc.) e le fonti normative di riferimento (linee guida, decreti ministeriali, etc) correlati al Progetto SITAR;

RISORSE	Visitatore Web	Profili utente di base	Funzionari Responsabili SSBAR	Gruppo Lavoro SITAR	Collaboratori Esterni	Tirocinanti	Utenti tecnico-informatici
Contenuti Aperti							
Aree Tematiche							
Percorsi Informativi							

Figura 2 - Schema illustrativo della ripartizione organica delle risorse presenti nella SITAR Knowledge Base.

- *Percorsi Informativi*, che rispondono, con un approccio di tipo self-training, alle esigenze specifiche di ciascun profilo di fruizione del SITAR, attraverso itinerari di apprendimento dedicati.

Il menù principale della SITAR Knowledge Base è stato arricchito con i link dedicati agli applicativi del webGIS e del webDB, e, sfruttando una delle modalità di presentazione di Moodle, entrambi gli strumenti sono accessibili in versione integrata con la piattaforma stessa, così da guidare l'interazione con tali applicazioni avendo sempre a disposizione le informazioni di supporto. Un altro strumento modellato sui widget di Moodle, è il Glossario SITAR messo a disposizione degli utenti per poter consultare una base di voci specifiche e costantemente aggiornate, a cui ricorrere per una completa comprensione del vocabolario specifico di SITAR, dei termini amministrativi propri della Soprintendenza e dei concetti e lemmi tecnici degli ambienti GIS. Negli sviluppi futuri, è prevista, inoltre, l'attivazione di strumenti come i forum, che verranno formalizzati come "bacheche" al fine di supportare il dialogo del Gruppo di lavoro SITAR con gli utenti, e tra gli utenti stessi, e canali di più diretta condivisione di quesiti, risposte ed eventi in modo meno pedissequo e più inclusivo.

Sempre nell'ottica del dialogo, la piattaforma SITAR Knowledge Base potrà avvalersi anche di un approccio social, utilizzando come continue fonti di informazione anche le pagine Facebook e Academia.edu dedicate al Progetto SITAR. Inoltre, le potenziali estensioni progressive della knowledge base in corso di sperimentazione permettono di contemplare oggetti basati espressamente su paradigmi di tipo wiki, in grado anche di ascoltare e accogliere i contributi degli utenti che frequentano più assiduamente il "territorio" metodologico e semantico entro il quale si evolve il Progetto SITAR. Pertanto, si intende sperimentare un ambiente wiki in grado di presentare in una versione agile e riassuntiva la mole di informazioni che costituiscono la base di conoscenza del progetto, anche al fine della costituzione di una vera e propria comunità di pratica e apprendimento del SITAR.

A.Ce.

3.2 Le risorse: le aree tematiche

La sezione delle Aree Tematiche è dedicata alla diffusione capillare del Sistema e del Progetto, e si rivolge a qualsiasi utente che voglia approfondire la conoscenza degli strumenti e degli applicativi del SITAR. Le aree sono strutturate e organizzate per temi che affrontano e illustrano le caratteristiche tecniche e concettuali del sistema informativo e dei suoi applicativi; le modalità

di consultazione e di implementazione dei contenuti scientifici presenti in SITAR; gli esiti concreti e le sperimentazioni basate sui dati archeologici e topografici sistematizzati; gli aspetti amministrativi di riferimento e quelli tecnici propri dell'infrastruttura informatica del progetto. L'accesso alle Aree Tematiche richiede l'accesso con le credenziali personali dell'utente, poiché tale approccio si è ritenuto utile sia per distinguere questo livello di approfondimento dall'ambito introduttivo pubblico della risorsa "Contenuti Aperti", sia per poter effettuare alcune analisi statistiche sull'utilizzo della piattaforma, dei suoi tool specifici e soprattutto dei suoi contenuti. Nel dettaglio le aree tematiche sono attualmente così ripartite:
- *Il Sistema Informativo Territoriale Archeologico di Roma* definibile come un'area specialistica, volta ad illustrare nel dettaglio l'architettura logica del sistema, gli sviluppi tecnologici, gli strumenti utilizzati, quali webGis e webDatabase, e le prassi procedurali del flusso di lavoro;
- *Sperimentazioni e casi studio* è l'area che raccoglie tutte le estensioni e gli approfondimenti metodologici del SITAR, quali i modelli 3D di singoli monumenti, analisi approfondite su porzioni di territorio o monumenti specifici, ecc., realizzati anche grazie a collaborazioni con altri enti, università o professionisti;
- *Collaborazioni e Progetti*, è una sezione interamente dedicata alle collaborazioni e ai progetti, effettuati e in corso, nei quali la SSBAR e il SITAR interagiscono con altre équipe di ricerca e sviluppo nazionali ed estere;
- *Tirocini e Stage*, rappresenta l'ambito entro il quale sono archiviati i documenti amministrativi, quali i protocolli di intesa, le collaborazioni e la documentazione relativa alle modalità di accreditamento per avviare nuove forme di collaborazione con università e enti di formazione italiani e stranieri;
- *Fonti normative di riferimento*, contenenti ad esempio le linee guida, europee e nazionali, in tema di digitalizzazione e sistematizzazione del patrimonio culturale, di realizzazione di sistemi informativi territoriali archeologici, e altre fonti e documenti pertinenti all'attuazione del Progetto SITAR.

Un esempio di fruizione dei contenuti delle "Aree Tematiche", è quello rappresentato da un utente interessato a un approfondimento sul SITAR e sull'utilizzo dei suoi strumenti, che, dopo aver consultato i documenti disponibili nell'area "Contenuti Aperti", e aver ottenuto le sue credenziali personali di accesso, potrà entrare nelle "Aree Tematiche" e selezionare i temi e i contenuti di maggiore interesse, quali l'evoluzione scientifica, metodologica e tecnologica, la conoscenza degli applicativi web, le informazioni di supporto alla navigazione e l'acquisizione delle competenze necessarie alla fruizione della banca dati.

3.3 I percorsi in-formativi

Muovendo dalle esigenze di condivisione, divulgazione, orientamento e aggiornamento delle utenze specialistiche interne ed esterne che quotidianamente interagiscono con il SITAR, si è avviato un processo di analisi dei fabbisogni informativi e di identificazione di diversi percorsi di informazione appositamente dedicati alla consultazione di tutte le informazioni scientifiche, amministrative e procedurali. Scopo primario nella costruzione di questi percorsi informativi è quello di sistematizzare, veicolare e trasmettere a ciascun utente gli strumenti operativi e le procedure di riferimento per le attività di interrogazione e implementazione del repository di progetto, attraverso step specifici e processi di acquisizione delle competenze necessarie per ciascun tipo di utenza. In tal senso, si tenta di contribuire al supporto costante dell'aggiornamento metodologico e tecnologico degli utenti, facilitando e ottimizzando le effettive opportunità organizzative e logistiche attuabili dalla SSBAR. Le categorie di utenza specifica ad oggi identificate si articolano in cinque gruppi principali (Figura 3):

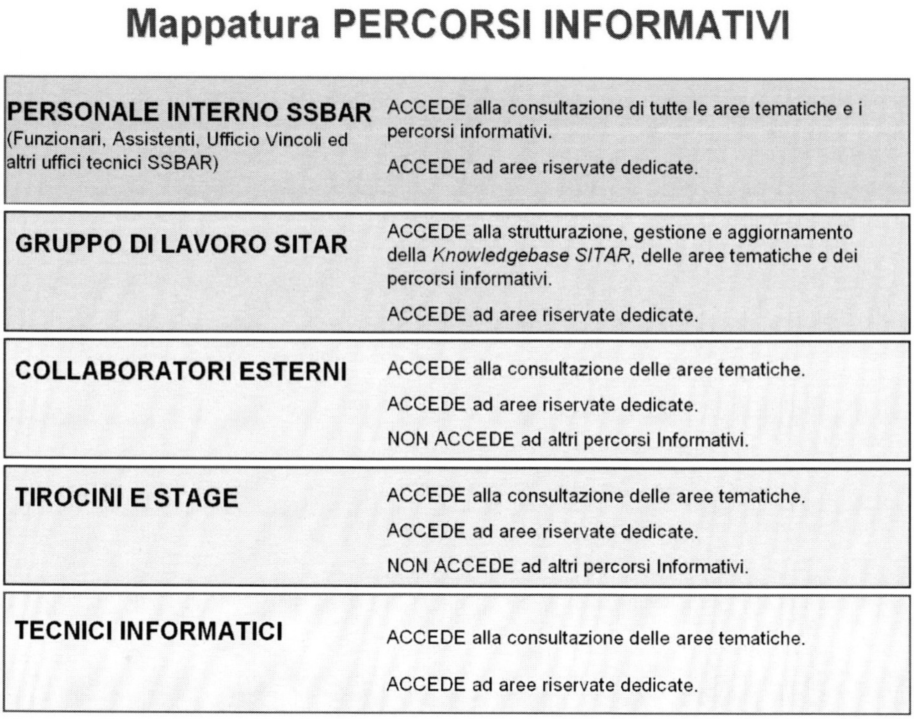

Mappatura PERCORSI INFORMATIVI

PERSONALE INTERNO SSBAR (Funzionari, Assistenti, Ufficio Vincoli ed altri uffici tecnici SSBAR)	ACCEDE alla consultazione di tutte le aree tematiche e i percorsi informativi. ACCEDE ad aree riservate dedicate.
GRUPPO DI LAVORO SITAR	ACCEDE alla strutturazione, gestione e aggiornamento della *Knowledgebase SITAR*, delle aree tematiche e dei percorsi informativi. ACCEDE ad aree riservate dedicate.
COLLABORATORI ESTERNI	ACCEDE alla consultazione delle aree tematiche. ACCEDE ad aree riservate dedicate. NON ACCEDE ad altri percorsi Informativi.
TIROCINI E STAGE	ACCEDE alla consultazione delle aree tematiche. ACCEDE ad aree riservate dedicate. NON ACCEDE ad altri percorsi Informativi.
TECNICI INFORMATICI	ACCEDE alla consultazione delle aree tematiche. ACCEDE ad aree riservate dedicate.

Figura 3 - Schema illustrativo dei ruoli e delle funzionalità dei Percorsi Informativi.

- personale interno della SSBAR, suddiviso a sua volta tra funzionari, assistenti e personale tecnico;
- gruppo di lavoro del SITAR;
- collaboratori esterni: ricercatori, accademici, altri enti pubblici e privati; consulenti, professionisti e tecnici di supporto del settore dei beni culturali, in particolare del settore archeologico; esperti coinvolti nella pianificazione urbanistica e paesaggistica;
- tirocinanti e stagisti;
- profili tecnici e informatici.

A tali gruppi di utenti corrispondo, appunto, specifici percorsi informativi. Il primo è dedicato a funzionari, assistenti, personale tecnico della SSBAR soprattutto mediante la codifica dei rispettivi flussi di lavoro e delle interazioni con gli strumenti del SITAR utili, ad esempio, nella gestione di una pratica di tutela e dei passaggi procedurali connessi agli aspetti amministrativi e scientifici. Analogamente, è stato strutturato un percorso informativo profilato per il gruppo di lavoro SITAR, in grado di aggregare e fornire informazioni relative alla gestione della banca dati SITAR e anche della stessa knowledge base, per diffondere e uniformare le competenze individuali tra tutti gli operatori, in particolare quelle inerenti le procedure di data-entry. Un terzo percorso è rivolto ai collaboratori esterni della SSBAR coinvolti nei processi di produzione, consegna e a breve di inserimento diretto dei dati di dettaglio e di tutta la documentazione archeologica nel SITAR, che si basano sulla conoscenza delle policies di accesso, delle norme procedurali, dei tracciati schedografici e degli standard di redazione della documentazione archeologica. Per quanto attiene il percorso dedicato agli stage e ai tirocini, l'utente può trovare nella SITAR Knowledge Base tutte le indicazioni e le documentazioni personali, oltreché gli step, i contenuti formativi e i materiali di lavoro relativi al suo tirocinio (folder personale, guide d'uso, materiali di studio, documentazione personale del tirocinio).

Infine, uno specifico percorso informativo di carattere più tecnico è dedicato agli sviluppatori del sistema e agli interlocutori del gruppo di progettazione e sviluppo del SITAR, e rappresenta la forma di interscambio di materiali e documenti tecnici con le altre équipe tecniche nazionali e straniere.

F.L.

4. OPEN ISSUES

La sperimentazione della piattaforma SITAR Knowledge Base si ispira agli orientamenti che si stanno diffondendo anche nel settore culturale e in quello archeologico, rispetto agli approcci di tipo e-learning, open learning e open knowledge. In questo senso l'esperienza illustrata nel presente contributo ha evidenziato le potenzialità e la versatilità del CMS open source Moodle quale framework per la realizzazione di un ambiente di supporto e dialogo tra tutti gli utenti del SITAR. Inoltre una prospettiva di particolare interesse è quella che lascia intravedere alcune future potenziali integrazioni tra tali strumenti collaborativi (knowledge base, KEB, CMS, wiki, etc.) sviluppati anche in declinazioni di tipo professionale, e i social media più diffusi che offrono ampi e innovativi "territori" di creazione per nuove conoscenze e per la ricombinazione continua dei contenuti culturali. Sperimentare in questa direzione potrebbe significare dar vita ad ambienti di interrelazione fra gruppi di lavoro e gruppi di utenza dei diversi esiti progettuali, avendo come obiettivo, oltre alla trasmissione delle conoscenze innovative, anche e soprattutto la socializzazione delle stesse. Nel caso del progetto SITAR, ad esempio, questo interscambio potrebbe condurre verso esperienze di contribuzione collettiva per l'individuazione e formalizzazione di ontologie, standard e modalità di gestione del Digital Cultural Heritage.

A.Ce.

Autori
- Andrea Catena: Progetto SITAR della Soprintendenza Speciale per i Beni Archeologici di Roma.
- Arjuna Cecchetti: Progetto SITAR della Soprintendenza Speciale per i Beni Archeologici di Roma.
- Federica Lamonaca: Progetto SITAR della Soprintendenza Speciale per i Beni Archeologici di Roma.
- Andrea Varavallo: Progetto SITAR della Soprintendenza Speciale per i Beni Archeologici di Roma.

Bibliografia

Ardimento P., Convertini V. N., Visaggio G. 2012, L'Open Innovation per il trasferimento tecnologico, in T. Roselli, A. Andronico, F. Berni, P. Di Bitonto, V. Rossano (eds.), Didamatica 2012, (ISBN: 978-88-905406-7-7).

Leoni G. 2011, Il SITAR e le policies di sicurezza: i gruppi di utenti, i ruoli, i permessi di accesso e utilizzo dei dati, in M. Serlorenzi (ed.) 2011, SITAR. Sistema Informativo Territoriale Archeologico di Roma. Atti del I Convegno (Roma 2010), Roma, Iuno Edizioni, 195-198. (http://beniculturali.academia.edu/ProgettoSITAR/Atti-I-Convegno-SITAR-2010/; ultimo accesso 26.11.2013).

Serlorenzi M. 2011, Il SITAR: Sistema Informativo Archeologico di Roma, in M. Serlorenzi (ed.), SITAR Sistema Informativo Territoriale Archeologico di Roma, in M. Serlorenzi (ed.) 2011, SITAR. Sistema Informativo Territoriale Archeologico di Roma. Atti del I Convegno (Roma 2010), Roma, Iuno Edizioni, 9-12.

Serlorenzi M., De Tommasi A., Ruggeri S. 2012, La filosofia e i caratteri Open-Approach del Progetto SITAR – Sistema Informativo Territoriale Archeologico di Roma. Percorsi di riflessione metodologica e di sviluppo tecnologico, in Quaderni del Centro Studi Magna Grecia, Atti del 6° Workshop Open Source, Free Software ed Open Format nei processi di ricerca archeologica. L'Open Blended Workshop, Archeo FOSS, Napoli.

Serlorenzi M., De Tommasi A., Grassucci R., Vismara A. 2013a, Il WebGIS del SITAR: riflessioni, approcci e percorsi metodologici per la pubblicazione e la multi-rappresentazione dei dati territoriali archeologici, in M. Serlorenzi (ed.), ARCHEOFOSS. Free, Libre and Open Source Software e Open Format nei processi di ricerca archeologica. Atti del VII Workshop (Roma 2012), «Archeologia e Calcolatori», Supplemento 4, Firenze, All'Insegna del Giglio, 112-119.

Scheda TMA (Tabella Materiali).
Sviluppo di un database per la gestione del materiale archeologico dalla città antica di Albintimilium (Liguria)

Luigi Gambaro, Stefano Costa

A database application was developed for the recording of finds from ongoing and past excavations in Albintimilium (modern day Ventimiglia, in Western Liguria), initially focusing on the area of the Roman theater that has been under excavation since the early 20th century and is currently ongoing conservation works within a multi-year project funded by ARCUS S.p.A. Albintimilium had a long occupation span, from the late Iron Age to the Early Medieval period when the main settlement moved to the nearby hilltop, and finds reflect this history with a wide variety of local products and imports, as typical for coastal towns in the Mediterranean. The motivation behind the work presented here is the absence of systematic publications for most of the excavations that were carried on at the site since the 1950s, and in parallel the lack of digital documentation even for basic inventories, photographs and site plans.

The TMA (Tabella Materiali) schema, issued by ICCD and currently at version 3.00, was used for recording of all finds data. TMA was conceived as an aid to quick preliminary classification in the field and requires a small amount of detail compared to the well-known RA (Reperto Archeologico) schema, by grouping together items of the same type. However, given the non-relational structure of all ICCD schemas, an adaptation was neeeded to reduce the amount of repetitive data entry, and furthermore to standardise the categorisation of finds such as ceramics, soapstone, metal objects etc. into well-known production classes and typologies. Three vocabularies were created to facilitate the recording of object classes, object shape and materials, comprising almost 300 terms in total.

A primary concern was the preservation of the historical excavation record associated with some of the finds, that were first catalogued by Lamboglia in the mid-20th century, during his pioneering studies of Roman pottery: some ceramic finds are exactly those that were used by Lamboglia to create the first typologies for Roman red-slipped wares in the 1950s, and the vast majority of sherds bears its unique ID number, a practice that was quite rare at the time. The main recording units are the crate (cassa) and the stratigraphic context (even though single-context recording was only introduced in the late 20th century), modelled in the database as container objects in a many-to- many relationship.

The resulting web-based application is based on the open source Django framework, and it is made available under an open source license for others to adapt and improve upon, in accordance with the good practice proposed by the ArcheoFOSS community. From the point of view of a public administration office, the choice of open source components (including GNU/Linux, PostgreSQL and SQLite) was both mandatory according to the current Italian legislation and needed to ensure sustainability in the mid-long term. As a result, the application is certainly not a technological breakthrough, but works well for the intended purpose and allows both the local management of storage spaces and the export of data to the centralised SIGEC archive, by means of the standardised ASCII transfer format of ICCD.

1. Premessa

L'area archeologica della città antica di *Albintimilium* sorge nella piana compresa tra le foci del torrente Nervia ad est e del fiume Roja ad ovest all'estremità occidentale della Liguria nel comune di Ventimiglia (IM). Fu proprio la presenza di questi due importanti sbocchi vallivi e fluviali, terminali di collegamento tra la costa ligure e l'entroterra cispadano e transalpino, nonché di una serie di alture facilmente difendibili e prossime alla costa, a favorire la frequentazione umana fin da epoca preistorica, come confermano i ritrovamenti archeologici riferibili già sporadicamente all'età del Rame e all'età del Bronzo e poi alla seconda età del Ferro, concentrati in particolare alle pendici della collina di Collasgarba sul versante che controllava la foce del torrente Nervia dove si sviluppò un oppidum indigeno, ritenuto il capoluogo dei Liguri Intemelii. Alla base della collina presso il mare a partire dal II secolo a.C. sorse un insediamento romano che si sviluppò in senso urbano, con l'edificazione delle mura nel periodo tardo-repubblicano (I secolo a.C.); sono attribuibili alla prima e media età imperiale importanti trasformazioni urbanistiche, che comportarono la costruzione delle terme pubbliche, del teatro, di alcune domus urbane, contestualmente allo sviluppo di una grande necropoli nella piana ad occidente della città romana. Sebbene già tra il IV ed il V secolo si assista ad una progressiva contrazione e destrutturazione dell'area urbana, una frequentazione abitativa della zona è documentata fino all'Alto Medioevo in concomitanza col coagularsi sulla non lontana collina del Cavo di un insediamento fortificato, nucleo poi della città medievale di Ventimiglia (MENNELLA 1992; GANDOLFI 2008).

2. Il progetto

Malgrado le numerose campagne di scavo, succedutesi a partire dagli ultimi decenni del XIX secolo da parte di Girolamo Rossi, proseguite poi da Piero Barocelli (BAROCELLI 1923), Nino Lamboglia (LAMBOGLIA 1939; LAMBOGLIA 1956) ed in tempi più recenti ad opera della Soprintendenza per i Beni Archeologici della Liguria (ora Soprintendenza Archeologia della Liguria), permane un grave deficit di conoscenza a causa della parziale e disomogenea edizione di tale ricerche, da imputare senza dubbio anche al mancato utilizzo di strumenti che permettano di gestire efficacemente e di rendere velocemente consultabile e fruibile questo grande archivio. È infatti mancata la pubblicazione sistematica degli esiti degli scavi in particolare della necropoli occidentale (scavi Barocelli e posteriori) e di gran parte di quelli che hanno interessato i settori urbani dopo il 1948 da parte di Nino Lamboglia, che riuscì a pubblicare esaustivamente solo gli scavi da lui diretti nel 1938-1940 (Lamboglia 1950a), mentre sono rimasti a livello di semplici notizie preliminari tutti gli altri interventi da lui effettuati nell'area urbana (si veda la prima sintesi in Lamboglia 1956); ad uno stadio del tutto preliminare è anche lo studio delle indagini condotte negli ultimi trent'anni dalla Soprintendenza per i Beni Archeologici della Liguria e dall'Istituto Internazionale di Studi Liguri (si vedano Bruno, Gandolfi, Martino 1990; Gandolfi 1990; Gandolfi 2010; Lamboglia 1938; Lamboglia 1956; Lamboglia 1958; Martino, Gandolfi, Lavagna, Bertino 1990; Pallarés 1963; Pallarés 1988). Soltanto i reperti archeologici di proprietà statale conservati nei magazzini di Ventimiglia ammontano ad oltre 5000 casse.

L'occasione per cercare di risolvere questo problema è stata offerta da un progetto, avviato nel 2010 e ancora in corso, che grazie ad un finanziamento erogato alla Provincia di Imperia dalla società ARCUS s.p.a. sta interessando il più importante e rappresentativo monumento della città romana di *Albintimilium*, vale a dire il suo teatro e l'area circostante (Fig. 1), al fine di recuperare al termine dell'intervento di restauro e di adeguamento funzionale un suo utilizzo come luogo per svolgere spettacoli ed eventi culturali. Contestualmente alla prima fase del progetto, che ha comportato la realizzazione di un nuovo rilievo mediante tecnologia laser scanner del monumento, accompagnato da un nuovo sondaggio di scavo, alcune analisi archeometriche e

Figura 1 – Pianta dell'area archeologica di Albintimilium. In evidenza il teatro romano.

una lettura della stratigrafia muraria per precisarne la datazione ancor oggi incerta, si è deciso di intervenire sull'ingente mole di dati, accumulatisi grazie ai vasti scavi tuttora inediti, eseguiti in particolare da Nino Lamboglia in forma pressoché continuativa tra gli anni 1948 e 1963 (LAMBOGLIA 1949; Id. 1950 b; Id. 1950 c; Id. 1951 a; Id. 1951 b; Id. 1953; Id. 1956; Id. 1957; Id. 1962; RICCOBONO 2001).
Al fine di procedere ad una indispensabile rilettura critica e alla conseguente revisione cronologica di tali stratigrafie, oltre all'acquisizione digitale dell'imponente documentazione grafica e fotografica conservata negli archivi della Soprintendenza, si è avvertita la necessità di una nuova inventariazione del materiale scavato, che ammonta ad oltre trecento casse di reperti archeologici. A tale scopo si è ritenuto di dover superare l'attuale sistema di archiviazione cartaceo, divenuto ormai largamente inattendibile in quanto realizzato contestualmente agli scavi oltre mezzo secolo fa; si è quindi deciso di utilizzare come "scheda di cassa" il modello digitalizzato delle scheda TMA (Tabella Materiali Archeologici) nella versione 3.00 dello standard pubblicato dall'ICCD (ICCD 2005).
Mentre nella prima parte della scheda, articolata in 35 campi, si è rispettata scrupolosamente la struttura ministeriale con il rispetto delle obbligatorietà e alcuni campi non obbligatori: i campi della scheda sono organizzati nei seguenti raggruppamenti: Codici – Oggetto – Localizzazione geografica/amministrativa – Cronologia – Materiale – Condizione giuridica e Vincoli – Documentazione fotografica e grafica – Compilazione. Solo per alcuni campi (CD, OG, LC, TU, AD, CM e relativi sottocampi) che si ripetono con uguale contenuto, in quanto riferiti a materiale proveniente dallo stesso contesto di scavo, è stato facilitato l'inserimento in modo automatico. Si è invece sviluppata una parte in formato tabellare, relativa alla quantificazione e classificazione dei reperti, riconducibile al paragrafo ripetitivo MA (=materiale). Questa parte propone una modalità di inserimento rapido per ovviare alla necessità di inserire campi strutturati gerarchicamente (MA, MAC e campi ripetitivi MAD). I singoli gruppi di oggetti catalogati vengono organizzati per classe/produzione (MACL), forma (MACD), tipologia (MACP), nonché parte del vaso conservata (MADD) – ognuna affiancata dal rispettivo/i numero/i di inventario (MADI) e dalla quantità di frammenti (MADQ) – eventuale presenza di iscrizioni, graffiti o bolli, materia/tecnica del reperto ed osservazioni (Fig. 2). La tabella è organizzata in diciotto colonne, che riportano

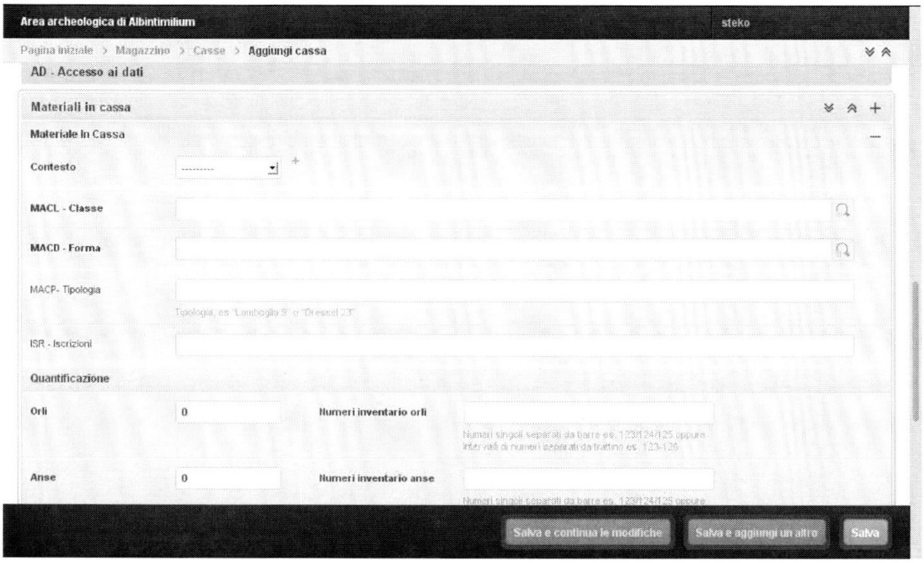

Figura 2 – Schermata dell'applicazione, inserimento dei dati relativi a gruppi di reperti della stessa tipologia.

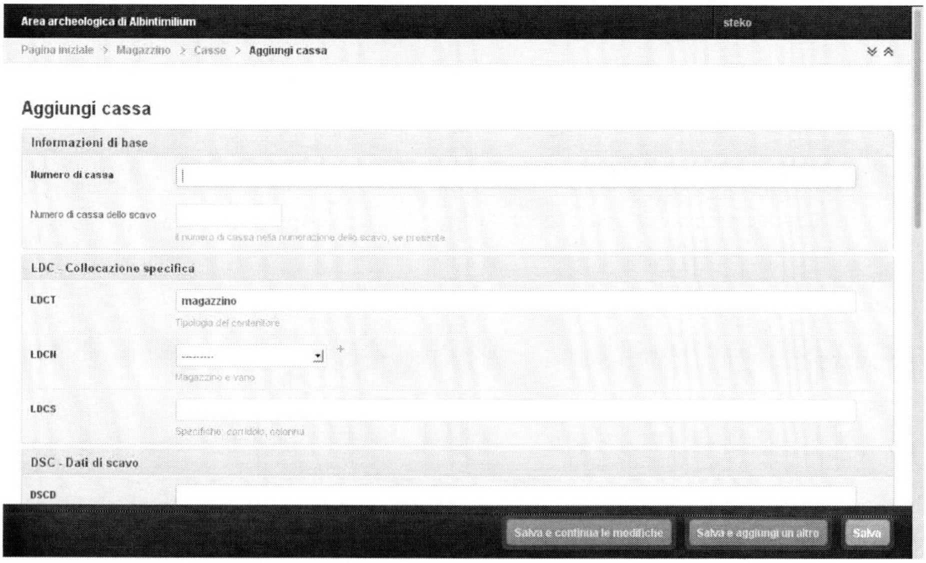

Figura 3 – Schermata dell'applicazione, inserimento dei dati relativi ad una cassa di reperti.

(da sinistra verso destra) i campi: MACL (= classe e/o produzione); MACD (= forma); MACP (= tipologia); iscrizione-bollo-graffito; Orli; Orli inv.; Anse; Anse inv.; Fondi; Fondi inv.; Piedi; Piedi inv.; Pareti; Pareti inv.; Tot (=numero totale dei frammenti); NME (=numero minimo esemplari); materiale e tecnica (corrispondente al campo MACC); Note.

Alcuni campi non fanno parte del formato previsto dalla normativa ICCD (ad esempio la quantificazione tramite numero minimo di esemplari, il numero di iscrizioni o bolli) e vengono mantenuti nel database con la possibilità di essere inclusi nel campo MADN (Note) solo al momento dell'esportazione; trattandosi di campi numerici è evidente la necessità di mantenerli separati per renderli interrogabili tramite *query*. Inoltre si sono associati ai campi classe, forma e materia, sotto forma di scelta facilitata, tre vocabolari specifici contenenti rispettivamente le classi di reperti (in numero di circa 170), le relative forme (in numero di 75) e la materia/tecnica utilizzata (in numero di 10), selezionando solo quelle che risultano effettivamente attestate a Ventimiglia a partire dall'età del Ferro fino all'età post-medievale, la cui reperibilità è stata facilitata suddividendole in grandi raggruppamenti funzionali.

I raggruppamenti funzionali individuati all'interno del campo "classe e/o produzione" sono: Vasellame da mensa, Lucerne, Vasellame comune da mensa-conserva, Vasellame comune da preparazione, Vasellame da fuoco, Contenitori da trasporto, Altre classi. I gruppi individuati all'interno del campo "forma" sono: Vasellame, Materiale da costruzione, Manufatti metallici, Manufatti in osso, Reperti osteologici umani, Reperti faunistici, Campionature). Per quanto riguarda il campo "materia/tecnica" sono stati distinti dieci diversi materiali: Ferro, Bronzo, Rame, Piombo, Argento, Oro, Marmo, Pietra, Vetro, Terracotta.

Per quanto riguarda in particolare le ceramiche medievali e post-medievali si è adottato un criterio classificatorio essenzialmente tecnologico, non prevedendo, se non in casi particolari (maiolica centroitalica, ligure) riferimenti a provenienze, dato che, in larga misura vanno attribuite tramite analisi di laboratorio e sulla base di caratteri macroscopici o a decorazioni; si è dato particolare spazio alle produzioni alto-medievali in quanto presenti con maggiore probabilità sul sito antico, mentre per quelle medievali e post-medievali si è attinto alle tipologie note di contesti urbani della Liguria di Ponente (come Savona, Sanremo e la stessa Ventimiglia). Per ovviare inoltre al problema della gestione fisica dei reperti, non contemplata dalla scheda ministeriale che ha finalità essenzialmente catalografiche, si è anche inserito all'interno del paragrafo OG (=Oggetto) in corrispondenza del campo OGT il riferimento univoco alla cassa che si sta inventariando, consentendo un immediato reperimento nei depositi tramite un semplice numero progressivo assegnato ad ogni cassa, usato a Ventimiglia già da Lamboglia. La posizione della cassa all'interno dei magazzini è indicata tramite il campo LDC, fino al dettaglio inserito nel campo LDCS (vano, scaffale, colonna, ripiano) (Fig. 3). Si è aggiunto anche il riferimento alla provenienza stratigrafica dei materiali, come ulteriore criterio di ricerca, utilizzando il campo DSC (Dati di scavo) per l'inserimento del contesto di scavo (numero di strato o di US, area di scavo, data). È forse scontato evidenziare come la relazione tra contesto di scavo e contenitore fisico sia di tipo "molti-a-molti": il materiale di una singola US o strato può occupare infatti più casse, così come una singola cassa può contenere materiale di più contesti di piccole dimensioni. Nel caso del materiale risalente agli scavi Lamboglia, tale considerazione assume una certa rilevanza per la particolare e complessa articolazione della stratigrafia adottata dallo studioso, in cui strati fisicamente separati vengono indicati con lo stesso numero (es. Strato II) perché pertinenti allo stesso orizzonte cronologico, e vengono distinti solo in base alla posizione specifica (es. emiciclo est del teatro, *postscaenium*, etc.) o alla data di scavo. Assolutamente peculiare è la siglatura di tutti i reperti, riscontrabile anche sui frammenti ceramici più minuti, che ne consente l'identificazione univoca nell'intero archivio.

3. Aspetti tecnici

Dal punto di vista tecnico e anche normativo (D.L. 7 marzo 2005, n. 82, "Codice dell'Amministrazione Digitale", in particolare all'art. 68), è apparso irrinunciabile un percorso di sviluppo basato su componenti open source (Django, SQLite, PostgreSQL). Secondo il principio del riuso interno alla Pubblica Amministrazione e le buone pratiche già da tempo indicate proprio nell'ambito dei workshop ArcheoFOSS, la stessa applicazione di gestione del database è open source, disponibile in rete con una licenza Apache License 2.0, in un *repository* con controllo di versione (https://github.com/steko/nervia), dove è disponibile anche la documentazione tecnica in corso di stesura.

Come è stato notato da diversi autori (D'ANDREA, NICCOLUCCI 2001; GNESI BARTOLANI 2012), sussistono diverse problematiche tecniche nel rapporto tra database relazionali (attualmente i più diffusi) e strutture dati non relazionali (come quelle definite dagli standard ICCD). Anche nei recenti sviluppi che hanno condotto alla trasposizione di alcuni standard ICCD in formati basati su XML e in complete ontologie destinate al *semantic web*, la scheda TMA non è stata presa in considerazione, rendendo quindi difficilmente praticabile un percorso di sviluppo in tal senso. Nonostante siano disponibili soluzioni alternative ai database relazionali (cosiddette NoSQL) concettualmente più vicine alle strutture annidate degli standard ICCD, nessuna tra quelle valutate è apparsa credibile per lo sviluppo di una applicazione sostenibile nelle attuali condizioni in cui opera la Soprintendenza. Nell'ambito dei database NoSQL, CouchDB e MongoDB hanno caratteristiche interessanti e potrebbero essere utilizzati come piattaforme per basi di dati non relazionali nell'ambito catalografico, ma attualmente il loro livello di integrazione con i framework di sviluppo adottati richiederebbe un impegno eccessivo a fronte di risorse relativamente scarse. Si è optato pertanto per una piattaforma più solida e ben collaudata (Django), che agevola la gestione dell'intera applicazione sotto forma di codice sorgente Python (altri casi di studio per l'utilizzo di Django in ambito archeologico sono descritti in FAZAL 2010; COSTA 2011; GALLO, ROBERTO 2012, oltre al progetto Arches, un sistema di inventariazione e gestione del patrimonio culturale sviluppato dal Getty Conservation Institute e dal World Monuments Fund).

Attualmente è in uso SQLite per la fase di sviluppo del prototipo, mentre è prevista la migrazione a PostgreSQL per la fase di produzione. PostgreSQL è un noto database relazionale con architettura client/server, già in uso da diversi anni presso la Soprintendenza per i beni Archeologici della Liguria e non costituisce pertanto un elemento sperimentale. Tale database inoltre fornisce tramite PostGIS la possibilità di estendere la gestione delle informazioni ad una modalità interamente georiferita, ad esempio per la posizione delle cassette o per le aree di scavo di provenienza.

La difficoltà di interazione tra database relazionali e standard ICCD menzionata sopra può essere risolta con due modalità alternative: 1) la creazione di un modello dati perfettamente corrispondente con quello fornito dagli standard (nel caso presentato, TMA) oppure 2) un modello dati semplificato in cui la creazione di un tracciato conforme allo standard è demandata ad una operazione di esportazione controllata. La prima modalità è concettualmente più immediata, ma presenta come si è detto difficoltà tecniche, talvolta frutto di fraintendimenti (LOTTO et al. 2013) e in parte superabili tramite l'utilizzo di funzionalità come gli *array types* di PostgreSQL. La seconda modalità è più adatta a situazioni in cui nella maggioranza dei campi si vanno ad inserire gli stessi dati, e in cui è preponderante l'immissione di dati nuovi (*data entry*) rispetto alla manutenzione di una banca dati esistente. Alla luce delle esigenze di semplicità, facilità d'uso e sostenibilità tecnica si è optato per questa seconda modalità, che da un lato favorisce la crescita di una banca dati creata con un obiettivo specifico (l'inventario dei reperti archeologici degli scavi di Albintimilium), ma dall'altro pone l'accento sulla necessità di una maggiore attenzione ai formati in cui i dati catalografici vengono archiviati e trasmessi dalle sedi periferiche alle banche dati gerarchicamente superiori (banca dati della Soprintendenza, banca dati ICCD). Sembra plausibile affermare che il formato di trasferimento deve essere visto sostanzialmente come un protocollo per la *serializzazione* di dati strutturati e come tale necessita di appositi strumenti per la validazione, importazione ed esportazione. Tali strumenti sono in uso internamente all'ICCD ma non sono disponibili all'esterno, forse anche per la peculiarità del formato di trasferimento ICCD tradizionale, sebbene le medesime funzionalità risultino implicitamente presenti anche in molti dei sistemi di gestione sviluppati in ambito catalografico

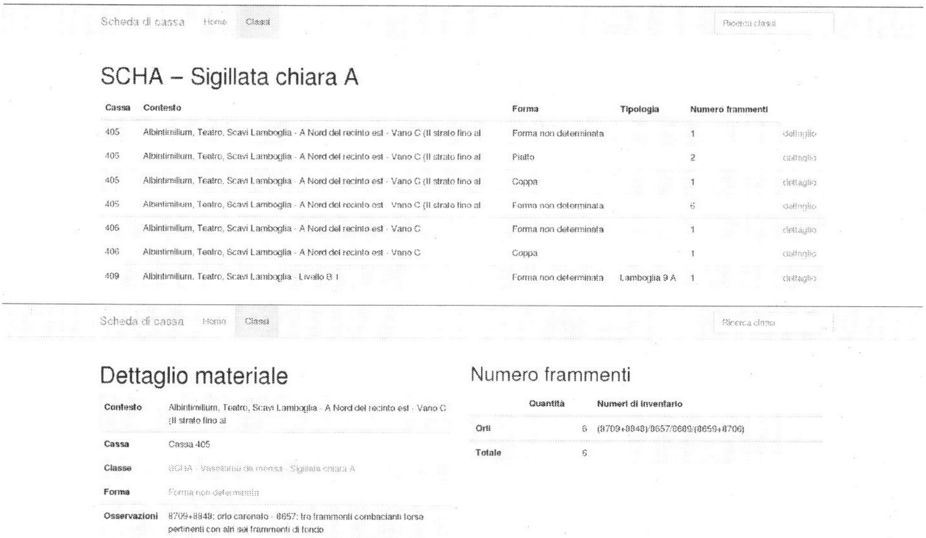

Figura 4 – Schermata dell'applicazione, visualizzazione dei contesti contenenti ceramica sigillata chiara.

(es. SIGEC, ArtIn XML). Tuttavia è evidente che il formato ASCII potrebbe essere "tradotto" in altri formati standard quali XML (come del resto è già avvenuto per alcuni standard, ma non per la scheda TMA), JSON o Protocol Buffer: in altre parole formati agevolmente trasferiti da un sistema all'altro e già ampiamente utilizzati per l'interscambio di dati e la loro diffusione in rete.

4. Conclusioni

Il database proposto, dedicato alla "Scheda di cassa", costituisce un caso di studio per l'applicazione e lo sviluppo di strumenti open source in un istituto periferico del MiBACT a fini di tutela, gestione, valorizzazione e fruizione del patrimonio archeologico. L'adozione di formati standard, di procedure già ampiamente condivise a livello nazionale per lo sviluppo degli applicativi e l'approccio "conservativo" più che sperimentale ne fanno un esempio interessante di innovazione a basso costo, orientata alla sostenibilità sul lungo periodo più che alla ricerca di soluzioni accattivanti. È del tutto evidente che una conoscenza di dettaglio dei reperti archeologici a livello quantitativo, crono-tipologico e sulla loro posizione fisica all'interno dei depositi è di fondamentale importanza sia per i necessari interventi gestionali e conservativi, trattandosi di materiali provenienti da scavo, sia per giungere ad una loro edizione scientifica ma anche per fornire al personale tecnico-scientifico dell'Amministrazione e agli studiosi un motore di ricerca, indispensabile per poter svolgere approfondimenti o revisioni su singole classi di materiali e sui relativi contesti di rinvenimento nell'ambito di un sito archeologico di grande interesse quale *Albintimilium*.

Autori
- Luigi Gambaro: Soprintendenza Archeologia della Liguria. luigi.gambaro@beniculturali.it
- Stefano Costa: Soprintendenza Archeologia della Liguria. stefano.costa@beniculturali.it

Bibliografia

BAROCELLI P. 1923, *Albintimilium*, Roma, Monumenti Antichi dei Lincei XXIX.

BRUNO B., GANDOLFI D., MARTINO G.P. 1990, *Ventimiglia (Imperia). Saggi di scavo presso le mura occidentali*, «Bollettino d'Archeologia», 3, 33-36.

COSTA S. 2011, *Software libero nei processi di ricerca archeologica: l'applicazione allo studio della sigillata africana in Italia settentrionale*, in G. DE FELICE, M. G. SIBILANO (eds.), *ARCHEOFOSS. Open Source, Free Software e Open Format nei processi di ricerca archeologica, Atti del V Workshop (Foggia, 5-6 Maggio 2010)*, Bari, Insulae Diomedeae 19, Edipuglia, 19–26.

D'ANDREA A., NICOLUCCI F. 2001, *L'informatica dell'archeologo*: alcune istruzioni per l'uso, «Archeologia e Calcolatori», 12, 199-220.

FAZAL R. 2010, *Models for Complex Spatio-temporal Relationships and their implementation using Open Source Components in Proceedings of Computer Applications in Archaeology 2009 (Williamsburg, Virginia, USA. March 22-26, 2009)*. Online: http://www.caa2009.org/articles/Fazal_Contribution378_c%20(2).pdf [Data di consultazione: 2013- 06-12].

GALLO P., ROBERTO V. 2012, ANTEO: *Sharing Archaeological Data on a WebGIS Platform*, «CEUR Workshop Proceedings», 948. Online: http://ceur-ws.org/Vol-948/paper3.pdf [Data di consultazione: 2013-12-01].

GANDOLFI D. 1990, *Ventimiglia (Imperia). Necropoli occidentale*, «Bollettino d'Archeologia», 3, 36-38.

GANDOLFI D. 2008, Albintimilium, *una città romana tra due fiumi*, in *Mete d'autore a Ventimiglia*, Genova, 45-72.

GANDOLFI D. 2010, *Ventimiglia (Albintimilium) (IM), area delle mura settentrionali*, «Ligures», 8, 269-274.

GNESI BARTOLANI D. 2012, *La catalogazione dei beni archeologici. Dispense di informatica applicata all'archeologia*. Online: http://www.diegognesi.it/?page_id=133 [Data di consultazione: 2013-06-12].

ICCD 2005, *Scheda TMA. Tabella Materiali Archeologici, versione 3.00. Norme di compilazione*.

LAMBOGLIA N. 1938, *Nuovi scavi nella necropoli di* Albintimilum, «Rivista Ingauna e Intemelia», 4, 201-218.

LAMBOGLIA N. 1939, *Liguria romana*, Alassio.

LAMBOGLIA N. 1949, *Gli scavi e i restauri al teatro romano di Ventimiglia*, «Rivista Ingauna e Intemelia», 4(1), 29.

LAMBOGLIA N. 1950a, *Gli scavi di* Albintimilium *e la cronologia della ceramica romana*, Bordighera.

LAMBOGLIA N. 1950b, *La stratigrafia del teatro di Albintimilium e la datazione dei monumenti romani*, «Rivista di Studi Liguri», 16(1-3), 171-199.

LAMBOGLIA N. 1950c, *Nuove ricerche nel teatro romano di Ventimiglia*, «Rivista Ingauna e Intemelia», 5(1), 22-23.

LAMBOGLIA N. 1951a, *Lo scoprimento della scena del teatro romano di Ventimiglia*, «Rivista Ingauna e Intemelia», 6(1-2), 27-28.

LAMBOGLIA N. 1951b, *Primi restauri al teatro romano di Ventimiglia*, «Rivista Ingauna e Intemelia», 6(3-4), 66-67.

LAMBOGLIA N. 1953, *Gli scavi del primo semestre 1953 nel teatro romano di Ventimiglia*, «Rivista Ingauna e Intemelia», 8(1-2), 25-28.

LAMBOGLIA N. 1956, *Primi risultati cronologici e storico-topografici degli scavi di* Albintimilium (1948-1956), «Rivista di Studi Liguri», 22(2-4), 91-152.

LAMBOGLIA N. 1957, *Lo scavo del "pulpitum" nel teatro romano di Ventimiglia*, «Rivista Ingauna e Intemelia», 12(1-3) 84-88.

LAMBOGLIA N. 1958, *Lo scoprimento dell'ala occidentale delle terme di* Albintimilium, «Rivista Ingauna e Intemelia», 13, 159-163.

LAMBOGLIA N.1962, *Punti fermi sul teatro romano di Ventimiglia*, «Rivista di Studi Liguri», 28(1- 4), 270-290.

LOTTO D., BISCANI F., TIBOLLA S. 2013, *Knossos: un database di scavo open source per l'archeologia*, in S. COSTA, G. L. PESCE (eds.), *Open Source, Free Software e Open Format nei processi di ricerca archeologica, Atti del II Workshop (Genova 2007)*, London: Ubiquity Press, 21- 27.

MARTINO G.P., GANDOLFI D., LAVAGNA R., BERTINO A. 1990, *Necropoli occidentale di* Albintimilium. *Nuove acquisizioni*, in *Archeologia in Liguria III, 2. Scavi e scoperte 1982-1986*, Genova, 481-508.

MENNELLA G. 1992, *Regio IX, Liguria, Albintimilium*, Roma, Supplementa Italica N. S. 10.

PALLARÉS F. 1963, *Nuove tombe nella necropoli romana di* Albintimilium, «Rivista Ingauna e Intemelia», 18(1-4), 52-61.

PALLARÉS F. 1988, *Tombe tardo-romane a Ventimiglia*, «Rivista di Studi Liguri», 54(1-4), 303-336.

RICCOBONO D. 2001, *Come si data un teatro romano*, «Archeologia dell'Architettura», 5, 119-130.

Sitografia

Arches Project: http://www.archesproject.org/

Django Project: http://www.djangoproject.com/

PostgreSQL: http://www.postgresql.org/

Protocol Buffers: https://developers.google.com/protocol-buffers/ SQLite: http://www.sqlite.org/

Barcamp sul Riuso dei dati in archeologia

Valeria Boi, Anna Maria Marras, Cettina Santagati

The paper describes the first BarCamp organized within 2013 ArcheoFOSS workshop. Usually a Barcamp is a collaborative non-conference without a predetermined theme. Nevertheless, in this case we recognized and proposed a very high relevance topic in the field of Open Data, "The reuse of data in archaeology". Within this frame, attendees were free to discuss specific sub-topics.

The term reuse is very common in Archaeology, such as the reuse of a site, the reuse of an architectural element or an epigraphic monument.

The research itself is based on data that we reuse: historical and historiographical sources, geographic excavation data, photos, metric drawings, etc.

Often, however, access to data is not easy, are partially furnished. This has negative effects in terms of efficiency in the dissemination of ongoing researches results and of information completeness and sharing. Paradoxically the increasing number of digital data and formats emphasizes the "access" issues.

During the Barcamp several participants highlighted the fundamental aspects connected with the reuse: open data, open format and open access.

Obviously, data reuse implies the possibility to find and edit them, to combine them with other data and contents, and, finally, to redistribute them: in short, it implies the possibility of obtaining Open Data. What "Open Data" are? According to the official definition "A piece of data or content is open if anyone is free to use, reuse, and redistribute it - subject only, at most, to the requirement to attribute and/or share-alike" (http://opendefinition.org/). In the last years the Italian Ministry of Culture launched several initiatives aimed at expanding the quantity and the quality of open datasets of italian cultural heritage: at present, they mainly relate to images and catalogues, pertaining to museum collections or sites already included in the circuits of exploitation and public use (http: // data. culturaitalia.it/; http://www.internetculturale.it), although often the formats in which data are published and the used licenses do not allow an effective reuse. On the contrary, a huge amount of archive data, especially unpublished ones, remain excluded from this process, although they have often been already digitized for conservation purposes. The discussion showed that scientific information collected during archaeological excavation, especially field reports and metric drawings, are among the most requested data: they remain often unpublished, but on the contrary they are considered as an extremely useful tool to improve the quality of future works and the knowledge of the archaeological heritage.

Another important aspect that emerged during the Barcamp is the accessibility of the data: if data formats are open but not accessible they cannot be reused. Notoriously accessibility of data implies that these are distributed under licenses that allow their reuse, and that they are "easily" searchable and available online. In addition, a critical point is the fact that the archaeological data is more complex than the geographic data: data must not only be accessible but also machine readable.

The discussion deepened formats, interoperability and obsolescence. In the case of archaeological data, therefore, in addition to written reports or in tabular format, the survey drawings or even 3D models often use closed formats and therefore not accessible. The European projects 3D Icons and CARARE (http://www.carare.eu/eng) involving the implementation of a database of 3D models that retain even the metadata.

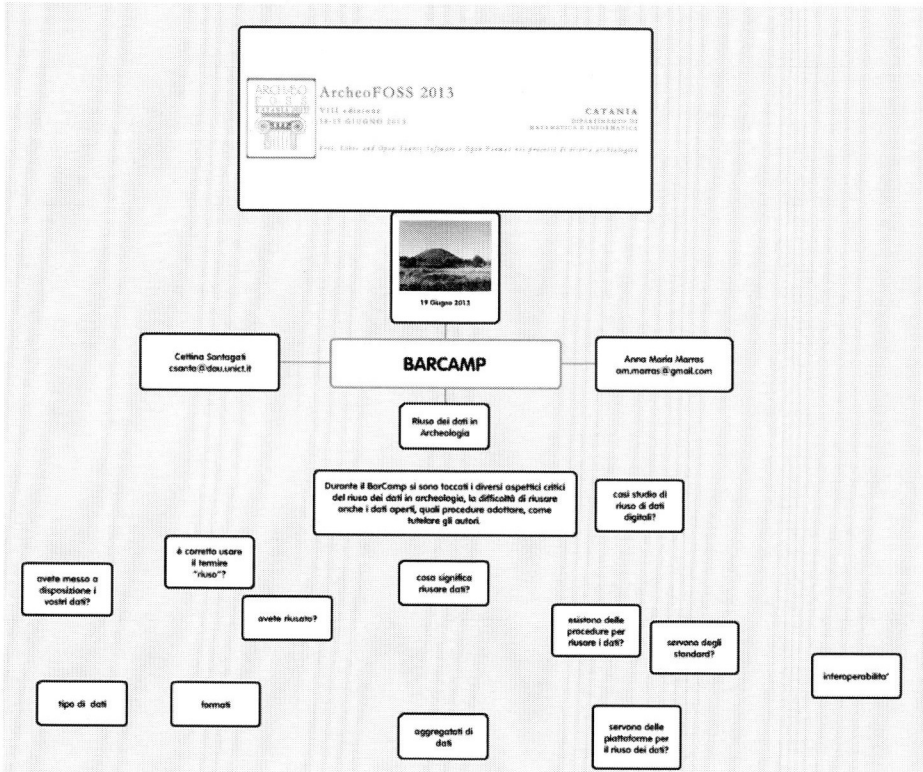

Figura 1 - Mappa mentale dei diversi argomenti affrontati mediante popplet.

1. Premessa

Il presente contributo racconta l'esperienza del primo BarCamp organizzato all'interno del workshop ArcheoFOSS 2013. La formula tradizionale del BarCamp, quella di non conferenza collaborativa, prevede che non ci sia un tema prestabilito (http://it.wikipedia.org/wiki/BarCamp); in questo caso abbiamo pensato di individuare un argomento di grande attualità nel campo degli Open Data "il riuso dei dati in archeologia", lasciando poi che i partecipanti articolassero la discussione liberamente individuando sottotemi più specifici. L'interesse nei confronti di questa tematica è confermato proprio in questi giorni (Dicembre 2013) dall'avvio di una campagna che propone al MIBACT alcuni emendamenti al Codice dei Beni culturali e del Paesaggio con lo scopo di "rendere i dati italiani disponibili e riusabili per tutti"(http://www.beniculturaliaperti.it/).

Il BarCamp ha rappresentato un momento informale in cui non ci sono state delle presentazioni tradizionali ma, attraverso un confronto, le personali esperienze di ricerca o lavoro sono state condivise "attivamente" e hanno articolato la "non conferenza". Per favorire l'interazione abbiamo pensato all'utilizzo di uno strumento online che consentisse, sia prima sia durante il BarCamp, di inserire un proprio contributo o un commento in tempo reale; l'idea era quella di creare una bacheca che avesse la grafica di una mappa mentale in cui le idee e i commenti si generano a vicenda. Abbiamo trovato in Popplet lo strumento che ha risposto alle nostre esigenze (http://popplet.com/app/#/1067098).(Figura 1) Nel contributo vengono presentati gli argomenti emersi durante l'incontro, che consentono di analizzare i diversi aspetti del riuso dei dati in archeologia.

2. L'esperienza dei BarCamp in archeologia

Da diversi anni la formula del BarCamp è stata introdotta nelle conferenze di ambito archeologico, senza dubbio l'esperienza più significativa è quella degli ArchCamp che si svolgono ogni anno durante il CAA (Computer Applications in Archaeology).

Il primo vero e proprio ArchCamp venne organizzato nel 2006 a Londra, uno degli promotori Leif Isaksen ne da questa defizione: "What is ArchCamp? The first attempt to explore the concept of a one-day unconference for archaeology - based on the idea of a BarCamp. Basically an opportunity for all archaeological computing people to get together and present their current ideas/theories/hare-brained schemes in a structure decided by the participants" (http://www.antiquist.org/wiki/index.php?title=Archcamp).

A partire dal 2007 la formula ArchCamp viene introdotta nelle conferenze CAA sia internazionali sia inglesi (CAA UK) e continua ad essere un momento fondamentale di scambio di idee ed esperienze, trattando di volta in volta temi diversi e portando un interessante confronto tra informatici e umanisti attraverso la seguente formula "ArchCamp is intended as an open forum within which to demonstrate and to discuss ongoing, interesting and innovative projects and ideas..."(http://caa-international.org/meetings/). Ideato nel mondo dell'innovazione tecnologica, il BarCamp quindi trova spazio anche in ambito archeologico prevalentemente nell'informatica applicata.

Nel 2010 si sono tenuti due ulteriori BarCamp importanti: uno presso l'Università di Trento, l'altro a Southport, nell'ambito della conferenza IFA (Institute for Archaeologists).

La "non conferenza" che si è svolta a Trento è stata dedicata alle applicazioni del software di statistica R in archeologia (http://wiki.iosa.it/dokuwiki/doku.php?id=rchaeology&s[]=trento). In questo caso, c'è stato anche un riscontro pratico poiché i partecipanti non hanno solo mostrato i risultati della loro ricerca ma hanno condiviso problematiche ed hanno lavorato insieme sui loro progetti.

Nel 2010 durante la conferenza Ifa, l'Information Management Special Interest Group ha organizzato il BarCamp "Where's IT Going? The latest Computing developments in Heritage" (http://ifa-information-management-sig.wikispaces.com/IMSIG+Barcamp), caratterizzato da momenti di discussione e dimostrazione pratica.

Dato il successo di questi eventi e considerata la filosofia di condivisione e confronto che ha animato e continua ad animare la Conferenza ArcheoFoss, abbiamo proposto l'inserimento di tale evento al comitato Scientifico che ha accolto con entusiasmo l'iniziativa inserendolo nel programma 2013.

3. Il riuso dei dati

Nell'Enciclopedia Treccani la voce "riuso" è spiegata nel seguente modo: "Il fatto di riusare, come nuova o ulteriore utilizzazione: r. di materiali già parzialmente sfruttati;...in partic., l'utilizzazione di vecchi edifici, spec. pubblici (o anche luoghi, aree in genere), con destinazione a nuove e diverse funzioni, soprattutto a fini sociali o culturali." (Enciclopedia Treccani)

Cosa sarebbe l'archeologia senza il riuso? Il termine riuso è fondamentale nel vocabolario archeologico; il riuso di un sito, di un oggetto, di un elemento architettonico o lapideo, etc. La ricerca stessa si è sempre basata su dati che noi "riusiamo": le informazioni storiche, storiografiche, geografiche, i dati di scavo, le ricerche, le foto, i rilievi. Il riuso è un aspetto fondamentale del progredire della conoscenza: spesso però ci si scontra con le difficoltà, a volte insormontabili, di accesso ai dati o di dati che vengono forniti parzialmente, con conseguenti ricadute negative in termini di rapidità nella diffusione dei risultati delle ricerche in corso e di completezza e condivisione delle informazioni. Le nuove tecnologie, e con esse la molteplicità di formati con cui vengono raccolti ed archiviati i dati hanno, paradossalmente, reso più complicato il riuso dei dati stessi.

Per questo motivo questo è un argomento cruciale, strettamente collegato all'accesso ai dati grezzi (raw data) e ai dati aperti (open data). Senza dubbio la diffusione dei dati vede nel web il mezzo principale, piattaforma di incontro e condivisione dove le informazioni circolano libere e sono accessibili per essere "riusate" e ri-processate con strumenti diversi. Ma è solo attraverso il web che i dati vengono "liberati"?

Nel corso della discussione, i numerosi interventi hanno fatto emergere una molteplicità di temi, legati ai tipi di dati, ai contesti di uso, alle esigenze specifiche, ai problemi di conservazione dei dati e all'obsolescenza dei formati, alle problematiche legate alla tutela dei diritti di proprietà intellettuale, etc. La discussione può essere riassunta all'interno di tre tematiche: gli Open Data, ovvero i contenuti soggetti al riuso; l'Open Access, ovvero le modalità di accesso ad essi; e gli Open Format, ovvero i formati che rendono possibile il riuso e il problema dell'interoperabilità fra dataset diversi.

4. Open Data: una definizione, alcuni esempi

La possibilità di riusare i dati presuppone, come accennato sopra, la possibilità di reperirli, modificarli, farne oggetto delle proprie ricerche, combinarli con altri, ridistribuirli: la possibilità insomma di disporre di dati aperti, gli Open Data. Secondo la definizione ufficiale (http://opendefinition.org/) "A piece of data or content is open if anyone is free to use, reuse, and redistribute it - subject only, at most, to the requirement to attribute and/or share-alike." Le sole limitazioni accettate per il riuso possono essere rappresentate dunque dalla "necessità di citarne la fonte e di condividerli con lo stesso tipo di licenza con cui sono stati originariamente rilasciati"(http://opendatahandbook.org/it/what-is-open-data/index.html).

Negli ultimi anni il Ministero dei Beni e delle Attività Culturali e del Turismo ha intrapreso numerose iniziative volte all'ampliamento dei dataset resi disponibili in rete agli utenti. Le risorse digitali attualmente accessibili sul sito del MiBACT sono relative prevalentemente alle collezioni museali e bibliotecarie: foto, filmati, schedature dei pezzi conservati all'interno dei Musei o dei siti già inseriti nei circuiti di valorizzazione e fruizione pubblica (http://dati.culturaitalia.it/; http://www.internetculturale.it) anche se spesso i formati con cui i dati sono pubblicati e le licenze utilizzate non ne consentono un effettivo riuso.

Molte categorie di dati, soprattutto cartografici, restano invece attualmente escluse. Si tratta di materiali in parte già acquisiti in formato digitale, per obiettivi di conservazione, che potrebbero essere resi fruibili in rete secondo diverse modalità - anche prevedendo il pagamento per il download - rendendo disponibile online l'accesso alle risorse, e stabilendo licenze idonee a consentirne il riuso. Di recente, il MiBACT ha istituito un tavolo tecnico interno sugli Open Data e sull'Open Source (http://www.garr.tv/home/viewvideo/480/aconticello-il-tavolo-tecnico-mibac-sugli-open-data-e-sullopen-source), con l'obiettivo di ampliare il numero dei dataset accessibili e di allineare i dati a quanto disposto dagli ultimi provvedimenti legislativi (Codice dell'Amministrazione Digitale, D. Lgs 82/2006, D.L. 179/2012, che ha sancito il principio dell'"open by default" per i dati pubblicati dalle pubbliche amministrazioni). Si spera che a breve si raggiungano risultati convincenti.

Gli interventi ospitati dal Barcamp hanno evidenziato come in ambito archeologico, i dati di scavo (relazioni, disegni, foto, schedature, quantificazioni preliminari dei reperti) sono tra le categorie più richieste dagli operatori del settore, sui quali si affollano la maggior parte delle criticità. Una enorme mole di questi dati è conservata negli archivi delle Soprintendenze in attesa che si proceda con la loro interpretazione e relativa pubblicazione, che non sempre avviene in tempi brevi (senza considerare il fatto che molti scavi restano completamente inediti). I documenti sono consultabili su richiesta alle Soprintendenze, come previsto dalla legislazione vigente (L. 241/1990, capo V e D.P.R. 184/2006). In questi casi, la circolare 10/2012 della Direzione Generale per le Antichità prescrive esplicitamente l'obbligo da parte delle amministrazioni di concedere ai professionisti incaricati della verifica preventiva dell'interesse archeologico, ai sensi del D. Lgs.163/2006, artt. 95 e 96, l'accesso ai documenti ed il riuso dei dati per le finalità previste dall'incarico. Tra il 2007 e il 2009 due Commissioni Paritetiche MiBACT-MIUR hanno lavorato alla realizzazione del Sistema Informativo Territoriale Archeologico Nazionale (SITAN), al fine di individuare standard e linee guida per il trattamento e la diffusione del dato archeologico informatizzato. L'obiettivo primario delle Commissioni era quello di creare un sistema centrale di gestione e consultazione, per finalità di ricerca scientifica, tutela e pianificazione territoriale (Carandini 2008, Azzena 2011, Campana 2011).

Al Barcamp è intervenuta Mirella Serlorenzi, funzionario archeologo della Soprintendenza archeologica di Roma, responsabile del progetto SITAR, che costituisce la prima applicazione concreta delle linee guida SITAN e rende disponibili i dati archeologici relativi all'area urbana di Roma (http://sitar.archeoroma.beniculturali.it/). Al momento in SITAR sono accessibili pubblicamente i dati conoscitivi minimi previsti dalle Commissioni Paritetiche, (localizzazione topografica, scheda relativa alle informazioni amministrative e scientifiche contenente data e tipo di scavo, committenti ed esecutori, cronologia, funzione, descrizione, dati altimetrici). I dati grezzi utilizzati per implementare la banca dati, ovvero la documentazione di scavo, sono consultabili solo all'interno dell'ufficio, su consenso del responsabile scientifico della singola indagine. Come evidenziato dalla dott.ssa Serlorenzi, si è in attesa del parere del Mibact in merito alla diffusione online dei raw data allo scadere dei tempi previsti per la pubblicazione scientifica dei dati; su questa problematica si è espressa la Circolare 10/2012 della Direzione Generale per le Antichità (Serlorenzi et al. 2013).

A questo proposito la Serlorenzi ha sottolineato il ruolo ricoperto dal Ministero, che al momento della pubblicazione dei dati sul proprio portale WebGIS, si fa garante della qualità, completezza e aggiornamento del dataset, pubblicando quindi dei dati validati. Il Funzionario ha sottolineato ancora come spesso i raw data, prima di essere rilasciati debbano essere sottoposti a verifica, in quanto allo stato attuale non esistono degli standard sia nell'acquisizione che nel trattamento e quindi nella consegna dei dati.

D'altro canto, tale soluzione ha suscitato durante il Barcamp una vivace discussione: nel corso del dibattito è infatti emerso con forza il punto di vista di chi ritiene prioritaria la pubblicazione dei dati grezzi, che potrebbero portare a nuove interpretazioni e aprire la strada a nuovi percorsi di studio e ricerca: chi ha scelto questa via è il progetto Mappa, dell'Università di Pisa, che attraverso il suo WebGIS (http://mappaproject.arch.unipi.it) pubblica i dati archeologici e geomorfologici del centro urbano pisano. Sul portale la documentazione scientifica è pubblicata previa autorizzazione dell'archeologo che ne è l'autore (MAPPA 2012; Ciurcina 2013). L'apposizione di un DOI, Digital object identifier, è finalizzata a consentire la citazione dell'autore al momento del riuso dei dati, così da garantire la tutela della proprietà intellettuale. L'adozione di una iniziativa "dal basso" per accelerare la soluzione al problema della mancata condivisione in rete dei dati di scavo inediti, è senz'altro da vedere con estremo favore. Tuttavia, è opportuno fermarsi a riflettere sul fatto che la tutela della proprietà intellettuale rappresenti in questo caso un falso problema: i dati di scavo rappresentano l'esito di un lavoro svolto sotto la direzione scientifica del Ministero, pagato spesso da un committente terzo: se l'archeologo professionista in qualche caso sapesse di aver lavorato male, avrebbe forse il diritto di impedire la diffusione del materiale scientifico prodotto? In realtà, attribuire non più al Ministero ma al singolo archeologo la facoltà di impedire o meno la condivisione dei dati, non sembra rappresentare la soluzione ideale, e non costituirebbe con tutta probabilità la soluzione per vedere pubblicati in formato aperto tutti i dati prodotti dalla ricerca archeologica in Italia. Sarebbe opportuno un maggiore coinvolgimento scientifico dei professionisti archeologi anche nella fase di pubblicazione delle scoperte: tale provvedimento tutelerebbe più efficacemente la dignità del lavoro intellettuale compiuto dall'archeologo sul campo, e costituirebbe un incentivo per la produzione di un lavoro di qualità in tempi rapidi.

5. Open Access: licenze e piattaforme di condivisione, interoperabilità, modalità di condivisione

Se i dati e i formati sono aperti ma non accessibili non ci può essere il riuso, questo è stato un altro importante aspetto emerso durante il BarCamp. Genericamente l'accessibilità dei dati comporta sia che questi siano distribuiti con licenze che ne consentano un loro riutilizzo sia che essi siano "facilmente" ricercabili e reperibili in rete.

Per quanto riguarda il problema delle licenze ad esempio nella digital library Europeana (www.europeana.eu) i metadati, a partire da Settembre 2012, sono forniti con licenza Creative Commons CC.0, mentre le immagini e i file multimediali sono soggetti a copyright e le licenze d'uso determinate dal provider. Nel portale culturale nazionale Cultura Italia (www.culturaitalia.it), fornitore di contenuti per Europeana, i metadati sono pubblicati con licenza CC 0.1 mentre le anteprime dei file hanno licenze diverse decise da chi fornisce i dati (http://www.culturaitalia.it/opencms/export/sites/culturaitalia/attachments/linked_open_data/Licenza_CulturaItalia_CC0.pdf).

L'auspicio è che anche Europeana segua presto l'apertura non solo dei metadati ma anche dei dati, seguendo l'esempio della British Library (http://britishlibrary.typepad.co.uk/digital-scholarship/2013/12/a-million-first-steps.html).

Come e dove archiviare, distribuire, condividere e consultare i dati aperti?

L'accesso ai dati delle Soprintendenze è subordinato alla compilazione di un'apposita richiesta, a tal proposito, Augusto Palombini ha segnalato come la proposta di documento per la consultazione dei dati presentata durante il workshop ArcheoFoss del 2008 (http://paduaresearch.cab.unipd.it/5291/) sia stata subito adottata dalla Soprintendenza per i Beni archeologici delle province di Sassari e Nuoro.

Le soluzioni per la condivisione della ricerca possono essere molto semplici, ad esempio pubblicando i dati on line. Secondo Francesca Cantone non è necessario adoperare piattaforme specifiche per la condivisione dei dati, ma lo stesso web risponde a queste esigenze. Alcune efficaci testimonianze di condivisione sono la pagina Facebook dell'Università di Siena sullo scavo di Miranduolo (https://www.facebook.com/groups/136449023512/?fref=ts), segnalata da Arjuna Cecchetti, cui è seguita la pagina dello scavo di Bisarcio (https://www.facebook.com/progettobisarcio?fref=ts) dell'Università di Sassari; si possono ricordare inoltre il sito di Massaciuccoli segnalato da Stefano Costa (http://www.massaciuccoliromana.it/) in cui sono resi accessibili e scaricabili i dati dello scavo o ancora il Progetto Mappa dell'Università di Pisa che sulla scia dell'attività svolta dall'ADS (Archaeology Data Service) ha iniziato la pubblicazione e la divulgazione della "letteratura grigia" degli scavi urbani di Pisa.

In conclusione, la modalità di condivisione del dato archeologico risulta essere più complessa rispetto al dato geografico: il dato non solo deve essere accessibile ma anche machine readable.

6. Open Format: interoperabilità e obsolescenza

Nell'era del digitale, parlando di riuso dei dati, non si può non considerare il problema dell'interoperabilità e dell'obsolescenza dei formati. Questo aspetto ha riguardato diversi interventi durante il Barcamp.

Come già accennato il dato archeologico può essere costituito da relazioni, disegni, foto, schedature, quantificazioni preliminari dei reperti. A ciascun dato corrispondono quindi tipologie diverse di formati di file in cui viene conservato. Dalle tabelle in fogli elettronici, a Database veri e propri in cui vengono archiviati dati e metadati, a disegni al CAD e, negli ultimi anni, modelli 3D derivanti da rilievi fotogrammetrici e laser scanner.

Affinchè i dati possano essere riutilizzati è necessario che vengano rilasciati in un formato aperto e/o interscambiabile. E' opportuno quindi adoperare o esportare il dato ad esempio in formato

DXF piuttosto che il DWG nel caso di disegni al CAD, in ODT piuttosto che DOC in caso di file di testo, in ODS piuttosto che XLS in caso di fogli di calcolo, in modo che ciascuno possa potervi accedere senza essere obbligato a dover utilizzare un software commerciale. Il vantaggio dell'utilizzo di un formato aperto risiede anche nella maggiore possibilità che il dato possa essere letto a distanza di tempo.

Ad esempio, i dati in formato .csv rilasciati sulle ceramiche del sito di Massaciuccoli rappresentano una buona pratica da seguire.

Le cose si complicano quando si ha a che fare con modelli provenienti da rilievi 3D. Ogni strumento ha il suo formato, ci sono formati di interscambio ma non è facile garantire l'interoperabilità. A tal proposito, Augusto Palombini cita il progetto Europeo 3D Icons (http://3dicons-project.eu/): si tratta di una banca dati di modelli 3D, che conserva anche il metadato, e che prevede la consultazione on line di anteprime a bassa risoluzione (politiche di accesso differenziate).

In genere i modelli 3D che si trovano online sono dei modelli che hanno subito una interpretazione rispetto al dato originale o comunque una semplificazione. L'accesso al dato grezzo - nuvola di punti - non sempre è proponibile se non in modalità di sola visualizzazione. Inoltre, spesso, a distanza di pochi anni, alcuni dati grezzi non sono più leggibili poiché i software preposti alla loro lettura non riescono più a leggere quel formato. E' necessario quindi iniziare a pensare alla conservazione di questa tipologia di dati in formati aperti che non rischiano obsolescenza a breve termine.

Nel caso di modelli 3D bisogna inoltre evidenziare la differenza tra il rilievo (oggettivo) ed il prodotto creativo. Come ha sottolineato Palombini non sempre il prodotto creativo che ha alla base un certo modello 3D ne consente il riutilizzo: spesso il formato è chiuso a causa dell'utilizzo di software commerciali che consentono un approccio professionale a determinate esigenze del "mercato culturale".

Durante il dibattito sono inoltre emersi alcuni esempi tra cui quello citato da Palombini di riutilizzo di rilievi obsoleti mediante GPS. In questo caso attraverso il GPS si è riusciti a riposizionare e riassemblare restituzioni grafiche ottenute da singoli rilievi di dettaglio che erano stati assemblati in modo non preciso. Un altro intervento relativo alle problematiche legate al riuso di rilievi esistenti è stato riportato da Eliana Siotto sulla badia dei Santi Salvatore, Giusto e Clemente nei pressi di Volterra.

Nell'ottica di progetti di valorizzazione, conservazione, tutela del patrimonio culturale che siano sostenibili è impensabile non poter avere accesso a quanto già prodotto. La comunità scientifica si sta confrontando con la necessità di poter riutilizzare e conservare adeguatamente il patrimonio digitale esistente allo stato attuale dovuto alla massiccia digitalizzazione del patrimonio culturale di questi ultimi anni che impegna notevoli risorse umane ed economiche.

7. Conclusioni

Il Barcamp, grazie alla sua formula "aperta", ha fatto emergere alcune criticità sul riuso dei dati: facilità di accesso, formati, licenze. E' indubbio che la pubblicazione di dati aperti avrebbe delle ricadute positive in termini di efficienza, completezza dell'informazione, semplicità di accesso, rapidità nell'esecuzione delle ricerche. Per raggiungere quest'obiettivo, è necessario che al più presto vengano stabiliti standard per facilitare la pubblicazione dei dati, indicando anche tempi e modalità. A tal proposito, una chiara presa di posizione da parte del Ministero sarebbe senza dubbio la soluzione più efficace.

Autori
- Valeria Boi: boivaleria@gmail.com
- Anna Maria Marras: am.marras@gmail.com
- Cettina Santagati: cettina.santagati@dau.unict.it

Bibliografia

Azzena G., Una logica prospettiva, in M. Serlorenzi (ed.), SITAR Sistema Informativo Territoriale Archeologico di Roma, Atti del I Convegno, Roma, 26 ottobre 2010, Roma, 29-39.

Campana S., SITAR e archeologia preventiva, in M. Serlorenzi (ed.), SITAR Sistema Informativo Territoriale Archeologico di Roma, Atti del I Convegno, Roma, 26 ottobre 2010, Roma, 41-45.

Carandini A., Archeologia classica. Vedere il tempo antico con gli occhi del 2000, Torino, 2008.

Ciurcina M., Parere legale sul portale Mappa Open Data, in Mappapers 2-III, 2013, pp. 7-106.

Anichini F., Fabiani F., Gattiglia G., Gualandi M.L. (a cura di), MAPPA. Metodologie Applicate alla Predittività del Potenziale Archeologico, vol.1, Roma, 2012.

Serlorenzi M., Il SITAR: Sistema Informativo Archeologico di Roma, in M. Serlorenzi (ed.), SITAR Sistema Informativo Territoriale Archeologico di Roma, Atti del I Convegno, 26 ottobre 2010, Roma, 9-27.

Serlorenzi M., Jovine I, Boi V., Stacca M., Archeologia e open data. Stato dell'arte e proposte sulla pubblicazione dei dati archeologici, in Archeologia e Calcolatori, Supplemento 4, 2013. ArcheoFOSS. Free, Libre and Open Source Software e Open Format nei processi di ricerca archeologica. Atti del VII Workshop (Roma, 11-13 giugno 2012), pp. 60-78.

Sitografia
07/02/2014

Antiquist BarCamp http://www.antiquist.org/wiki/index.php?title=Archcamp

ArcheoFoss 2008 http://paduaresearch.cab.unipd.it/5291/

BarCamp definizione, http://it.wikipedia.org/wiki/BarCamp

BarCamp Trento http://wiki.iosa.it/dokuwiki/doku.php?id=rchaeology&s[]=trento

BarCamp IFA http://ifa-information-management-sig.wikispaces.com/IMSIG+Barcamp

British Library http://britishlibrary.typepad.co.uk/digital-scholarship/2013/12/a-million-first-steps.html

CAA meeting BarCamp http://caa-international.org/meetings/

Cultura Italia Culturaitalia.it

Cultura Italia licenze d'uso http://www.culturaitalia.it/opencms/export/sites/culturaitalia/attachments/linked_open_data/Licenza_CulturaItalia_CC0.pdf

Emandamenti Beni Culturali Aperti http://www.beniculturaliaperti.it

Internet culturale http://www.internetculturale.it)

Mappa Barcam con Popplet http://popplet.com/app/#/1067098

MiBACT Open Data e Open Source http://www.garr.tv/home/viewvideo/480/aconticello-il-tavolo-tecnico-mibac-sugli-open-data-e-sullopen-source

Open data definizione http://opendefinition.org/

Open data licenze http://opendatahandbook.org/it/what-is-open-data/index.html

Open data Cultura Italia http://dati.culturaitalia.it/

Progetto Mappa http://mappaproject.arch.unipi.it

Pagina Facebook scavo di Miranduolo (https://www.facebook.com/groups/136449023512/?fref=ts)

Pagina Facebook scavo di Bisarcio https://www.facebook.com/progettobisarcio?fref=ts

Scavo Massaciuccoli http://www.massaciuccoliromana.it/

SITAR http://sitar.archeoroma.beniculturali.it/

3D Icons http://3dicons-project.eu/